벤처창업 특허 RFP 표준

김영복 著

 21세기사

본 교재는 SW융합대학 IT전공학생들을 대상으로 벤처창업, 특허, 제안요청서(RFP) 및 표준관련 강의용이다. 벤처창업 관련 내용은 주로 중소벤처기업부 및 창업진흥원의 웹사이트에서 제공하는 양질의 풍부한 최근의 콘텐츠를 이용하고, 특허관련 기본개념과 사례, 제안요청서(RFP) 및 표준 개념 등을 강의하고 수강하는데 필요한 강의용 교재이다. 중소벤처기업부, 창업진흥원, 특허청 웹사이트 콘텐츠 등을 이해하기 쉽도록 관련 사진 등을 포함하여 설명하였다. 대학교 4학년을 대상으로, 벤처창업의 기초 개념부터 기술창업의 상세한 내용, 특허, 제안요청서(RFP) 및 표준화 개념까지 쉽게 이해할 수 있도록, 1학기 강의용으로 필요한 주별 강의 Chapter들과 순서를 정리하였다. 16주 강의 (매주 75분씩 2번 또는 150분씩 1번)시에 8주째는 중간고사, 16주째는 기말고사기간으로 고려하여 총 14주 강의를 기준으로 강의순서를 정하였다.

각 장의 내용은 핵심내용을 가급적이면 쉽게 이해하도록 작성하고, 더 상세한 최근의 생생한 정보는 중소벤처기업부와 창업진흥원, 특허청 등 웹사이트 및 해당 웹페이지 URL들을 참조하면서, 최근에 변경(update)된 내용들도 조사하며 학습하도록 유도하였다. 매주에는 연습문제를 10문제씩 배정하였는데, 복습용으로 매주 학생들이 숙제로 풀어보며 학습효과를 높일 수 있도록 고려하였으며, 중간고사 전단계의 복습문제와 기말고사 전단계의 복습문제도 참고용으로 수록하였다.

본 교재는 강의용뿐만 아니라 개인 학습용(벤처창업, 특허, RFP 및 표준)으로도 적합하도록 구성하였다. 도움주신 김해광 교수와 이영렬 교수 및 21세기사 출판사 분들께도 감사드린다.

목 차 ■■■

3부_

용역사업

제안요청서

(RFP)

제1부

벤처창업

제1장

벤처창업 일반 개요

창업가 정신(創業家精神, 영어: Entrepreneurship) 혹은 **기업가 정신**(企業家精神)은 외부환경 변화에 민감하게 대응하면서 항상 기회를 추구하고, 그 기회를 잡기 위해 혁신적인 사고와 행동을 하고, 그로 인해 시장에 새로운 가치를 창조하는 일련의 활동과정을 말한다.[1]

창업가 정신(創業家精神)이 Entrepreneurship의 의미상 가장 정확한 한글표기이며, Entrepreneurship의 본질적인 의미상 가장 정확한 한글표기는 바로 창업(創業), 즉, 업(業)을 만드는(創), 무(無)에서 유(有)를 만드는, 탄생의 의미를 담고 있는 창업가 정신이 가장 적절한 표기이다. Entrepreneurship은 일반적으로 기업가 정신(企業家精神)으로도 표기하고 있으나, 이는 Entrepreneurship의 정확한 의미와는 맞지 않는 표기이다. 일반적으로 기업가(企業家)는 '기업을 운영하는 사람'으로서 'Business Man'으로 통용되고 있으며, 이는 시장의 환경 변화에 대응하고 부족한 자원을 새로운 활동을 통해 기회를 추구하여 시장에 새로운 가치를 창조하는 Entrepreneur의 개념과는 다른 의미를 지니고 있다.

기업인(起業人, Entrepreneur)은 중국과 일본과 같은 한자 문화권에서는 명확히 구분이 되어있지만, 한국에서는 기업인과 사업가라는 용어가 혼돈되어 사용되고 있다. 여기서 기업(起業)은 한자 일으킬 '기'자와 업 '업'자로, 한자 말 그대로, '일을 새롭게 만든다' '사업을 일으켜 시작함'이라는 뜻을 해석된다. 따라서 기업인이란 '기존에 존재하지 않았던 가치와 일자리를 만드는 사람'이다. 이에 비해, **사업가**(企業家, Business Man)는 영리를 목적으로 기업에 자본을 대고 그 기업의 경영을 담당하는 사람, 사업을 계획하여 회사를 설립하는 일을 직업으로 하는 사람, 사업체를 경영하는 넓은 범위로써 해석될 수 있다.

벤처기업이란 창조적 아이디어와 첨단 기술을 바탕으로 도전적인 사업을 운영하는 중소기업을 말한다. 중소기업이라 하더라도, 창업한지 오래된 중견 기업은 일반적으로 벤처기업이라 부르지 않는다. 벤처기업이란 venture와 企業의 합성어로, 대한민국과 일본에서 주로 사용되는 단어이다. 영어에 해당하는 단어는 'Startup'으로, 주로 첨단 기술 분야의 업종에서 갓 시작한 소기업을 의미한다. 법률상으로는, 기술평가보증기업으로부터 보증승인을 받거나 매출액 대비 연구개발비 비율 등의 요건을 충족하여 벤처기업 인증을 받은 회사를 칭한다. 벤처기업은 고도의 전문 능력, 창조적 재능, 기업가 정신을 살려, 대기업에서는 착수하기 힘든 특수한 신규 산업에 도전하는 연구개발형 기업이다. 20세기에는 전자 · 화학 · 기계 등의 산업을 중심으로 한 하드웨어 영역에 많이 진출하였으나, 21세기 들어서는 IT · 바이오 · 유통 · 서비스 · 사회개발 등의 산업에도 확산되는 현상을 보이고 있다.

성공적인 벤처기업 중에 구글, 페이스북과 같은 정보통신 분야의 기업이 많은 관계로 벤처기업은 대체로 IT 분야에 많다는 통념이 있으나, 에볼라 바이러스 백신으로 유명한 바이오 분야의 Z맵을 비롯, 농업 분야의 네타핌(Netafim), 폐수처리 분야의 에메프시(Emefcy) 등 다양한 분야에 벤처기업이 존재한다. 벤처기업은 성장 속도가 빠른 반면 도산될 위험도 크다. 그 원인으로는 창업자의 일인체제, 마케팅과 재무의 취약성, 안이한 과대설비 투자, 기술개발체제가 벽에 부딪히는 상황 등이 있다. 소규모 체제에서 대기업으로의 성장에 성공한 벤처기업들은 다양한 인재의 유치 및 투자유치의 성공 등으로 이러한 약점을 극복했다는 공통점을 가진다.

대한민국에서는 "벤처기업육성에 관한 특별조치법" (약칭: 벤처기업법) (참조 URL: http://bit.ly/2CDZjsv)에서 **제2조의2에서 벤처기업의 요건**을 아래와 같이 정의하고 있다.

제2조의2(벤처기업의 요건)

① 벤처기업은 다음 각 호의 요건을 갖추어야 한다.

1. 「중소기업기본법」 제2조에 따른 중소기업(이하 "중소기업"이라 한다)일 것
2. 다음 각 목의 어느 하나에 해당할 것

가. 다음 각각의 어느 하나에 해당하는 자의 투자금액의 합계(이하 이 항목에서 "투자금액의 합계"라 한다) 및 기업의 자본금 중 투자금액의 합계가 차지하는 비율이 각각 대통령령으로 정하는 기준 이상인 기업

(1) 「중소기업창업 지원법」 제2조제4호에 따른 중소기업창업투자회사

　　(이하 "중소기업창업투자회사"라 한다)

(2) 「중소기업창업 지원법」 제2조제5호에 따른 중소기업창업투자조합

　　(이하 "중소기업창업투자조합"이라 한다)

(3) 「여신전문금융업법」에 따른 신기술사업금융업자

　　(이하 "신기술사업금융업자"라 한다)

(4) 「여신전문금융업법」에 따른 신기술사업투자조합

　　(이하 "신기술사업투자조합"이라 한다)

(5) 제4조의3에 따른 한국벤처투자조합

(6) 제4조의9에 따른 전담회사

(7) 중소기업에 대한 기술평가 및 투자를 하는 금융기관으로서 대통령령으로 정하는 기관

(8) 투자실적, 경력, 자격요건 등 대통령령으로 정하는 기준을 충족하는 개인

나. 기업(「기초연구진흥 및 기술개발지원에 관한 법률」 제14조의2제1항에 따라 인정받은 기업부설연구소를 보유한 기업만을 말한다)의 연간 연구개발비와 연간 총매출액에 대한 연구개발비의 합계가 차지하는 비율이 각각 대통령령으로 정하는 기준 이상이고, 대통령령으로 정하는 기관으로부터 사업성이 우수한 것으로 평가받은 기업

다. 다음 각각의 요건을 모두 갖춘 기업[창업하는 기업에 대하여는 (3)의 요건만 적용한다]

(1) 「기술보증기금법」에 따른 기술보증기금(이하 "기술보증기금"이라 한다)이 보증(보증가능금액의 결정을 포함한다)을 하거나, 「중소기업진흥에 관한 법률」 제68조에 따른 중소기업진흥공단(이하 "중소기업진흥공단"이라 한다) 등 대통령령으로 정하는 기관이 개발기술의 사업화나 창업을 촉진하기 위하여 무담보로 자금을 대출(대출가능금액의 결정을 포함한다)할 것

(2) (1)의 보증 또는 대출금액과 그 보증 또는 대출금액이 기업의 총자산에서 차지하는 비율이 각각 대통령령으로 정하는 기준 이상일 것

(3) (1)의 보증 또는 대출기관으로부터 기술성이 우수한 것으로 평가를 받을 것

② 제1항제2호나목 및 다목(3)에 따른 평가기준과 평가방법 등에 관하여 필요한 사항은 대통령령으로 정한다.

대한민국의 벤처기업 실태 파악을 위한 통계자료를 과거부터 살펴보면, 2010년 5월 19일자로 2만개를 돌파하였으며, 중소기업청(현 중소벤처기업부)과 벤처기업협회가 발표한 '2015년 벤처기업 정밀 실태조사'[2] 결과에 따르면 2014년 말 기준 국내 벤처기업(벤처확인제도 기준)은 예비 벤처를 포함해 모두 2만 9,910개이다. 2014년 벤처기업 매출액은 214조 6,000억원 규모로 추산되는데, 이는 2015년 국내총생산(GDP) 1485조원의 14.5%에 해당한다. 기업당 매출액은 71억 9,000만원이다. 대기업(0.4%), 중소기업(4.4%) 증가율을 크게 웃돌았다.

업종별 매출액 증가율은 모바일 애플리케이션 및 관련 산업 활성화에 힘입어 소프트웨어 개발 업종(39.2%)이 가장 높았다. 에너지 · 의료 · 정밀(16.0%), 정보통신 · 방송서비스(11.8%), 식음료 · 섬유 · (비)금속(9.0%), 기계 · 제조 · 자동차(8.5%) 등이 뒤를 이었다. 기업당 영업 이익은 4억 2000만원, 순이익은 3억원이며, 매출액 영업이익률은 5.8%이고, 매출액 순이익률은 4.1%이다. 업종별로는 소프트웨어 개발 업종 매출액 영업이익률(15.0%)과 순이익률(11.1%)이 모두 다른 업종보다 높았다. 벤처기업 종사 근로자 수는 모두 71만7000명으로 추정됐다. 이는 전 산업체 근로자 수(2013년 1,534만 5,000명)의 4.7%에 해당한다. 기업당 근로자 수는 24.0명으로, 중소기업 평균 근로자 수(2013년 3.9명)의 6.2배에 달했다.

업종별로는 정보통신 · 방송 서비스 업종(12.2%), 컴퓨터 · 반도체 · 전자부품 업종(10.7%) 근로자 수 증가율이 높았다. 매출액 대비 연구개발 비율은 벤처기업이 2.9%로, 중소기업(0.8%)과 대기업(1.4%)을 웃돌았다. 업종별로는 에너지 · 의료 · 정밀(7.2%)이 가장 높았고, 소프트웨어 개발(4.9%), 정보통신 · 방송 서비스(4.2%)등 순으로 나타났다. 기업부설연구소 및 연구소 설치 비율은 벤처기업이 70.6%로, 일반 중소기업제조기업(10.8%)의 6.5배에 달했다. 벤처기업당 국내 산업재산권 보유건수는 7건(국외 0.4건 별도)으로, 이 중 특허가 4.2건(60%)을 차지했다. 자사 주력제품 기술 수준을 세계 최고와 동일 수준이거나 그 이상이라고 스스로 평가한 벤처기업이 20.1%나 됐다. 2014년 말 기준 벤처기업 평균 업력은 9.2년이며, 신규 확인 벤처기업 평균 업력은 3.8년이며, 이는 창업 후 벤처기업으로 진입하는 기간이다. 지난해 매출 1,000억원이 넘는 벤처 출신 스타기업은 460곳이고, 매출 1조원대 벤처기업은 6개이다. 실태 조사에서 벤처기업은 대기업과의 거래, 대기업의 1 · 2차 벤더와의 거래에서 불공정 거래를 경험한 경우가 많았고, 자금 · 기술사업화 · 국내판로개척 등에서 애로사항이 많다고 답했다. 창업 생태계 활성화로 벤처기업 수가 2012년 2만 8,193개에서 2015년 11월 기준 3만개를 돌파했다.[3] 등록 엔젤투자자 수는 2015년 11월 기준 9,358명이며, 신규 벤처투자금액은 1조 8,271억원이다.

중소기업청(현 중소벤처기업부)이 2016년 1월 발표한 '2015년 벤처펀드 투자 동향'[4]에 따르면, 2015년 벤처투자 규모는 2조 858억원, 벤처펀드 결성액은 2조6,260억원이며, 투자업체수는 1,045개이다. 업종별 투자 비중은 정보통신(소프트웨어, 모바일, 정보기술 등)이 2014년 대비 1.1%, 제조업(전기, 기계, 장비 등)과 서비스업(도소매, 전자상거래, 교육 등)은 각각 2.1% 증가했다. 반면에 문화콘텐츠(영화, 콘텐츠, 게임 등), 생명공학(의약, 바이오 등) 비중은 같은 기간 6.4%, 2.9% 감소했다. 가장 많이 투자한 벤처캐피털은 한국투자파트너스로, 65개 기업에 총 1,551억원을 투자했으며, 에이티넘인베스트먼트가 27개 기업에 960억원, 프리미어파트너스가 7개 기업에 807억원을 각각 투자했다. 2015년 12월 말 기준 창업투자회사는 115개이다.

2017년 벤처기업정밀실태조사 결과에 의하면, 2016년 벤처기업 매출액 합계는 228조 2,000억원으로 추정되며, 성장성보다는 안정성을 추구한 것으로 나타났다. 기업당 매출액은 68억 5,000만원으로 전년도(63억 5,000만원)보다 7.9% 증가했다고 응답했다. 2014년 이후 3년째 마이너스 성장을 기록한 대기업(2016년 △1.6%)보다 증가율이 높게 나타났다. 2016년 벤처기업의 매출액 영업이익률은 전년도(4.6%)보다 감소한 4.4%로서, 대기업(6.6%)보다는 작지만 일반 중소기업(3.9%)보다 컸다. 2016년 벤처기업의 부채비율은 전년도(155.4%)보다 감소한 144.6%로서, 대기업(100.1%)보다 높고 일반 중소기업(175.9%)보다 낮았다. 2016년 벤처기업 종사자 수 합계는 76만 4,000명이며, 이는 삼성 등 6대 그룹의 종사자 수 총합(76만 9,395명)에 육박하는 수치이다. 기업당 종사자 수는 22.9명으로 전년도(23.3명)보다 0.4명 감소했다. 벤처기업의 대다수를 차지하는 보증·대출 유형의 평균 종사자 수가 감소한 영향이 크다. 벤처기업은 매출액 대비 연구개발 투자 및 산업재산권 보유 등에서 기술혁신 역량 확대를 위해 노력하고 있는 것으로 나타났다. 벤처기업은 총 매출액의 2.9%를 연구개발에 투자하고 있으며, 이는 전년도(2.4%)보다 높은 수치로서, 대기업(1.5%)의 1.9배, 일반 중소기업(0.7%)의 4.1배에 해당한다. 기업 당 국내 산업재산권 보유건 수는 8.1건으로, 전년도(7.1건)보다 증가한 것으로 나타났다. 자사 주력제품의 기술수준을 세계 최고와 동일 수준이거나 그 이상이라고 스스로 평가한 벤처기업은 18.6%로 전년(22.4%) 대비 감소하였으나, 국내 최고와 동일 수준이거나 그 이상이라고 응답한 벤처기업은 54.4%로 전년(52.1%) 대비 증가하였다.

중소벤처기업부에 따르면 2018년도 중기부의 기술창업 지원 예산은 메이커스페이스 조성사업(235억원) 신설, TIPS사업 예산 증액(840억원→1,062억원) 등으로 전년(6,143억원, 본예산 기준) 대비 13.8% 늘어난 6,993억원이라고 밝혔다. 또한, 중기부의 창업지원사업 운용계획을 보면,

① 우선, 일자리 창출 우수 창업기업 등에 대한 지원을 강화한다.

창업지원기업 선정시 '일자리 창출 실적 우수기업'과 '일자리 안정자금 수급기업'에 대해서는 최대가점을 부여하고, 창업사업계획서에 '직원-기업 간 성과공유제 도입' 등 사회적 가치 실천계획을 포함하여 평가하고, 지원 후 5년동안 일자리 변화를 추적·관리하여 창업지원사업 개편에 적극 활용할 계획이다.

② 메이커 스페이스 조성사업(235억원), 사내창업 프로그램(100억원) 등을 신설한다.

제조창업 저변을 확대하기 위해 창작공간인 메이커 스페이스를 전국에 신규 조성(65개 내외)하고, 대기업·중견·중소기업 내 유망 사내벤처팀을 발굴하여 아이템 사업화 및 분사 창업에 필요한 자금·서비스를 지원한다.

③ 또한, 성공가능성이 높은 창업자를 선발·지원하기 위해 민간 투자자 등이 창업지원 대상을 선정하면 정부가 후속 지원하는 TIPS 방식을 창업지원 사업 전반으로 확산한다. (민간 투자 주도형 기술창업지원(TIPS) : 액셀러레이터 등 TIPS 운영사(기관)가 발굴·투자한 기술창업팀에게 보육·멘토링과 함께 기술개발 지원하는 프로그램)

창업지원사업별 특성에 맞추어 사업 주관기관의 선투자를 의무화하거나, 창업팀 발표를 투자유치식 사업발표(피칭)로 변경해 나갈 계획이다. 산업간 융복합이 이루어지는 4차 산업혁명 시대에 맞추어 신사업 창출 촉진을 위한 팀창업도 촉진한다. 청년과 중·장년간 '세대융합형 팀창업'을 지원(128억원)하고, 다양한 분야와 배경을 가진 인재간의 팀창업을 우대 지원할 계획이다. 한편, 중기부가 과기부 등 관계부처를 통해 취합한 2018년도 창업지원 사업 규모는 총 7개부처 7,796억원으로 조사되었다. 본 통합공고에 포함된 창업지원 사업은 'K-스타트업' 홈페이지(k-startup.go.kr)를 통해 확인할 수 있으며, 사업별 세부계획은 향후에 별도 공지될 예정이다. 상세한 내용은 **부록 벤처창업 추가자료 제5절 2018년 창업지원 사업**을 참조하길 바란다.

기술혁신을 통한 중소기업의 성장과 일자리 창출 촉진을 위해2018년도 1조 917억원의 기술개발(이하 R&D) 자금이 지원된다. 중소벤처기업부는 주요 제도개선 사항, 사업별 지원내용 및 일정 등을 정리한 2018년도 중소기업 R&D 지원사업 통합공고를 다음과 같이 발표했다. 통

합공고에 포함된 사업은 중소벤처기업부 출범을 계기로 타 부처에서 이관된 사업을 포함하여 총 13개 사업(세부사업 기준) 1조 917억 원이며, 2017년 9,601억 원 대비 13.7% 증가하였다. 기술개발 지원사업은 1996년 중소기업청 개청 이래 20여 년간 중소기업의 기술경쟁력 강화에 기여한 대표적인 정책으로, 중소기업의 성장과 혁신을 촉진하고 있다.

세계 최고수준의 체성분 측정기술을 보유한 '인바디(Inbody)', 모바일 부동산거래 플랫폼 '직방'과 같은 기업이 중기부 R&D를 통해 성장·도약하는 계기를 마련하였다. 코스닥 상장기업의 48.5%, 벤처천억기업의 47.8%가 중기부 R&D 수혜기업이라는 점은 기술개발 지원사업이 기업의 성장과 도약을 뒷받침하는데 핵심적인 역할을 수행하고 있음을 시사한다. '96년 이후 기업 부설연구소도 14배 확대되어 중소기업의 기술개발 저변을 획기적으로 확대하는 성과를 거두었다. (참고:기업부설연구소: 2,610개('96) → 37,539개('17.11월))

2018년 중소벤처기업부 소관 기술개발 지원사업은 경제의 핵심인 정부지원사업의 '사회적 책임'(든든한 동반자)과 중소·벤처기업의 '혁신'(강력한 후원자)이라는 큰 틀에서 진행된다. 우선, 정부사업의 사회적 책임을 강조하기 위해 ①일자리 창출중심으로 R&D 지원제도를 개선하고, ②R&D사업에 처음 참여하는 기업 대상 목표관리제를 운영한다. 중소기업 중심의 혁신성장을 위해 ③창의·도전적인 R&D를 집중 지원하고, 민간 주도·④지역 혁신클러스터화를 촉진하며, ⑤민간 주도·⑥수요자 맞춤형 지원체계를 구축한다. 중소기업 R&D 사업의 특징은 다음과 같다.

① 일자리 창출 중심 R&D 지원제도

　(고용지표) 지원기업 선정단계에서 고용창출, 성과공유, 근로환경 등의 실적과 계획을 반영

　(일안자금) 일자리안정자금 수혜기업의 기술개발을 지원하기 위해 R&D 사업 참여시 우대

② R&D 첫걸음기업 목표관리제(MBO) 도입

　(목표비율) 저변확대사업*의 50% 이상, 전략형사업의 30% 이상을 정부 R&D사업 최초 참여기업(첫걸음 기업)으로 선정

　* 창업성장, 산학연, 제품서비스, 공정품질R&D 해당

③ 창의·도전 R&D 집중지원

　(전략분야) 4차 산업혁명 3대 전략분야 및 15대 핵심기술을 지정하고, 전략분야에 대한 중점 투자·집중 육성

　(창업확대) 창업기업 전용 R&D 대폭 증액(1,976→2,727억원, 38%↑), 창업성장 R&D 내 혁신 창업과제 신설

　(창의혁신) 예산집행 자율성 및 성실실패 허용 범위를 확대하고, 도전성이 높은 과제에 대

해서는 실패 시 면책

④ 지역 혁신 클러스터화 촉진

(혁신거점) 창조경제혁신센터, 테크노파크(TP), 대학·연구소 등 우수한 역량을 갖춘 지역 혁신거점과 연계한 R&D지원

(문화조성) 혁신창업가, 엔젤투자자, 벤처캐피탈(VC) 등이 자연스럽게 교류하고 융합하는 한국형 실리콘밸리와 이를 뒷받침하는 혁신문화를 조성하기 위한 R&D 지원 확대

⑤ 민간주도 R&D사업체계 마련

(벤처투자) 민간이 선별한 유망기술의 개발을 적극 지원하기 위해 벤처투자 유치기업의 R&D사업 참여 우대

(평가위원) 기술개발 지원사업에 VC등 민간 전문가의 시각을 반영하기 위해 시장평가위원 참여 의무화

(팁스R&D) 성공벤처인 등 시장이 선택한 유망한 기술창업기업을 글로벌 스타벤처로 육성하기 위한 팁스(TIPS) 전용예산 대폭 증액(156억원, 25.2%↑)

⑥ 수요자 맞춤형 R&D 추진

(모집시기) 과제 신청·접수시기를 연중 분산하여 시장의 기술개발 수요에 적기 대응

(평가기간) 기업의 현장조사 부담 완화, 온라인평가 확대, 단번평가(one-shot) 확대 등으로 평가기간을 5개월에서 3개월로 축소

(제출서류) 신청·평가 단계별 제출서류를 차등화하여 사업신청에 따른 기업의 서류준비 부담을 완화

중소벤처기업부는 세부사업별 공고를 통해 지원대상, 지원내용, 지원조건 등을 상세히 발표할 예정이며, 2018년 1월부터 전국에서 총 19회에 걸쳐 관계부처 합동설명회 및 지방중소벤처기업청을 통한 지역순회 설명회를 실시할 예정이다. 통합공고 및 후속 세부사업 공고 등의 내용은 중소벤처기업부홈페이지(http://www.mss.go.kr), 기업마당(http://www.bizinfo.go.kr), 기술개발사업 종합관리시스템(http://www.smtech.go.kr)에서 확인할 수 있으며, 중소벤처기업부(지방청), 중소기업기술정보진흥원, 중소기업 통합콜센터(☎1357)에도 문의가 가능하다. 참고로, 중소벤처기업부의 2018년 분야별 예산은 다음과 같다.

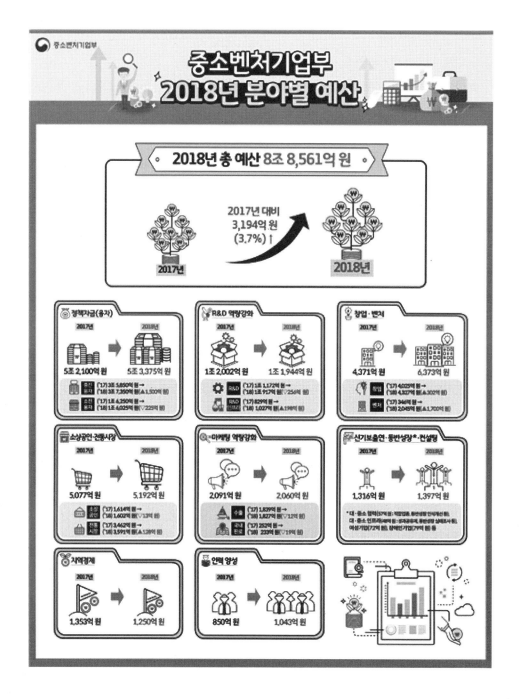

　　중소벤처기업부의 **주관**으로 **창업진흥원**에서 **운영**하는 **K-Startup 사이트**(k-startup.go. kr)
에[9] 소개된 **창업길라잡이**에서는 창업을 준비중인 창업자를 위한 다양한 컨텐츠를 제공한다.
벤처창업가이드는 크게 창업 구상단계부터 사업화단계까지의 창업절차를 안내하는 창업실
무와 한국표준산업분류표에 의한 주요 업종별 창업 가이드, 일반적인 창업과 경영에 대해 설

명하는 부록-회사의 설립과 경영으로 구성되었으며 그 내용은 다음과 같다.

　제1편 벤처창업실무에서는 창업에 대한 이해와 창업 단계별 창업절차를 "**창업 구상단계-사업계획의 수립단계-창업보육센터 입주단계-개발단계-상품화단계-사업화단계**"로 세분화하여 기술하였으며, 실패와 재도전에 대한 준비과정을 기술하였다. **제2편 주요업종별 창업가이드**에서는 한국표준산업분류를 중심으로 기술창업으로 분류될 수 있는 제조업, 하수·폐기물 처리·원료재생 및 환경복원업, 출판·영상 방송통신 및 정보서비스업, 전문·과학 및 기술 서비스업으로 세분화하여 해당 산업의 특성과 업종 트랜드, 사업체현황, 창업 시 고려할 사항 및 인·허가사항과 더불어 관련기관 등에 대한 정보를 제공하여 업종별 창업 준비에 활용할 수 있도록 하였다. **제3편 부록(회사의 설립과 경영)**에서는 회사의 설립과 사업자등록 절차, 경영관리, 벤처기업·기술혁신형중소기업·경영혁신형중소기업 인증절차, 코스닥과 코넥스 시장 상장절차 등을 기술하였다.

　1인 창조기업관련하여, **중소벤처기업부**는 1인 창조기업 범위에서 제외되는 업종 등을 규정한 '1인 창조기업 육성에 관한 법률 시행령'이 2015년 7월 28일에 국무회의에서 통과되어 8월4일(화)부터 시행한다고 밝혔다. 본 시행령 개정은, 2015년 2월 3일 개정·공포된 **1인 창조기업법 개정 내용***의 후속조치로서, **1인 창조기업**에 해당되는 업종을 일부 업종만을 제외하고 포괄적으로 허용하고 있다. 1인 창조기업 범위에서 **제외업종**은 **법률에 규정된 부동산업을** 포함하여, **시행령으로 정하는 담배제조업, 임대업, 음식점업 등 32개 업종**(중분류)으로 국한된다. 제외업종 선정은 창조기업 특성 및 국민경제 기여도 등을 종합적으로 고려하고 부처협의 등 의견수렴을 거쳐 최종 확정했다.

　1인 창조기업법 시행령 **개정을** 통해 포함된 지원대상 업종은 **교육서비스업, 전자상거래업, 핀테크 관련 등 205개 업종**(세세분류)이며, 해당 업종에 속한 15만 7천개 기업이 규제개선 효과를 누리게 된다.

1인 창조기업 범위에 포함되는 업종 및 기업수

구분	개정 전(A)	개정 후(B) ('15.8.4 이후)	증감(B-A)
업종수 (세세분류 기준)	434개	639개	205개
기업수 (1인 기업)	92천개	249천개	157천개

　이로써 1인 창조기업 지원대상 업종에 속한 기업은 '1인 창조기업 비즈니스 센터' 입주, 전용 기술개발(R&D) 등 다양한 정부 지원을 신청할 수 있게 되었다.

제**2**장

벤처창업 법인설립

창업 절차에는 개인사업자와 법인사업자의 절차가 다른데, 개인사업자와 법인사업자의 차이를 간략히 살펴보고, 자세한 내용은 뒤 7장에서의 회사설립과 경영에서 소개하며, 여기에서는 법인설립시스템을 주로 소개한다.

제1절 개인사업자

(1) 개인사업자의 개념

개인사업자란 등록된 대표자가 경영의 모든 책임을 지는 사업자를 말한다.

(2) 법인사업자와의 차이점

개인사업자는 기업을 설립하는데 상법에 따른 별도의 회사설립 절차가 필요하지 않아 법인사업자와 달리 그 설립 절차가 간편하고, 휴업 및 폐업이 비교적 쉽다. 개인사업자는 기업이 완전한 법인격이 없으므로 소유와 경영이 소유자에게 종속하는 기업형태이고, 법인사업자는 기업이 완전한 법인격을 가지고 스스로의 권리와 의무의 주체가 되어 기업의 소유자로부터 분리되어 영속성을 존재할 수 있는 기업형태이다.

┃ 개인사업자의 법인전환

(1) 법인전환의 개념

법인전환이란 개인사업자의 조직형태를 법인사업자의 조직형태로 바꾸는 것을 말한다.

(2) 법인전환의 장점

법인사업자는 개인사업자에 비해 기업의 대외 신용도를 높일 수 있어 자금조달이 용이하고, 법인사업자로 기업을 운영하는 것이 개인사업자보다 세(稅) 부담이 적다는 장점이 있다. 따라서 개인사업자의 사업 규모가 일정규모 이상으로 성장한 경우에는 법인세율과 소득세율의 차이로 인해 법인사업자로 사업을 운영하는 것이 세(稅)부담 측면에서 유리하므로 법인전환이 많이 이용되고 있다. [중소벤처기업부, 온라인재택창업시스템 (www.startbiz.go.kr) 참조].

제2절 법인사업자

| 합명회사

무한책임사원으로 구성되며 각 사원이 회사의 채무에 대하여 연대하여 무한의 책임을 지는 회사로서, 2명 이상의 사원이 공동으로 정관을 작성하고 설립등기를 함으로써 성립하며, 무한책임사원은 업무집행권리와 회사를 대표할 권리를 가진다.

| 합자회사

무한·유한책임사원으로 구성되며 무한책임사원은 회사의 채무에 대하여 연대하여 무한의 책임을 지고, 유한책임사원은 출자금액의 한도 내에서 책임을 지는 회사로서, 합자회사는 무한책임사원이 될 사람과 유한책임사원이 될 사람이 각각 1명 이상으로 하여 정관을 작성한 후 설립등기를 함으로써 성립하며, 무한책임사원은 회사의 업무를 집행할 권리와 의무가 있으며, 유한책임사원은 업무감시권이 있다.

| 유한책임회사

유한책임사원으로 구성되며, 각 사원이 출자금액의 한도에서 책임을 지는 회사로서, 유한책임회사는 사원이 정관을 작성하고 설립등기를 함으로써 성립하며, 정관으로 사원 또는 사원이 아닌 자를 업무집행자로 정해야 하고, 정관 또는 총사원의 동의로 둘 이상의 업무집행자가 공동으로 회사를 대표할 수 있다.

| 주식회사

주식을 발행하며 주주는 인수한 주식의 인수가액을 한도로 책임을 지는 회사로서, 주식회사는 발기인이 정관을 작성하여 공증인의 인증을 받은 후 각 주식에 대한 인수가액의 전액과 현물출자의 이행을 완료한 후 설립등기를 함으로써 성립하며, 주식회사는 의사결정기관으로 주주총회, 업무집행기관으로 이사회 및 대표이사, 감사기관으로 감사가 존재한다.

| 유한회사

각 사원이 출자금액 한도 내에서 책임을 지는 회사로서, 유한회사는 정관을 작성하고 출자금액의 납입 또는 현물출자의 이행이 있은 후 설립등기를 함으로써 성립하며, 유한회사의 의사결정기관은 사원총회이며, 사원총회는 회사의 업무집행을 포함한 모든 사항에 대하여 의사결정을 할 수 있다.

제3절 법인설립시스템

법인설립시스템이란 **법인설립을** 위해 30개 이상의 구비서류를 작성하여 7개 기관을 방문해 처리하던 법인설립 업무를 온라인으로 쉽고 **빠르게** 처리할 수 있는 법인설립 시스템이다. 법인설립시스템을 활용하여 복잡하고 어려웠던 회사설립을 온라인 원스톱 법인설립시스템을 이용하여 간편하게 처리 할 수 있다. 법인설립시스템은 2010년 01월 자본금 10억 미만의 주식회사 발기설립 서비스를 시작으로 주식회사 모집설립, 유한회사, 합명회사, 합자회사의 회사설립 서비스를 점진적으로 확대해 나가는 중이다.

법인설립시스템은 회사설립 서비스, 법인설립관련 정보 등을 제공한다. 구체적으로 설명하면, 법인설립 준비, 법인설립 온라인 민원신청, 법인설립관련 정보제공, 온라인 상담서비스 등을 제공한다. 법인설립시스템을 사용하면, 하나하나 수작업으로 작성하던 신청서와 제출서류를 온라인으로 자동 생성한다. 예를 들면, 기존에 40여 개의 신청서 및 제출서류 직접 수기로 작성하던 것을 법인설립시스템에 법인설립 정보를 일괄 입력하여 시스템으로 자동 생성할 수 있다. 또한, 다수의 기관을 방문하여 신청하였던 민원처리를 온라인으로 한번에 신청(1일내) 및 처리(1~3일내)할 수 있다. 예를 들면, 기존에 7개의 기관을 방문하여 신청하여야 했던 민원신청을 법인설립시스템을 통하여 100% 온라인 원스톱 신청 및 처리할 수 있다. 상세한 내용은 아래의 관련 웹사이트에서 [10] 참조 및 온라인 법인 설립을 할 수 있고, 진행중 질문이나 애로사항이 있을시에 전화로 상담을 (전화: 1577-5475) 받으면 된다.

'주식회사' 온라인설립 기준의 간소화된 안내 매뉴얼 순서를 보면 다음과 같다.

〈단계1〉 회원가입 및 로그인

〈단계2〉 회사설립 기본정보 작성

〈단계3〉 잔액(고)증명 신청

〈단계4〉 법인등록면허세 신고/납부

〈단계5〉 법인설립등기 신청

〈단계6〉 사업자등록 신청

〈단계7〉 4대사회보험 신고

온라인 법인설립시스템 사이트: https://www.startbiz.go.kr
(상담센터 전화: 1577-5475)

1.1   기업가 정신(Entrepreneurship)이란?

1.2   벤처기업의 정의를 설명하라.

1.3   작년말 기준 국내 벤처기업(벤처확인제도 기준) 수는 얼마인가?

1.4   작년말 기준 벤처투자 규모는 얼마인가?

1.5   창업진흥원에서 제공하는 창업넷 Site에 소개된 창업길라잡이란?

1.6   1인 창조기업이란? 1인 창조기업 범위에서 제외업종은?

1.7   온라인 원스톱 법인설립시스템이란?

1.8   온라인 법인설립시스템 사이트(https://www.startbiz.go.kr)를 방문하여 체험서비스 메뉴에서 원하는 회사를 설립하는 체험을 간략히 설명하라.

1.9   온라인 법인설립시스템 체험서비스에서 제공하는 5가지 회사의 종류를 각각 간략히 설명하라.

1.10   법인설립시스템 상담센터(전화: 1577-5475)에 전화하여 상담받을 수 있는 내용 등을 간략히 설명하라.

제3장

벤처창업 지원기관 및 지원사업

벤처창업에 직접 도움이 되는 지원기관들과 지원사업들을 소개하면 다음과 같다. 상세한 내용은 해당 기관에서 제공하는 웹사이트에서 참조할 수 있다.

제1절 중소벤처기업부

중소벤처기업부(中小벤처企業部, Ministry of SMEs and Startups, 약칭: 중기부, MSS, http://www.mss.go.kr)는[6] 중소기업 정책의 기획·종합, 중소기업의 보호·육성, 창업·

벤처기업의 지원, 대 · 중소기업 간 협력 및 소상공인에 대한 보호 · 지원에 관한 사무를 관장하는 대한민국의 중앙행정기관이다. 2017년 7월 26일 중소기업청을 개편하여 발족하였으며, 대전광역시 서구 청사로 189 정부대전청사에 위치한다. 장관은 국무위원으로, 차관은 정무직 공무원으로 보한다.

[소관 사무]

중소기업 정책의 기획 · 종합

중소기업의 보호 · 육성

창업 · 벤처기업의 지원

대 · 중소기업 간 협력

소상공인에 대한 보호 · 지원에 관한 사무

[연혁]

1949년 04월 26일: 상공부에 중앙도량형소 설치.

1961년 08월 03일: 중앙계량국으로 개편.

1961년 10월 02일: 상공부의 외국으로 표준국을 설치.

1973년 01월 16일: 표준국과 중앙계량국을 공업진흥청으로 통합 · 승격하여 분리.

1993년 03월 06일: 상공자원부의 외청으로 소속 변경.

1994년 12월 23일: 통상산업부의 외청으로 소속 변경.

1996년 02월 09일: 중소기업청으로 개편.

1998년 02월 28일: 산업자원부의 외청으로 소속 변경.

2008년 02월 29일: 지식경제부의 외청으로 소속 변경.

2013년 03월 23일: 지식경제부로부터 일부 소관사무를 이관받음. 산업통상자원부의 외청으로 소속 변경.

2017년 07월 26일: (전)미래창조과학부로부터 기술창업활성화 관련 창조경제 진흥에 관한 사무를, 산업통상자원부로부터 지역산업 지원에 관한 사무를, 금융위원회로부터 기술보증기금 관리에 관한 사무를 이관받아 중소벤처기업부로 승격.

[설립일] 2017년 7월 26일

[전신] 중소기업청

[소재지] 대전광역시 서구 청사로 189

[직원 수] 434명

[예산] 8조 8,560억 5,361만 4,000만 원 (2018년 기준)

[산하기관] 소속기관 15

[웹사이트] http://www.mss.go.kr/

참고로 2017년 7월 25일 해산된 전신이었던 중소기업청(中小企業廳, Small and Medium Business Administration, 약칭: 중기청, SMBA)은[6a] 중소 및 중견기업에 관한 사무를 관장하는 대한민국의 중앙행정기관이었다. 1996년 2월 9일 공업진흥청을 개편하여 발족하였으며, 2017년 7월 26일 중소벤처기업부로 승격되면서 폐지되었다.

〈연혁〉

1968년 7월 24일 : 상공부의 소속으로 중소기업국을 설치.

1973년 1월 15일 : 상공부 중소기업국을 폐지하고 외청으로 공업진흥청 설치.

1993년 3월 3일 : 상공자원부의 외청으로 소속 변경.

1994년 12월 23일 : 통상산업부의 외청으로 소속 변경.

1996년 2월 9일 : 공업진흥청을 폐지하고 중소기업청을 설치.

1998년 2월 28일 : 산업자원부의 외청으로 소속 변경.

2008년 2월 29일 : 지식경제부의 외청으로 소속 변경.

2013년 3월 23일 : 산업통상자원부의 외청으로 소속 변경.

2017년 6월 29일 : 중소벤처기업부로 승격.

〈중소기업청 설립목적〉

- 중소기업 지원체제 구축 -자금, 인력, 수출, 판로확대 등 중소기업 성장지원
- 중소기업정책의 기획종합 −중소기업 기술혁신
- 중소기업 육성 및 창업활성화 -전통시장 등 소상공인 지원

〈중소기업청 주요업무〉

- 중소기업 육성시책 수립 -중소기업 구조개선사업 −벤처기업 육성 -중소기업 동향 조사분석
- 대, 중소기업간 협력증진 −전통시장 활성화 -중소기업 자금, 인력지원 −중소기업 기술지원
- 중소기업 수요기반확충 −중소기업 재해관리 -경영정보화 지원

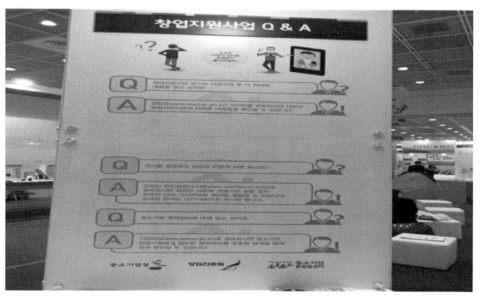

제2절 창업진흥원

창업진흥원은[7] 기업가정신을 함양하고 중소·벤처기업의 기술창업을 촉진함으로써 일자리 창출을 통한 국가경제 발전에 기여하는데 그 목적이 있다. 중소벤처기업부의 전신인 중소기업청 산하 기타공공기관으로 2008.12.24.에 설립되었다.

〈주요기능 및 역할〉

기업가정신 함양 및 창업교육

유망한 예비창업자의 발굴·창업 촉진

창업자의 우수한 아이디어 사업화

창업기업의 경쟁력 제고에 필요한 지원

국내외 창업진흥 우수사례 조사·연구 및 전파

중소·벤처기업의 창업 진흥을 위한 기획·조사·연구·정책개발

(참조 URL: http://bit.ly/1NSoWQy http://www.kised.or.kr/bus/edu2.asp https://www.k-startup.go.kr)

창업진흥원의 벤처창업 지원사업을 카테고리로 분류 및 소개하면 다음과 같다.

1. 창업교육

2. 시설 및 공간

3. 사업화

4. R&D

5. 판로 및 해외 진출

6. 행사 및 네트워크

[1. 창업교육]

| 청소년 비즈쿨

① 사업 개요

청소년 비즈쿨이란 전국 초 · 중 · 고등학교의 창업 체험 및 교육을 통해 청소년의 도전정신, 창의력을 함양하고 기업가 정신을 확산시키기 위해 하는 사업이다. 여기서 비즈쿨(Bizcool)이란 Business와 School의 합성어로 "학교에서 경영을 배운다"라는 의미이다.

② 지원 규모: 76,6억 원 (참조용-변경 가능)

③ 지원 대상: 초 · 중등교육법 제2조에 따른 학교이다.

④ 지원 내용

- 기업가 정신 및 창업교육, 창업 동아리 활동, 전문가 특강 지원 등을 위한 비즈쿨 지정 · 운영

- 모의 창업, 경진대회 등 체험을 통해 기업가 정신을 함양할 수 있는 비즈쿨 캠프 개최

- 비즈쿨 페스티벌, 교재 · 콘텐츠 개발 및 보급, 담당교사 직무연수

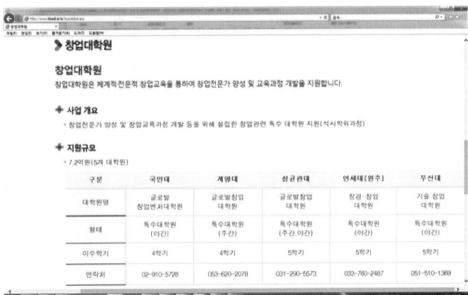

| 창업 대학원

① 사업 개요

창업 대학원은 체계적 · 전문적 창업교육을 통하여 창업 전문가 양성 및 교육과정 개발을 지원하는 사업.

② 지원 규모 (참조용-변경 가능)

7.2억 원 정도이며 5개의 대학원만 지원.(지원을 받는 5개의 대학원은 국민대, 계명대, 성균관대, 연세대 원주 캠퍼스, 부산대)

③ 지원 내용

대학원 운영에 소요되는 강사비, 교육개발비, 장학금 등 지원을 통해 창업 전문가 학위 과정을 운영.

| 시니어 기술 창업

① 사업 개요

시니어 기술 창업 지원은 만 40세 이상 퇴직자의 경력 · 네트워크 · 전문성을 활용하여 성공적인 기술창업을 할 수 있도록 지원하는 사업.

② 지원규모 (참조용-변경 가능)

47.4억 원으로 23개소를 지원한다.

③ 지원 대상

만 40세 이상의 (예비)창업자이다.

④ 지원 내용

시니어 기술 창업 교육, 창업 지원, 에비퇴직자 맞춤 교육.

[2. 시설 및 공간]

| 1인 창조기업 비즈니스센터

1인 창조기업이란 창의성과 전문성을 갖춘 1인이 상시 근로자 없이 사업을 영위하는 자이거나 공동창업자, 공동대표, 공동사업자 등 공동으로 사업을 영위하는 자가 5인 미만인 경우 1인 창조기업으로 인정하는데 최근 1인 창조기업 규모 확대의 이유로 1인 창조기업에 해당되지 아니하게 된 경우에도 3년간은 1인 창조기업으로 인정을 해준다. 1인 창조기업 범위에서 제외되는 업종은 다양하지만 대표적으로 예를 들면, 담배제조업, 코크스/연탄 및 석유정제품 제조업, 1차 금속 제조업, 종합 건설업, 전문직별 공사업, 금융업, 숙박업, 보험 및 연금업, 부동산업, 임대업, 사회복지 서비스업 등이 있다.

1인 창조기업 비즈니스센터는 1인 창조기업에 사무공간을 제공하고 세무·법률 등에 대한 전문가 자문, 교육 등 경영지원을 하며 비즈니스 창출 및 사업화를 지원하는 사업이다. 지원 대상은 1인 창조기업 육성에 관한 법률 제 2조에 해당하는 1인 창조기업 또는 예비 1인 창조기업(예비창업자)로 K-스타트업 홈페이지에서 1인 창조기업 자격여부를 확인할 수 있다. 자격 여부에 따라 1인 창조기업 비즈니스센터를 이용할 수 있는데 이용 자격을 얻으려면 비즈니스 센터 정회원이 되어야 한다. 정회원이 되기 위해 K-스타트업 (kstartup.go.kr) 홈페이지에서 회원가입을 한 후 정회원 정보를 기입하면 정회원이 될 수 있다. 그 후 패밀리 카드를 발급받아 소지를 해야 비즈니스 센터에 입주 할 수 있다. 지원 내용으로는 비즈니스 공간을 지원해 주는 사무 공간 지원, 세무·회계·법률 등 전문가 상담, 교육, 정보제공 등을 무료로 지원하는 경영지원, 1인 창조기업과 외부기관간 프로젝트 연계 및 수행기회 제공, 지식서비스 거래 및 사업화를 지원하는 사업화 지원, 사무용 집기 이용을 지원하는 시설이용 등이 있다.

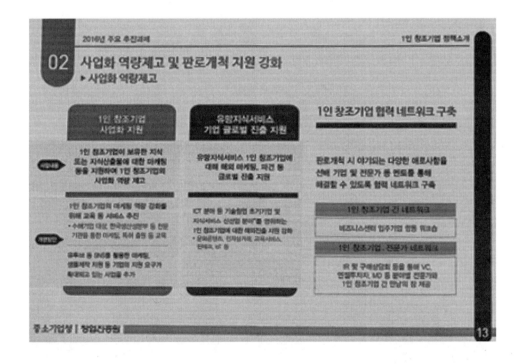

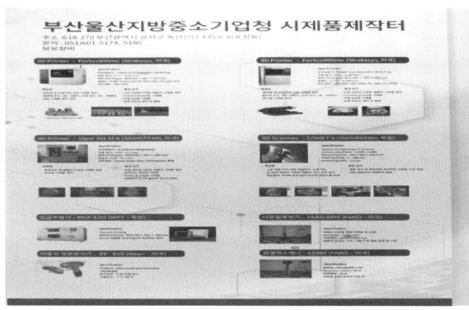

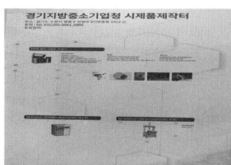

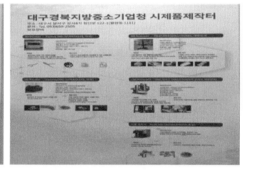

[3. 사업화]

| 창업 선도 대학

① 사업 개요

창업 선도 대학 사업은 창업지원 인프라와 역량이 우수한 창업 선도 대학을 지정하여 학생 및 예비 창업자의 성공적인 창업 사업화를 지원하는 사업

② 지원 규모: 895억 원 (참조용-변경가능)

③ 지원 대상

제조 및 지식 서비스 분야 예비 창업자 및 창업 후 3년 이하 기업과 창업에 관심이 있는 대학 (원)생 및 일반인

④ 지원 내용

창업 아이템 사업화와 실전 창업 교육 및 자율 · 특화 프로그램으로 나누어서 지원을 한다.

창업 아이템 사업화	실전 창업 교육 및 자율·특화 프로그램
시제품 개발, 지재권 출원·등록, 마케팅 활동 등 창업 사업화에 소요되는 자금을 최대 1억 원까지 지원해주고 후속 지원으로 창업 아이템 사업화에 참여한 기업 중 우수 창업자를 대상으로 성능 개선, 홍보, 마케팅 등 사업 고도화 자금을 최대 3천만 원까지 지원	대학생 및 일반인 실전 창업교육, 창업 한마당 축제, 지역 창업 경진 대회 등 대학별 자율·특화 프로그램을 운영

| 창업 인턴제

창업 인턴제란 창업·벤처기업에 근무하면서 체험한 창업노하우를 사업화(창업)로 이어가는 프로그램으로, 2012년부터 미국에서 우수 대학 졸업생의 창업 촉진을 위해 운영 중인 'Venture For America'를 벤치마킹 한 프로그램이다.

① **사업 개요**

창업 준비과정에 중소·중견기업에서의 현장근무 기회를 제공하고 사업화 자금을 지원하여 예비창업자의 성공창업을 도모

② **지원 규모**: 50억 원(창업인턴 50명 내외) (참조용-변경가능)

③ **지원 대상**: 창업아이템과 창업의지를 지닌 대학(원) 재학생(대학생은 4학기 이상 수료자) 또는 고등학교·대학(원) 졸업 후 7년 이내의 미취업자 이거나 채용기업 아래의 요건을 갖추어야 한다.

-직전년도 기준 상시근로자 수 3인 이상

-직전년도 매출액 1억 원 이상

④ **지원 내용**: 인턴 활동과 사업화 지원 두 가지 지원 내용이 있다.

인턴 활동	사업화 지원
기업 현장근무 지원(월 100만원 이내의 인턴활동비 지원)을 하며 근무기간은 최대 6개월이며, 희망 시 단축(3개월 이내)가능	시제품 제작, 창업인프라 구축, 창업활동, 마케팅 등 창업관련 비용(최대 1억원 이내)을 지원 하며 인턴활동 수료자 중 사업화 평가를 통해 지원 대상 선정

창업도약패키지, 선도벤처연계 기술창업, 민관공동 창업자 발굴육성, 재도전 성공패키지, 스마트벤처 캠퍼스 및 세대융합창업캠퍼스 등의 사업들은 창업진흥원 (www.kised.or.kr) 웹사이트나 K-스타트업(kstartup.go.kr) 홈페이지에서 자세한 내용을 참조할 수 있다.

[4. R&D]

| TIPS 프로그램

① 사업 개요

TIPS프로그램(민간투자주도형 기술창업지원, 이스라엘式)은 세계시장을 선도할 기술아이템을 보유한 창업팀을 민간주도로 선발하여 미래유망 창업기업을 집중 육성하는 프로그램이다. 글로벌시장을 지향하는 기술력을 갖춘 유망한 창업팀에게 과감한 창업 도전기회를 제공하기 위하여 성공벤처인 중심의 엔젤투자社, 초기전문 VC, 기술대기업 등을 운영사로 지정하여 엔젤투자·보육·멘토링과 함께 R&D자금 등을 매칭하여 일괄 지원하는 프로그램이다.

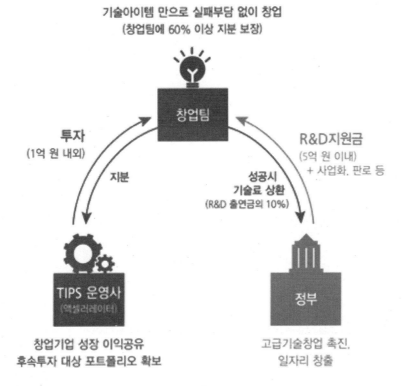

② 지원 규모: (참조용-변경가능)

R&D 자금 590억 원 (연계지원 : 창업사업화 90억 원, 해외마케팅 60억 원)

창업 팀당 최대 10억 원 내외

③ 지원 대상

「중소기업창업지원법」 제2조 제2호에 따른 (예비)창업팀으로 창업하여 사업을 개시한 날로부터 7년이 지나지 않은 중소기업도 포함

④ 지원 내용

구분	보육기간	창업사업화자금	기술개발자금(R&D)				추가연계지원
		엔젤투자금 (운영사)	정부출연금	민간부담금			
				현금	현물		
창업팀 (1팀 기준)	2~3년	1억원 내외 (정부출연금 20%이상)	최대 5억원	민간부담금의 50%이상	해당금액	• 창업자금 연계지원 1억원 • 엔젤매칭펀드 2억원 • 해외마케팅 1억원
			기술개발자금의 80%이내	기술개발자금의 20%이상		

[판로해외진출]

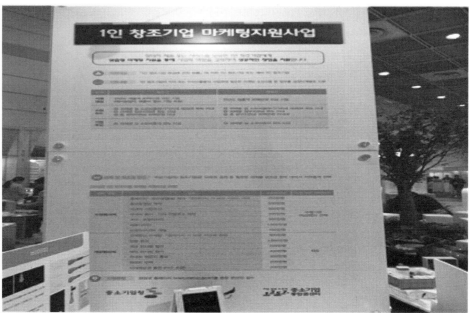

[행사.네트워크]

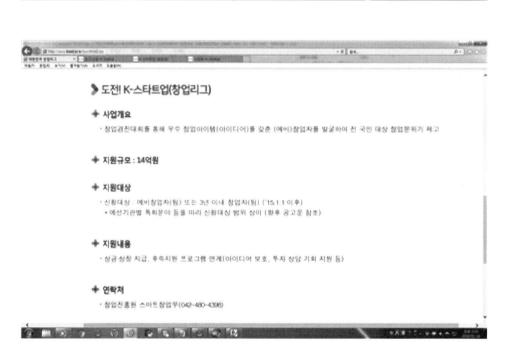

제3절 기타 창업관련 기관 및 공동사무실

│ 서울창업허브

서울시 마포구 **공덕동**
서울창업허브

　2017년 6월 문을 연 서울 창업허브는 450개의 기업 육성을 목표로 하는 국내 최대 창업보육 기관이다. 서울창업허브는 서울시내 24개 창업보육센터를 총괄하는 컨트롤타워 기능을 하며, 창업을 꿈꾸는 시민에게 창업의 문턱을 낮추고 다양한 창업지원 서비스를 제공한다. 창업과 관련한 정보를 총망라하고 스타트업의 활발한 활동지원과 함께 해외진출까지 돕는다.

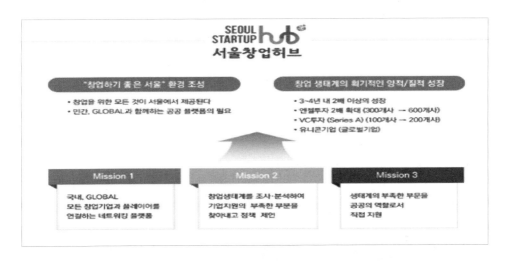

　시민, 창업기업, 창업 유관기관들이 모여 소통하며 교류하는 공간을 만들고자 생겨난 공간이며 창업하기 좋은 서울의 환경을 만드는 것이 목표이다.

　(참조 URL: http://bit.ly/2z0xXHG, http://seoulstartuphub.com)

공동사무실 (Coworking Space)

일종의 공동사무실(공유사무실)로, 각자 다양한 분야의 작업을 하는 사람들이지만 하나의 공간을 함께 사용하면서 서로의 의견을 나누며 시너지효과를 얻을 수 있도록 조성된 공간 또는 그러한 모임을 의미한다. 적은 비용의 임대료만 내면 회의실은 물론 프린터·팩스기 등의 사무기기를 공동으로 사용하면서 비용 등을 절약할 수도 있으며, 서로의 아이디어나 정보를 나누다가 협업하여 아이디어를 현실화하는 경우 창업을 해 나가기도 한다. 2000년대 중반을 전후하여 샌프란시스코, 뉴욕, 필라델피아 등 미국의 프리랜서들이 모여 이러한 공동사무실을 만들면서 유럽, 중국 등 전 세계로 확산되고 있다. 우리나라에도 서울, 인천, 성남, 대전, 천안, 부산 등 각 지역에 다양한 코워킹 스페이스(Coworking Space)가 생겨나고 있다. (참조 URL: http://bit.ly/2BbW2uC)

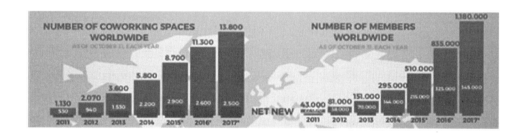

코워킹 스페이스는 매우 빠른속도로 성장했으며 현재도 성장이 계속되고 있다. 코워킹 스페이스의 이용객은 IT, PR, 영업분야의 사람들이 지배적으로 많다. 이들의 절반 이상은 석사 이상이며 훌륭한 인재들이 모여 서로 시너지 효과를 내고, 주요한 사업 정보를 주고받는 역할을 한다. (참조 URL: http://k-meri.com/221143886916 http://bit.ly/2mQAfEt)

국내 코워킹 스페이스의 사례 소개

1. 르호봇(Rehoboth)

Rehoboth
Community Platform

르호봇(Rehoboth)은 국내의 대표적 코워킹 사업체 중 하나로, 공유할 수 있는 오피스, 회의실, 카페 등을 제공할 뿐 아니라 자금의 연결, 판로개척, 투자자 유치 등의 네트워크를 조성하여 준다. 또한 비즈니스 성장에 필요한 단계별 서비스를 제공하는데, 이는 특히 갓 창업을 시작하는 1인, 사업체등에 매우 유익하다 할 수 있다. 르호봇은 신규 사업체에 유용한 스타트업 인큐베이터 역할에 특화 돼 있다고 볼 수 있으므로 3년 이내의 경력을 갖고 있는 창업자, 예비 창업자들이 둥지를 틀기에 적합한 네트워킹 센터라 할 수 있다.

(참조 URL: http://www.ibusiness.co.kr/community http://bit.ly/2GsaGSi)

2. webiz Business Center

서울 강남구 테헤란로 및 중구 퇴계로에 위치하여, 지리적으로 좋으며, 쾌적한 사무공간, 휴식공간을 제공한다.

▌ 역삼점

주소 : 서울시 강남구 테헤란로20길 10, 쓰리엠타워 11F

전화 : 02-567-1197 팩스 : 02-567-1198

▌ 명동충무로점

주소 : 서울시 중구 퇴계로 213, 일흥빌딩 3F

전화 : 02-6205-5008 팩스 : 02-6205-5009

▌ 선릉점

주소 : 서울시 강남구 테헤란로 327, 빅토리아빌딩 17F

전화 : 02-6203-1130 팩스 : 02-6203-1190

(참조 URL: http://webizkorea.co.kr/?page_id=11526)

| 엑셀러레이터

엑셀러레이터란 신생 스타트업을 발굴해 업무공간 및 마케팅, 홍보 등 비핵심 업무를 지원하는 역할을 하는 단체를 말한다. 스타트업 엑셀러레이터는 창업 기업에 사무실, 컨설팅 서비스를 제공할 뿐 아니라 마케팅·전략 등 각 분야의 세계적 전문가들을 멘토로 연결시켜 주기도 한다. 그 외에도 투자 기업을 소개, 연결 해주는 등 기존의 네트워크와 신규 사업체를 연결해 주는 매우 유용한 사업체이다. (참조 URL: http://smallgiantk.blog.me/220868635934)

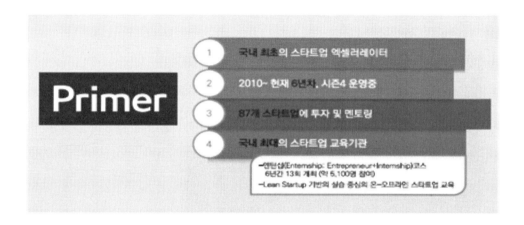

프라이머는 후배 기업가들의 성공을 돕는 새로운 형태의 엔젤투자 인큐베이션 네트워크이다. 앞에서 소개한 르호봇과 마찬가지로 인큐베이터의 역할도 하지만 프라이머는 기업성장을 가속화시키는 엑셀러레이터에 더욱 특화된 투자업체라는 평가를 받고 있다. 프라이머 역시 스타트업 창업가들을 위해 사무실을 제공하며 프라이머에 입주하게되면 각종 네트워크의 연결등을 도와 스타트업의 도약을 도와준다. (참조 URL: http://www.primer.kr)

기타 벤처기관들의 일부 예로서, LH소셜 벤처 및 각 지자체 창업 관련 기관(경기콘텐츠진흥원, 인천창업지원기관협의회, 광주창조경제혁신센터 등)을 소개하면 다음과 같다.

| LH소셜 벤처

① 사업 개요

소셜벤처(Social Venture)는 우리 주변의 많은 사회적 문제를 혁신적이고 지속가능한 경제적 모델을 적용시켜 빠르고 근본적으로 해결하는 혁신기업이다.

(참조 URL: http://lhsv.or.kr)

사회적 기업	소셜벤처	벤처기업
사회적 가치 추구 → 수익성 약함	경제적 + 사회적 가치 → 수익성 및 공익성 보유	경제적 가치 추구 → 공익성 약함
고용노동부 사회적기업 행정자치부 마을기업 기획재정부 협동조합	LH소셜벤처 서울시 챌린지 1000프로젝트 고용노동부 소셜벤처 아이디어 경연대회	롯데그룹 Lotte Accelerator 삼성전자 C-Lab SK텔레콤 BRAVO! Restart

② **지원 규모**: 15팀, 1.5억 원 (참조용-변경가능)

③ **지원 대상**

    혁신적인 아이디어로 사회문제 해결을 통해 창업 기회를 발견하는 진취적인 예비창업자 또는 신규창업자(3년 미만)이다.

④ **지원 내용**

    - 예비 창업자 및 신규 창업자(3년 미만) 인큐베이팅 지원

    - 창업자금, 창업 교육 및 컨설팅, 네트워킹, 창업 공간, 크라우드 펀딩

    - 최대 2년간 단계별 지원(최대 4천만 원)

| 각 지자체 창업 진흥 센터

경기콘텐츠진흥원은 **G-Start**라고 비즈니스 생애주기를 고려해 기업 성장에 필요한 요소를 단계별로 제공하는 맞춤형 프로그램을 제공하고 있다. 이 프로그램은 A~E단계로 구성돼 있으며 부천, 판교, 광교, 북부 등 4곳의 클러스터 센터를 통해 진행이 된다. **인천창업지원기관협의회**는 **I-StartUp**이라는 인천 벤처창업한마당 행사를 개최하여 예비 창업자 및 스타트업 기업의 성공사례를 공유하고 다양한 활동 사례를 공유하는 프로그램은 진행한다. **광주창조경제혁신센터**에서는 창조경제 실현화 일자리 창출을 위한 혁신벤처 창업 생태계 조성, 광주광역시 지역 기반으로 한 벤처 기술/서비스 발굴 및 육성, 혁신적인 벤처기술 및 서비스의 자동차 산업 진출 지원이라는 목적을 가지고 아이디어 사업화 지원사업과 기술창업 지원 사업을 할 수 있는 벤처창업활성화 지원 사업 공모전을 개최한다.

| 참고 웹사이트 및 URL등:

창업진흥원 http://www.kised.or.kr/bus/inf1.asp

K-스타트업 http://bit.ly/2CHirm3

K-global startup 공모전 http://blog.naver.com/ivilvl/220950874782

창업 인턴제 내용 https://blog.naver.com/bizinfo1357/220962576840

K-Global ICT 유망기술 개발 지원 사업(ICT창업 · 재도전 기술 개발 지원)

　　http://blog.naver.com/dailytopic/220946071224

TIPS 프로그램 http://www.jointips.or.kr/about.php

LH소셜벤처 창업 지원 사업: http://lhsv.or.kr/?page_id=258

　　http://blog.naver.com/orchiswoo/221011743912

경기콘텐츠진흥원 G-Start http://www.fnnews.com/news/201712051038502145

인천창업지원기관협의회 I-StartUp http://blog.daum.net/weed/301

광주창조경제혁신센터 http://openclick.tistory.com/802

2.1   중소벤처기업부의 설립목적과 주요업무를 설명하라.

2.2   창업진흥원의 주요기능 및 역할을 설명하라

2.3   중소벤처기업부와 창업진흥원의 위치는?

2.4   창업진흥원의 벤처창업 지원사업 종류를 나열하면?

2.5   창업진흥원의 창업지원 프로그램들을 소개하면?

2.6   1인 창조기업 비즈니스센터란 무엇인가?

2.7   스마트 벤처창업학교의 현황 설명하면?

2.8   현재의 정책자금 지원 현황을 설명하면?

2.9   TIPS 프로그램을 요약해서 설명하면?

2.10   K-Startup (URL: http://www.k-startup.go.kr)에서 제공하는 창업지원 프로그램을 분야별로(예: 창업교육, 사업화 등) 조사해서 간략히 설명하라.

제**4**장

벤처창업 사업계획서 양식

사업계획서에는 용도에 따라 다양한 종류가 있으며, 구성과 내용은 목적에 따라 다를 수 있다. 상세한 내용은 사업계획서 작성 참고자료를 (기술창업경영론-김종호 등 공저, 벤처창업과 경영전략-한정화 저) 참조바라며, 사업계획서의 개념, 사업계획서의 필요성, 사업계획서 작성 원칙과 절차, 사업계획서의 구조와 구성내용 등이 설명되어 있다. 특히, 사업계획서의 구성항목으로 사업개요, 회사소개, 환경분석, 시장분석, 사업목표, 제품 및 서비스, 기술/제품/사업 개발계획, 인원계획, 생산/운영 계획, 마케팅 계획, 재무계획 및 위험분석/대응 계획 등의 상세한 내용을 참조하기 바란다.

서비스업 사업계획서 사례는 참고문헌인 인터넷 창업경영을(김윤호, 박태규 공저) 참조바라며, 아이디어마루(창조경제타운: http://www.creativekorea.or.kr, http://www.ideamaru. or.kr)의 사업계획서(서비스업) 예시를 홈페이지에서 사업화지원-사업계획서 작성을 참조하길 바란다. 목차만 간략히 소개하면 다음과 같다. (1. 사업의 개요 2. 시장조사 및 입지조건 3. 사업추진동기 및 각오 4. 주요연혁 5. 기업소개 6. 수익모델 7. SWOT전략 8. 제품의 강점전략 9. 마케팅계획 10. 소요자금 11. 사업성분석 12. 위험관리 13. 사업추진일정)

신용보증기금(4종류)과 기술보증기금(6종류)에서 제공하는 다양한 사업계획서 양식 중 원하는 양식을 다운로드 받아서 활용하길 바란다.

| 사업계획서의 기본 (사업계획서를 왜 만드는가?)

인지도가 없는 상황에서 사업계획서를 근거로 회사에 대한 1차 평가

투자자와 협력사가 자사와 함께 했을 때 이익 설명

팀에 인재를 합류시킬 수 있는 주요 매개체

창업자에게 회사의 사업 방향에 대한 기준

내부 임직원에게 회사가 어떤 일을 하고 있는가에 대한 공감대 형성

창업성공률 제고용으로 활용

창업에 필요한 제반요소 점검

추상적이고 주관적이 아닌 객관적이고 체계적인 사업타당성 검토

일반적으로 사업계획서는 계속 문서화하고 업데이트하며 정리하는 게 좋다. 이 때 사업목표가 명확하지 않으면 실행할 수도 없고 조력을 구할 수도 없다. 스타트업 초기에는 특히 사업계획서가 필요한 상황이 많다. 예를 들면, 창업보육센터 입주할 때, 엑셀러레이터 프로그램 지원할 때, IR(investor relations, 기업설명회)용 및 공동창업자를 구하기 위해 목표 비즈니스에 대해 설명을 할 때 등이다.

목적과 특성에 맞는 구성은 창의적으로 조정가능하며, 일부 예로서 신용보증기금에서 제공하는 사업계획서 양식(청년창업용 및 1인창조기업용)을 소개한다.

(참조: 청년창업용, 신용보증기금 http://kodit.co.kr)

사업계획서

기업체명	
대 표 자	

1. 기업체 현황

업 체 명	국 문		대 표 자 명	
	영 문			
설립(개업)일자			업종(산업분류)	
소 재 지	주 소		전 화 번 호	팩 스
본 사				
사 업 장				
E - mail		Homepage	상시근로자	
주 요 연 혁			관 계 회 사	
년 월	내 용			
			기 업 체 명	
			대 표 자 명	
			법인(주민)번호	
			업 종	
			관 계 내 용	
기술자격 보휴여부	<자격증, 산업재산권, 규격표시허가, 기술제휴, 대외수상실적 등>			

2. 대표자(실제경영자) 및 경영진 현황

성 명			주민번호		
현 주 소			전 화	유선	
				무선	
최종학력	년 월 학교 과 (졸업, 수료, 중퇴)				

경 력	근무기간	근 무 처	업 종	최종직위(담당업무)
	. . ~ . .			
	. . ~ . .			

경 영 진					주 주 상 황		
직위	성 명	주민번호	실제경영자와의 관계	담당업무 및 주요경력	주 주 명	실제경영자와의 관계	지분율
							%
							%
							%
							%

3. 사업장 및 주요시설

(단위 : 백만원)

사 업 장						
기보유	소재지		소유자(관계)	( )		
			면 적	대지 m²	건물	m
	임차관계	전세 백만원, 월세 천원	가동상황	월평균 일, 1일평균 시간		
	생산방식	자사제조 %, 외주가공 %	주문생산 %, 시장생산 %			
추가 도입 예정	소재지		소유자(관계)	( )		
			면 적	대지 m²	건물	m
	임차관계	전세 백만원, 월세 천원	도입예정일	20 년 월 일		

주 요 시 설							
구분	시 설 명	구입년도	수 량	단 위	용 도	소요자금	제작사
기보유		. .					
		. .					
도입 예정		. .					
		. .					

| IT관련 사업계획서 예

IT계열의 사업계획서는 기술과 디자인, 신뢰성 있는 데이터가 중요하다. 먼저, 자신의 회사에 대한 개요를 충분히 보여주고, 현재의 업계 및 시장에 대한 분석을 큰 부분부터 세세한 부분으로 분석하여 들어간다. 소비자, 경쟁사 등에 대한 분석도 빠트리지 말아야 하는데, 타당성 분석하여 압축된 사업에 대한 아이디어(혹은 아이템)를 도출해내고 이를 실현시킬 구체적인 사업계획을 세운다. 사업진행에 필요한 자금에 관련한 부분 역시 빠지지 않고 정확히 보여주도록 한다. IT업계는 항상 새로운 트렌드와 기술에 민감하기 때문에 이를 충분히 반영한 분석과 계획을 세워야 한다.

(참조: IT사업계획서, 事業計劃書, IT Business Plan, 비즈폼 서식사전, 비즈폼; URL: http://bit.ly/2C9aMMb)

시장의 변화속도와 기술의 발전 속도가 다른 분야와는 많은 차이가 있는 특성이 존재하므로 이에 유의해서 사업계획을 세워야한다.

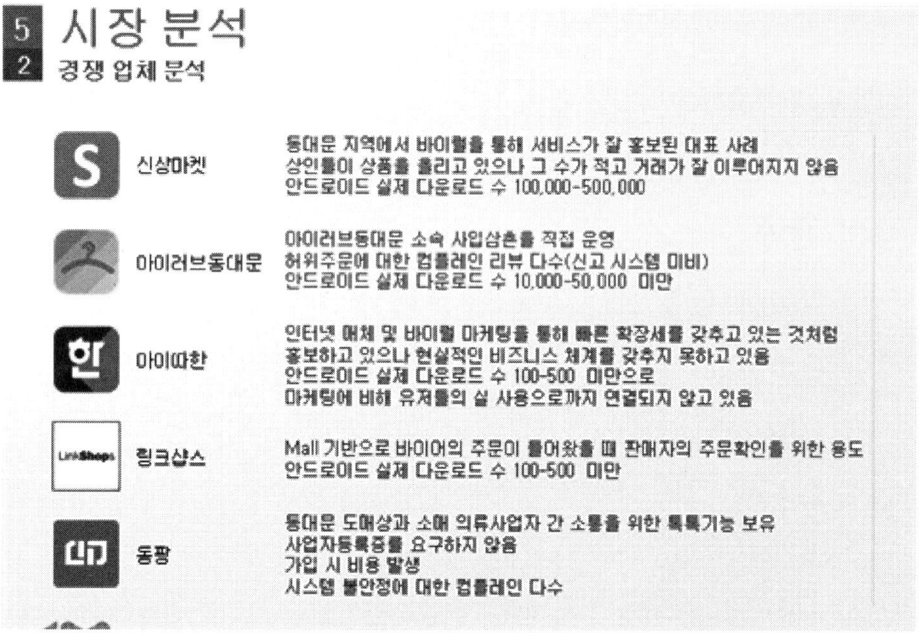

위 그림은 현재 시장 경쟁 상태를 보여주며 현 어플(Appl)들의 장단점을 설명한다.

위는 핵심 기술들을 간략하게 설명한다. 사용법과 사용 과정들마다 어떠한 기술들이 들어가 있고, 기술을 넣은 이유를 설명한다. IT계열의 강점은 개발에 공간의 제약이 없고 초기 비용이 크지 않다. 상시 수정이 가능하여 유연하게 대처가 가능하며, 핵심 기술과 마케팅이 매우 중요하다. 또한 점점 더 개발을 편리하게 하는 툴이 소개되어서, 품질 중심이 아닌 시장에서의 인지도와 접근성이 가장 중요해졌다. 요식업은 맛으로, 건축은 가격이나 인테리어라는 차별화된 전략이 있지만 IT에서는 상시 수정이 가능하다는 점 때문에 기술적 및 디자인적 측면에서는 차별화를 하기가 쉽지 않다. 따라서 마케팅 부문에서 차별화된 전략을 사용한다. [참고: 패션디자인 클러스터 사업소개서(IT)]

제5장

벤처창업 자금조달

　창업할 때, 자금조달의 원천으로는 창업자 자신의 현금, 종업원, 친척과 친구, 엔젤, 벤처캐피탈, 은행 및 정부지원금, 신용보증제도, IR (Investor Relations) 등이 있고, 각각의 상세한 내용과 벤처기업 성장단계별 자금지원 종류들은 참고문헌 (벤처 창업과 경영전략-한정화)의 자금의 조달과 관리를 참조하길 바란다. 인터넷 사업자금의 조달전략과 지원제도는 참고문헌 (인터넷 창업경영-김윤호 등 공저)을 참조바라며, 또한 기술창업관련 자금조달과 투자유치는 참고문헌(기술창업론-김진수 등 공저)을 참조하길 바란다. 여기에서는 주로 웹사이트에서 쉽게 접할 수 있는 정부기관들의 자금관련 지원사업(예: 중소기업진흥공단) 및 지원보증(예: 기술보증기금 및 신용보증기금) 등을 소개한다.

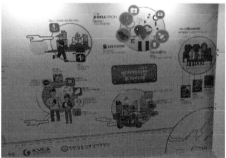

┃ 창업기업 지원자금

- 사업안내

우수한 기술과 사업성은 있으나 자금이 부족한 중소, 벤처기업의 창업을 활성화하고 고용
창출을 도모하는 사업이다.

- 신청대상

일반창업기업지원, 청년전용창업자금으로 구분 지원(1인 창조기업 포함)

(일반창업기업지원) 『중소기업창업 지원법』 시행령 제2조 및 제3조의 규정에 의한 사업
개시일로부터 7년 미만(신청 · 접수일 기준)인 중소기업 및 창업을 준비 중인 자

* 다음 정부 창업지원사업 참여기업을 연계하는 창업사업연계자금 별도 운용

창업투자 : 민간 VC 등 투자유치, 크라우드 펀딩 성공 등

창업R&D : 중기부 창업성장기술개발사업 등 성공판정

창업양성 : 청년창업사관학교, TIPS팀, 사내벤처창업 프로그램 분사기업 등

창업BI : 정부 및 지자체, 대학 BI 입주 및 졸업(3년 이내) 기업

(청년전용창업) 대표자가 만 39세 이하로 사업 개시일로부터 3년 미만(신청 · 접수일 기
준)인 중소기업 및 창업을 준비 중인 자

* 창업성공패키지지원의 경우 7년 미만인 창업 및 예비창업자

* 일반창업기업지원자금, 청년전용창업자금 모두 최종 융자시점에는 사업자등록 필요

| 융자범위

- **시설자금**

  생산설비 및 시험검사장비 도입 등에 소요되는 자금

  정보화 촉진 및 서비스 제공 등에 소요되는 자금

  공정설치 및 안정성평가 등에 소요되는 자금

  유통 및 물류시설 등에 소요되는 자금

  사업장 건축자금, 토지구입비, 임차보증금

  * 토지구입비는 건축허가가 확정된 사업용 부지 및 산업단지 등 계획입지의

    입주계약자 중, 6개월 이내 건축착공이 가능한 경우에 한함

    사업장 확보자금(매입, 경 · 공매)

  * 사업장 확보자금은 사업영위 필요에 따라 기업당 3년 이내 1회로 한정 지원

- **운전자금**

  창업소요 비용, 제품생산 비용 및 기업경영에 소요되는 자금, 약속어음 폐지 · 감축에 따른 현금결제 전환 비용

| 융자조건

- **대출금리**

  대출금리(기준금리) : 정책자금 기준금리(변동)에서 0.3%p 차감

  * 청년전용창업자금, 창업성공패키지지원은 연 2.0% 고정금리 적용

- **대출기간**

  시설자금 : 10년 이내(거치기간 4년 이내 포함)

  * 시설자금 신용대출은 대출기간 6년 이내(거치기간 3년 이내 포함)

  운전자금 : 5년 이내(거치기간 2년 이내 포함)

  청년전용창업자금 : 시설 · 운전 6년 이내(거치기간 3년 이내 포함)

  * 청년전용창업자금 5천만원 미만 소액대출 기업의 경우, '기업자율 상환제도' 선택 가능

- **〈기업자율 상환제도〉**

  (제도내용) 정책자금 대출원금을 기업이 원하는 날짜에 자유롭게 상환 허용

  * 다만, 대출이자의 경우는 매월 정기적으로 부과 · 납부

  (제한사항) 대출 이후 1~4년차에 대출원금의 1/4에 해당하는 금액 상환, 5년차에 대출원금의 1/4에 해당하는 금액 상환, 6년차에 대출원금의 1/2에 해당하는 금액 상환(기한 내 기업이 자율적으로 상환)

- 대출한도

대출한도: 개별기업당 융자한도

* 운전자금은 연간 5억원 이내. 단, 수출향상기업(최근 1년간 직수출실적
  50만불 이상이며 20% 이상 증가), 최근 1년간 10인 이상 고용창출 기업,
  최근 1년간 10억원 이상 시설투자기업(금회 포함), 약속어음 폐지 · 감축
  기업, 여성기업의 운전자금은 연간 10억원 이내(청년전용창업자금 제외)
* 청년전용창업자금 : 기업당 1억원 이내

- 융자방식

(일반창업기업지원) 중진공 직접대출 또는 금융회사 대리대출

(청년전용창업) 중진공이 자금 신청 · 접수와 함께 교육 · 컨설팅 실시 및 사업계획서 등에
대한 평가를 통하여 융자대상 결정 후 직접대출(융자상환금 조정형)

* 융자상환금 조정형 : 정직한 창업실패자에 대하여 심의를 통해 선별적으로 융자상환금
  의 일부를 조정

- 융자상담처

자세한 상담은 전국에 위치한 중진공 각 지역본(지)부에서 문의.

본부: 진주

지역본부: 서울지역본부 서울동남부지부 서울북부지부 인천지역본부
　　　　　　인천서부지부 경기지역본부 경기동부지부 경기서부지부 경기북부지부
　　　　　　대전지역본부 충남지역본부 충북지역본부 충북북부지부 전북지역본부
　　　　　　전북서부지부 대구지역본부 경북지역본부 경북동부지부 경북남부지부
　　　　　　강원지역본부 강원영동지부 광주지역본부 전남지역본부 전남동부지부
　　　　　　부산지역본부 부산동부지부 울산지역본부 경남지역본부 경남동부지부
　　　　　　경남서부지부 제주지역본부
　　　　　　(참조 웹사이트: http://www.sbc.or.kr)

희망창업아카데미는 사례분석, 기업CEO 특강 또는 현장실습과정 등을 포함한 사례 · 실무 중심의 교육으로 운영한다. 업종별, 창업단계별 또는 여성 · 장애인 및 청년창업예정자 등 창업대상자별로 특화된 희망창업아카데미를 개최할 예정이며, 신보의 희망창업아카데미가 예비창업자들에게 실질적인 창업정보 제공의 수단이 될 수 있도록 커리큘럼을 운영하고 있다.

- 희망창업아카데미 교육내용

1. 창업이론단계: 창업가의 자세, 창업아이템 선정

2. 창업분석단계: 사업타당성분석

3. 창업계획수립단계: 사업계획서 작성실무, 창업사례분석

4. 창업실무단계: 창업 세무, 창업기업자금운영, 창업절차실무, 창업마케팅 등

| 예비창업자 사전보증

- 사업안내

예비창업자 사전보증은 창업준비 단계에서 기술평가를 실시하여 창업자금 지원가능금액
을 제시해 주고, 창업 즉시 당초 제시한 창업자금에 대해 보증 지원하는 제도이다.

- 지원 대상

분야		자격요건
일반창업	지식재산권 사업화 창업	최근 2년 이내 등록(출원 포함)된 특허권·실용신안권(전용실시권 포함)을 사업화하려는 예비창업자
	신성장동력산업 창업	아래의 '17대 신성장동력산업'을 영위하려는 예비창업자 -녹색기술산업(신재생에너지, 탄소저감에너지, 고도물처리, LED응용, 그린수송시스템, 첨단그린도시) -첨단융합산업(방송통신융합산업, IT융합시스템, 로봇응용, 신소재·나노융합, 바이오제약·의료기기, 고부가식품산업) -고부가서비스산업(글로벌헬스케어, 글로벌교육서비스, 콘텐츠·소프트웨어, MICE·융합관광)
	녹색성장창업 지식문화창업 이공계 챌린지창업 40·50창업 1인 창조기업 첨단·뿌리산업 창업	「맞춤형 창업성장 프로그램」 지원 대상 예비창업자
	창업교육 수료·창업경진대회 입상	최근 3년 이내 정부·지자체·공공기관·대학·연구소 등에서 주관하는 창업교실, 창직·창업인턴 프로그램을 수료하였거나 창업경진대회에서 입상한 예비창업자
전문가창업	교수	「고등교육법」 제14조(교직원의 구분)제2항에 의한 교원(교수, 부교수, 조교수) [해당기관에서 3년이상 근무경력을 보유한 자에 한함]
	연구원	「기술의 이전 및 사업화 촉진에 관한 법률」 제2조(정의)제6호에 의한 '공공연구기관'에서 근무한 연구원
	기술사 기능장	「국가기술자격법」 제9조(국가기술자격의 등급 및 응시자격)에 의한 기술사 및 기능장

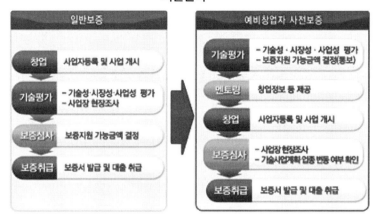

지원절차

- **대상자금**

  창업초기 소요되는 운전자금(창업자금 등) 및 시설자금(사업장 임차자금 등)

  기술사업계획서를 기초로 예비창업자의 기술경험(지식)수준, 기술개발역량,

  기술혁신성 등을 종합적으로 평가

  기술평가료 : 200,000원 (기술평가 신청 · 접수시 납부)

- **보증한도 및 우대사항**

  최대 10억원(일반창업분야는 5억원) - 기술사업평가등급별 차등 운영

  100% 전액보증(창업후 1년 경과시 90% 부분보증 전환)

  신청금액이 1억원이하인 경우 기술평가료 면제

- **문의처**

  기술보증기금 전화 1544-1120, 상세내용은 홈페이지(www.kibo.or.kr) 참조

  홈페이지 ⇒ 주요업무안내 ⇒ 보증지원 ⇒ 보증상품 ⇒ 예비창업자 사전보증

| 창업기업 지원 특례보증

- **사업안내**

1. 추진배경

제조업 및 지식기반서비스업 중심의 창업기업 육성 및 지속적 성장 도모를 위한 제도적 기틀 마련

* 과밀업종 창업을 지양하고 우대분야별 중복지원 사전방지로 현장업무 편의 증진

  창업기업 보증대상 확대(3년 이내 창업기업 → 7년 이내 창업기업)를 반영,

  적극적 보증지원으로 고용창출 및 미래 성장 잠재력 확충 도모

| 청년창업 특례보증

- 사업안내

청년사업가의 아이디어가 상품화 될 수 있도록 청년창업에 특화된 제도를 마련하여 청년의
창업기회를 확대하기 위해 도입

지원 대상: 창업후 3년 이내로서, 대표자가 만 20~39세 이하인 기술창업기업

대상 자금: 창업 및 운영을 위한 운전자금, 사업장 임차자금 및 시설자금

동일 기업당 지원한도: (참고용-변경가능) 보증금액 3억원 이내

문의처: 기술보증기금 : 1544-1120(평일 오전 9:00 ~ 오후 6:00)

| 퍼스트펭귄형 창업기업 보증

- 사업안내
- 사업개요

● 창업 3년 이내의 유망창업기업 중, 미래 성장성이 기대되는 기업을 '퍼스트펭귄형 창업기
  업'으로 발굴 · 선정하여 우대 지원하는 제도

  * 처음 뛰어든 펭귄처럼, 현재의 불확실성을 감수하고 아이디어와 지식을
    바탕으로 新시장에 과감히 도전하여 향후 시장을 선도할 창업기업

- 지원대상

● 창업 후 3년 이내의 유망창업기업 중 일정 평가점수 이상인 기업

- 지원내용

● Credit Line 설정을 통해 3년간 최대 30억원까지 지원 가능하며, 보증료 및 보증비율도 최
  고 수준으로 우대

● 보증연계투자 요청 시 우선 지원 대상으로 운영하며, 경영컨설팅, 잡매칭 등 비금융 서비
  스도 제공

구분			1차년도	2차년도	3차년도
업력			• 창업후 3년 이내		
대상기업			• 제조업 또는 신성장동력산업 영위기업, 창조형 서비스산업영위기업 중 신보의 "창업경쟁력 평가" 결과 80점 이상		
보증 한도	총한도		• 총 지원 가능한도 30억원		
	Credit Line	신규설정	• 3년간 지원한도 → Min(30억원, 3년차 추정매출액×1/2)		
		연차별 한 도	Min(20억원, 1년차추정매출액, 소요자금)	Min(25억원, 2년차추정매출액)	Min(30억원, 3년차 추정매출액 ×1/2)
보증료율			0.5%p 차감	0.5%p 차감	0.5%p 차감
보증비율			100%	95%	90%
비금융지원			• 보증연계투자 요청 시 우선 지원 • 유동화회사보증 취급 시 편입·금리 우대 • 전문 경영컨설팅 및 Job-Matching 서비스 제공		

- 문의처

    중소벤처기업부 기업금융과(042-481-4388)

    신용보증기금 고객센터(1588-6565)

    홈페이지 : http://www.kodit.co.kr

제6장

벤처창업 판로 및 해외진출

마케팅은 기업의 제품 및 서비스를 통해 고객의 필요(needs), 욕구(want) 및 수요(demands)를 창출하고, 고객에게 가치와 만족을 제공하여 기업과 고객간의 관계를 구축하며, 이런 관계가 시장(market)에 반영되어 고객의 필요(needs), 욕구, 및 수요가 재창출되는 순환과정으로 정의 할 수 있다. 기술창업 마케팅에 관해서는 기술창업관련 참고문헌 (기술창업론-김진수 등 공저)을 참조바라며, 사업화단계에서의 마케팅전략은 다음의 참고문헌을 (기술창업경영론-김종호 등 공저) 참조바라며, 또한 제품전략, 가격전략, 유통전략 및 촉진전략 등은 다음의 참고문헌(벤처창업과 경영전략-한정화 저)을 참조하길 바란다. 정부 지원사업들을 소개하고, 판로 및 해외진출을 간략히 설명한다.

제1절 지원사업

| 1인 창조기업 마케팅 지원

- 사업안내
- 사업개요
  - 창의적 아이템을 보유한 1인 창조기업에 디자인 개발, 홈페이지 · 홍보영상 제작 등 마케팅을 지원하여 사업화 역량을 강화
- 지원규모 (참조용-변경가능)
  - 40억원(400개사 내외, 2천만원 이내)
- 지원대상
  「1인 창조기업 육성에 관한 법률」 제 2조에 해당하는 1인 창조기업 또는 예비 1인 창조기

업(예비창업자)

1인 창조기업이란 창의성과 전문성을 갖춘 1인이 상시근로자 없이 사업을 영위하는 자. (단, 부동산업 등 대통령령으로 정하는 업종을 영위하는 자는 제외)

공동창업자, 공동대표, 공동사업자 등 공동으로 사업을 영위하는 자가 5인 미만인 경우 인정, 1인 창조기업이 규모 확대의 이유로 1인 창조기업에 해당되지 아니하게 된 경우에도 3년간은 1인 창조기업으로 인정

* 상시근로자를 사용하지 않고 있는 기간이 연속으로 1개월 이상이었던 자

* 1인 창조기업 외의 기업과 합병하거나 창업일이 속하는 달로부터 12개월 이전에 중소기업에 해당하지 아니하게 된 경우는 제외

- **지원내용** (참조용-변경가능)

  ● 총 사업비의 최대 70%(2천만원 이내) 지원

  ● 지원 과제

    * (멀티미디어) 홈페이지, 모바일 앱(웹), 홍보동영상

    * (디자인) 전자 카탈로그, 포장디자인, 브랜드 개발

    * (해외시장조사) 해외 시장조사/컨설팅, 국제법률자문, 바이어 발굴 · 매칭

    * (광고홍보) TV/라디오/옥외 광고, 신문/전문지 홍보, 온라인 홍보

    * (전시회참가) 해외전시회&박람회, 국제전시회

    * (인증획득) 지식재산권 출원등록, 규격인증 획득

문의처: 창업진흥원 지식서비스창업부(042-480-4385, 4496)

| K-Global 스마트모바일 스타기업 육성

- **사업안내**

- **사업개요**

  ● 유망 스마트 콘텐츠 기업을 발굴 육성하기 위한 제작지원, 컨설팅, 해외 홍보마케팅, 서비스인프라 등의 프로그램 지원

    * 스마트 콘텐츠 : 스마트기기(스마트폰, 태블릿PC, 스마트TV 등)을 매개로 사용자에게 편익을 제공할 목적으로 콘텐츠 원형의 표현력과 전달력을 높여 유무선 인터넷 기반으로 제공되는 사용자 중심의 콘텐츠

- **지원규모** (참조용-변경가능): ● 204억원(약 300개 과제 지원)

- **지원대상**

  ● 「1인 창조기업 육성에 관한 법률」 제2조에 해당하는 1인 창조기업 중 창업 후 7년 이하

인 기업을 대상으로 기술개발 지원

- **지원내용** (참조용-변경가능)

  - 30억 원 (미정)

  - 제작지원 : 20억원 (세부사항 미정)

  - 인프라서비스, 컨설팅 : 10억원 (세부사항 미정)

- **지원대상**

  - 국내 중소 스마트콘텐츠 개발사 또는 컨소시엄

    * 대기업은 공동수행사로 참여 가능하나 지원금 책정 불가

- **지원내용** (참조용-변경가능)

  - 제작지원

    * O2O, 플랫폼, 웨어러블 등 다양한 형태의 ICT와 아이디어를 결합한 융합형 스마트콘

      텐츠 제작 지원

  - 컨설팅

    * 사업화, 해외네트워크 발굴 지원 등

  - 서비스 인프라

    * CDN 및 웹서비스, 인프라 관련 기술지원

- **문의처** : 정보통신산업진흥원 스마트콘텐츠팀

    * 제작지원, 컨설팅 : 031-360-5943

    * 서비스 인프라 : 031-360-5944

| K-Global 해외진출사업

- 사업안내
- 사업개요
  - ICT융합분야 스타트업 및 벤처 기업이 글로벌 시장으로 진출 및 성장할 수 있도록 경영 애로사항에 대한 컨설팅 지원 및 교육, 사무공간, 투자유치 등 해외진출 지원
- **지원규모** (참조용-변경가능)
  - 지원규모 : 51.8 억원
- **지원대상**
  - ICT 융합 분야 예비창업 및 7년 이내 중소 벤처기업
- **지원내용**
  - **(해외 진출 전문 컨설팅 지원)** 상근 전문인력 및 국내외 법률 · 특허 · 회계 등 기관과의 파트너십을 통해 법률 · 특허 · 회계 · 마케팅 컨설팅 지원
  - **(국내 · 외 투자유치 지원)** 유망 ICT스타트업 발굴 후 피칭교육 실시, 국내 · 해외 데모데이 등 통한 국내 · 외 투자 유치 지원
  - **(특화교육 및 세미나)** 해외진출시 현장 적용 가능한 실무교육으로 프로그램 구성하여 글로벌 진출 역량강화 및 해외 법률, 마케팅 등 분야 전문가를 국내로 초청하여 세미나를 개최하고, 컨퍼런스 등 네트워킹 행사 개최
  - **(입주공간지원)** 창업 · 혁신을 위한 기관이 밀집해 있는 K-Global스타트업 허브內 사무공간을 제공함으로써 창업→성장→해외진출 등 성장단계별 원스톱 지원
- 문의처
  - K-ICT 본투글로벌센터 (031-5171-5600)
  - 홈페이지 : http://www.born2global.com

| 국내 창업기업 글로벌 투자유치 및 홍보

- 사업안내
- 사업개요
  - 해외 투자유치 및 정보제공 플랫폼에 국내 우수 창업기업의 정보 노출을 강화하여 글로벌 투자유치 및 홍보 촉진
- **지원규모** (참조용-변경가능)
  - 2억원, 50개사(10개사 1차 추천선발, 40개사 2차 모집선발)

- 지원대상
  - 창업사업화 지원사업(아래 표 참조) 수혜기업 중, 1)해외 투자유치를 희망하고 2)창업사업화지원 유관기관의 추천을 받은 기업
  - 각 플랫폼의 등록 자격을 충족하는 기업(우대)
    * (킥스타터) 미국 현지 법인(지사) 설립 진행 중 또는 완료 단계 시제품 개발 가시화 또는 완료 단계
    * (엔젤리스트) 미국 현지 법인(지사) 설립 완료 단계
  - 금융감독위원회 기업투자정보마당 등록 기업 중 금융감독위원회 및 금융기관 추천 기업
  - 그 외, 해외 매출(수출), 투자유치 및 해외 법인설립 등의 성과가 있는 기업

| 글로벌 창업기업 발굴 · 육성 프로그램

- 사업안내
1. 해외 현지 창업 · 진출 지원
- 사업개요
  - 창업 초기 단계부터 글로벌시장을 겨냥한 본 글로벌(Born Global) 기업을 집중 지원하여 글로벌 창업스타 기업 육성
- 지원규모
  - (초기기업) 예비 창업자 또는 3년 미만 창업기업
  - (유망기업) 정부 창업지원 수혜기업 중 해외진출 계획을 보유한창업 7년 미만의 기업
- 지원내용
  - 국내연수(사업모델 현지화를 위한 이론 및 실습 프로그램 등)
  - 현지보육(사무공간 제공, 멘토링 프로그램, 체재비 지원, 네트워킹 및 투자자 데모데이) 또는 해외 마케팅비 등
  - 최종가 후 우수기업에 후속지원(마케팅, 전시회 참가 등)
2. 외국인 기술창업 지원
- 사업개요
  - 학사 이상의 해외 고급 기술인력의 국내 유입 및 창업 촉진으로 국내 산업에 새로운 부가가치 및 일자리 창출
  - 수한 아이템을 보유한 외국인 (예비)창업자를 발굴하여 멘토링, 창업교육 등 다양한 프로그램 제공을 통한 창업활동 지원

- **지원규모** (참조용-변경가능): 20억원(30개팀 내외)
- **지원대상**
  - 재외동포 또는 외국인 중 예비 창업자 또는 3년 미만 창업기업
  - 재외동포는 재외국민 또는 외국국적동포를 말함
    * (재외국민) 대한민국 국민으로 외국의 영주권을 취득한 자 또는 영주할 목적으로 외국에 거주하고 있는 자
    * (외국국적 동포) 대한민국 국적을 보유하였던 자 또는 그 직계비속으로서 외국국적을 취득한 자
- **지원내용**
  - 시제품 제작, 마케팅 등 창업활동에 필요한 창업자금(최대 5천만원), 멘토링, 창업교육 등 제공 및 창업비자 취득 지원
    * 창업자금은 국내인과 공동창업자인 경우만 지원
- **문의처:** 중소벤처기업부 창업진흥과(042-481-8921)
  창업진흥원 TIPS글로벌사업부(02-3440-7302, 7306~7311)

│ 데이터기업 해외진출지원(K-Global 데이터 글로벌)

- **사업안내**
- **사업개요**
  - K-Global 데이터 글로벌사업을 통해 데이터 기업의 해외진출 지원
    * K-Global 데이터 글로벌 : 수출 역량이 우수한 중소 · 중견 데이터 기업을 발굴, 맞춤형 지원체계를 통해 국산 데이터 기술(솔루션, 컨설팅 등)의 해외 진출 원스톱 지원
- **지원규모** (참조용-변경가능)
  - 3.6억원(현지화 4개, 마케팅 5개 총 9개 기업 지원)
- **지원대상**
  - 데이터 관련 솔루션, 컨설팅, 서비스 등 사업을 수행하는 중소 · 중견 기업
    * 중소기업 : 중소기업기본법 시행령 제3조(중소기업의 범위)에 해당하는 기업
    * 중견기업 : 중견기업법 제2조(정의)에 해당하는 기업
    * 최근 3년간 수출 실적을 보유한 기업의 경우 우선 지원(수출실적 증빙 필수)
- **지원내용**
  - 기존 데이터 솔루션의 수출 상품화를 위한 설계 · 개발 · 테스트 · 현지화(UI, 매뉴얼) ·

현지검증 등 지원

- 중소 · 벤처 데이터 기업의 현지 네트워크 구축, 비즈니스 파트너 및 고객 발굴 등 판로 개척을 위한 마케팅 활동 지원
- **문의처**: 한국데이터베이스진흥원 기술품질실(02-3708-5412)

  홈페이지 : http://www.kodb.or.kr

| 온라인쇼핑몰 입점지원

- **사업안내**

  우수한 1인 창조기업 제품을 온라인쇼핑몰 (11번가, 네이버, g마켓) 1인 창조기업 전용 판매관에 입점하여 판매 할 수 있다.

- **지원대상**

  one click 1인 창조기업 확인절차

  1인 창조기업이면서 온라인쇼핑몰(11번가, 네이버, g마켓) 판매가 가능한 기업

  * 단순 유통 및 도소매 사업자는 지원불가

- **지원내용**: (참조용-변경가능)

  제품홍보 상세페이지 제작지원 (10만원 상당, 1사 1제품)

  1인 창조기업 전용 판매관 운영 (11번가, 네이버, g마켓)

- **문의처**: 창업진흥원 지식서비스창업부 (042-480-4388)

| 지재권 소송보험 지원사업

- **사업안내**
- **사업개요**
  - 해외 수출(예정) 중소기업을 대상으로 예상치 못한 지재권 분쟁이 발생하였을 때 소요되는 법률비용을 보장하기 위하여 보험가입 비용을 일부 지원

    * 보험료의 70% 정부지원
- **지원대상**: 국내 중소기업(개인사업자 포함)
- **지원내용**: (참조용-변경가능)
  - 지재권 소송보험 보험료의 일부를 정부에서 지원
  - 지재권(특허 · 실용신안, 상표, 디자인) 관련 분쟁 법률비용 보상
  - 보장지역 : 아시아 · 오세아니아(중국포함)

- 보장기간 : 보험가입일 기준 1년

  * 보장지역에서 국내 제외

- 가입조건별 지원내용

구 분	보험료	담 보	보상한도액	공동부담비율
상품 1	380만원 중 기업부담 30%	소제기	1천만원	30%
		피소대응	5천만원	20%
상품 2		소제기	3천만원	30%
		피소대응	3천만원	20%

* 단체 가입 시 기업비용(보험료) 최대 10% 추가 할인

문의처: 한국지식재산보호원 인식보험팀

전화 : 02-2183-5891~3, 5885, E-mail : insure@koipa.re.kr

홈페이지 : www.koipa.re.kr

제2절 판로 및 해외진출

창업 기업이 제품이나 서비스를 판매하기 위해서는 판매를 위한 판로를 필요로 한다. 창업 기업의 판로는 크게 오프라인 매장, 온라인, 홈쇼핑 등의 3가지로 나눌 수 있다.

| 오프라인 판로

창업 기업 제품의 실질적인 모델이 존재하는 경우, 오프라인 매장을 운영하여 제품의 판매와 홍보 등의 활동을 할 수 있다. 건물을 직접 소유하지 않은 이상 매장을 임대하여 특정 공간에 입주하여야 한다. 최근 월 단위로 오프라인 매장을 임대하는 스타트업이 떠오르고 있다. 오프라인 매장 임대 스타트업을 이용하면 전통적인 임대 계약 비용이나 노력 없이 오프라인 상점 공간에 접근할 수 있는 사업을 할 수 있다. 오프라인 매장을 운영하는 창업기업은 오프라인 매장을 항상 유심히 관찰하면서 오프라인에서 충족시켜 주지 못하는 부분에 대해 연구해야 한다. (참조 URL: http://www.venturesquare.net/749469)

| 온라인 판로

- 웹사이트 운영

웹사이트는 창업기업의 얼굴이라고 말할 수 있다. 애플, 삼성 등의 대기업부터 1인 창업 기

업까지 대부분의 기업은 고유한 웹사이트를 운영한다. 기업의 웹사이트는 기업의 설립 배경과 목적, 추구하는 방향, 제품에 대한 상세한 정보 등을 담고 있기 때문에 기업의 판매와 홍보에 가장 적은 비용으로 큰 효과를 낼 수 있다. 단순히 웹사이트에 정보만을 올려두는 경우도 있지만, 많은 기업들이 웹사이트 내에서 제품을 판매하기도 한다. 웹사이트를 운영한다고 해서 해당 페이지에서 무작정 제품을 판매할 수 있는 것은 아니다. 전자상거래 등에서의 소비자 보호에 관한 법률에 따르면 온라인 등의 통신을 통한 판매를 하기 위해서는 통신판매업 신고후 통신판매업 신고번호를 부여받아야만 한다. (참조 URL: http://bit.ly/2DyrAgs)

웹사이트 내에서의 판매 방식은 크게 두 가지로 나뉜다. 첫 번째 방식은 이메일 형식의 글 작성과 함께 사이트 내에 게시된 기업의 계좌에 송금하는 방식이다. 또 다른 방식은 웹사이트 내에 결제 시스템을 설치하는 것이다. 이 경우 PG사를 통해 결제하는 경우가 일반적이다. 고객이 창업기업의 웹사이트에 접속하였을 때, 웹사이트로부터 받는 인상은 사람의 인상을 결정하는 것처럼 3초 이내에 결정되기 때문에 첫 화면을 가장 신경을 써서 제작하여야 한다. 이때의 인상이 제품에 대한 긍정적인 인식과, 판매로 연결되는 매개체가 된다. (참조 URL: http://bit.ly/2BuasXo)

최근의 창업기업들은 고객에게 긍정적인 인상을 제공하기 위해 웹사이트의 모든 컨텐츠를 한 페이지 내에 표현하는 '랜딩 페이지'를 운영하고 있다. 랜딩 페이지는 웹사이트의 사이트맵에 따라 페이지를 이동하는 것이 아니라, 단순히 스크롤만으로 보는 내용을 볼 수 있고 시각적인 경험을 제공하여 제품 판매까지 도달하는 시간을 단축시켜주는 경향을 보인다.

- 온라인 쇼핑몰 운영

오픈마켓의 경우 개인이나 사업자 모두 어렵지 않게 입점할 수 있다. 창업기업이 판매할 상품이 있고 사업자등록증과 통신판매업 신고증만 있다면 하루 또는 이틀 이내에 입점 승인을 받을 수 있고, 이후 바로 상품을 등록하여 판매할 수 있다. 사업자 등록 이전인 예비창업자도 개인판매자로 등록하여 상품을 판매할 수 있다. 하지만, 사업을 구상하고 실제로 사업을 진행을 수월하게 하기 위해서는 사업자 등록을 한 후 진행하는 것이 더욱 이롭다.

창업기업이 종합 쇼핑몰에서 제품을 판매하는 것과 오픈마켓에서 판매하는 것의 가장 큰 차이는 판매가 이루어지기까지의 난이도이다. 종합 쇼핑몰은 CJ, 현대, 신세계 등의 대기업에서 운영하는 경우가 대부분이다. 그렇기 때문에 대형몰이라고 부르기도 한다. 종합 쇼핑몰은 온라인 쇼핑몰과 오프라인 백화점을 함께 운영하는 경우가 대부분이기 때문에 입점을 하게 되면 다방향의 판로가 열릴 수도 있다. 이러한 장점들이 존재하지만, 그만큼 입점하기가 어렵다는 단점이 존재한다. 종합 쇼핑몰의 경우 소비자들에게 인지도가 있는 브랜드를 가진 기업이 아니라면 단시간에 입점하기가 쉽지 않다. 창업기업의 경우 사업의 초기부터 소비자들에게 인지도가 있는 경우가 상당히 적기 때문에 단시간에 종합 쇼핑몰에 입점하기 보다는 오프라인, 오픈마켓 등의 다른 판로를 통하여 성장한 후에 입점하는 방향이 리스크를 줄이는 방법이기도 하다. 쇼핑몰 솔루션의 경우 오픈마켓, 종합 쇼핑몰과의 가장 큰 차이점은 입점을 할 필요가 없다는 것이다. 쇼핑몰 솔루션은 창업기업이 해당 쇼핑몰의 단위 기능을 임대 받아 사용한다. 독립 쇼핑몰 구축에서 발생하는 비용부담과 오픈마켓의 지나친 경쟁을 피할 수 있다. 다만, 오픈마켓의 검색엔진에 상품이 노출되지 않기 때문에 오히려 고객의 쇼핑몰 접근성을 저해할 수 있다.

마지막으로 독립형 쇼핑몰은 창업기업이 직접 쇼핑몰을 개발, 구축하는 것이다. 기업이 쇼핑몰 구축에 대한 지식이 있고 유지할 수 있는 역량이 있는 경우 독립형 쇼핑몰을 구축하는 경우가 있다. 쇼핑몰 구축 대행업체에 맡기는 경우 상당한 비용이 소요되지만, 기업이 직접 구축하는 경우 반대로 상당한 비용을 절약할 수 있다. 또한, 창업기업의 컨셉에 알맞게 쇼핑몰을 디자인하고 개발할 수 있다. 여러 종류의 온라인 쇼핑몰이 존재하지만, 최근의 기업들은 최대한 많은 쇼핑몰에 입점하고, 쇼핑몰을 임대 받고, 더 나아가 직접 운영하는 경우가 대부분이다.

- 소셜미디어 이용

블로그, 페이스북, 인스타그램 등의 소셜미디어가 등장하기 이전의 창업기업은 온라인 쇼핑몰에 입점하거나 운영하는 경우가 아니라면 온라인 판로를 통한 판매에 상당한 제약이 존재했다. 온라인상의 소셜미디어가 급격히 확산되면서 소셜미디어 상에서 직접적인 판매를 하거나 판매로 연결되도록 하는 소셜미디어 마케팅을 하는 것이 가능해졌다. (https://www.shopmag.kr/article.html?ma_uid=523)

상당히 많은 수의 새로운 소셜미디어 서비스가 등장하면서 소셜미디어를 활용한 마케팅이나 판매를 하기 위해 같은 상품을 등록하고 관리하는 등의 반복적인 작업을 할 수 밖에 없게 되었다. 이러한 불편함 속에서 소셜미디어 쇼핑 플랫폼이 등장하게 되었는데, 대표적으로 다우기술의 'SNS Form'이 있다. 'SNS Form'은 카카오스토리, 카카오톡, 블로그, 카페, 페이스북, 개인 홈페이지 등에서의 상품 판매를 통합 관리하는 플랫폼이다. 소셜미디어를 이용하는 판매 전략을 이용하면 창업기업의 상품이나 서비스에 대한 소비자들의 즉각적인 반응 또는 피드백을 확인할 수 있어 상품의 발전이나 개발 속도에 박차를 가할 수 있다는 장점이 있다. (https://www.snsform.co.kr/guide/service.jsp)

- 통신판매업신고 절차

〈통신판매업 신고를 위해 필요한 사업자등록증〉

온라인 판로를 통한 물품 판매를 하고자 하는 경우에는 통신판매업 신고를 해야한다. 온라인을 통해 공동판매 등의 행위를 수행하는 사업자의 경우에도 통신판매업 신고가 되어 있어야 한다. 통신판매업 신고를 위해서는 가장 우선적으로 세무서에서 사업자 등록을 해야 한다. (http://bit.ly/2ncROPh) 사업자 등록을 한 후 서울지역은 구청지역경제과(세무서), 광역시는 시청 자치행정과, 구청 지역경제과, 지방은 도청 자치행정과, 군청 지역경제과에 서류를 접수하여 통신판매업 신고 절차를 진행하고 통신판매업 확인증을 발급 받을 수 있다. 통신판매업 신고를 할 때 선지급식 통신판매를 하는 경우에는 반드시 거래하고자 하는 은행의 에스크로(구매안전서비스) 이용 확인증을 제출하여야 한다. (http://bit.ly/2naHLum)

- 글로벌 오픈마켓 입점을 통한 해외진출

창업기업이 해외진출을 위하여 꼭 해외에 지사를 세워야할 필요는 없다. 내수 위주의 국내 오픈마켓이 아닌 글로벌 오픈마켓인 알리바바닷컴 (http://www.alibaba.com), 아마존닷컴 (https://www.amazon.com) 등에 판매할 상품을 등록하고 해외 소비자가 구매할 경우 국제 배송을 통해 해외로 상품을 판매할 수 있다.

글로벌 오픈마켓 알리바바닷컴(왼쪽)와 아마존닷컴(오른쪽)

| 홈쇼핑 판로

롯데 홈쇼핑, 현대 홈쇼핑 등에서 창업기업가를 대상으로 판로를 열어주는 프로그램을 운영하고 있다. 기존의 홈쇼핑의 경우 인지도가 있는 기존 기업에게만 열려있다는 인식이 있었고, 이는 창업 전선에 뛰어든 청년창업가들에게는 상당히 높은 벽이었다. 이러한 문제를 해결하기 위해 홈쇼핑 업계에서 판로에 도움을 주는 프로그램을 운영하고 있다. (http://bit.ly/2DO16ec)

- 롯데홈쇼핑의 중소기업전문관

롯데홈쇼핑은 온라인 쇼핑몰인 롯데아이몰에 중소기업 전문관을 신설하여 스마트기기 거치대, 패션 액세서리 등의 다양한 창업기업 제품을 판매하는 판로 역할을 하고 있다. 소비자와의 연결고리를 찾는 데에 어려움을 겪는 창업기업가들의 입장에서는 기존에 찾기 힘들었던 안정적인 유통망을 찾아 판로 확보의 부담을 덜 수 있다.

- 현대홈쇼핑의 홈쇼핑 채널 무료 개방

현대홈쇼핑은 획기적인 아이디어를 가진 창업기업가들에게 홈쇼핑 채널을 무료로 개방하는 창업 지원 프로그램을 운영한다. 예비 창업가의 아이디어 상품을 현대홈쇼핑이 아이디어를 구체화시키고 상품화하는 도움을 제공한다. 방송뿐만아니라 온라인 쇼핑몰과 소셜네트워크 서비스 등 다른 여러 채널을 통한 홍보를 지원하기도 한다.

3.1   청년창업용(from 신용보증기금 http://kodit.co.kr 참조) 사업계획서를, 본인의 미래 희망사업을 가정하여 간략히 작성해보자.

3.2   청년전용 창업자금의 지원대상과 지원내용을 웹사이트를 참조하여 요약하여 설명하고, 본인의 주거지나 사무실과 가까운 청년창업센터는?

3.3   K-Global Re-Startup 사업의 지원대상과 지원내용을 웹사이트를 참조하여 요약하여 설명하라.

3.4   예비창업자 사전보증 사업의 지원내용을 해당 웹사이트(기술보증기금: www.kibo.or.kr)를 참조하여 요약하여 설명하라.

3.5   일반창업자금 사업의 지원대상과 지원내용을 해당 웹사이트(중소기업진흥공단: http://www.sbc.or.kr)를 참조하여 요약하여 설명하라.

3.6   청년창업특례보증 사업과 퍼스트펭귄형 창업기업 보증 사업의 내용을 각각 요약하여 설명하라.

3.7   1인 창조기업 마케팅 지원사업 내용을 간략히 요약하여 설명하라.

3.8   K-Global 스마트모바일 스타기업 육성 사업 내용을 간략히 요약하여 설명하라.

3.9   데이터기업 해외진출지원(K-Global 데이터 글로벌) 사업 내용을 간략히 요약하여 설명하라.

3.10   온라인쇼핑몰 입점지원 사업과 지재권 소송보험 지원사업을 각각 간략히 요약하여 설명하라.

제7장

기술창업 가이드

　기술창업은 일반적으로 특정분야의 혁신기술을 창출하는 기업의 창업을 지칭한다. 신기술 또는 새로운 아이디어를 가지고 제품 및 서비스를 생산/판매 및 서비스하는 활동을 말하며, 고위험/고수익이 특징이고 고성장을 통한 중견기업으로의 성장이 가능한 창업기업으로 정의할 수 있으며, 제조업, 전문서비스업(전문, 과학, 기술), 지식문화사업 등의 업종이 있다. 첨단기술업종과 고기술업종으로 약 5개씩 분류하면, 첨단기술업종으로는 컴퓨터/사무용기기, 전자부품/영상/음향/통신장비, 의료/정밀/광학기기/시계, 항공기/우주선/부품, 의약 등이 있고, 고기술업종으로는 화합물/화학제품, 기계/장비, 전기기계/전기변환장치, 자동차/트레일러, 운송장비 등이 있다. 기술창업경영에 관한 상세한 사항은 참고문헌들(기술창업경영론-김종호 등 공저; 기술창업론 Innovative Start-Up Business-김진수 등 공저)을 참조바란다. 기술창업가이드는[14] 크게 기술창업 구상단계부터 사업화단계까지의 기술창업절차를 안내하는 기술창업실무(제1편)와 한국표준산업분류표에 의한 주요 업종별 기술창업 가이드(제2편), 일반적인 창업과 경영에 대해 설명하는 부록-회사의 설립과 경영(제3편)으로 구성되어있다. 중소벤처기업부와 KOBIA(창업보육협회(사))가 발간한 본 가이드를 인터넷에서 PDF 파일로 다운로드하여(URL: http://bit.ly/29ZItSY) 참조바라며, 여기에선 간략히 목차나 요약내용만 참고용으로 소개한다.

제1절 기술창업 단계 및 가이드

　기술창업실무에서는 기술창업에 대한 이해와 기술창업 단계별 창업절차를 "기술창업 구상단계-사업계획의 수립단계-창업보육센터 입주단계-기술개발단계-상품화단계-사업화단계"로 세분화하여 기술하였으며, 실패와 재도전에 대한 준비과정을 기술하였다.

| 기술창업 단계

제1단계 기술창업 구상단계 1.창업자 분석 2.사업아이템 탐색 3.특허검색 4.소비자 및 시장분석 **제2단계 사업계획의 수립단계** 1.사업아이템 선정 2.사업타당성 분석 3.사업계획서 작성 **제3단계 창업보육센터 입주단계** 1.창업보육센터의 기능과 역할 2.창업보육센터 입주기업 지원내용 3.지역별 창업보육센터 현황 **제4단계 기술개발 단계** 1.기술개발	2.기업부설연구소 설립 3.연구장비 공동활용 4.특허 및 지식재산권 확보 **제5단계 상품화 단계** 1.디자인 개발 2.시제품 제작 3.제품인증제도 **제6단계 사업화 단계** 1.마케팅전략 수립 2.사업 인·허가 3.공장설립 **제7단계 실패와 재도전 준비**

| 방송통신, SW, 정보서비스 가이드

주요업종별 기술창업가이드에서는 한국표준산업분류를 중심으로 기술창업으로 분류될 수 있는 제조업, 하수·폐기물처리·원료재생 및 환경복원업, 출판·영상 방송통신 및 정보서비스업, 전문·과학 및 기술서비스업으로 세분화하여 해당 산업의 특성과 업종 트랜드, 사업체 현황, 창업 시 고려할 사항 및 인·허가사항과 더불어 관련기관 등에 대한 정보를 제공하여 업종별 기술창업 준비에 활용할 수 있도록 하였다.

- 영상, 방송통신 및 정보 서비스업, 영상·오디오 기록물 제작 및 배급업, 방송업, 통신업, 컴퓨터 프로그래밍, 시스템 통합 및 관리업, 정보서비스업

제2절 기술창업 개요

- 창업을 위한 업종 선택 원칙

경쟁업체보다 유리한 업종 선택: 창업 시작부터 경쟁업체보다 기술적으로 우위에 있어야 시장경쟁에서 주도권을 잡을 수 있다. 동종 산업 내에서도 고객들의 요구에 부응하고, 고객에게 좀 더 다가갈 수 있는 업종이 있는지를 고려해 봐야한다.

자신의 적성 및 능력에 맞는 업종 선택: 수익성이 높다고 해서 창업을 시도하는 것은 금물이며 가급적 일정기간 이상을 직접 체험하면서 자신의 적성 및 능력 등을 점검하고 업종을 선택하는 것이 바람직하다.

창업아이템 입수경로

인적 네트워크 및 면담	• 동상, 친구, 선후배, 전 근무지 인력을 통한 정보습득 • 산업연구원, 창업컨설턴트 등 전문가를 통한 정보습득 • 창업 경험자 및 실제 소비자 면담을 통한 정보습득
인터넷 및 미디어	• 인터넷 카페, 블로그 등 소셜미디어를 통한 정보습득 • 창업정보사이트, 정책정보사이트 등을 통한 정보습득 • 신문, TV, 잡지 등 미디어를 통한 정보습득
창업 박람회 및 세미나	• 창업박람회, 전시회, 관련 이벤트 행사 등을 통한 정보습득 • 창업 관련 세미나를 통한 정보습득 • 창업 전문기관 및 지원기관을 통한 정보습득

아이디어의 유형

새로운 **시장** ⇒ 기존시장에서 존재하지 않는 제품과 서비스를 제공

새로운 **기술** ⇒ 새로운 기술로 새로운 제품과 서비스를 제공

새로운 **혜택** ⇒ 개선된 방식으로 기존제품과 서비스의 기능 제공

창업아이템 탐색

창업아이템 **탐색**

제품탐색법 — 기존제품 탐색방법 : 기존(또는 변경)제품을 기존(또는 신)시장에 적용하는 방법
— 신제품 탐색방법 : 신제품을 개발하여 기존(또는 신) 시장에 적용하는 방법

욕구탐색법 — 외적인 환경요소와 창업자 개인의 욕구가 효과적으로 결합된 아이템 선정

창업자의 역할

창업성공 제고 ······ 효율적인 사업수행 ······ 위험요소 사전점검 ······ 경영능력 향상

창업자의 역할

자금조달 ···· 기업혁신 ···· 리더십 ···· 조직관리 ···· 정보전달 ···· 의사결정

창업의 3대 핵심요소

사업 기회	창업팀	경영 자원
▪ 창업과정은 사업에 대한 기회를 추구하는 과정 ▪ 기회에는 아이디어, 아이템, 기술, 시장수요, 시장구조, 시장규모와 성장가능성 등이 포함	▪ 창업팀(또는 창업가)은 창업 성공의 가장 중요한 핵심요소 ▪ 가장 이상적인 팀은 성취도 높은 리더에 의해 주도되고, 구성원이 조직에 몰입하고 헌신하는 팀	▪ 창업 아이디어를 구체적인 상품이나 서비스로 개발하는 데 필요한 투입요소 ▪ 경영자원은 인적자원, 재정자원, 유형자원으로 구분 ▪ 성공적인 창업을 위해서는 우수한 자원을 확보하는 것이 중요

❙ 자료출처 : 신용보증기금

성장성이 있는 업종 선택: 1~2년 반짝 히트를 치고 사양되는 유행 업종 보다는 최소 5년 이상 지속적으로 성장할 수 있는 유망업종을 선택해야 한다. 성장성 있는 업종을 선택하기 위해서는 관심 업종 관련 경험자 또는 전문가들로부터 정보를 수집하여 판단하는 것이 바람직하다.

자신의 적성 및 능력에 맞는 업종 선택: 자신의 자본규모에 맞춰 업종을 선택할 때는 창업 준비자금뿐만 아니라 창업초기 운영자금을 고려해야 한다. 건강상 문제나 가족적 문제가 있는 사람은 업종 선택 시 신중히 생각해서 판단해야 한다.

※ 유망아이템의 기본조건

- 시대의 흐름에 적합해야 한다.
- 성장성과 장래성이 있어야 한다.
- 대기업이 참여하기 어려운 새로운 분야의 사업이어야 한다.
- 유동성이 크고, 경쟁이 심하지 않아야 한다.
- 안정적인 매출과 이익이 가능해야 한다.
- 자금회전율이 높아야 한다.

사업타당성 분석의 의의

사업의 성공 가능성을 체계적으로 점검하는 것으로 계획중인 사업과 관련된 제반 요소들을 분석하는 것이다.

사업타당성 분석 단계

창업아이템 선정	사업수행능력 분석	시장성 분석	기술성 분석	수익성 분석	자금수지 분석	사업계획서 작성

시장성 및 시장환경분석

시장성 분석이란, 제품 및 서비스를 판매할 수 있는 시장을 찾아 판매(수요)를 예측하는 것으로 계획 제품 및 서비스를 어디에 얼마를 팔 수 있을 것인가에 초점을 맞추어야 합니다.

시장 동향 분석	▪ 해당 시장의 과거 국내·외 수급실적 및 향후 전망 ▪ 국내·외 생산규모 및 투자규모, 기술 동향 및 향후 전망 ▪ 대체재의 동향 및 향후 출현가능성 등
시장 특성 및 경쟁 상황 분석	▪ 시장의 유통구조 및 경로, 판매 및 유통조직 특성 ▪ 고객의 특성, 소비성향 및 구매패턴 ▪ 국내·외 경쟁업체의 점유율, 경영상태, 기술 수준 등
가격 동향 분석	▪ 동종 아이템 또는 경쟁 아이템의 가격 동향 ▪ 가격에서 제조원가, 인건비 등이 차지하는 비율 ▪ 향후 국내·외 가격 전망 등

사업타당성 분석 시 필수 고려사항

- 사업타당성 분석은 기술창업론(김진수등 저) 등을 참고바란다.
- 사업타당성 분석은 분석자료를 활용할 주체에 분석 포인트를 맞춰야 한다.
- 사업타당성 분석을 단순히 사업계획서를 작성하기 위해 할 것인가, 투자를 받기 위해 할 것인가 등 사용 목적과 용도를 고려해야 한다.
- 사업타당성 분석 시 정보의 범위와 분석방법은 계획사업의 규모, 복잡성, 위험도 등의 특성에 따라 신축적으로 결정해야 한다.

기술성 분석

제품 생산에 필요한 물적·기술적 요소를 파악하고 관련 비용을 추정하는 것으로 기술적 타당성 평가와 원가 추정을 위해 반드시 시행해야하는 단계이다.

수익성 및 자금수지 분석

계획사업의 손익추정, 재무제표 작성 등을 통해 경제성을 평가하고, 소요자금을 추정하여 적정한 자금조달 및 운영계획을 수립하는 단계이다.

사업계획서 작성

사업에 대한 밑그림으로 성공적인 사업 추진을 위해 사업전반에 대한 내용을 문서화한 것이다. 즉, 사업의 목적 달성을 위해 기업활동 범위, 자원의 활용방법, 경영전략 등 사업에 관한 제반사항을 체계적으로 작성한 문서이다. 따라서 정확한 목적을 가지고 체계적으로 작성하여야한다. (http://bit.ly/2jIdC2p)

| 기술창업의 선정 3원칙

성공적인 기술창업 아이템의 선정

기술창업의 단계별 창업 절차에는 기술창업 구상 → 사업 계획 수립 → 창업보육센터 입주 → 기술개발 → 상품화 → 사업화 단계가 있다. 이 중 기술창업의 근본이 되는 기술창업 구상 단계에서, 사업의 시작이며 기술창업을 하려는 사람의 의지와 성공 가능성이 담긴 **사업아이템 선정**에 초점을 두고, 이러한 아이템 선정에 성공적인 선택을 하기 위한 방법을 소개한다. 기술창업 아이템은 연구과제 아이템과는 다르다. 연구과제 아이템의 경우, 국가에서 국책 연구소나 대학에 미래기술을 개발할 것을 조건으로 자금지원이 들어가거나, 대기업에서 해당 기업의 연구소에 특정한 기술을 개발할 조건으로 자금지원이 들어가서 진행되게 되는데, 기술창업 아이템은 '자신의 생존'을 위한 아이템 이어야하기 때문에, 1번의 시도로 1번의 성공을 거두어야 한다. 그래서 기술창업 사업아이템의 선정은 매우 중요하다. 목표로하는 결과 및 성과가 연구과제 과제와는 성격에 차이가 있다.

아이템은 사업의 성패를 결정하는 코어이다. 기술창업자들은 기술을 가지고 있기 때문에, 사업아이템이 없어도 일단 창업은 할 수 있다. 그러나 사업아이템 없이 기술능력에 의존하여 창업을 하게 되면 자칫하다가 좀비벤처가 될 가능성이 높다. 기술창업자들은 창업을 하기 전에 반드시 내가 진짜로 하고 싶은 사업아이템을 준비해서 창업해야 한다. 아이템 없이 기술창업을 시작한다면 용역의 길로 빠질 수 있기 때문이다.

| 기술 창업 사업아이템 선정 3원칙

1. 가장 잘 할 수 있는 기술분야인지 판단

기술창업자들은 대부분 자신이 대기업이나 대학연구소에 있을 때 연구했던 분야와 관련있는 분야의 미래아이템으로 창업을 한다. 구글을 만든 래리페이지와 세르게이 브린도 검색과 컴퓨팅기술에 관한 연구를 스탠포드에서 하였고, '야후'가 가진 디렉토리 방식의 문제점을 해결하기 위해 '페이지랭크' 방식의 검색알고리즘을 만들었다. 넥슨의 김정주 대표도 KAIST 전산학과 박사 과정 중 온라인 게임업체 넥슨을 창업하고, 바람의 나라를 개발했다. 현재 자신이 가장 잘하는 것이 무엇인지 정의하고, 그것으로부터 파생하는 수많은 기회들을 분석하는 것이 기술창업 아이템 선정의 첫번째 단계이다.

2. 기술 완성까지의 시간을 고려

기술창업자들은 기술완성까지의 시간을 고려해야한다. 아무리 좋은 아이템이라고 하더라도, 기술완성에 소요되는 시간을 고려하지 않고 시작했다가는 몇년 후 나타난 비슷한 제품을 보고 후회할 수도 있게 된다. 시간이 많이 소요되는 사업아이템인 경우, 투자자를 확보하고 진행하는 것이 필수다. 엔젤펀드, 크라우드펀드 펀드, 또는 기관투자가 되었던, 안정적인 자금운용을 위해 필수적이다. 그러기 위해서는 기술을 완성하는데 소요되는 시간을 정확히 파악해야 한다. 몇명이 얼마의 기간에 기술을 완성할 수 있을지에 대해서 계획이 없다면, 끝없는 개발의 수렁으로 빠지게 된다.

한편, 린스타트업 (Lean-startup) 방식은 물론 좋은 방법론이지만, 하드웨어가 중심인 사업아이템에서는 적합하지 않을 수 있다. 품질과 가격경쟁력 확보를 위해 개발제품 보완으로 제품출시 시기를 놓치는 것을 조심해야 한다. 준비한 자금에 비해서 개발기간이 너무 과도하게 걸리는 사업아이템은 피해야 한다. 기술완성까지의 소요시간을 계산하고, 1단계에서 생각해 낸 수많은 아이템 중에 기간 내에는 안될 것들은 제외시키는 것이 기술창업 사업아이템 선정의 2단계이다. 기술창업가라면, 일단 어느 정도 작동하는 시제품(또는 베타서비스)까지의 개발기간을 예상하고 창업해야 한다. 사업아이템이 준비할 수 있는 자금으로는 감당할 수 없는 것이라면, 과감하게 사업아이템을 재조정하는 것이 바람직하다.

3. 시장형성 시간 및 시장규모 예상

　기술창업자 사업아이템 선정의 2단계인 기술완성까지의 기간 추정이 끝났다면, 앞으로 시장형성까지의 시간을 예상하는 것이 중요하다. 시장이 없어서 팔지 못해 사업이 망하는 경우가 많다. Step 2에서는 나의 사업아이템을 완성하는데 소요되는 돈과 시간을 감안하여 아이템을 고르는 과정이라면, Step 3는 선택한 아이템을 완성하여 시장을 창출하는 데까지 소요되는 돈과 시간을 감안하는 단계라고 볼 수 있다. 정부, 대학, 연구소, 경쟁사 등이 함께 시장을 만들어가는 기술마케팅의 과정이기 때문에, 정확한 시장개화의 시점을 예측하는 것은 쉽지 않은 일이다.

　Step 3는 단순한 '제품마케팅'에 소요되는 시간을 예측하는 단계가 아니다. '기술마케팅'의 영역인 것이다. 해당 기술분야가 시장수요자들의 관심을 받아야 '내 제품'이 팔릴 수 있다. 기술창업가는 기술 및 시장 성장/성숙기 등을 예상해야하고, 보유자금등을 고려시 예상 매출시점이 너무 늦으면, 해당 사업아이템을 다시 고려해야 한다.

　[참고 문헌 및 URL: 특허로 경영하라(엄정한, 유철현 , 김성현 저), http://bit.ly/2GrmFQ8]

　기술창업 준비단계에서 최근의 기술트랜드 등도 면히 검토하여야 하며, 4차 산업혁명 기술분야의 일부 예를 보면 다음과 같다.

4차 산업혁명 분야 (예):

　① 정보통신, ② 로봇 · 인공지능, ③ 빅데이터, ④ 클라우드컴퓨팅, ⑤ 자율주행자동차,
　⑥ 드론, ⑦ 금융 · 핀테크, ⑧ 보건 · 의료의 8개 분야

| 4차 산업혁명(Fourth Industrial Revolution, 4IR):

사물 인터넷(IoT), 클라우드 컴퓨팅(Cloud Computing), 빅데이터(Big Data), 인공 지능(AI), 모바일(Mobile)등, (첫 Initial만으로는 I C B A M), 지능정보기술이 기존 산업과 서비스에 융합되거나 3D 프린팅, 로봇공학, 생명공학, 나노기술 등 여러 분야의 신기술과 결합되어 실세계 모든 제품·서비스를 네트워크로 연결하고 사물을 지능화한다. "제4차 산업 혁명 마스터 하기"는 스위스 Davos-Klosters에서 열린 세계 경제 포럼 연례회의 (World Economic Forum Annual Meeting 2016)의 주제였다.

(참조 URL: http://wopen.net/contentp.asp?idx=25183)

□ 4차 산업혁명 분야 혁신 창업을 촉진 (중소벤처기업부 2018년도 업무계획 참조)
○ (4차 산업혁명 분야 지원) 선정평가 시 가점 (1점 내외) 등 평가우대,
   육성목표 설정(할당제 또는 별도트랙 마련)을 통해 혁신창업 집중 육성 (2018년~)

〈 4차 산업혁명 3대 전략분야 및 15대 핵심기술 (예시) 〉

디지털 역량강화 (5)	ICT제조업 융합 (4)	신시장 창출 (6)
AI·빅데이터, 이동통신, 정보보호, 지능형센서·반도체, AR·VR	스마트가전, 로봇, 미래형자동차, 스마트 공장	바이오, 웨어러블 디바이스, 스마트 홈, 스마트 에너지,스마트 안전, 스마트 물류

○ (문제해결형 창업경진대회) 4차 산업혁명과 관련하여 국민 관심이 높은 주제를 선정하여 "문제해결형 프로젝트" 추진
  - 범부처 창업경진대회(도전! K-스타트업)를 통해 드론, AI 등의 분야 창업팀 문제해결 과정을 TV방송으로 방영

○ (팀창업 촉진) 4차 산업혁명 시대 융복합 확산에 따라 서로 다른 분야배경 출신 인재들의 "융합형 팀창업" 촉진
  * TIPS, 창업선도대학, 선도벤처연계기술지원 등 사업에 우선 선정
  - 청년의 아이디어와 중장년의 경험을 연계하는 세대간 융합 창업지원 강화
   (2018년 128억, 120팀)
  * 청년-중장년 매칭을 통해 세대융합 창업(3년 미만) 기업에게 인프라부터
   사업화 자금(1억원 이내)까지 일괄지원(2월~)

4.1   중소벤처기업부와 KOBIA(창업보육협회(사))가 발간한 기술창업 가이드(Technology start up)를 인터넷에서 PDF 파일로 다운로드 하여라. (참조 URL: http://bit.ly/29ZItSY)

4.2   기술창업의 특성 5가지와 기술창업의 형태 3가지를 요약하여 설명하라.

4.3   위에서 다운로드한 기술창업 가이드(Technology start up)에서, 제1편 기술창업실무, 제2장 기술창업 단계, 제1단계 기술창업 구상단계에서, 4가지로 나눠서 각각을 설명하라.

4.4   제1편 기술창업실무, 제2장 기술창업 단계, 제2단계 사업계획의 수립단계를 3가지로 나눠서 각각을 설명하라.

4.5   제4단계 기술개발 단계 내용에서, 지적재산권을 확보해야하는 이유 3가지 이상 설명하라.

4.6   제5단계 상품화 단계에서, 4가지로 나눠서 각각을 설명하라.

4.7   제6단계 사업화 단계 내용에서, SWOT분석을 요약하여 설명하라.

4.8   방송업과 통신업에서 사업의 범위, 촉진요인 및 애로요인을 각각 요약하라.

4.9   SI사업에서 업종 트랜드, 촉진요인 및 애로요인을 요약하라.

4.10   4차 산업혁명을 요약하여 설명하라.

제3절 회사설립과 경영

부록(회사의 설립과 경영)에서는 회사의 설립과 사업자등록 절차, 경영관리, 벤처기업ㆍ기술혁신형중소기업ㆍ경영혁신형중소기업 인증절차, 코스닥과 코넥스 시장 상장절차 등을 기술하였다. 아래의 번호는 기술창업 가이드 북 내의 부록에서의 번호이다.

회사종류 및 설립

〈 합명회사 〉

◎ 합명회사

무한책임(無限責任)사원으로 구성된 회사를 합명회사(合名會社)라 한다. 무한책임사원은 회사에 대하여 출자의무 및 회사채권자에 대하여 직접 연대하여 무한의 책임을 진다.(「상법」 제212조제1항, URL: http://bit.ly/2CfXzBg)

◎ 합명회사의 특징

합명회사는 「상법」상 회사에 해당하지만, 내부적으로는 조합의 성질을 갖는다. 이에 따라, 합명회사의 내부관계에 관하여는 정관이나 「상법」에 다른 규정이 없으면 조합에 관한 「민법」의 규정을 준용한다.(「상법」 제195조 참조)

◎ 합명회사의 설립

1) 사원의 구성 및 정관작성 등

1-1) 사원구성 및 상호 정하기

사원의 구성 :

- 합명회사는 2명 이상의 무한책임사원(모든 사원이 회사의 채권자에 대하여 직접·연대·무한의 책임을 지는 사원)으로 구성된다.(「상법」 제178조 참조)

※ 합명회사 사원이 1인으로 된 때에는 회사의 해산원인이 되므로 합명회사는 반드시 2인 이상으로 구성되어야 한다.(「상법」 제227조제3호 참조)

회사는 다른 회사의 무한책임사원이 되지 못하므로, 무한책임사원은 자연인이어야 한다.

설립목적 정하기 :

- 회사의 설립목적은 회사의 존재이유 또는 수행하려는 사업에 관한 것이다. 합명회사의 사원은 정관을 작성할 때 반드시 회사의 목적을 정해야 한다.(「상법」 제179조제1호 참조)

- 또한 회사는 영리를 목적으로 하므로, 합명회사의 목적사업은 영리를 추구하는 사업이어야 한다.(「상법」 제169조 참조)

합명회사 상호 정하기 :

합명회사의 이름을 상호(商號)라고 한다. 합명회사의 상호는 원칙적으로 자유롭게 정할 수 있으나, 합명회사의 상호에는 반드시 '합명회사'라는 문자를 사용해야 한다.(「상법」 제18조 및 제19조 참조)

1.2) 정관의 작성

정관의 작성 :

- 합명회사를 설립하려면 2인 이상의 사원이 공동으로 정관을 작성해야 한다. (「상법」 제178조)

- 정관에 반드시 기재해야 하는 사항(절대적 기재사항)

1. 목적

2. 상호

3. 사원의 성명·주민등록번호 및 주소

4. 사원의 출자의 목적과 가격 또는 그 평가의 표준

5. 본점의 소재지

6. 정관의 작성년월일

- 정관에 기재해야 효력이 발생하는 사항(상대적 기재사항)

- 상대적 기재사항은 정관에 기재하지 않아도 정관 자체의 효력에는 영향이 없지만, 이를 기재하지 않으면 그 효력이 인정되지 않는 사항을 말한다.

- 합명회사 정관의 상대적 기재사항에는 특정사원의 업무집행권의 제한(「상법」 제200조제1항), 회사대표제도(「상법」 제207조), 공동대표제도(「상법」 제208조제1항), 퇴사사유(「상법」 제218조제1호), 퇴사사원의 지분환급의 제한(「상법」 제222조) 회사의 존립기간(「상법」 제227조제1호) 등이 있다.

- 회사가 임의로 정관에 기재하는 사항(임의적 기재사항)

- 합명회사의 본질, 법의 강행규정, 사회질서에 반하지 않는 범위에서 회사운영에 대한 사항을 정관에 기재할 수 있다.

2) 설립등기 및 법인신고 등

2-1) 사업의 인허가 및 세금납부

사업의 인허가 확인 및 신청 :

- 인허가 여부 확인하기

- 합명회사를 설립하여 사업을 시작하려는 자는 대부분의 업종에서 특별한 규제나 제한 없이 사업을 영위할 수 있으나, 특정한 업종의 경우에는 관계법령에 따라 사업개시 전에 행정관청으로부터 허가를 받거나 행정관청에 등록 또는 신고를 마쳐야 사업을 수행할 수 있는 경우가 있다.

- 합명회사를 설립하여 영위하려는 업종에 대한 사업허가·등록·신고사항의 점검은 업종

선정 과정과 함께 창업절차에 있어서 우선적으로 검토해야 할 사항이다. 인허가 업종으로서 사업허가나 등록·신고 등을 하지 않고 사업을 하게 되면 불법이 되어 행정관청으로부터 사업장 폐쇄, 과태료, 벌금 등의 불이익 처분을 받게 될 뿐만 아니라, 세무서에 사업자등록을 신청할 때도 사업허가증이나 사업등록증 또는 신고필증을 첨부하지 않으면 사업자등록증을 받을 수 없기 때문이다.

- 인허가 사항 확인방법
- 사업의 인허가 여부에 대한 자세한 내용 및 절차는 기업지원플러스 G4B(www.g4b.go.kr) 홈페이지에서 확인할 수 있다.
- 해당 홈페이지의 〈기업민원 → 기업민원행정안내/신청 → 주제별민원찾기〉에 들어간 다음 주제별 분류에서 사업인허가를 클릭한 후 상세분류에서 해당 업종을 찾아 클릭하면 인허가 업종인지 여부를 확인할 수 있다.

등록면허세 및 지방교육세의 납부 :

- 등록면허세의 납부
- 합명회사 설립 시 등록면허세는 등록에 대하여 「지방세법」 제27조의 과세표준에 다음의 세율을 적용하여 계산한 금액을 그 세액으로 한다. (「지방세법」 제28조제1항제6호 가목)
- 합명회사의 지점 또는 분사무소를 설치할 경우에는 매 1건당 40,200원을 납부한다. (「지방세법」 제 28조제1항제6호 마목)
- 지방교육세의 납부
- 합명회사를 설립하여 등록면허세를 납부한 자는 지방교육세를 납부해야 한다. (「지방세법」 제 150조제2호)
- 지방교육세는 등록면허세의 100분의 20에 해당하는 금액을 납부한다. (「지방세법」 제151조제1항)
※ 다만, 지방교육세는 지방교육투자재원의 조달을 위해 필요한 경우에는 해당 지방자치단체의 조례로 정하는 바에 따라 지방교육세의 표준세율의 100분의 50 범위에서 가감(加減)조정될 수도 있다. (「지방세법」 제151조제2항)

2-2) 설립등기 및 사업자신고 등
합명회사 설립동기 :

- 회사의 성립
- 합명회사는 본점소재지에서 설립등기를 함으로써 성립한다. (「상법」 제172조)

- 등기신청인

- 합명회사 설립등기는 회사를 대표하는 사원이나 그 대리인이 등기소에 출석하여 신청하면 된다. (「상업등기법」 제23조제1항 및 제24조제1항)

- 등기사항

- 합명회사의 설립등기에 있어서는 다음의 사항을 등기해야 한다. (「상법」 제180조)

  1. 정관의 목적, 상호, 사원의 성명 · 주민등록번호와 주소, 본점의 소재지 및 지점을 둔 때에는 그 소재지. 다만, 회사를 대표할 사원을 정한 때에는 그 외의 사원의 주소를 제외함

  2. 사원의 출자의 목적, 재산출자에는 그 가격과 이행한 부분

  3. 존립기간 기타 해산사유를 정한 때에는 그 기간 또는 사유

  4. 회사를 대표할 사원을 정한 경우에는 그 성명 · 주소 및 주민등록번호

  5. 수인의 사원이 공동으로 회사를 대표할 것을 정한 때에는 그 규정

- 설립 등기 시 제출서류

- 설립등기 신청인은 설립등기신청서와 함께 다음의 서류를 제출해야 한다.[「상업등기신청서의 양식에 관한 예규」(대법원 등기예규 제1613호, 2016. 12. 16. 발령, 2017. 1. 1. 시행) 양식 제27호].

  # 정관

  # 재산출자에 관하여 이행을 한 부분을 증명하는 서면

  # 총사원동의서(회사를 대표할 사원을 정한 경우 등)

  # 업무집행사원과반수동의서(본점의 구체적 장소 결정 등)

  # 대표사원의 취임승낙서와 인감증명서(본인서명사실확인서 또는 전자본인서명확인서의 발급증 포함)

  # 주민등록표등본

  # 대표사원의 인감신고서

  # 등록면허세영수필확인서

  # 등기신청수수료영수필확인서

  # 위임장(대리인이 신청할 경우)

    법인설립신고 및 사업자등록 신청 :

- 법인설립신고 및 사업자등록신청의 개념

- "법인설립신고 및 사업자등록"이란 납세의무를 지는 사업자에 관한 정보를 세무서의 대장에 수록하는 것을 말한다. 법인설립신고 및 사업자등록은 단순히 사업사실을 알리는 행위이므로 세무서장에게 법인설립신고 및 사업자등록신청서를 제출하는 것으로 법인설립신

고 및 사업자등록이 성립한다.

◎ 합명회사의 운영 개관

사원의 출자 :

- 사원은 정관에 의해 확정된 출자의무를 이행해야 한다.(「상법」 제179조제4호)
- 사원의 출자 방식에는 ① 재산출자, ② 노무출자, ③ 신용출자의 세 종류가 있으며, 정관에 규정한 출자의 목적에 따라 회사에 그 출자를 한다.(「상법」 제195조, 제222조 및 「민법」 제703조제2항)

구분	출자의 내용
재산출자	재산출자에는 금전 그 밖의 재산을 목적으로 하는 금전출자와 금전 이외의 재산을 목적으로 하는 현물출자가 있다. 현물출자 할 수 있는 재산에는 제한이 없기 때문에 부동산·동산, 여러 종류의 물권(物權)·채권·유가증권 등을 출자할 수 있다.
노무출자	사원이 회사를 위하여 노무(예: 기술자가 기술상의 노무를 제공)를 제공하여 출자를 하는 경우로, 정신적이든 육체적이든, 계속적이든 일시적이든 상관없다.
신용출자	사원이 자신의 신용을 회사가 이용하도록 출자를 하는 경우로, 사원이 회사를 위해 보증을 하는 등의 방법으로 사원의 신용을 회사에 제공한다.

사원의 업무 집행 :

- 각 사원은 정관에 다른 규정이 없는 때에는 회사의 업무를 집행할 권리와 의무가 있다. 다만, 정관으로 사원의 1인 또는 수인을 업무집행사원으로 정할 수 있으며, 수인의 사원을 공동업무집행사원으로 정할 수 있다.(「상법」 제200조, 제201조 및 제202조 참조)
- 업무집행권 유무와 관계없이 모든 사원은 회사의 채권자에 대해서는 무한책임(無限責任)을 부담하므로 각 사원은 언제든지 회사의 업무와 재산상태를 검사할 수 있는 권한이 있다.(「상법」 제195조 및 「민법」 제710조)

회사의 대표 :

- 정관으로 업무집행사원을 정하지 않은 때에는 각 사원이 회사를 대표한다. 다만, 사원 중에서 수인의 업무집행사원을 정한 경우에는 각 업무집행사원이 회사를 대표하며, 정관 또는 총사원의 동의로 수인의 사원이 공동으로 회사를 대표할 것을 정할 수 있다.(「상법」 제207조 및 제208조 참조)

사원의 의무와 책임 :

- 사원은 회사의 영업부류에 속하는 거래 및 동종영업을 목적으로 하는 회사의 무한책임사원 또는 이사가 되지 못하며, 다른 사원 과반수결의가 있는 때에만 자기 또는 제3자의 계산

으로 회사와 거래를 할 수 있다.(「상법」 제198조 및 제 199조)

- 회사의 재산으로 회사의 채무를 완제할 수 없는 때에는 각 사원은 연대하여 변제할 책임이 있다. 신입사원은 사원과 동일한 책임을 부담하며, 퇴사원 및 지분을 양도한 사원은 등기 후 2년 내에는 다른 사원과 동일한 책임을 진다.(「상법」 제212조제1항, 제213조 및 제225조 참조)

사원의 입사와 퇴사 :

- 합명회사 사원이 되려면 정관변경 절차를 거쳐야 하므로 반드시 총사원의 동의가있어야 한다.(「상법」 제204조)
- 회사 성립 후에 가입한 사원은 그 가입 전에 생긴 회사 채무에 대하여 다른 사원과 동일한 책임을 부담한다.(「상법」 제213조)
- 사원이 퇴사하는 사유로는 ① 임의퇴사(「상법」 제217조), ② 「상법」상 퇴사원인에 따른 당연퇴사(「상법」 제218조), ③ 법원의 제명에 따른 강제퇴사(「상법」 제220조), ④ 지분압류채권자에 의한 퇴사(「상법」 제 224조)가 있다.

본점의 이전, 지점의 설치 등 :

- 회사의 본점은 회사의 영업을 총괄하는 장소를 말하며, 본점소재지가 회사의 주소가 된다. 본점을 이전하려면 본점이전 등기를 해야 한다.(「상법」 제179조, 제180조 및 제182조제1항 참조)
- 회사설립과 동시에 지점을 설치하는 경우 설립등기를 한 후 2주 내에 지점소재지 관할 법원등기소에서, 회사 성립 후에 지점을 설치하는 경우 본점소재지에서는 2주내에, 지점소재지에서는 3주 내에 관할 법원등기소에서 등기해야 한다.(「상법」 제181조)

회사회계와 손익분배 :

- 회사는 영업상의 재산 및 손익의 상황을 명백히 하기 위해 회계장부 및 대차대조표를 작성해야 한다.(「상법」 제29조제1항)
- 손익분배의 비율과 관련된 규정이 「상법」에 없으므로 정관 또는 총사원의 동의로 자유롭게 결정할 수 있다. 따라서 정관에 규정이 없거나 총사원의 동의로 별도의 손익분배의 비율이 없는 경우, 사원의 출자가액에 비례하여 그 비율을 정한다.(「상법」 제195조 및 제711조제1항)

〈 개인기업 〉

◎ 개인기업(개인사업자)

'개인사업자'란 등록된 대표자가 경영의 모든 책임을 지는 사업자를 말한다.

◎ 개인기업과 법인사업자와의 차이점

- 개입사업자는 기업을 설립하는데 「상법」에 따른 별도의 회사설립 절차가 필요하지 않아 법인사업자와 달리 그 설립 절차가 간편하고, 휴 · 폐업이 비교적 쉽다.

- 개인사업자는 기업이 완전한 법인격이 없으므로 소유와 경영이 소유자에게 종속하는 기업형태이고, 법인사업자는 기업이 완전한 법인격을 가지고 스스로의 권리와 의무의 주체가 되어 기업의 소유자로부터 분리되어 영속성을 존재할 수 있는 기업형태이다. (참조 URL: http://bit.ly/2CuSpER http://bit.ly/2DVlztY)

구분	첨부서류
1. 법령에 따라 허가를 받거나 등록 또는 신고를 해야 하는 사업의 경우	사업허가증 사본, 사업등록증 사본 또는 신고확인증 사본 ※ 법인설립등기 전인 경우에는 사업허가신청서 사본, 사업등록신청서 사본, 사업신고서 사본 또는 사업계획서로 대신할 수 있음
2. 사업장을 임차한 경우	임대차계약서 사본
3. 「상가건물 임대차보호법」 제2조제1항에 따른 상가건물의 일부분만 임차한 경우	해당 부분의 도면
4. 「조세특례제한법」 제106조의3제1항에 따른 금지금 도매 및 소매업	사업자금 명세 또는 재무상황 등을 확인할 수 있는 자금출처명세서
5. 「개별소비세법」 제1조제4항에 따른 과세유흥장소에서 영업을 경영하는 경우	사업자금 명세 또는 재무상황 등을 확인할 수 있는 자금출처명세서
6. 「부가가치세법」 제8조제3항 및 제4항에 따라 사업자 단위로 등록하려는 사업자	사업자 단위 과세 적용 사업장 외의 사업장에 대한 위의 서류 및 소재지·업태·품목 등이 적힌 사업자등록증
7. 액체연료 및 관련제품 도매업, 기체연료 및 관련제품 도매업, 차량용 주유소 운영업, 차량용 가스 충전업, 가정용 액체연료 소매업과 가정용 가스연료 소매업	사업자금 명세 또는 재무상황 등을 확인할 수 있는 자금출처명세서
8. 재생용 재료 수집 및 판매업	사업자금 명세 또는 재무상황 등을 확인할 수 있는 자금출처명세서

◎ 개인기업의 설립

1) 인 · 허가 신청 :

- 개인사업자로 창업을 하려는 자는 대부분의 업종에 대해서 특별한 규제나 제한 없이 사업을 영위할 수 있으나 특정한 업종의 경우에는 관계법령에 따라 사업개시 전에 행정관청으로부터 사업에 관한 허가를 받아야 하거나 행정관청에 등록 또는 신고를 마쳐야 하는 경우가 있다.

- 창업하는 업종에 대한 사업허가 · 등록 · 신고사항의 점검은 업종선정 과정과 함께 창업절차에 있어서 우선적으로 검토해야 할 사항이다. 왜냐하면, 인 · 허가 업종으로서 사업허가나 등록 · 신고 등을 하지 않고 사업을 하게 되면 불법이 되어 행정관청으로부터 사업장 폐쇄, 과태료, 벌금 등의 불이익 처분을 받게 될 뿐만 아니라, 세무서에 사업자등록을 신청할 때도 사업허가증이나 사업등록증 또는 신고필증을 첨부하지 않으면 사업자등록증을 받을 수 없기 때문이다.

II) 사업자등록 신청
- 사업장단위 등록 :
사업자는 사업장마다 다음의 서류를 사업개시일 부터 20일 이내에 사업장 관할 세무서장에게 제출하여 사업자등록을 신청해야 한다. 다만, 신규로 사업을 시작하려는 자는 사업개시일 전이라도 사업자등록을 신청할 수 있다.(「부가가치세법」 제8조제1항, 「부가가치세법 시행령」 제11조제1항, 「부가가치세법 시행규칙」 제9조제2항, 별지 제4호 서식)
다음 구분에 따른 서류(「부가가치세법」 제8조제1항, 「부가가치세법 시행령」 제11조제3항 · 제4항, 「부가가치세법 시행규칙」 제9조제3항, 별지 제6호 서식 및 별지 제7호 서식)

III) 사업자등록증의 발급
- 사업자등록 신청을 받은 세무서장은 사업자의 인적사항과 필요한 사항을 기재한 사업자등록증을 신청일 부터 3일(토요일, 공휴일 또는 근로자의 날은 제외함)이내에 신청자에게 발급해야 한다.(「부가가치세법 시행령」 제11조제5항 본문)
- 다만, 사업장시설이나 사업현황을 확인하기 위하여 국세청장이 필요하다고 인정하는 경우에는 발급기한을 5일 이내에서 연장하고 조사한 사실에 따라 사업자등록증을 발급할 수 있다.(「부가가치세법 시행령」 제11조제5항 단서)

사업자등록번호 관련 유의사항

사업자등록번호를 한번 부여받으면 특별한 경우 외에는 바뀌지 않고 평생 사용하게 된다. 또한 사업장을 옮기거나 폐업하였다가 다시 시작하는 경우 종전에는 사업자등록번호를 새로 부여받았으나 1997년부터는 사업자등록번호를 한번 부여받으면 특별한 경우 외에는 평생 그 번호를 사용하게 된다.
사람이 살아가면서 주민등록번호에 의해 많은 사항들이 관리되듯이 사업자들은 사업자등록번호에 의해 세적이 관리되게 되므로 사실대로 정확하게 사업자등록을 해야 한다. 따라서 사업을 하면서 세금을 내지 않거나, 무단 폐업하는 등 성실하지 못한 행위를 할 경우 이러한 사항들이 모두 누적 관리되니 유념해야 한다.

〈합자회사〉

◎ **합자회사**

합자회사는 1명 이상의 무한책임사원과 1명 이상의 유한책임사원으로 구성된다. 무한책임
사원은 회사채권자에 대하여 직접·연대하여 무한의 책임을 지는 반면, 유한책임사원은 회
사에 대해 일정 출자의무를 부담할 뿐 그 출자가액에서 이미 이행한 부분을 공제한 가액을
한도로 하여 책임을 진다. (「상법」 제268조 및 제279조 참조, URL: http://bit.ly/2EFgoPY)
무한책임사원은 정관에 다른 규정이 없는 때에는 각자가 회사의 업무를 집행할 권리와 의무
가 있으며, 유한책임사원은 대표권한이나 업무집행권한은 없지만 회사의 업무와 재산상태
를 감시할 권한을 갖는다. (「상법」 제273조, 제277조 및 제278조 참조)

◎ **합자회사의 특징**

합자회사는 무한책임사원이 있다는 점에서 합명회사와 같지만, 유한책임사원이 있다는 점
에서 합명회사와 구별된다. 따라서 「상법」에서는 합자회사에 관하여 특별히 규정하고 있는
사항을 제외하고는 합명회사에 관한 규정이 그대로 준용된다. (「상법」 제269조)

◎ **합자회사의 설립절차**

사원의 구성 : 합자회사의 사원은 1명 이상의 무한책임(無限責任)사원과 1명 이상의 유한책
임(有限責任)사원으로 구성된다. (「상법 제268조, 제269조 및 제178조)

목적 및 상호정하기 : 회사의 목적이란 회사의 존재이유 또는 수행하려는 사업에 관한 것을
말한다. 정관을 작성할 때에는 반드시 회사의 목적을 정해야 한다. (「상법」 제269조 및 제
179조제1호) 회사의 이름을 상호(商號)라고 한다. 합자회사의 상호는 자유롭게 정할 수 있
는 것이 원칙이나, 합자회사의 상호에는 반드시 '합자회사'라는 문자를 사용해야 한다. (「상
법」 제18조 및 제19조 참조)

정관의 작성 : 합자회사의 정관은 무한책임사원 및 유한책임사원 각각 1명 이상의 사원이 공
동으로 작성하여 총사원의 기명날인 또는 서명을 받아야 한다. (「상법」 제269조, 제178조
및 제179조) 합자회사의 정관에는 ① 목적, ② 상호, ③ 사원의 성명·주민등록번호 및 주소,
④ 사원의 출자의 목적과 가격 또는 그 평가의 표준, ⑤ 본점의 소재지, ⑥ 정관의 작성년월
일, ⑦ 각 사원의 책임이 무한책임인지 아니면 유한책임인지를 기재하고 총사원이 기명날
인 또는 서명해야 한다. (「상법」 제269조 및 제179조)

설립등기 및 법인설립 신고 : 합자회사의 설립등기를 할 때에는 합명회사의 설립등기사항
(「상법」 제180조) 각 호의 사항 외에 각 사원의 무한책임 또는 유한책임인 것을 등기해야 한
다. (「상법」 제271조제1항) 법인은 사업장마다 해당 사업 개시일부터 20일 이내에 필요서류
를 납세지(본점 또는 주사무소 소재지) 관할 세무서장에게 제출하여 법인설립신고 및 사업자
등록을 해야 한다. (「법인세법」 제109조제1항, 제111조제1항·제2항, 「법인세법 시행령」 제
152조제1항 및 제154조제1항 참조)

◎ 합자회사의 경영

사원의 출자:

출자란 합자회사를 운영하기 위해 필요한 고유의 재산을 구성할 금전 그 밖의 재산 등을 제공하는 것을 말한다.

사원은 정관에 의해 확정된 출자의무를 이행해야 한다.(「상법」제269조 및 제179조제4호)

사원의 출자에 대해 정관에 규정이 있는 경우에는 정관에 따르고, 정관에 규정이 없는 경우에는 「상법」에 따르며, 「상법」에 규정이 없는 경우에는 「민법」의 조합에 관한 규정에 따른다.(「상법」제269조 및 제195조)

출자의 종류 : 출자는 ① 재산출자, ② 노무출자, ③ 신용출자의 세 종류가 있으며, 정관에 규정한 출자의 목적에 따라 회사에 그 출자를 한다.(「상법」제269조, 제195조, 제222조 및 「민법」 제703조제2항 참조)

출자이행의 시기 및 방법 :

사원은 정관의 규정에 따라 출자의무를 이행한다. 다만, 정관에 출자이행 시기나 방법 등에 관한 규정이 없는 경우, 합자회사 내부관계에 관해서는 정관이나 「상법」에 규정이 없으면 조합에 관한 「민법」의 규정을 준용하므로, 합자회사는 업무집행의 방법으로 이를 자유롭게 결정할 수 있다.(「상법」제269조, 제195조 및 「민법」제706조 참조)

구분	출자의 내용
금전출자	금전의 지급
현물출자	목적물의 권리이전(등기 및 인도). 다만, 채권을 출자의 목적으로 한 사원은 그 출자한 채권이 변제기에 변제되지 않을 때에는 그 채권액을 변제할 책임을 지며, 이자를 지급하는 것 외에 이로 인해 생긴 손해를 배상해야 한다.(「상법」제196조)
노무출자	노무의 제공
신용출자	회사를 위해 보증 또는 담보제공, 회사가 발행한 어음의 배서나 인수

업무집행 및 대표권 : 무한책임사원은 정관에 다른 규정이 없는 때에는 각자가 회사의 업무를 집행할 권리와 의무가 있다.(「상법」제273조)

* 유한책임사원은 회사의 업무집행을 하지 못한다.(「상법」제278조)

무한책임사원의 업무집행에 관한 행위에 대하여 다른 무한책임사원의 이의가 있는 때에는 곧 행위를 중지하고 총사원 과반수의 결의에 따라야 한다.(「상법」제269조 및 제200조제2항)

정관으로 무한책임사원의 1명 또는 수인을 업무집행사원으로 정한 때에는 그 사원이 회사의 업무를 집행할 권리와 의무가 있다.(「상법」제269조 및 제201조제1항)

정관으로 업무집행사원을 정하지 않은 때에는 각 무한책임사원이 회사를 대표한다.(「상법」제269조 및 제207조제1문)

무한책임사원 중에서 수인의 업무집행사원을 정한 경우에는 각 업무집행사원이 회사를 대표한다. 그러나 정관 또는 총사원의 동의로 업무집행사원 중에서 특히 회사를 대표할 자를 정할 수 있다.(「상법」제269조, 제207조제2문 및 제3문)

회사를 대표할 무한책임사원을 정한 경우에는 그 성명과 주소 및 주민등록번호를 합자회사 설립등기시에 등기하여야 한다.(「상법」제269조 및 제180조제4호)

* 유한책임사원은 회사의 대표행위를 하지 못한다.(「상법」제278조)

공동대표의 지정 :

회사는 정관 또는 총사원의 동의로 수인의 무한책임사원이 공동으로 회사를 대표할 것을 정할 수 있다.(「상법」제208조제1항)

이 경우 제3자의 회사에 대한 의사표시는 공동대표의 권한 있는 사원 1명에 대하여 이를 함으로써 그 효력이 생긴다.(「상법」제269조 및 제208조제2항)

수인의 사원이 공동으로 회사를 대표할 것으로 정한 때에는 그 규정을 합자회사 설립등기시에 등기하여야 한다.(「상법」제269조 및 제180조제5호)

사원의 의무와 책임 :

무한책임사원은 다른 무한책임사원의 동의가 없으면 자기 또는 제3자의 계산으로 회사의 영업부류에 속하는 거래를 하지 못한다.(「상법」제269조 및 제198조제1항 참조)

무한책임사원이 경업금지의무를 위반한 경우 회사는 다음과 같이 개입권을 행사할 수 있으며, 손해배상청구, 사원의 제명 및 업무집행권한의 상실을 법원에 청구할 수 있다.

구분	내용
회사의 개입권	사원이 경업금지의무를 위반하여 거래를 한 경우에 그 거래가 자기의 계산으로 한 것인 때에는 회사는 이를 회사의 계산으로 한 것으로 볼 수 있고 제3자의 계산으로 한 것인 때에는 그 사원에 대하여 회사는 이로 인한 이득의 양도를 청구할 수 있다.(「상법」제269조 및 제198조제2항) 위의 양도청구는 다른 사원 과반수의 결의에 의하여 행사해야 하며, 다른 사원의 1명이 그 거래를 안 날부터 2주간을 경과하거나 그 거래가 있은 날부터 1년을 경과하면 소멸한다.(「상법」제269조 및 제198조제4항)
손해배상책임	회사가 경업금지의무를 위반한 사원에게 이득의 양도를 청구하였다고 하더라도, 경업금지의무를 위반한 사원에게 손해배상을 청구할 수 있다.(「상법」제269조 및 제198조제3항 참조)
사원의 제명	회사는 사원이 경업금지의무를 위반한 행위를 한 경우 다른 사원 과반수의 결의에 의하여 그 사원의 제명의 선고를 법원에 청구할 수 있다.(「상법」제269조 및 제220조제1항제2호)
업무집행권한의 상실	경업금지의무를 위반한 경우 사원이 업무를 집행함에 현저하게 부적임하거나 중대한 의무에 위반한 행위가 있는 때에는 다른 사원은 위반 사원에 대한 업무집행권한 상실을 법원에 청구할 수 있다.(「상법」제269조, 제205조제1항 및 제216조)

사원의 입사와 퇴사 :

사원의 입사란 합자회사 성립 후에 입사계약을 체결하고 출자하여 지분을 가지면서 원시적으로 사원자격을 취득하는 것을 말한다. 합자회사 사원은 정관에 반드시 기재해야 하는 사항이므로 사원이 입사를 하려면 정관변경 절차를 거쳐야 하기 때문에 반드시 총사원의 동의가 필요하다.(「상법」 제269조 및 제204조)

입사등기 :

사원이 입사하면 등기사항이 변경되므로, 회사는 새로 입사하는 사원에 대해 본점소재지에서는 2주 내에, 지점소재지에서는 3주 내에 해당 법원등기소에서 입사등기를 해야 한다.(「상법」 제269조 및 제183조)

등기신청인이 사원의 입사등기를 등기기간 내에 하지 않은 때에는 500만원 이하의 과태료가 부과된다. 다만, 위반행위에 형(刑)을 받는 경우에는 과태료가 부과되지 않는다.(「상법」 제635조제1항 단서 및 제635조제1항제1호)

등기신청인은 사원의 입사등기신청서와 함께 다음의 서류를 함께 제출해야 한다.[「상업등기신청서의 양식에 관한 예규」(대법원 등기예규 제1613호, 2016. 12. 16. 발령, 2017. 1. 1. 시행) 양식 제43호 참조]

총사원동의서, 무한책임사원 전원의 동의서(새로이 출자한 경우), 출자이행증명서(새로이 출자한 경우), 다른 사원의 동의가 있음을 증명하는 서면(지분양수의 경우), 정관(상속입사인 경우), 가족관계등록사항별증명서(상속입사인 경우), 주민등록표등본, 등록면허세영수필확인서, 등기신청수수료영수필확인서, 위임장(대리인이 신청할 경우)

사원의 퇴사 :

사원의 퇴사란 회사의 존속 중에 특정 사원이 사원자격을 상실하는 것을 말한다. 사원이 퇴사하는 사유로는 다음과 같이 ① 임의퇴사(「상법」 제269조 및 제217조), ② 「상법」상 퇴사원인에 따른 당연퇴사(「상법」 제269조 및 제218조), ③ 법원의 제명에 따른 강제퇴사(「상법」 제269조 및 제220조), ④ 지분압류채권자에 의한 퇴사(「상법」 제269조 및 제224조)가 있다.

회사회계와 손익분배 :

회사는 영업상의 재산 및 손익의 상황을 명백히 하기 위해 회계장부 및 대차대조표를 작성해야 한다.(「상법」 제29조제1항) 회계장부 및 대차대조표의 작성에 관하여 「상법」에 규정한 것을 제외하고는 일반적으로 공정·타당한 회계관행에 따른다.(「상법」 제29조제2항) 회계장부에는 거래와 그 밖의 영업상의 재산에 영향이 있는 사항을 기재하여야 한다. (「상법」 제30조제1항) 회사는 성립한 때와 매 결산기에 회계장부에 의해 대차대조표를 작성하고, 작성자가 이에 기명날인 또는 서명해야 한다. (「상법」 제30조제2항)

손익분배 방법 :

손익분배의 비율과 관련된 규정이 「상법」에 없으므로 정관 또는 총사원의 동의로 자유롭게 결정할 수 있다. 따라서 정관에 규정이 없거나 총사원의 동의로 별도의 손익분배의 비율이 없는 경우, 사원의 출자가액에 비례하여 그 비율을 정한다. (「상법」 제269조, 제195조 및 「민법」 제711조제1항) 이익 또는 손실에 대하여 분배의 비율을 정한 때에는 그 비율은 이익과 손실에 공통된 것으로 추정한다. (「상법」 제269조, 제195조 및 「민법」 제711조제2항)

〈유한책임회사〉

◎ 유한책임회사

유한책임회사는 공동기업이나 회사의 형태를 취하면서도 내부적으로는 사적자치가 폭넓게 인정되는 조합의 성격을 갖고, 외부적으로는 사원의 유한책임이 확보되는 기업 형태에 대한 수요를 충족하기 위해 「상법」에 도입된 회사형태로서 사모(私募)투자펀드와 같은 펀드나 벤처기업 등 새로운 기업에 적합한 회사형태이다. [「상법」(법률 제10600호, 2011. 4. 14. 개정, 2012. 4. 15. 시행) 제 · 개정이유서 참조, URL: http://bit.ly/2CtJGmx)

유한책임회사는 1인 이상의 유한책임사원으로 구성된다. 유한책임사원은 회사채권자에 대하여 출자금액을 한도로 간접 · 유한의 책임을 진다. (「상법」 제287조의7 참조) 유한책임회사는 업무집행자가 유한책임회사를 대표한다. 따라서 정관에 사원 또는 사원이 아닌 자를 업무집행자로 정해 놓아야 하며, 정관 또는 총사원의 동의로 둘 이상의 업무집행자가 공동으로 회사를 대표할 것을 정할 수도 있다. (「상법」 제287조의12제1항 및 제287조의19 참조)

◎ 유한책임회사의 특성

유한책임회사는 고도의 기술을 보유하고 있지만, 초기 상용화에 어려움을 겪는 청년 벤처 창업이나 사모(私募)투자펀드, 법무법인, 세무회계법인 등에 적합한 기업유형으로서, 기존의 주식회사나 유한회사 보다 좀 더 간편하고 편리하게 회사를 설립하고 운영하는데 유용한 회사제도이다.

◎ 유한책임회사와 다른 회사의 차이점

구분	합명회사	합자회사	주식회사	유한회사	유한책임회사
사원의 구성	무한책임사원	무한책임사원 유한책임사원	주주	유한책임사원	유한책임사원
사원의 수	2인 이상	각각 1인 이상	1인 이상	1인 이상	1인 이상
사원의 책임범위	직접, 연대, 무한책임	(무) 직접, 연대, 무한책임 / (유) 직접, 연대, 유한책임	간접, 유한책임	간접, 유한책임	간접, 유한책임
출자 목적물	재산, 노무, 신용	(무) 재산, 노무, 신용 / (유) 재산	재산	재산	재산
업무집행기관	무한책임사원	무한책임사원	이사회, 대표이사	이사	사원 또는 사원이 아닌 자

◎ 유한책임회사의 설립절차

사원의 구성 : 유한책임회사를 설립할 때에는 사원이 정관을 작성해야 하므로, 유한책임회사의 사원은 1인 이상이어야 한다. (「상법」 제287조의2 참조)

설립목적 정하기 : 회사의 설립목적은 회사의 존재이유 또는 수행하려는 사업에 관한 것이다. 유한책임회사의 사원은 정관을 작성할 때 반드시 회사의 목적을 기재해야 하므로, 정관작성 전에 미리 회사의 설립목적을 정해야 한다. (「상법」 제287조의3제1호 참조) 또한 회사는 영리를 목적으로 하므로, 유한책임회사의 목적사업은 반드시 영리를 추구하는 사업이어야 한다. (「상법」 제169조 참조)

상호 정하기 : 회사의 이름을 상호(商號)라고 한다. 유한책임회사의 상호는 원칙적으로 자유롭게 정할 수 있으나, 상호에 반드시 '유한책임회사'라는 문자를 사용해야 한다. (「상법」 제18조 및 제19조 참조)

정관의 작성 : 유한책임회사를 설립할 때에는 목적, 상호, 사원의 성명 · 주민등록번호 및 주소, 출자의 목적 및 가액, 자본금의 액 등을 기재한 정관을 작성해야 한다. (「상법」 제287조의2 및 제287조의3) 유한책임회사의 정관에 반드시 기재해야 하는 사항은 1. 목적 2. 상호 3. 사원의 성명 · 주민등록번호 및 주소 4. 본점의 소재지 5. 정관의 작성년월일 6. 사원의 출자의 목적 및 가액 7. 자본금의 액 8. 업무집행자의 성명(법인인 경우에는 명칭) 및 주소이다.

다음의 사항을 적고 각 사원이 기명날인하거나 서명해야 한다. (「상법」 제287조의3)

설립 시의 출자의 이행: 사원은 정관의 작성 후 설립등기를 하는 때까지 금전이나 그 밖의 재산의 출자를 전부 이행해야 한다. (「상법」 제287조의4제2항)

사원은 신용이나 노무를 출자의 목적으로 하지 못한다. 따라서 사원은 재산출자만 가능하다.(「상법」 제287조의4제1항)

출자의 종류 : 사원은 신용이나 노무를 출자의 목적으로 하지 못한다.(「상법」 제287조의4제1항) 따라서 사원은 금전 또는 현물출자만 가능하다.

금전 또는 현물출자 : 재산출자에는 금전 그 밖의 재산을 목적으로 하는 ① 금전출자와 금전 이외의 재산을 목적으로 하는 ② 현물출자가 있다. 현물출자 할 수 있는 재산에는 제한이 없기 때문에 부동산 · 동산, 여러 종류의 물권(物權) · 채권 · 유가증권 등을 출자할 수 있다.

유한책임회사 설립등기 : 유한책임회사는 본점소재지에서 목적, 상호, 존립기간, 자본금의 액, 업무집행자의 성명 등에 관한 사항을 설립등기를 함으로써 성립한다.(「상법」 제287조의5제1항)

◎ **유한책임회사의 경영**

업무집행 및 대표권 : 유한책임회사는 정관으로 사원 또는 사원이 아닌 자를 업무집행자로 정해야 한다.(「상법」 제287조의12제1항) 1명 또는 둘 이상의 업무집행자를 정한 경우에는 업무집행자 각자가 회사의 업무를 집행할 권리와 의무가 있다.(「상법」 제287조의12제2항 전단) 수인의 업무집행사원이 있는 경우에 그 각 사원의 업무집행에 관한 행위에 대하여 다른 업무집행사원의 이의가 있는 때에는 곧 그 행위를 중지하고 업무집행사원 과반수의 결의에 따라야 한다.(「상법」 제287조의12제2항 후단 및 제201조제2항) 정관으로 둘 이상을 공동업무집행자로 정한 경우에는 그 전원의 동의가 없으면 업무집행에 관한 행위를 하지 못한다.(「상법」 제287조의12제3항) 유한책임회사의 업무집행자는 유한책임회사를 대표한다.(「상법」 제287조의19제1항) 업무집행자가 둘 이상인 경우에는 정관 또는 총사원의 동의로 유한책임회사를 대표할 업무집행자를 정할 수 있다.(「상법」 제287조의19제2항)

유한책임회사는 정관 또는 총사원의 동의로 둘 이상의 업무집행자가 공동으로 회사를 대표할 것을 정할 수 있다.(「상법」 제287조의19제3항)

이 경우에 제3자의 유한책임회사에 대한 의사표시는 공동대표의 권한이 있는 자 1인에 대하여 함으로써 그 효력이 생긴다.(「상법」 제287조의19제4항)

대표의 권한과 책임 : 회사를 대표하는 사원은 회사의 영업에 관하여 재판상 또는 재판 외의 모든 행위를 할 권한이 있다.(「상법」 제287조의19제5항 및 제209조제1항)

다만, 이러한 권한에 대한 제한은 선의의 제3자에게 대항하지 못한다.(「상법」 제287조의19제5항 및 제209조제2항)

유한책임회사를 대표하는 업무집행자가 그 업무집행으로 타인에게 손해를 입힌 경우에는 회사는 그 업무집행자와 연대하여 배상할 책임이 있다. (「상법」 제287조의20)

사원의 지분 : 지분이란 사원의 지위에 기초한 사원의 회사에 대한 법률상의 권리와 의무를 말하며, 각 사원은 사원이 출자한 출자액에 따라 지분을 갖게 된다. 사원의 지분에 따른 손익분배 비율은 유한책임회사의 정관에서 정한 바에 따르며, 정관으로 이를 정하지 않은 경우에는 각 사원의 출자가액에 비례하여 손익분배 비율을 정한다. (「상법」 제287조의18, 제195조 및 「민법」 제711조 참조)

사원의 가입과 탈퇴 : 사원의 가입이란 유한책임회사가 성립한 이후에 가입계약을 체결하고 금전 또는 현물 출자하여 지분을 가지면서 원시적으로 사원의 자격을 취득하는 것을 말한다. 유한책임회사는 정관을 변경함으로써 새로운 사원을 가입시킬 수 있다. (「상법」 제287조의23제1항)

* 정관에 다른 규정이 없는 경우 정관을 변경하려면 총사원의 동의가 있어야 한다. 따라서 새로운 사원을 가입시키려면 총사원의 동의가 있어야 한다. (「상법」 제287조의16)

사원이 새롭게 가입을 하여 출자를 하면 등기사항 중 자본금의 액이 변경되므로 이러한 사항이 변경된 경우에는 본점소재지에서는 2주 내에 변경등기를 하고, 지점소재지에서는 3주 내에 변경등기를 해야 한다. (「상법」 제287조의5제4항)

등기신청인은 유한책임회사변경등기신청서와 함께 다음의 서류를 함께 제출해야 한다[「상업등기신청서의 양식에 관한 예규」(대법원 등기예규 제1613호, 2016. 12. 16. 발령, 2017. 1. 1. 시행) 양식 제58호 참조].

정관 총사원동의서, 출자금납입증명서(또는 현물출자재산 인도증명서), 등록면허세 영수필확인서, 등기신청수수료 영수필확인서, 위임장(대리인이 신청할 경우)

사원의 퇴사 : 사원의 퇴사란 유한책임회사의 존속 중에 특정 사원이 「상법」에서 정하는 사유로 인하여 사원자격을 상실하는 것을 말한다. 사원이 퇴사하는 사유로는 다음과 같이 ① 임의퇴사, ② 「상법」상 퇴사원인에 따른 당연퇴사, ③ 법원의 제명에 따른 강제퇴사, ④ 지분 압류채권자에 의한 퇴사가 있다.

유한책임회사의 회계 : 유한책임회사의 회계는 「상법」과 「상법 시행령」으로 규정한 것 외에는 일반적으로 공정하고 타당한 회계관행에 따른다. (「상법」 제287조의32)

제무제표의 작성 및 보존 : 업무집행자는 결산기마다 대차대조표, 손익계산서, 그 밖에 유한책임회사의 재무상태와 경영성과를 표시하는 것으로서 다음의 서류를 작성해야 한다. (「상법」 제287조의33 및 「상법 시행령」 제5조)

자본변동표, 이익잉여금 처분계산서 또는 결손금 처리계산서

업무집행자는 ① 자본변동표, ② 이익잉여금 처분계산서 또는 결손금 처리계산서, ③ 대차대조표, ④ 손익계산서를 본점에 5년간 갖추어 두어야 하고, 그 등본을 지점에 3년간 갖추어 두어야 한다. (「상법」 제287조의34제1항)

사원과 유한책임회사의 채권자는 회사의 영업시간 내에는 언제든지 위에 따라 작성된 재무제표(財務諸表)의 열람과 등사를 청구할 수 있다. (「상법」 제287조의34제2항)

유한책임회사의 자본금 : 사원이 출자한 금전이나 그 밖의 재산의 가액을 유한책임회사의 자본금으로 한다. (「상법」 제287조의35)

〈 주식회사 〉

◎ **주식회사**

주식회사"란 주식의 발행을 통해 여러 사람으로부터 자본금을 조달받고 설립된 회사를 말한다. 주식을 매입하여 주주가 된 사원은 주식의 인수한도 내에서만 출자의무를 부담하고 회사의 채무에 대해서는 직접책임을 부담하지 하지 않고, 자신이 가진 주식의 인수가액 한도 내에서 간접·유한의 책임을 진다. (「상법」 제331조 참조) 따라서 주식회사는 주식, 자본금, 주주의 유한책임이라는 3가지 요소를 본질로 한다. (참조 URL: http://bit.ly/2CwYgKA)

- 주식회사는 주주라는 다수의 이해당사자가 존재하므로 의사결정기관으로 주주총회를 두어 정기적으로 이를 소집해야 하고, 업무집행기관으로 이사회 및 대표이사를 두어 회사의 업무를 집행한다. 또한 이사의 직무집행을 감사하고, 회사의 업무와 재산상태를 조사하기 위해 감사와 같은 감사기관을 둔다. (「상법」 제361조, 제365조, 제382조, 제389조 및 제409조 참조)

 * 주식회사는 주식을 단위로 자본이 구성되므로 자본집중이 쉽고, 주주가 유한책임을 부담하므로 사업실패에 대한 위험이 적어 공동기업의 형태로 자주 이용된다. 현재 우리나라의 회사 형태 중 주식회사가 차지하는 비율은 약 94%에 달한다. (국세청, 『2014년도 국세통계연보』 참조)

◎ **주식회사의 본질적 요소**

① 주식

- "주식"이란 주식회사에서의 사원의 지위를 말한다. 주식은 주식회사의 입장에서는 자본금을 구성하는 요소이면서 동시에 주주의 입장에서는 주주의 자격을 얻기 위해 회사에 납부해야 하는 출자금액의 의미를 갖는다. (「상법」 제301조, 제305조 및 제451조 참조)

- 회사는 주식을 발행할 때 액면주식으로 발행할 수 있으며, 정관으로 정한 경우에는 주식의 전부를 무액면 주식으로 발행할 수도 있다.(「상법」 제329조제1항)

  * "액면주식"이란 1주의 금액이 정해져 있는 주식을 말하며 "무액면주식"이란 1주의 금액이 정해져 있지 않은 주식을 말한다.

- 액면주식의 금액은 균일해야 하며, 1주의 금액은 100원 이상으로 해야 한다.
  (「상법」 제329조제2항 및 제3항)

② 자본금

- 자본금은 주주가 출자하여 회사성립의 기초가 된 자금을 말한다. 자본금은 다음과 같이 액면주식을 발행한 경우와 무액면주식을 발행한 경우에 따라 다르게 구성된다.(「상법」 제451조제1항 및 제2항 참조)

구분	자본금
액면주식 발행	발행주식의 액면총액(액면금액에 주식수를 곱한 것)이 자본금이 된다.
무액면주식 발행	주식 발행가액의 2분의 1이상의 금액으로서 이사회(「상법」 제416조 단서에서 정한 주식발행의 경우에는 주주총회를 말함)에서 자본금으로 계상하기로 한 금액의 총액이 자본금이 된다. (이 경우 주식의 발행가액 중 자본금으로 계상하지 않는 금액은 자본준비금으로 계상해야 함)

- 회사의 자본금은 액면주식을 무액면 주식으로 전환하거나 무액면 주식을 액면 주식으로 전환함으로써 변경할 수 없다.(「상법」 제451조제3항)

③ 주주의 유한책임

- 주주는 회사에 대하여 주식의 인수가액을 한도로 하여 출자의무를 부담할 뿐이며, 그 이상 회사에 출연할 책임을 부담하지 않는다. 따라서 회사가 채무초과상태에 있다고 하더라도 주주는 회사의 채권자에게 변제할 책임이 없다. 이를 주주의 유한책임이라고 한다.(「상법」 제331조 참조)

◎ **주식회사의 설립과정**

- 주식회사를 설립하려면 우선 ① 발기인을 구성하여, ② 회사상호와 사업목적을 정한 다음, ③ 발기인이 정관을 작성한다. 정관작성 후에는 ④ 주식발행사항을 결정하고 ⑤ 발기설립 또는 모집설립의 과정을 거쳐 ⑥ 법인설립등기, 법인설립신고 및 사업자등록을 하면 모든 설립행위가 완료된다.

◎ **발기설립과 모집설립의 차이**

- 주식회사의 설립방법에는 발기설립과 모집설립이 있다. 발기설립이란 설립 시에 주식의 전부를 발기인만이 인수하여 설립하는 것을 말하고, 모집설립이란 설립 시에 주식의 일부

를 발기인이 우선인수하고 주주를 모집하여 그 나머지를 인수하게 하는 설립방법을 말한다. 발기설립과 모집설립은 다음의 차이가 있다.

	발기설립	모집설립
기능	소규모 회사설립에 용이	대규모 자본 조달에 유리
주식의 인수	주식의 총수를 발기인이 인수	발기인과 모집주주가 함께 주식 인수
인수 방식	단순한 서면주의	법정기재사항이 있는 주식청약서에 의함
주식의 납입	발기인이 지정한 은행 그 밖의 금융기관에 납입	주식청약서에 기재한 은행 그 밖의 금융기관에 납입
납입의 해태	민법의 일반원칙에 따름	실권절차(「상법」 제307조)가 있음
창립총회	불필요	필요
기관구성	발기인의 의결권의 과반수로 선임	창립총회에 출석한 주식인수인의 의결권의 3분의 2 이상이고 인수된 주식의 총수의 과반수에 해당하는 다수로 선임
설립경과조사	이사와 감사가 조사하여 발기인에게 보고	이사와 감사가 조사하여 창립총회에 보고
변태설립사항	이사가 법원에 검사인 선임 청구, 검사인은 조사하여 법원에 보고	발기인은 법원에 검사인 선임 청구, 검사인은 조사하여 창립총회에 보고

◎ 주식회사 설립등기

① 등기신청인

- 회사의 등기는 법률에 다른 규정이 없는 경우에는 그 대표자(대표이사)가 신청한다. (「상업등기법」 제23조)

※ 등기신청인이 회사설립 등기를 등기기간 내에 하지 않은 때에는 500만원 이하의 과태료가 부과된다. (「상법」 제635조제1항제1호)

② 등기신청 기간

구분		등기신청기간
발기설립의 경우	정관에 변태설립사항이 없는 경우	이사·감사의 조사·보고가 종료한 날부터 2주 이내
	정관에 변태설립사항이 있는 경우	검사인의 조사절차 및 법원의 변경처분 절차가 종료한 날부터 2주 이내
모집설립의 경우		창립총회가 종결한 날 또는 창립총회에서 변태설립사항의 변경절차가 종료한 날부터 2주 이내

< 유한회사 >

◎ 유한회사

유한회사는 1인 이상의 사원으로 구성된다. 유한회사의 사원은 주식회사와 마찬가지로 사원의 지위가 지분의 형식을 취하고, 모든 사원이 출자금액을 한도로 유한의 출자의무를 부담할 뿐, 회사채권자에 대하여 어떠한 직접책임도 부담하지 않고 자신이 출자한 금액의 한도에서 간접·유한의 책임을 진다.(「상법」 제553조 참조, URL: http://bit.ly/2CHJXQo)

- 유한회사의 조직형태는 주식회사와 유사하지만, 주식회사와 달리 이사회가 없고 사원총회에서 업무집행 및 회사대표를 위한 이사를 선임한다. 선임된 이사는 정관 또는 사원총회의 결의로 특별한 정함이 없으면 각각 회사의 업무를 집행하고 회사를 대표하는 권한을 가진다.(「상법」 제561조, 제562조 및 제547조 참조)

  * 유한회사의 조직형태는 주식회사와 유사하지만 주식회사와 달리 폐쇄적이고 비공개적인 형태의 조직을 갖는다. 또한 주식회사보다 설립절차가 비교적 간단하고 사원총회 소집절차도 간소하다는 특징이 있다.

◎ 유한회사 설립

① 정관의 작성

- 유한회사를 설립하려면 사원을 구성하고 회사의 설립목적, 회사상호를 정하고 자본금의 총액을 정하는 등의 정관작성을 먼저 해야 한다.(「상법」 제543조)

② 이사 등의 선임과 출자이행

- 정관으로 이사나 감사를 선임하지 않은 경우 회사성립 전에 사원총회를 열어 이사를 선임해야 한다.(「상법」 제547조)

- 유한회사의 사원은 출자전액의 납입 또는 현물출자의 목적인 재산전부를 회사에 출자한다.(「상법」 제548조)

③ 인허가 및 세금납부

- 유한회사를 설립하여 사업을 할 경우, 영위하려는 사업이 인허가 대상인지를 확인해야 하며, 인허가 대상인 경우에는 필요서류와 승인절차를 미리 숙지하여 관할관청에 신고해야 한다.

- 유한회사의 설립등기를 하려면 등록면허세와 등록면허세의 20/100에 해당하는 지방교육세를 납부해야 한다. 다만, 과밀억제권역에 법인을 설립할 경우에는 등록면허세가 가중된다.(「지방세법」 제28조제1항제6호 가목, 「수도권정비계획법」 제6조제1항제1호 및 「지방세법」 제28조제2항)

④ 유한회사 설립등기

- 유한회사의 설립등기는 유한회사의 대표자가 신청하며, 본점소재지에서 설립등기를 함으로써 회사가 성립한다. (「상법」 제172조 및 제549조)

⑤ 법인설립신고 및 사업자등록 신청

- 유한회사의 업무를 대표하는 이사는 납세지 관할 세무서에 법인설립신고 및 사업자등록 신청을 한다. (「상업등기법」 제23조, 「법인세법」 제109조제1항, 제111조 및 「부가가치세법」 제60조 등)

◎ 유한회사 운영

① 유한회사의 사원

- 유한회사의 사원은 1인 이상 구성되고, 사원은 출자좌수에 따라 지분을 갖는다. 사원은 그 지분의 전부 또는 일부를 양도(다만, 정관으로 지분의 양도를 제한할 수 있음)하거나 상속할 수 있으며, 질권의 목적으로 할 수 있다. (「상법」 제554조 및 제556조 등)

② 기관구성

- 유한회사의 의사기관은 사원총회이며, 사원총회는 회사의 업무집행을 포함한 모든 사항에 대하여 의사결정을 할 수 있는 권한이 있다. (「상법」 제576조, 제584조, 제598조 및 제609조 참조)

③ 정관변경

- 유한회사가 정관을 변경하는 경우에는 사원총회의 특별결의가 있어야 한다. (「상법」 제584조)

- 정관변경 특별결의는 사원의 수를 기준으로 총사원의 반수 이상이고 동시에 총사원의 의결권의 4분의 3 이상을 가지는 사람의 동의로 결의하는 경우를 말한다. (「상법」 제585조제1항)

④ 자본금의 증가 및 감소

- 자본금의 총액을 증가시키려면 사원총회의 특별결의가 있어야 하며, 자본금 증가로 인한 출자 전액의 납입 또는 현물출자의 이행이 완료된 날부터 2주 내에 본점소재지(지점소재지에서는 3주 내에)에서 자본금 증가로 인한 변경등기를 해야 효력이 생긴다. (「상법」 제543조, 제584조 및 제585조제1항 등)

- 자본금을 감소하는 경우에도 정관의 변경을 필요로 하므로, 사원총회의 특별결의가 있어야 한다. (「상법」 제584조 및 제585조)

- 자본금 감소의 실행이 완료된 날부터 2주내에 회사는 본점소재지 관할 법원등기소에 자본금 감소로 인한 변경등기를 해야 한다. (「상법」 제549조 제4항)

◎ 유한회사 변경

① 영업양도

ⅰ) 영업양도의 개념

영업양도"란 일정한 영업목적에 의해 조직화된 총체, 즉 인적, 물적 조직을 그 동일성을 유지하면서 일체로서 이전하는 것을 말한다(대법원 1997. 4. 25. 선고 96누19312 판결),

ⅱ) 영업양도의 종류

영업의 전부 또는 중요한 일부의 양도

영업 전부의 임대 또는 경영위임, 타인과 영업의 손익 전부를 같이 하는 계약, 그 밖에 이에 준하는 계약의 체결·변경 또는 해약

회사의 영업에 중대한 영향을 미치는 다른 회사의 영업 전부 또는 일부의 양수

ⅲ) 영업양도의 절차

사원총회 특별결의 : 유한회사가 영업양도 행위를 할 때에는 사원총회의 특별결의(사원의 출자좌수와는 상관없이 사원의 수를 기준으로 총사원의 반수 이상이고 동시에 총사원의 의결권 4분의 3이상을 가지는 사원의 동의로 하는 결의)가 있어야 한다. (「상법」 제576조제1항 및 제585조)

영업양도 방식(불요식 계약) : 영업양도의 계약방식에 대해서는 「상법」상 아무런 규정이 없기 때문에, 당사자간에 자유롭게 할 수 있다. 영업양도 계약은 일반적으로 양도 및 양수받는 회사 간의 영업양도계약서 작성에 따른 서면합의로 계약이 이루어진다.

② 합병

ⅰ) 합병의 개념

"합병"이란 「상법」상의 절차에 따라, 회사의 일부 또는 전부가 해산하여 그 재산과 권리·의무가 포괄적으로 존속회사 또는 신설회사에 이전하고, 회사 구성원도 존속회사 또는 신설회사의 구성원으로 되는 것을 말한다.

ⅱ) 유한회사의 합병

합병을 하는 회사의 일방 또는 쌍방이 주식회사, 유한회사 또는 유한책임회사인 경우에는 합병 후 존속하는 회사나 합병으로 설립되는 회사는 주식회사, 유한회사 또는 유한책임회사이어야 한다. (「상법」 제174조제2항)

ⅲ) 합병의 절차

합병계약의 체결

합병결의 : 유한회사에서는 사원총회의 특별결의(사원의 수를 기준으로 총사원의 반수 이상이고 동시에 총사원의 의결권 4분의 3 이상을 가지는 사람의 동의로 결의)를 해야 한다.

(「상법」 제598조 및 제585조)

회사채권자 이의제기 절차 : 회사는 합병의 결의가 있은 날부터 2주내에 회사채권자에 대하여 합병에 이의가 있으면 일정한 기간내에 이를 제출할 것을 공고하고 알고 있는 채권자에 대하여는 따로따로 이를 최고해야 한다. 이 경우 그 기간은 1개월 이상이어야 한다.(「상법」 제603조 및 제232조제1항)

지분의 병합 절차 : 소멸회사의 지분 1좌의 경제적 가치가 존속회사 또는 신설회사의 지분 1좌의 경제적 가치보다 현저히 낮은 때(예, 소멸회사의 지분 2좌는 존속회사 또는 신설회사의 지분 1좌)에는 소멸회사의 사원(대부분 유한회사의 사원이거나 합자·합명회사 사원을 말함)은 자신의 지분을 병합(倂合)해야 한다.

흡수합병의 보고총회 : 흡수합병의 경우, 존속회사의 이사는 회사채권자보호절차(회사채권자의 이의제기를 말함) 종료 후, 합병에 의한 지분(또는 주식)의 병합이 있는 경우에는 그 병합의 효력이 발생한 후, 병합에 적합하지 않는 단수(端數)지분(또는 주식)이 있으면 그 처리를 종료한 후 즉시 병합보고총회를 소집해야 한다.(「상법」 제603조 및 제526조제1항)

신설합병의 창립총회 : 신설합병의 경우, 설립위원은 회사채권자보호절차(회사채권자의 이의제기를 말함) 종료 후, 합병으로 인한 지분(또는 주식)의 병합이 있을 때에는 그 효력이 생긴 후, 병합에 적당하지 않는 지분(또는 주식)을 처리한 후 지체 없이 창립총회를 소집한다.(「상법」 제603조 및 제527조제1항)

〈영업양도와 합병의 비교〉

구분	영업양도	합병
당사자	회사, 개인상인, 비상인(양수인) 간	회사와 회사 간
방식	특정된 방식이 없음	법정의 절차에 따라야 함
재산이전 방법	특정승계(재산의 개별적 이전)	법정기재사항이 있는 주식청약서에 의함
고용이전 여부	포괄승계	포괄승계

③ 조직변경

ⅰ) 조직변경의 개념

- 회사가 법인격의 동일성을 유지하면서 그 법률상의 조직을 변경하여 다른 종류의 「상법」상의 회사로 변경하는 것을 조직변경이라 한다.

ⅱ) 유한회사의 조직변경

- 유한회사의 경우에는 총사원의 일치에 의한 총회의 결의로 주식회사로만 조직을 변경할 수 있으며, 합명회사 또는 합자회사로는 조직변경을 할 수 없다. 다만, 회사는 그 결의를 정관으로 정하는 바에 따라 사원총회의 특별결의로 완화할 수 있다.(「상법」 제607조)

iii) 조직변경의 절차 (유한회사에서 주식회사로의 변경)

총사원의 일치에 의한 총회결의

법원의 인가

채권자 이의절차

해산등기 및 설립등기

◎ 유한회사 소멸

① 유한회사의 해산

ⅰ) 해산의 개념

"해산"이란 회사가 영리적 활동을 마치고, 청산 절차로 들어가는 것을 말한다. 회사는 해산에 의해 그 목적사업을 수행할 수는 없지만, 해산으로 인해 바로 법인격이 소멸되는 것은 아니고 해산된 후에도 청산의 목적 범위 내에서 법인격이 그대로 존속한다. (「상법」 제542조 제1항 및 제245조)

ⅱ) 유한회사의 해산 사유

- 존립기간의 만료나 그 밖에 정관으로 정한 사유의 발생

- 합병

  법원의 명령 또는 판결

  사원총회의 결의(특별결의)

iii) 해산의 효과

- 해산으로 유한회사는 청산절차에 들어가며, 유한회사의 권리능력은 청산목적 범위 내로 한정된다.

- 회사가 합병이나 파산 외의 사유로 해산하는 경우 그 해산사유가 있은 날부터 본점소재지에서는 2주 이내, 지점소재지에서는 3주 이내에 관할하는 법원등기소에서 해산등기를 해야 한다. (「상법」 제613조제1항 및 제228조)

  ※ 등기신청인이 해산등기를 등기기간 내에 하지 않은 때에는 500만원 이하의 과태료가 부과된다. 다만, 위반행위에 형(刑)을 받는 경우에는 과태료가 부과되지 않는다. (「상법」 제635조제1항 단서 및 제1호)

② 유한회사의 청산

ⅰ) 청산의 개념

일정한 해산사유가 발생한 회사가 회사의 법인격을 소멸시키는 절차를 "청산"이라고 하고, 이 때 청산절차에 들어간 회사를 "청산 중의 회사"라 한다. 회사의 청산은 법원이 감독한다.

(「비송사건절차법」제118조제1항 참조)

ⅱ) 청산 절차

청산중인 회사의 현존사무를 종결

회사재산의 조사 및 보고

재무제표 등의 비치 및 공시

회사의 채권추심

회사채무의 변제

회사재산에 대한 환가처분 및 잔여재산 분배

청산종결 및 서류보존

⟨주식회사와 유한회사의 차이점⟩

구분	유한회사	주식회사
자본금	정관기재사항	등기사항
설립시 검사인의 조사	없음	있음
사원의 공모	불가능	허용(모집설립 가능)
이사의 수	1인 이상	3인 이상. 다만, 자본금 10억 미만인 경우에는 1명 또는 2명
이사회	없음	필수기관
감사	임의기관	필수기관
증자방법	사원총회특별결의	이사회결의
사채발행	불가능	가능

5.1 회사설립 관련하여, 법인설립 절차도를 요약하여 설명하라.

5.2 사업자등록 관련하여, 법인사업자 등록절차와 첨부서류를 간략히 요약하여 설명하라.

5.3 기술창업경영의 제1절 자금·투자·재무 관련하여, 올해의 정부 창업지원사업을 통한 자금확보에 대해 요약하여 설명하라.

5.4 창업기업의 회계관리 관련하여, 대차대조표의 구성(구분)과 주요 내용을 요약하여 설명하라.

5.5 창업기업의 세무관리 관련하여, 소득세의 절세전략과 법인세의 절세전략을 요약하여 설명하라.

5.6 벤처기업 확인 관련하여, 확인절차를 단계적으로 벤처인 업무와 확인기관 업무를 분리하여 요약하여 설명하라.

5.7 기술혁신형 중소기업(Inno-Biz 기업) 인증 관련하여, 확인절차를 간략히 요약하여 설명하라.

5.8 경영혁신형 중소기업(MainBiz 기업) 인증 관련하여, 확인절차를 간략히 요약하여 설명하라.

5.9 코스닥시장(KOSDAK) 상장 관련하여, 상장 요건과 상장 절차를 간략히 요약하여 설명하라.

5.10 코넥스시장(KONEX, Korea New Exchange) 상장 관련하여, 상장 요건과 상장 절차를 간략히 요약하여 설명하라.

제8장

벤처창업 우수기업 사례

　창업기업의 성공사례로서 선정된 우수기업들의 사례를 소개하면 다음과 같다. 본 사례는 창업이후의 성장(인원, 매출)을 보여주는 이력정보 참조용이며, 매년 새로이 선정된 최근의 우수기업 사례도 지속적으로 참조하길 바란다.

| 기업공개 기업

　□ **코스닥 상장 : 1개** (미동전자통신)

㈜미동전자통신	<ul><li>창업일 : 2009. 06. 24</li><li>지원사업 : 2010년 예비기술창업자육성사업</li><li>대표자 : 김oo (56세, 남)</li><li>주요제품 : 차량용 블랙박스 개발, 제조</li><li>고용인원 : ('11) 10명 → ('13) 32명</li><li>매출액 : ('11) 13,821,315천원 → ('13) 41,879,645천원</li><li>주요성과<ul><li>- '14년 MGC와 유라이브 블랙박스 호주공급계약 체결</li><li>- '13년 코스닥 상장</li><li>- '12년 이노비즈기업 지정, 수출유망중소기업 지정</li><li>- '11년 벤처기업 지정 (중기청)</li></ul></li></ul>

□ **코넥스 상장 : 1개** (씨티네트웍스)

㈜씨티네트웍스	
	▪창업일 : 2007. 01. 09 ▪지원사업 : 2009년 아이디어상업화지원사업 ▪대표자 : 이oo (58세, 남) ▪주요제품 : 광접속함체, 광분배함체 외 ▪고용인원 : ('11) 27명 → ('13) 54명 ▪매출액 : ('11) 5,770,036천원 → ('13) 13,926,935천원 ▪주요성과 　- '13년 코넥스 상장 　- '13년 강소기업 선정(고용부), 으뜸기업 선정(중기청) 　- '13년 경영혁신형 중소기업 지정 　- '12년 장영실상 수상-지능의 광섬유 폐쇄 　- '07년 벤처기업 지정

□ **외부감사법인** (자산규모 100억원 이상) **: 8개**

○ 대표사례

㈜인크룩스	
	▪창업일 : 2009. 07. 15 ▪지원사업 : 2010년 예비기술창업자육성사업 ▪대표자 : 이oo (44세, 남) ▪주요제품 : LED조명, LED형광등 ▪고용인원 : ('11) 45명 → ('13) 184명 ▪매출액 : ('11) 6,256,631천원 → ('13) 41,075,060천원 ▪주요성과 　- '12년 수출의 탑 5백만불탑 수상 　- '11년 일본 엔도 조명 LED 형광등 수출 　- '10년 독일Rehag LED모듈, 일본Mintage LED 모듈 수출 　- '09년 벤처기업 인증
㈜에피디어	
 MR16　전구　PAR 직관　경관조명　투광등	▪창업일 : 2009. 04. 09 ▪지원사업 : 2009년 아이디어상업화지원사업 ▪대표자 : 장oo (54세, 남) ▪주요제품 : LED전구, LED전구라이트 외 ▪고용인원 : ('11) 21명 → ('13) 60명 ▪매출액 : ('11) 3,612,757천원 → ('13) 16,930,962천원 ▪주요성과 　- '10년 미국 G사 및 중국 S사 LED조명 사업협력 　- '10년 일본 오사카은행 LED 패널 라이트 공급 　- '09년 일본 I사 LED조명

㈜유누스	▪창업일 : 2010. 03. 23 ▪지원사업 : 2011년 선도벤처연계기술창업지원사업 ▪대표자 : 황oo (46세, 남) ▪주요제품 : 모바일 비즈니스 플랫폼 및 솔루션 개발 ▪고용인원 : ('11) 96명 → ('13) 140명 ▪매출액 : ('11) 10,492,636천원 → ('13) 16,666,494천원 ▪주요성과 　- '14년 LG전자 SBC WEBBOS INITIAL 운영 이관 　- '14년 T cloud 서버 운영 계약 　- '13년 이노비즈기업 지정 　- '13년 아모레퍼시픽, LG유플러스 통합모바일 앱개발 구축
㈜캠코	▪창업일 : 2010. 06. 03 ▪지원사업 : 2010년 예비기술창업자육성사업 ▪대표자 : 고oo (46세, 남) ▪주요제품 : 기능성필름 외 ▪고용인원 : ('11) 18명 → ('13) 40명 ▪매출액 : ('11) 692,739천원 → ('13) 6,338,072천원 ▪주요성과 　- '13년 현대자동차 납품 개시(브라켓 고정용) 　- '12년 방열제품 LGD납품 개시(LED반사판 고정용 방열 테이프) 　- '12년 LG전자 납품 개새(스마트폰 윈도우 부착용 테이프) 　- '10년 한, 중, 일 최초 PE보호 SHEET 특허출원 3건

가젤형 창업기업

> ※ **가젤기업** : 고용인원 10인 이상의 기업 중 고용인원 또는 매출액이 최근 3년간 평균
>   20% 이상 증가한 기업

□ 가젤형 창업기업 현황

○ 일자리 & 매출액 가젤형 기업 : 78개(6,258개 지원기업 중 1.25%)

○ 일자리 가젤형 기업 : 112개(6,258개 지원기업 중 1.79%)

○ 매출액 가젤형 기업 : 94개(6,258개 지원기업 중 1.50%)

□ (주요특징) 일반창업기업 중 가젤형 창업기업 비중에 비해 중기청에서 지원한 유망창업 기업 중 가젤형 비중이 월등

가젤형 창업기업 사례

① 매출액 가젤형 창업기업

미파라㈜	▪창업일 : 2011. 04. 22 ▪지원사업 : 2011년 일반기관예비기술창업자육성사업 ▪대표자 : 조oo (57세, 여) ▪주요제품 : 서랍정리대, DIY 서랍장 ▪고용인원 : ('11) 4명 → ('13) 16명 ▪매출액 : ('11) 5,612천원 → ('13) 1,197,000천원 ▪주요성과 　- '14년 일본 홈쇼핑 'SHOP CHANNEL' 오지랖 런칭 　- '13년 이탈리아 홈쇼핑 'HSE24' 오지랖 런칭 　- '12년 세계 여성 발명대회 금상 수상 　- '12년 벤처기업 인증
아이탑스 오토모티브㈜	▪창업일 : 2011. 12. 07 ▪지원사업 : 2012년 청년창업사관학교 ▪대표자 : 김oo (41세, 남) ▪주요제품 : 보행자충돌안전시스템 ▪고용인원 : ('11) 10명 → ('13) 23명 ▪매출액 : ('11) 29,002천원 → ('13) 2,486,153천원 ▪주요성과 　- '13년 벤처기업 지정 　- '12년 ISO9001 인증 　- '11년 첨단기술 제품확인서 취득 (지식경제부)

② 일자리 가젤형 창업기업

㈜어린이가천재 	▪창업일 : 2009. 06. 26 ▪지원사업 : 2011년 아이디어상업화지원사업 ▪대표자 : 김oo (44세, 여) ▪주요제품 : 베이비-키즈 의류 ▪고용인원 : ('11) 1명 → ('13) 21명 ▪매출액 : ('11) 721,000천원 → ('13) 8,630,000천원 ▪주요성과 　- '14년 미얀마 클랜씨 런칭 　- '13년 대만 클랜씨 런칭 　- '12년 일본 클랜씨 런칭 　- '12년 벤처기업 지정
휴택㈜	▪창업일 : 2011. 02. 14 ▪지원사업 : 2011년 선도벤처연계기술창업지원사업 ▪대표자 : 김oo (43세, 남) ▪주요제품 : 방송수신기 ▪고용인원 : ('11) 1명 → ('13) 16명 ▪매출액 : ('11) 120,482천원 → ('13) 1,092,080천원 ▪주요성과 　- '13년 대한민국 벤처창업 박람회 표창 수상 　- '13년 중기청 수출유망중소기업 선정 　- '11년 벤처기업 지정

청년 스타기업

*청년기업(39세 미만)중 2013년 기준 매출액 상위 5개기업

▪기업명 : **(주)메가솔라원** (2012. 01. 31) ▪지원사업 : 2012년 창업맞춤형지원사업 ▪대표자 : 박oo (37세, 남) ▪주요제품 : USB메모리, 태양광시스템 ▪고용인원 : ('12) 6명 → ('13) 9명 ▪매출액 : ('12) 7,484,610천원 → ('13) 8,650,484천원 ▪주요성과 - '13년 벤처기업지정, - '12년 전남 광주시 MOU 계약 체결	
▪기업명 : **(주)제니스** (2009. 06. 19) ▪지원사업 : 2009년 예비기술창업자육성사업 ▪대표자 : 김oo (36세, 남) ▪주요제품 : 접착(전기, 전자) 테이프 외 ▪고용인원 : ('11) 4명 → ('13) 12명 ▪매출액 : ('11) 1,614,881천원 → ('13) 6,289,389천원 ▪주요성과 - '13년 이노비즈기업 지정, - '09년 벤처기업 지정	

▪기업명 : **(주)가람이앤씨** (2007. 12. 14)
▪지원사업 : 2009년 아이디어상업화지원사업
▪대표자 : 김oo (34세, 남)
▪주요제품 : 태양광발전장치, 광통신부품
▪고용인원 : ('11) 5명 → ('13) 17명
▪매출액 : ('11) 3,553,961천원 → ('13) 6,213,803천원
▪주요성과
  - '13년 태양광발전장치시스템 조달우수제품 지정
  - '12년 이노비즈기업 지정, - '10년 벤처기업 지정

▪기업명 : **피스템코(주)** (2012. 07. 25)
▪지원사업 : 2013년 선도벤처연계창업지원사업
▪대표자 : 안oo (38세, 남)
▪주요제품 : 금형
▪고용인원 : ('12) 6명 → ('13) 6명
▪매출액 : ('12) 1,207,010천원 → ('12) 5,275,999천원
▪주요성과
  - '14년 일본 금형수출 개시-자동차분야(TOYOTA)
  - '14년 ISO-9001, ISO-14001, OHSAS-18001 인증

▪기업명 : **(주)소셜엠씨** (2010. 09. 30) ▪지원사업 : 2013년 글로벌청년창업활성화지원사업 ▪대표자 : 김oo (31세, 남) ▪주요제품 : SNS마케팅솔루션 ▪고용인원 : ('11) 12명 → ('13) 55명 ▪매출액 : ('11) 1,704,000천원 → ('12) 4,672,929천원 ▪주요성과 - '11년 벤처기업 지정	

여성 스타기업

- 기업명 : **힘컨텐츠(주)** (2011. 01. 01)
- 지원사업 : 2011년 아이디어상업화지원사업
- 대표자 : 윤oo (49세, 여)
- 주요제품 : 공연기획, 애니메이션, 캐릭터개발
- 고용인원 : ('11) 1명 → ('13) 3명
- 매출액 : ('11) 41,158천원 → ('13) 5,449,798천원
- 주요성과
  - '11년 지식서비스 창업대전 국무총리상 수상
  - '11년 뮤지컬 애니메이션 파일럿 공동제작 계약(EBS)

- 기업명 : **은우산업** (2009. 08. 10)
- 지원사업 : 2010년 예비기술창업자육성사업
- 대표자 : 최oo (41세, 여)
- 주요제품 : 스테인리스물탱크
- 고용인원 : ('11) 5명 → ('13) 6명
- 매출액 : ('11) 1,415,578천원 → ('13) 4,865,024천원
- 주요성과
  - '14년 대한민국 물 산업전 참가(조달우수제품 선정)
  - '13년 이노비즈기업 지정, - '10년 벤처기업 지정

- 기업명 : **(주)지인테크** (2010. 07. 05)
- 지원사업 : 2010년 예비기술창업자육성사업
- 대표자 : 박oo (35세, 여)
- 주요제품 : DVR시스템, CCTV, 모니터
- 고용인원 : ('11) 3명 → ('13) 9명
- 매출액 : ('11) 1,525,845천원 → ('13) 3,289,605천원
- 주요성과 : '14년 이노비즈기업 지정, - '11년 벤처기업 지정

- 기업명 : **㈜드림웰페어** (2008. 08. 04)
- 지원사업 : 2009년 예비기술창업자육성사업
- 대표자 : 천oo (64세, 여)
- 주요제품 : 온라인정보제공
- 고용인원 : ('11) 3명 → ('13) 6명
- 매출액 : ('11) 1,895,231천원 → ('12) 2,623,247천원
- 주요성과 : '10년 KT 100여개사 하계휴양소 및 연간계약 체결
  - '09년 벤처기업 지정

⟨2015년 수상 우수 벤처기업 (사례)⟩

수상내용		성명/소속/직위	주 요 공 적
산업 훈장	은탑	심ㅇㅇ (주)엔텔스 대표이사	■ 세계 최초의 이동통신 상용화 기술 개발 등 원천기술 확보를 통한 국내 이동통신 산업 및 경제 발전에 기여 및 SW기술 수출을 통한 세계 SW시장 선도 ■ 선도벤처연계 창업지원, 창업기획사, TIPS 활동을 통한 벤처기업 육성 지원을 통해 벤처산업 발전에 기여 ■ '14년 매출액 643억, 고용 224명
	동탑	손ㅇㅇ (주)소닉스 대표이사	■ 기존에 없던 혁신적인 디스플레이 검사장비를 개발하여 국내 디스플레이 업계 경쟁력 강화에 기여 ■ 미국 애플사와 합작을 통해 LCD 검사기를 제조하여 1년만에 수출 증가율 400% 달성 ■ '14년 매출 및 고용 : 381억원, 고용 30명
	철탑	정ㅇㅇ (주)휴메딕스 대표이사	■ 기존 외국제품 일색인 국내 시장에서 시장 진입 2년 여만에 시장의 10% 이상을 점유함으로써 외화유출 절감 및 수출을 통한 외화 획득에 기여 ■ 천연생체고분자 기술로는 세계에서 독보적인 인물로 평가 ■ '14년 매출 및 고용 : 292억, 고용 78명
산업 포장		조ㅇㅇ (주)누리 텔레콤 대표이사	■ 국내 한전 본사 및 14개 전국지사에 누리텔레콤 독자기술로 완성한 시스템 구축을 통해 외화 유출 방지 ■ 국내 유일 독자브랜드로 17개국에 수출 및 수출누적액 840억원 달성 ■ '14년 매출 및 고용 : 345억, 고용 94명
		김ㅇㅇ 아이디벤처스(주) 대표이사	■ 국내 최초 지식재산 전문 벤처캐피탈의 대표이사로서 IP에 특화된 조합운용 등 창의자본기반 조성사업에 참여하여 민간투자 유치 활성화에 기여
대통령 표창		정ㅇㅇ 주식회사 우보테크 대표이사	■ 자동차 헤드레스트의 메카니즘과 헤드레스트 ASS Y의 개발과 생산공법을 자체개발하여 제품화함으로써 자동차부품 산업 발전에 기여 ■ 해외시장 진출 본격화로 해외 수출비중을 총 매출액 대비 27.6% 달성 ■ '14년 매출 및 고용 : 869억, 고용 158명
		이진우 (주)하이로닉 대표이사	■ 초음파 치료기기 등 5종의 신제품 개발로 국내 기술발전에 기여 ■ 지속적인 신제품 출시로 수출 500만불, 3년 연속 150% 이상의 매출성장을 달성하며 피부, 비만 의료기기 시장의 대표기업으로 자리매김 ■ '14년 매출 및 고용 : 228억, 고용 112명
		윤ㅇㅇ (주)비엠티 대표이사	■ 피팅밸브사업, 전력 감시시스템 사업, 산업용 국소냉방 시스템 사업에서 꾸준한 연구를 통해 국내·외 협력업체와의 신뢰관계 구축 ■ Fitting 제조기술, 계장용 밸브설계 및 제조기술 등 원천 개발 기술 보유 ■ '14년 매출 및 고용 : 600억, 고용 253명

권○○	유원산업(주) 대표이사	■ 탄탄한 기술력을 바탕으로 조타기 분야에서 세계적인 기술경쟁력 확보 ■ 국내최초 회전형 조타기를 국산화 개발에 성공하여 FAM Type S.G와 동시에 생산 가능한 세계 유일의 회사로서 위상 확립 ■ '14년 매출 및 고용 : 468억, 고용 119명
안○○	에이티아이(주) 대표이사	■ 순수 자사 기술 국산 반도체 검사장비로 시장 점유율을 획기적으로 증대하고 국가 경쟁력 강화에 기여함 ■ PCB검사업계 국산화를 이룩한 최초 기업으로서 동종업계 가장 우수한 기술성으로 2010년 8월 2일 IR 장영실상 수상 ■ '14년 매출 및 고용 : 271억, 고용 117명
김○○	이지웰페어 주식회사 대표이사	■ 국내 기업 및 기관 환경에 맞는 맞춤형 선택적 복지시스템 개발, 보급 ■ 복지패키지, 복지바우처 등 새로운 IT솔루션 분야 개척하며 관련 산업 활성화에 기여 ■ '14년 매출 및 고용 : 340억, 고용 224명
홍○○	(주)이즈미디어 대표이사	■ 다수의 CCM(Compact Camera Module) 검사 Software 및 검사 장비를 개발 국내외 검사기 시장에 공급 ■ 새로운 기술 개발을 위한 지속적인 연구 활동으로 검사기 시장 활성화에 기여 ■ '14년 매출 및 고용 : 287억, 고용 88명
윤○○	(주)엔에스브이 대표이사	■ 소음진동 전문인력의 양성을 통해 국내 방음, 방진 선두업체로 자리매김 ■ 해외수입에 의존하던 폴리우레탄매트의 국산화에 성공하며 경제적, 산업적 손실을 최소화할 수 있는 체계를 구축 ■ '14년 매출 및 고용 : 204억, 고용 39명
박○○	(주)빅텍 대표이사	■ 방산제품 개발, 생산으로 국방력 증가 및 경제발전 기여 ■ 군용 특수전원공급장치의 개발을 시작으로 전자전 시스템 방향탐지장치, 항공용 전자전 장치핵심부품 DFD 및 피아식별기 등의 방산제품 개발 ■ '14년 매출 및 고용 : 345억, 고용 155명
한국 방송 광고 진흥 공사	단체	■ 중소기업 방송광고 지원 확대를 통해 혁신형 중소기업 방송광고 지원사업을 통해 총 2,291개 중소기업 대상 1,722억원의 방송광고비 지원하여 기업 매출 성장에 기여 ■ 지속적인 혁신형 중소기업 방송광고지원사업을 통해 방송광고를 통한 중소기업 성장의 선순환 구조를 구축하는데 기여
임○○	인터베스트(주) 대표이사	■ 508억원 15개 업체에 투자하여, 벤처 제약산업 경쟁력 강화 및 벤처캐피탈 선진화에 기여하였으며 특히 바이오 벤처분야에 관심을 갖고 바이오 기업 활성화에 기여함

박○○	(주)에스디 생명공학 대표이사	■ 중국 온라인쇼핑몰 '타오바오'에서 마스크팩부문1위, 홍콩 화장품유통매장 샤샤(SaSa) 103개 전매장 입점 등 글로벌 전문기업 ■ 화장품과 의약품을 결합한 '코스메슈티컬(Cos- meceutical)' 제품인 SNP브랜드를 개발 ■ '14년 매출 및 고용 : 97억, 고용 29명
안○○	주식회사 에이엔에이치 스트럭쳐 대표이사	■ 국내 최초로 Global 항공기 제작사인 Airbus사로 엔지 니어링 서비스 수출 ■ 복합소재 기술개발을 바탕으로 국내 항공산업 선도 ■ '14년 매출 및 고용 : 25억, 고용 27명
조○○	주식회사 유비콤 대표이사	■ 무선통신 검침시스템, 가전제품의 전력사용량 제어하는 시스템 등을 개발·판매하고 있으며, 국내 에너지 절전 시스템 시장을 선도 ■ '14년 매출 및 고용 : 37억, 고용 13명
민○○	부경대학교 산학협력단 매니저	■ 동남권 최대 규모의 창업 보육 시설 구비를 통해 창업 환 경 인프라 구축 기여 ■ 체계적 창업지원시스템 구축을 통해 창업지원을 위한 우 수 창업 인프라 구축의 핵심적 역할 수행 ■ '10~'14 창업보육협회이사 및 전국창업보육매니저협 의회회장 역임하여 창업지원사업 적극 수행
이○○	(주)이노 아이오 대표이사	■ '퍼스널 시대'에 맞춘 개인 휴대용 프로젝터를 개발하여 언제 어디서 누구나 쉽게 사용할 수 있는 초소형 피코프 로젝터 '스마트빔' 출시 ■ 6년 전 1인 기업으로 창업하여 현재 임직원 57명의 고 용창출을 달성하여 경쟁력을 갖춘 글로벌 IT강소기업으 로 성장
박○○	(주)소프트 기획 대표이사	■ IT분야 사업을 통해 지역경제 활성화 기여의 일환으로 꾸준한 고용 창출을 이룸 ■ 청년CEO협회 및 부산 지역 학교와 협력을 통해 학생 현 장실습지원으로 청년창업가들의 창업 활성화 및 역량강 화에 지원 ■ 현재 부산지역 중·소상공인을 위한 솔루션 및 마케팅플 랫폼 PAMM 개발 완료 단계에 있음
목○○	㈜르호봇비즈 니스인큐베이터 대표이사	■ 2009년~2015년 중소벤처기업부 전신인 중소기업청 지정 1인 창조기업 비즈니스센터 운영 ■ 1인 창조기업 및 예비창업자 대상 무료 창업컨설팅과 1:1 창업 맞춤형 멘토링 ■ 신규창업 : 68건, 전문가 자문 : 191건, 경영상담 지원 : 43건, 투자유치 및 프로젝트 계약 : 61.9억원

| 벤처창업 성공사례

비트컴퓨터 (벤처기업 1호)

기업구분 - 중소기업, 코스닥 상장

대표자 - 조현정, 전진옥

업종 - 응용소프트웨어 개발 및 공급업

설립일 - 1983년 8월 15일

상장일 - 1997년 7월 4일

매출액 - 355억 3,219만 (2016.12. IFRS 연결)

종업원 - 124명 (2017.6.)

평균연봉 - 3,000만원 ~ 5,000만원 미만 (2017.8.)

인증현황 - 이노비즈, 강소기업

· 벤처기업 1호
· 소프트웨어 전문회사 1호
· 대학생 벤처 1호
· 오피스텔 개념 1호
· 테헤란밸리 입주 1호
· SW업체중 병역특례업체 1호
· KOSDAQ 최고 공모 비율(634 :1)
· 벤처 나눔의 문화(조현정 학술장학재단)
· 북한 IT교류협력 1호

비트컴퓨터는 '소프트웨어'라는 단어조차 생소하던 83년, 국내대학생 벤처 1호, 소프트웨어 전문 회사 1호로 설립된 회사이다. 1997년 KOSDAQ상장을 계기로 본격적인 성장기에 진입한, 내실과 미래가치가 높게 평가되고 있는 리딩 벤처기업이다. 비트컴퓨터는 의료정보 분야의 전문성을 바탕으로 성장성이 높은 분야인 U-health 시장의 선점과 해외 시장의 본격 공략을 통해 헬스케어 전문기업으로 입지를 확고히 하겠다는 목표를 세우고 있다. 원격진료시스템 공급 1위업체로 U-health 시장의 대표기업으로 자리매김하고 있으며, 해외사업에 있어서도 태국, 일본, 우크라이나, 카자흐스탄, 미국, 몽골 등에 진출해 상승세를 이어나가고 있다.

○ 사업분야

1. 병원솔루션

치료의학과 예방의학의 시대를 지나 U-Healthcare의 시대에 비트컴퓨터는 PM/PA, OCS에서 부터 EMR, PACS, 의학DB 등의 솔루션으로 병원의 첨단 진료환경을 구축하고 병원경영의 효율성을 높이고 있다.

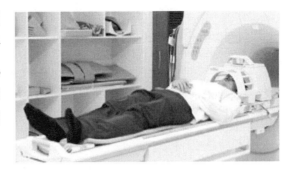

1-1 영상 EMR시스템

- '종이 없는 병원' 을 구현할 이미지 기반 솔루션이다. 당일 발행된 모든 진료차트를 외부입력 장치인 고속스캐너를 이용하여 디지털 이미지로 변환한 후 병원 네트워크망을 통해 별도의 의무기록실 Delivery 지원없이 실시간 조회하여 진료에 활용되는 영상EMR시스템이다. 개인정보 보호법 관련하여 의무기록차트의 민감정보에 대한 파일 암호화로 적용된다.
- 영상EMR 주요기능

  ● OCS 및 EMR 통합 인터페이스
  ● 경과기록 및 간호기록 인터페이스 옵션 지원
  ● 웹 기반의 Embedded 통합 이미지 뷰어 제공
  ● 타블릿 입력 모듈을 이용한 실시간 진료차트 생성
  ● 표준서식지 이미지 연속보기
  ● OCR 모듈 적용을 통한 이미지 스캐닝 업무 자동화
  ● 처방데이터 및 검사결과 데이터 이미지 자동 변환
  ● 복사신청 및 사본발행에 대한 History 관리
  ● 입원 미비 진료차트 관리
  ● 특정과의 특정서식지에 대한 자동 보안
  ● 장애에 대비한 실시간 이미지 자동백업
  ● 전자인증 및 DRM 보안솔루션 적용

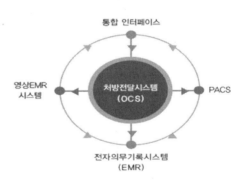

1-2 클라우드 EMR의 시작 CLEMR(클레머)

- CLEMR는 다양한 규모와 병원 상황에 부응하기 위하여 기본 서비스와 다양한 선택형 서비스, 그리고 부가 서비스를 제공한다.

기본서비스	· 원무(접수, 수납, 사전심사, 사후심사 등) · 진료(외래/입원/응급 처방 및 간호, 수술/마취 등) · 전자의무기록(EMR, 영상 EMR 등) 기록작성 · 진료 지원(진단검사의학, 영상의학, 약제, 물리치료, 영양, 중앙검사 등) · ERP(인사/급여, 회계, 물류, 자산 등) · 머신러닝(Machine Learning)기반의 통합검색
(+)선택서비스	· 모바일을 통한 전자동의서 · 진료지원(핵의학, 병리, 사회기업, 방사선종양, 감염관리, 의료질관리 등) · ERP(구분회계, 수요예측, 원가, 경영통계 등)
(+)부가서비스	· CLPHR(모바일 환자 안내 APP) · 비트 비즈플레이(법인카드, 폰뱅킹, 가상계좌 등) · 임상의사결정시스템(CDSS) · 비트케어플러스 · 원격의료 연계 · 드러그인포플러스(의약품 정보 및 복약지도, 복약 안내문 등)

1-3 의료정보 보안시스템

- 의료 영상과 같은 미디어 파일에 암호화 알고리즘을 적용하여 허용된 사용자, 허용된 위치, 허용된 프로그램, 허용된 기간에만 열람이 가능하게 함으로써, 개인정보의 유출을 방지할 수 있다. 암호화를 적용하기 위해서 시스템 가상화 기술-AES 128Bit 로 암호화된 가상디스크를 생성하고 가상디스크에 접근할 수 있는 어플리케이션 및 사용자를 지정하여 개인정보를 보호해준다.
- 핵심기능

사용 권한 제어 기능

- 사용자 별 다양한 권한 설정 기능

- 사용 기간/횟수 등 사용 제어 기능

- 접근 어플리케이션 지정 기능

화면 캡쳐 방지 모듈을 어플리케이션에 적용하여 문서 캡쳐 방지

- PC화면으로 실행되는 문서 캡쳐 방지

차트 수정 작업 시 보안된 가상 디스크 내에 저장

- 가상디스크 내 차트 사용 내역 조회

- 가상디스크 내 차트 변경 내역 조회 기능

- 가상디스크 용량 지정 기능

외부 반출 필요 시 파일 반출 툴로 DRM 적용 후 반출

- 차트의 외부 반출내역 조회
- 반출 시 문서의 사용기간 및 파기 지정 기능

2. 의원솔루션

의료정보 30여년, 개원의용 통합 진료지원솔루션이다. 의료정보시장의 전문성과 첨단기술의 비전을 가지고 국내 최초로 의원용 보험청구 프로그램을 개발 하여 처음 의료계와 인연을 맺은 이래 30여 년간 닥터비트 브랜드를 이어오고 있다. 환자관리, 원무관리, 경영분석, 진료지원 등을 제공하는 개원의용 통합 진료지원 솔루션을 제공한다.

2-1 의원용 디지털차트시스템

- 의료정보 소프트웨어 GS(Good Software)인증 1호.

다양한 솔루션에 기반한 EMR 프로그램으로 환자대기실 디지털방송 시스템(BITCast), PACS 프로그램(Dr.VIEW), 환자 마케팅 시스템(BITCRM), 영상EMR(bitnixChart) 등의 연동을 통해 데이터를 통합관리 하고 있으며 선택적 구매를 통해 각 의원에 맞는 환경을 구축하고 있다.

- 주요기능

간편한 접수와 완벽한 수납기능

- 수진자 자격조회 연동을 통한 간편한 진료접수/예약접수기능
- 연합 클리닉을 위한 접수환자 해당 진료실 지정 및 진료과별 대기환자 현황
- 현금영수증 및 일일, 연말정산 영수증 지원
- 개인정보 동의 서비스

진료실 처방입력의 편리성

- 사용자의 진료동선에 따른 다양한 진료실 화면구성
- 수탁검사 결과 자동입력서비스
- 진료 중 처방에 관한 효능, 효과 등 약품정보 실시간 조회
- Slip, 묶음처방, ICD, Instant 등의 다양한 묶음 처방 기능 지원
- 다양한 조회기능과 과거처방의 손쉬운 이용
- 환자 개인별 이미지 관리 및 수술 전후 사진 비교

각종 서식 지원

- 의무기록지, 예약증, 진료기록
- 병원특성에 따른 자체서식관리
- 보험, 보호 EDI 청구/산재/자보청구
- 청구결과에 대한 삭감분석(항목별, 코드별)
- 다양한 진단서 서식
- 검사결과를 청구메모로 간편입력
- 보완청구/이의신청 데이터의 자동생성
- 인공신장/정신과보호 특화지원

다양한 연동(옵션)

- PACS(Dr.VIEW)와의 연동 : 모든 진료영상(내시경,초음파,CT,MRI,X-ray)를 디지털 형태로 획득/저장하여 관리 및 조회 시스템
- 종합검진 프로그램 및 검사장비 연동
- CRM 연동 : 내원환자 DB연동으로 다양한 고객 마케팅
- 영상EMR 연동 : 종이차트에 익숙한 사용자를 Paperless위한 영상EMR 차트 연동
- 대기환자 호출 프로그램 연동

카쉐어링 선두주자 - 쏘카

기업명 : ㈜쏘카

업종: 렌탈 임대

사업내용 : 카셰어링

기업형태 : 중소기업, 법인사업체

설립일 : 2011년 11월 10일

대표자명 : 조정열

쏘카 연혁

2017

　　09업계 최초 회원 300만 돌파

　　08ADAS(지능형 운전보조장치) 적용 차량 300대 시범 운영

　　07업계 최초 누적 예약 1,000만 건 달성

　　06쏘카부름 서비스(전. D2D서비스) 본격 운영

04 카셰어링 안정성 개선을 위한 휴대전화 본인 인증 절차 도입

02 인천시 나눔카 사업자 선정

2016

12 업계 최초 공정거래위원회 '소비자중심경영(CCM) 인증' 획득

09 업계 최초 누적회원 200만명 돌파

글로벌 사회적 기업 'B Corp(Benefit Corporation)' 재인증 획득

08 편의점 CU와 카셰어링 관련 업무 협약(MOU) 체결

국내 카셰어링 업체 최초 차량 내 Wi-Fi 네트워크 서비스 제공

07 수익 공유형 장기 셰어링 서비스 '제로카셰어링' 론칭

세종시 공식 카셰어링 서비스 '어울링카' 사업자 선정

06 업계 최초 5천대 돌파

공유차량 딜리버리 서비스 '도어투도어(D2D)' 론칭

05 서울시 공식 카셰어링 서비스 '나눔카' 2기 사업자 선정

04 업계 최초 BMW 520d / X3 카셰어링 상용화

한국GM과 카셰어링 관련 업무 협약(MOU) 체결

02 SK네트웍스 '스피드메이트' 차량 정비 부문 업무제휴

국내 카셰어링 업계 최초 앱 다운로드 150만 돌파

2015

11 SK(주), 베인 캐피탈 등으로부터 650억 규모 시리즈B 투자 유치

10 2015 대한민국마케팅대상 공유경제 부문 최우수상 수상

09 업계 최초 누적회원 100만명 돌파

08 업계 최초 3천대 돌파

05 업계 최초 누적 이용건수 100만건 돌파

04 신개념 모바일 카풀 앱 '쏘카풀' 론칭

'미니5도어' 카셰어링 상용화

02 업계 최초 서비스 차량 2천대 돌파

전국 진출

2014

12 업계 최초 50만 회원 돌파

11 '프리우스' 카셰어링 상용화

10 베인캐피탈(Bain Capital)로부터 180억원 투자 유치

09 카셰어링서비스로서 세계 최초 글로벌 사회적 기업

'B Corp(Benefit Corporation)인증' 획득, 국내 유일 편도서비스 론칭

06 '스타렉스', '올란도' 카셰어링 상용화

01 업계 최초 연회비 폐지

2013년을 빛낸 스타트업 100개 기업에 선정

통합회원 50,000명 돌파

2013

12 대구, 경산, 울산, 양산, 김해, 창원 지역 서비스 오픈

09 부산 및 경기, 인천지역 서비스 오픈

08 '콜라보레이티브 펀드(Collaborative Fund)'로부터 투자유치

07 쏘카 CI Design '2013 레드닷 디자인 어워드' 수상

03 '쏘카' 서울시 공유기업 선정

02 쏘카 서비스 리뉴얼, 서울시 나눔카 서비스 오픈

01 서울광역자활센터, 세차업체지원 업무협약 체결

서울시 공식 카셰어링 사업자 선정, 업무협약 체결

2012

08 세계자연보전총회 (WCC) 공식 차량 채택

05 (주)다음커뮤니케이션 대상 기업 프로그램 실시

03 카셰어링 서비스 공식 론칭

02 홈페이지 오픈, 스마트폰 어플리케이션 출시

2011

12 자동차 대여업 개시 신고 완료

11 현대자동차(주)와 카셰어링 관련 MOU 체결

(참조 URL: https://www.socar.kr/)

공유경제

올들어 국내에서도 '공유경제'라는 단어가 일반에 회자되기 시작했다. 공유경제란 말그대로 기존 자원을 한 사람이 독점하지 않고 여럿이 나눠 쓰는 것. 이를 통해 나눠쓰는 이들이 경제적인 혜택을 누릴 수 있게 하는 것에 초점이 맞춰진다.

해외에서 숙박 공유 서비스인 에어비앤비(Airbnb), 자동차 공유 서비스인 집카(zipcar) 등 공유경제 기반 스타트업의 성공이 이 분야에 대한 관심을 증폭시키는 계기가 됐다. 기본적으

로 대기업보다는 틈새시장을 노리는 스타트업에게 잘 들어맞는 분야가 바로 공유경제이기도 하다. 국내에서도 공유경제 관련 스타트업들이 모습을 드러내기 시작했다. 가장 먼저 시도된 분야가 숙박과 지식/경험 공유, 자동차 쪽이다. 특히 서울시를 중심으로 공공자원의 공유화에 대한 적극적인 관심과 정책적 배려가 이뤄지기 시작하면서 '공유경제'가 IT분야에서도 새로운 화두로 떠오르고 있다. (참조 URL : http://www.cnet.co.kr/view/19790)

성장 요인

　제주도에서 차량 30대와 정류소 20곳을 두고 시작한 쏘카는 현재 서울을 비롯한 광역시 등으로 서비스 지역을 넓혔다. 지금은 800여곳의 거점을 두고 1300여대의 차량을 운영할 정도로 성장했다. 그린카도 전국 33개 도시로 서비스를 확장하며 800여곳의 거점에 1400여대의 차량을 운영하고 있다. 회원 가입만 한 채 이용을 하지 않는 이들도 있긴 하지만 두 업체의 회원은 69만명에 이른다. 쏘카 관계자는 "서비스 시작 2년 반 정도 지나면서 월평균 이용률이 1000% 정도 늘었고, 회원 수도 지난해 말과 비교할 때 올해 상반기에만 10배 이상 증가했다"고 설명했다. 성장 배경은 경제성이다. 쏘카 이용료는 이용시간당 요금에 주행거리당 요금을 더하는데, 경차인 쉐보레 '스파크'의 경우 10분 이용에 1050원, 주행거리 1㎞당 180원이다. 목돈 들여 차를 사 취득·등록세와 보험료를 내고 유지하는 것에 비해 싸다. 10분 단위까지 이용시간을 선택할 수 있어 렌트와도 다르다. 차를 살 여유가 없는 20~30대 젊은층이 이에 먼저 반응했다. 차가 가끔 필요하지만 많이 쓸 일은 없는 이들 사이에서도 세컨드카 구입 대신 간편하게 빌릴 수 있는 카셰어링 서비스가 입소문을 탔다.

　여기에 서울시가 2012년 '나눔카' 사업을 시작하면서 날개를 달았다. 쏘카와 그린카가 공식 사업자로 선정됐는데, 공영주차장 등을 활용해 차량을 빌리고 반납할 수 있는 공간을 쉽게 마련할 수 있게 됐다. 업계에서는 올해 카셰어링 서비스에 가입하는 회원이 100만명을 넘어설 것이라는 전망도 나온다. (참조 URL: http://bit.ly/2fUsbNW)

　혹자는 쏘카를 이렇게 정의한다. 쏘카는 자동차가 필요한 거리에 합리적인 가격으로 공유 차량을 제시하며 4년 전 제주도에서 처음 등장했다. 이후 2,30대에게 지지를 받으며 국내 굴지의 '카셰어링 기업'으로 성장했고, 지난해에는 SK에서 650억원 규모 투자 유치를 해 화제를 모으기도 했다. 국내 카셰어링 시장 1, 2위 업체인 쏘카와 그린카의 지난해 매출 합계는 668억원 규모다. 양강 체제라 평가되지만, 매출 점유율을 보면 쏘카가 그린카의 2배 규모다. 또한 올해 고객 200만 명, 차량 등록대수 6천대가 넘었다. 현재 쏘카의 직원 수는 CS 담당 인원을 제외하고도 150명이 넘는다. 운영차량(2015년 3천 대)이 늘어난 만큼 직원도 늘어난 것이다. (참조 URL: http://bit.ly/2fUsbNW)

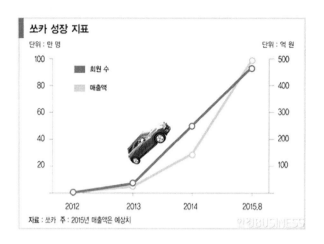

마케팅 전략

쏘카가 단기간 내에 실적을 거둔 주요 전략은 철저한 '타깃 마케팅'이었다. 핵심은 한 명이라도 직접 체험하게 하는 것. 초반에는 페이스북을 통한 바이럴 마케팅 정도에 그쳤지만 점차 카 셰어링에 대한 시장의 새로운 니즈를 찾아내기 시작했다. 시작은 제주대 학생들이었다. 분 단위로 필요할 때만 빌려 쓸 수 있다는 입소문이 나기 시작하면서 증차 요구가 빗발치기 시작했다. 대학 마케팅 전에는 다음커뮤니케이션과 넥슨 등 제주도 소재 기업을 찾아다니며 법인 영업을 펼쳤다. 때마침 '문화 이주자'로 불리며 제주도가 새로운 귀농지로 각광받기 시작했고 이들이 주요 고객으로 떠오르며 입소문의 또 다른 창구 역할을 톡톡히 해냈다. 육지에서 놀러온 친구들에게 "우리 아파트 앞에 쏘카가 있으니 한 번 써보라"는 식이었다.

서비스 초기부터 주력해 온 이용자 커뮤니티 환경 구축도 주효했다. 쏘카는 개별 차량 1대마다 차량 이용자들이 후기를 남길 수 있다. 반납지에 대한 정보, 맛집 정보 등 저마다 다양한 후기를 남기는데, 주거지역, 직장 소재지 등이 비슷한 곳이 많아 자연스럽게 공동체 문화가 형성된다. "커뮤니티를 기반으로 한 서비스는 카 셰어링뿐만 아니라 새로운 비즈니스 기회가 될 수도 있다"는 게 신승호 쏘카 마케팅 본부장의 말이다.

다양한 기관·기업과의 협업도 성공 요인이다. 현재 쏘카는 '갑 중의 갑'이라는 완성차 업체와 대등한 관계를 유지하는 몇 안 되는 강소기업이다. 얼마 전 도요타와 함께 연 프리우스 무료 시승 이벤트가 대표적이다. 2013년에는 서울 서비스를 시작하면서 서울시의 나눔카 서비스 공식 사업자로 선정되며 사업 확대의 결정적 발판을 마련하기도 했다. 최근에는 카카오택시와도 제휴하는 등 다양한 제휴 파트너와 윈-윈할 수 있는 마케팅 전략을 펴고 있다.

차별된 브랜드 전략도 눈여겨볼 대목이다. "쏘카 이용이 부끄러운 경험이 아닌 쿨하면서도 핫한 소비 스타일이라는 것을 강조할 계획"이라는 게 홍지영 커뮤니케이션팀장이 밝힌 전략이다. 실제로 쏘카 페이스북 페이지와 인스타그램 등 소셜 네트워크 서비스(SNS)에는 20~30대 젊은 층의 감각적인 쏘카 이용 후기를 쉽게 찾아볼 수 있다. 쏘카는 성수기 장기 이용객에게 할인 요금을 부과하거나 원하는 장소에 공유차를 배송해주는 '도어 투 도어 서비스'를 펼치는 등 노력을 기울이고 있다.

| 쏘카의 7가지 성공 비결

1. 적절한 사업 지역을 찾아라

쏘카는 제주도에서 시작했다. 무조건 서울에서 시작해야 한다는 생각을 버려라. 그 대신 사업 아이템이 가장 잘 먹힐 수 있는 지역을 선택하는 게 낫다.

2. 마케팅 대상을 명확히 하라

서비스를 가장 필요로 하는 계층을 찾아 집중 공략하라. 반응이 오면 이들을 입소문 창구로 활용해 이용자 범위를 점차 넓혀 간다.

3. 초기 투자비 가치를 상쇄할 수 있는 아이템이 좋다

'망하면 중고차 팔아 갚으면 된다'는 게 쏘카의 첫 마음가짐이었다. 크든 작든 투자를 통해 사업을 시작할 때는 최악의 경우를 생각하고 이에 대비할 수 있는 전략을 세워 둬야 한다.

4. 이용자가 아닌 '단골'을 만들어라

단순히 돈을 내고 이용하는 고객은 '단골'과는 거리가 멀다. 서비스 재이용률이 높은 고객을 많이 확보해야만 지속 가능성이 생긴다.

5. 커뮤니티를 활성화하라

서비스 앱이나 SNS 등을 통해 이용자들끼리 교감할 수 있는 커뮤니티가 형성돼야 한다. 이를 통해 서비스에 대한 로열티가 높아지고 새로운 사업 기회도 찾을 수 있다.

6. 모든 사업 전략 앞에 브랜드가 있다

브랜드 이미지는 사업 성패의 핵심이다. 우리 서비스를 이용하는 것이 멋지고 트렌디한 느낌을 준다는 인식만큼 효과적인 것은 없다.

7. 다양하고 효과적인 파트너십을 맺어라

독불장군 식으론 오래 가기 힘들다. 비즈니스 아이템을 더욱 효과적으로 알리고 부족한 부분을 채워 줄 수 있는 파트너를 만나는 것이 핵심 성공 요건이다. 김지만 쏘카 대표. 카 셰어링 업체 쏘카는 창업 초기 보유 차량 100대에서 출발해 현재 3000대를 돌파했다. (참조 URL: http://bit.ly/2EF98DE)

제9장

벤처창업 인물소개

    스토리 창업과 경영사례(유성은 저)에서 창업 성공사례와 교훈, 삼성그룹(Samsung) 성공사례, 현대그룹(Hyundai) 성공사례, 구글(Google) 성공사례, 아마존(Amazon) 성공사례, 알리바바(Alibaba) 성공사례, 유니클로(Uniqlo) 성공사례 등이, 또한 창업 실패사례와 교훈, 노키아(Nokia) 실패사례, 소니(Sony) 실패사례 등이 상세히 소개되어 있으니 참조바라며, 아래에서는 벤처창업과 연관된 인물들 위주로 소개한다. 이름포털 http://한국.net에 등록된 인물들을 소개하며, 등록된 다른 인물들도 참조바란다.

돌비-Ray Dolby, EE Engineer, Dolby Founder, USA

[출생-사망] 1933년 1월 18일 ~ 2013년 9월 12일

[학력]

1960년 캠브리지대학교 대학원 물리학 박사

1961년 캠브리지대학교 명예회원으로 선출(1983년)

~ 1957년 스탠퍼드대학교 전기공학과 학사

마샬 장학금과 미국 국립과학재단의 연구장학금을 수여, 산호세주립대학교

[경력]

암펙스

1960년 미국인 최초의 펨브룩 대학교 선임연구원

1962년 영국 원자력 공사의 컨설턴트

1963년 유엔 기술고문

1965년 영국 런던에서 돌비 레버러토리스 설립

1976년 샌프란시스코로 옮겨가 사무소, 연구실, 제조 시설 등을 설립

돌비 연구소 명예교수

[수상]

2014 권위 있는 음향 시상식인 제61회

MPSE 골든 릴 어워드(MPSE Golden Reel Awards) 특별 공로상

2012 제62회 베를린국제영화제 베를리날레 카메라상

2003 에미상 평생공로부문

1989년 아카데미 어워드 모션픽쳐 사운드부문

[요약] 1965년에 물리학자인 레이 돌비(Ray Dolby)에 의해서 설립된 음향전문 브랜드. 본사는 미국의 샌프란시스코에 있다.

레이 돌비는 고등학교 시절부터 미국 캘리포니아주의 레드우드 시티에 있는 암펙스(Ampex) 회사에서 파트 타임으로 일하면서 경력을 쌓았다. 스탠포드 대학 시절에는 암펙스의 엔지니어팀에 합류하여 1956년에 세계 최초의 비디오 테이프 리코더를 만들었다. 대학을 졸업한 후 1957년에 영국으로 건너가 케임브리지 대학에서 물리학 박사 학위를 받은 후 유엔의 고문 자격으로 인도에 건너가 2년간 일했다. 1965년 돌비는 영국 런던에 돌비 연구소(Dolby Laboratories, Inc.)을 설립했다. 그리고 그 해에 첫 작품인 '돌비 A-타입' 잡음제거 컴팬더가 탄생했다. 오디오 테이프의 녹음, 재생 시에 고음역의 잡음을 줄이는 방식인 이 제품은 전문가용으로 주로 레코드 회사들에게 팔렸다.

1968년에는 미국 오디오의 개척자이며 사업가인 KLH의 헨리 클로스(Henry Kloss) 사장의 부탁을 받고 가정용 '돌비 B-타입'을 개발했다. 이 때 회사는 전문가용은 직접 제조하되 가정용은 라이선스를 빌려주도록 하자는 결정을 내렸다. 가전제품 시장이 엄청나게 큰 것을 감안할 때 이것은 매우 중대한 결정이었고 지금까지 가정용 제품은 개발은 하되 제조는 라이선스를 주는 방식으로 일하고 있다. 1970년대에는 '돌비 서라운드 스테레오(Dolby Surround Stereo)'를 개발하였고, 1980년대에는 가정용 '돌비 서라운드(Dolby Surround)'를 상용화했다. 1986년에는 기존의 돌비 스테레오보다 고음질의 음향과 입체감을 가진 전문가용 '돌비 스테레오 SR'을 개발했다. 영화음향을 최초로 디지털화시킨 회사는 코닥이었으나 기존 극장 시스템과 호환이 되지 않아 실용화되지 못했는데, 1992년에 돌비사가 기존 극장 시스템과 호환이 되며 5.1 채널을 가진 '돌비 디지털 AC-3'를 발표했다. SRD라고 불리기도 하는 이 제품을 사용하여 만든 최초의 영화는 '배트맨 2'이다. 오늘날 돌비 디지털은 DVD, HDTV 등의 표준 음향으로 사용되고 있다. 1999년에는 루카스 필름 산하의 스카이워커 사운드와 합작으로 6.1채널의 '돌비 디지털 서라운드 EX'를 발표했다. 2005년 3월 15일에는 샌프란시스코에서 창립 40주년 기념행사를 가졌다. 2007년 1월에는 채널이나 프로그램이 바뀌더라도 항상 일정한 음량을 유지해 주는 신제품 '돌비 볼륨(Dolby Volume)'을 선

보였다. 1976년에는 본사를 미국 캘리포니아주의 샌프란시스코로 옮겼고, 런던에 있던 회사는 한동안 유럽본부로 사용되었다.

레이 돌비(Ray Dolby, Ray Milton Dolby · 1933년 1월 18일 - 2013년 9월 12일)는 잡음 제거와 서라운드 사운드에 있어 실제 영상과 같은 감성의 깊이를 영화 음향으로 전달하는 오디오 기술을 선보이며 레코딩 산업의 혁신을 주도했고 전 세계 영화 음향기술의 표준을 선도하는 음향시스템 표준 규격인 '돌비'(Dolby) 시스템을 창시하고 50여개에 달하는 미국 특허를 보유하고 있으며, 과학 · 기술 분야에서의 공로를 인정받아 두 번의 아카데미상 수상과 함께 할리우드 명예의 거리에 영화 부문 2천540번째 이름을 올린 미국의 물리학자이자 공학 기술자이다.

휴렛-William Hewlett, EE, HP Co-Founder, USA

윌리엄 휴렛 (William Hewlett, 1913년 5월 20일 ~ 2001년 1월 12일)은 미국의 기술자이자 기업가이다. 휴렛 팩커드의 공동 설립자이다.

휴렛패커드 [Hewlett-Packard Company]

[요약] 미국의 컴퓨터 장비업체.

[국가] 미국

[업종] 컴퓨터, 사무기기

[설립자] 데이브 패커드, 빌 휴렛

[설립일] 1939년

[본사] 캘리포니아주 팰로앨토

[한국지사] 한국휴렛패커드

휴렛패커드(Hewlett-Packard Co.:HP)는 컴퓨터, 인터넷 · 인트라넷솔루션, 서비스, 통신제품 및 측정솔루션 등 여러 첨단정보사업 분야에서 탁월한 제품의 성능과 지원 면에서 세계적인 명성을 얻고 있는 초우량 글로벌 기업이다.

1939년 캘리포니아주(州) 팰로앨토에서 스탠퍼드대학교 · 매사추세츠공과대학 출신의 엔지니어 빌 휴렛(Bill Hewlett)과 대학동문인 데이비드 패커드(David Packard)가 차고를 빌려 음향발진기(Resistance Capacity Audio Oscillator)를 생산해낸 데서부터 시작되었다. 음향발진기 모델 200A는 휴렛이 대학 재학시절부터 디자인해온 것으로, 시간 · 온도의 변화에 따라 변하는 음성신호를 자동조절하여 원음을 재생시키는 일종의 피드백시스템으로 가격 · 크기 · 성능면에서 압도적인 제품이었다. 이를 당시 만화영화 제작으로 유명한 월트디즈니가 만화영화 ≪판타지아≫ 제작에 필요한 모델 200B를 납품받음으로써 휴렛-패커드의 존재를 널리 알려주었다. 1950년에는 종업원 150명에 생산제품 70종으로 급성장하였으며 이때 생산 주종은 신개발품인 마이크로파를 이용한 무선통신 계측장비였다. 이것은 주파수 별로 신호를 분석하는 스펙트럼 분석기로서, 고주파 측정시간을 1/5이나 단축시킨 기술혁 신 제품이었기 때문에 주문이 쇄도, 세계적 기업으로 키우는 발판이 되었다. 1960년대에는 컴퓨터와 계측기를 접목시킨 신제품의 개발, 초음파 진단시스템 개발 등 기술력을 갖춘 휴 렛과 경영의 천재라는 패커드가 시의적절하게 계속 신제품을 발표, 첨단 계측기시장을 석 권하였다. 1959년 스위스의 제네바에 유럽 마케팅본부와 서독에 처음 현지 생산공장을 세 웠다. 이후 미국 실리콘밸리의 유명한 시조 및 세계 벤처기업(벤처비즈니스) 제1호가 되었 고, 휴렛과 패커드가 연구를 위해 처음 작업을 시작한 차고는 정보혁명의 산실로서 '실리콘 밸리의 탄생지(Birthplace of Silicon Valley)'라는 이름으로 유적지가 되었다.(캘리포니아 주 정부는 이곳을 역사적 기념명소 제976호로 지정, 보존하고 있음) 컴퓨터를 비롯한 주변 기기, 전자측정 및 계측장비와 시스템, 네트워크, 전자의료장비 등 약 2만 5000여 종에 달하 는 첨단정보통신 제품을 생산하고 있다. 1984년에는 한국에도 한국휴렛팩커드를 설립하였 고, 프랑스·영국·이탈리아·캐나다·싱가포르·말레이시아·중국·인도·브라질·멕 시코 등지에서도 합작생산을 하고 있다. 본사는 캘리포니아주 팰로앨토에 있다. 2002년 컴 팩을 인수하였다.

테슬라-Nikola Tesla, 전기공학자 EE, Serbian-USA

[출생] 1856년 7월 10일

오스트리아 제국,크로아티아 리카 지방, 쉬말리아

[사망] 1943년 1월 7일 (86세), 미국 뉴욕 주, 뉴욕

[국적]

오스트리아 제국(1856-84), 오스트리아-헝가리 제국(1867-1918), 미국(1918-1943)

[주요 업적]

테슬라 코일, 테슬라 터빈, 교류, 무선 통신, 유도 전동기, 회전 자장, 전중력학

[수상] 엘리엇 크레슨 메달 (1893), 에디슨 메달 (1916), 존 스콧 메달 (1934)

니콜라 테슬라(Nikola Tesla, 세르비아인, 1856년 7월 10일 ~ 1943년 1월 7일 경)는 오스트 리아 헝가리 제국 출신 미국의 발명가, 전기공학자이다. 그는 상업 전기에 중요한 기여를 했 으며, 19세기 말과 20세기 초 전자기학의 혁명적인 발전을 가능케 한 인물로 잘 알려져 있 다. 테슬라의 특허와 이론적 연구는 전기 배전의 다상시스템과 교류 모터를 포함한 현대적

교류 시스템의 기초를 형성하였다. 그의 이러한 연구는 2차 산업 혁명을 선도하는 역할을 하였다.

[개요]

오스트리아 제국(현재의 크로아티아)의 크로아티아 군대 프런티어(Croatian Military Frontier)안의 쉬말리안이라는 마을에서 태어난 세르비아계 오스트리아인 테슬라는 태어날 때부터 오스트리아 제국의 지배를 받았으며 후에 미국의 시민이 되었다. 라디오를 통한 무선 통신을 1894년 최초로 실현시킨 것과 전류전쟁의 승리로 인해 테슬라는 미국에서 가장 대단한 전기 공학자 중 하나로 널리 존경을 받았다. 그는 현대 전기 공학을 개척했으며 수많은 그의 발명은 선도자로서 중요한 역할을 하였다. 테슬라는 1893년 이전에 무선 에너지 통신부터 전력 장치까지 개발했으며, 비록 완성하진 못했지만 그의 와덴클리프 탑 프로젝트에서 대륙을 잇는 무선 통신을 실현시키기를 갈망했다. 자기장의 국제 단위인 테슬라는 니콜라 테슬라의 이름을 딴 것이다.

[이민]

1854년 안토니오 무치(Antonio Meucci)가 발명한 전화가 유럽에 널리 퍼지면서 토머스 에디슨(Thomas Alva Edison)의 유럽 지사에 의해 부다페스트에 전화 교환소가 문을 열게 되었다. 테슬라는 그 해 1월에 마침 부다페스트에 도착하게 되었고 그의 삼촌의 도움으로 헝가리 정부의 중앙 전신국에 일자리를 얻게 되었다. 거기서 열심히 일하면서, 과거 종합기술학교를 다닐 때 흥미를 가지게 되었던 교류 전기 장치에 관한 연구를 시작했다. 그는 당시 직류 모터가 가지고 있었던 문제를 교류 전기 장치로써 해결하고자 했고, "나는 그 문제의 해결을 무슨 신성한 사명처럼 생각했다. 바로 사느냐 죽느냐의 문제였다. 만약 실패한다면 그때는 모든 것이 끝장이라고 생각했다". 라고 말할 정도로 강한 열의를 가지고 있었다.

그는 친구와 공원을 산책하는 과정에서 나온 발상을 바탕으로 회전 자장의 원리를 이용한 완전히 새로운 시스템을 개발했다. 회전 자장은 두 개나 세 개의 서로 다른 위상을 갖는 교류 전류에 의해서 만들어지는데, 이 개념을 이용하면 기존의 직류 모터에는 반드시 있어야만 했던 정류자와 브러시가 필요 없어진다. 그는 끝없이 시스템을 보완해 가면서 교류 전기를 생산하고, 전송하고, 이용하는 데 필요한 모든 장치들을 설계했다. 여기에는 다상 유도 모터, 위상 분할 유도 모터, 다상 동기 모터 등이 포함되어 있었다. 테슬라가 개발한 다상 시스템을 이용하면 전기를 생산하고, 전송하고, 분배하고, 또 기계적인 동력으로 이용하는 것, 이 모두가 가능했다.

1882년 테슬라는 가족과 오랜 친분을 유지하고 있던 푸스카스(Puskas) 형제의 주선으로 에디슨 전화회사의 파리 지사에 일자리를 얻게 된다. 그는 많은 실험을 바탕으로 자신의 교류

시스템이 현재의 직류 시스템보다 훨씬 월등하다는 것을 증명해냈으며, 이러한 교류의 잠재적 가치를 알리고자 많은 노력을 기울였다. 파리 지사의 책임자이자 에디슨의 동료였던 찰스 베처러(Charles Batchelor)는 그러한 테슬라의 능력을 알아보고는 미국으로 갈 것을 권유했다. 1884년 테슬라는 그의 추천서와 함께 미국으로 떠났다.

[에디슨과 전류전쟁]

[에디슨과의 만남]

1884년 산업혁명이 진행되고 있던 미국에서 에디슨은 매우 다양한 분야에서 연구를 진행하고 있었다. 에디슨의 발전소 중 미국 펄가에 있던 발전소는 뉴욕에 있는 수백 개의 부유한 개인 저택과 도시 전체에 퍼져 있던 제분소나 공장, 극장 등에도 전기를 보내고 있었다. 에디슨은 점점 더 많은 전기 조명 설비 요청을 받고 있었는데 직류 전기 장치로 인한 문제로 많은 고장 문의가 들어와 누전, 화재 등의 일을 수습했어야 했다. 이때 테슬라는 에디슨과 만나게 되었고 그는 고장 난 설비를 고치는 일자리를 얻게 되었다. 테슬라는 그 일자리에서 뛰어난 능력을 보여주었고 에디슨에게 인정을 받아 자유롭게 작업을 할 수 있었다. 작업을 하던 테슬라는 에디슨이 만든 원시적인 발전기를 좀더 효율적으로 작동시킬 수 있는 방법을 찾아내었다. 테슬라는 에디슨에게 발전기들을 다시 만들 것을 요구하여 스물네 개의 발전기를 다시 설계하였고, 자동 조절 장치를 설치함으로써 발전기 성능을 크게 향상시켰다. 그러나 이 프로젝트의 대가로 보너스 5만 달러를 약속했던 에디슨은 금액을 지불하지 않았고, 이것을 계기로 테슬라는 회사에 사표를 냈다. 기술자로서 이름이 알려지기 시작하던 테슬라는 일단의 투자가들로부터 테슬라에게 회사를 차려주겠다는 제안을 받게 되고 이를 수락하였다. 테슬라는 당시에 사용하고 있던 것보다 더 안전하고, 단순하며, 경제적인 아크등을 개발하여 특허를 내는 등의 일을 하였으나 회사로부터 밀려나게 되었다. 이후 테슬라는 경제 침체로 1886년까지 일자리를 구하지 못하다가 웨스턴 유니온 전신회사의 경영자 A. K. 브라운(A. K. Brown)을 만나게 되어 테슬라의 이름을 딴 또 다른 회사가 세워졌다.

[전류전쟁]

1887년 4월 테슬라 전기회사가 새로이 창립되어 테슬라는 매우 열심히 일을 하였다. 그의 머릿속에는 이미 수많은 발명품들이 이미 설계되어 있었기 때문에 손쉽게 많은 특허를 따낼 수 있었다. 코넬 대학교의 전기공학과를 만드는 과정에서 핵심적인 역할을 했던 윌리엄 앤터니(William Anthony)는 테슬라의 교류 시스템의 가치를 한눈에 알아보고는 바로 지지하기를 시작했다. 때마침 에디슨의 직류 시스템을 바탕으로 수많은 발전소를 보유하고 있던 웨스팅하우스는 테슬라의 발명품의 가치를 눈여겨보게 되었고, 테슬라는 2천 달러의 월급을 받으며 웨스팅하우스의 설비를 자신의 교류 시스템으로 바꾸는 직업을 갖게 된다. 에디슨은 테슬라가 웨스팅하우스와 교류와 관련된 계약을 맺었다는 소식을 듣고 매우 화가 나 있었다. 이때부터 전류전쟁이 시작되게 된다. 테슬라의 교류 시스템에 위협을 느낀 에디슨은 곧바로 교류의 위험성에 대한 우려를 담은 자료들을 찍어내기 시작했다. 에디슨은 교류 전기를 이용해 애완동물들을 의도적으로 잔인하게 죽인 장면들이 포함된 전단지들을 배포하고 웨스팅하우스가 소유하게 된 특허들에 소송을 거는 등 끊임없이 웨스팅하우스의 교류 시스템을 비난했다. 이를 지켜보고만 있던 웨스팅하우스는 에디슨에 대항하기 위해 교류에 대한 교육 캠페인을 벌이기 시작했다. 연설, 기사 등 다양한 방법으로 교류의 우수성을 알리기 위해 끊임없이 노력했다. 두 회사가 모두 자금난에 시달리게 되면서 전류전쟁은 더욱 심화되었다. 에디슨은 교류를 막기 위해 알바니에서 전압을 800볼트로 제한하는 법안을 통과시키려 했고, 웨스팅하우스는 법에 위반되는 음모를 꾸민 죄목으로 에디슨을 고소했다. 뿐만 아니라 에디슨은 죄수들의 사형에 교류 전기 충격을 사용하자는 주장도 하였으며, 웨스팅하우스는 계속해서 교류의 실상을 증명하기 위해 노력했다. 대세는 점점 직류에서 교류로 넘어오기 시작했고 이를 직감한 에디슨의 많은 직원들은 에디슨이 큰 실수를 저지르고 있다고 설득하기 시작했다. 그러나 에디슨은 끝까지 자신의 주장을 고집하다가 오랜 시간이 흐른 후에야 자신의 실수를 인정하기 시작했다. 시간이 지나고 최종적으로 테슬라는 웨스팅하우스와의 계약을 연장하여 자신의 연구를 계속할 수 있었고, 웨스팅하우스는 사업 영역을 확장시켜 끝내 테슬라의 교류 시스템을 이용한 발전소를 세웠다. 이는 1891년 광산지역에 전기를 공급하기 위한 것이었다.

[성공과 하락]

1893년 10월 나이아가라 위원회는 웨스팅하우스와 계약을 체결함으로써 미국 산업계를 오랫동안 악의적으로 갈라놓았던 전류전쟁이 막을 내리게 된다. 교류 시스템을 발명한 테슬라는 큰 영광을 얻을 수 있었다. 하지만, 제너럴 일렉트릭의 광고 캠페인은 테슬라의 업적을 자신의 회사에 돌리게 만들었고 이 때문에 테슬라는 자신의 업적에 비해 제대로 평가받지 못하였다. 웨스팅하우스는 테슬라의 교류 특허를 보호해 주어서 20건에서 특허 논쟁에서 매번 결정적인 승리를 얻을 수 있었다. 테슬라는 이런 영광과 지위에도 불구하고 자신만의 시간을 가지려고 하며 자신의 상상력을 발전 시켰다. 이 시기에 테슬라는 자기장을 이용하여 세계의 기상을 조절하고, 무선으로 에너지를 보내는 방법과 무선 통신 방법에 대한 아이디어를 얻게 된다. 테슬라에게는 일생중 가장 많은 것을 만들어낸 시기였으며 가장 행복한 시기였다.

하지만, 이 행복은 오래가지 않았다. 1895년 3월 13일 새벽 2시 30분에 사우스 피프트 33~35번지에 있던 그의 실험실에서 큰 화재가 발생하게 된다. 비싼 실험기기들이 다 타버리면서 총 피해액은 100만 달러를 넘겼다. 이 화재로 그가 연구했던 무선 통신, 무선 에너지 전송, 운송 수단 등을 비롯해 조만간 X선으로 세상에 알려질 현상에 대한 연구마저도 사라졌다. 상업적으로 큰 가치를 지니고 있었던 액화탄소 제조기술도 불속에서 사라지고 말았다. 보험을 하나도 들어 놓지 않았던 테슬라는 이 화재로 파산 지경에 이르게 된다.

[무선 통신]

테슬라는 1893년 필라델피아에 있는 프랭클린 연구소와 세인트 루이스에 있는 국립 전등 협회의 연설에서 최초로 무선 통신을 시범을 보였다. 많은 사람들이 1895년 굴리엘모 마르코니가 무선 통신을 최초로 개발한 것으로 알고 있으나 실제로는 테슬라가 2년 더 앞섰다. 테슬라는 5kw짜리 스파스 송신기로 30피트 떨어진 가이슬러 관에 수신하게 만들어서 무선 주파수 자극에 의해 가이슬러 관에 불이 들어오도록 시범을 보였다. 테슬라는 이 시범에서 무선 통신의 기본(안테나와 공중선, 접지, 인덕턴스와 전기 용량를 포함한 공중에서 땅으로 이어진 단일 회로, 동조를 맞추기 위해 조절 가능한 인덕턴스와 전기 용량, 송수신 장치, 전자관 검파기) 그리고 2년 뒤 마르코니가 발표한 무선 장치 장비들은 테슬라의 것과 동일했다. 1891년 8월 25일 테슬라는 전기 학술 대회에서 강의를 하면서 기계식 진동자와 전기 발진기를 선보이는데 이 발진기가 '동기 무선 통신' 분야에서 이용될 수 있고 이로 인해 많은 가능성이 펼쳐졌다.

[레이더의 개발]

1917년 쯤 미국이 1차 세계대전에 참가할 무렵에는 독일군의 잠수함 때문에 연합군이 큰 피해를 받고 있었다. 이에 따라 잠수함을 사전에 추적하는 것이 큰 화두로 떠올랐다. 이런 상황에 맞게 테슬라는 군사적인 목적으로 레이더의 기본 개념을 창시하게 된다. "가령 초당 수백만 번 진동하는 엄청난 고주파의 전기 파동으로 이루어진 응집된 파동을 쏘고, 이 광선이 잠수함 선체에 부딪혀서 반사되어 나오는 빛을 중간에서 가로채면, 이 반사광선을 X-레이를 찍는 원리와 비슷한 방법으로 형광 스크린에 투사해 비출 수 있다. 이 광선은 파장이 매우 짧아야만 한다는 문제점이 있다. 다시 말해, 충분히 짧은 파장과 큰 에너지를 갖는 광선을 만들 수 있어야 한다. 간헐적인 간격을 두고 추적 광선을 쏘면 가공할 만한 에너지를 가지고 진동하는 광선을 만들 수 있다." ― 〈일렉트릭컬 익스페리먼트〉, 1917년 8월 이 발명은 약 15년 정도 지난 후 1930년대에 본격적으로 연구되어 실용화되게 된다.

[테슬라 모터스]

일론 머스크(Elon Musk)가 세운 테슬라 모터스라는 전기 자동차 제조 회사의 이름은 니콜라 테슬라의 이름을 따서 지은 것이다.

무어-Gordon Moore, Intel Co-Founder, USA

고든 무어 (Gordon Moore), 기업인, Intel 공동창업자

[출생] 1929년 1월 3일, 미국

[학력사항]

~ 1954 캘리포니아공과대학교 대학원 화학, 물리학 박사

1948 ~ 1950 캘리포니아대학교 버클리캠퍼스 화학 학사

1946 ~ 1948 산호세주립대학교 화학

[경력사항]

1996 길리어드 사이언스 이사회 이사

1979 ~ 1997 인텔 이사회 의장

1979.04 ~ 1987.04 인텔 최고경영자(CEO)

1968 ~ 1997 인텔 이사회 이사

1975 ~ 1979 인텔 사장, 최고경영자(CEO)

1968 ~ 1975 인텔 전무이사

1968 인텔 공동설립

1957 페어차일드 반도체 공동설립

1956 쇼클리 반도체 연구소

[출생] 1929년 1월 3일, 미국 캘리포니아 주 샌프란시스코

[학력]

미국 캘리포니아 대학교 버클리, 캘리포니아 공과대학교

[직업]

은퇴 / 인텔의 공동창립자, 명예회장, (전임)회장, (전임)최고경영자

[순자산] 67억 달러 (2015년)

[배우자] 베티 무어

고든 얼 무어 (Gordon Earle Moore)는 인텔의 공동창립자이자 명예회장이다. 무어는 1965년 4월 19일에 출판된 일렉트로닉스 매거진의 기사에 무어의 법칙을 발표하였다. 무어는 (1929년 1월 3일에) 미국 캘리포니아 주 샌프란시스코에서 태어났지만, 무어의 가족은 무어가 성장한 페스카데로에서 생활했다. 무어는 1950년에 캘리포니아 대학교 버클리에서 화학 학사 학위를 받았고 1954년에 캘리포니아 공과대학교에서 화학과 물리학박사를 받았다. 버클리에서 공부하기 이전에, 무어는 샌어제이 주립 대학교에서 2학년까지 다녔으며, 미래에 결혼할 베티를 만났다. 무어는 캘텍동문 윌리엄 쇼클리와 벡맨 인스트루먼트의 쇼클리 세

미컨턱터 래버러토리 부서에 취직했지만, "배신자 8인"과 함께 퇴사하였다. 당시에 서먼 페어차일드가 배신자 8인을 고용하여 강력한 페어차일드 세미컨덕터 사를 창설하는 데 동의했었다. 무어는 집적회로 설계의 선구자가 되기 이전에 20년 동안 실리콘 밸리에서 첫 번째 붐을 일으켰다. 고든 무어는 1968년 7월에 인텔을 공동창립하였다. 1975년에 사장 및 최고경영자가 되기 이전까지 부사장으로 근무하였다. 1979년 4월에, 무어 박사는 이사회의 회장 및 최고경영자가 되었다. 후임 최고경영자는 1987년 4월에 앤드루 그로브로 내정되었지만, 고든 무어는 이사회의 회장으로 계속 남아있었다. 고든 무어는 1997년에 은퇴하여 명예회장이 되었다. 2001년에, 무어와 베티는 6억 달러를 캘텍에 기부하였다. 무어의 기부는 캘텍이 받은 기부금중 가장 큰 액수였다. 고든 무어는 기부금이 캘텍에서 연구와 기술의 발전에 큰 도움이 되길 바란다고 말했다. 무어는 1994년부터 2000년까지 캘텍 이사회의 회장이었고 지금도 이사 중 한 명이다. 2003년에, 고든 무어는 미국 과학 진흥 협회의 회원으로 뽑혔다. 캘텍은 (1996년에) 무어 실험실을 건립했다. 이후에 케임브리지 대학교 수학센터의 도서관은 베티와 고든 무어로 명명되었다. 고든 무어는 아내와 고든 앤 베티 무어 재단을 설립하였다.

디즈니-Walt Disney, 영화 제작자, 사업가, USA

월트 디즈니 [Walt Disney]

[요약] 미국의 만화영화 제작자.

≪미키 마우스≫ 시리즈, ≪백설공주≫, ≪판타지아≫ 등 일련의 단편, 장편만화 이외에 극영화와 기록영화에서 동물실사 필름에 의한 드라마 구성, 텔레비전 프로그램까지 진출했다.

[본명] 월터 일라이어스 디즈니

[출생] 1901년 12월 5일, 미국 일리노이 주 시카고

[사망] 1966년 12월 15일 (65세), 미국 캘리포니아 주 버뱅크

[사인] 폐암

[거주지] 미국 일리노이주 시카고

[국적] 미국

[직업] 애니메이터, 영화감독, 프로듀서, 각본실업가, 성우

[배우자] 릴리안 바운즈 디즈니(1925-1966년)

[자녀] 다이앤 마리 디즈니, 샤론 메이 디즈니(입양)

[부모] 앨라스 디즈니,플로라스 콜 디즈니

[친척] 로이 O. 디즈니(형)

[활동분야] 예술

[주요수상] 아카데미상(賞)(1932)

[주요작품] ≪숲의 아침≫(1932) ≪메리 포핀스≫(1964)

시카고 출생. 19세 때 캔자스에서 친구와 종이 애니메이션 영화를 제작하여 파산한 후 1923년 할리우드로 나가 형 로이와 손잡고 ≪이상한 나라의 앨리스≫ ≪토끼와 오즈월드≫ 등의 시리즈를 만들었다. 그 뒤 ≪미키 마우스≫ 시리즈 가운데 하나인 ≪증기선 윌리호(號)≫(1928)를 최초의 유성만화영화로 발표하여 크게 성공하였다. 이어서 ≪실리 심포니≫ 시리즈 가운데서는 최초의 3원색 테크닉 컬러에 의한 색채만화 ≪숲의 아침≫(1932)으로 아카데미상(賞)을 획득, 이후 1930년대 만화영화 부문의 상을 독점했다. 이 시기에는 ≪미키의 도깨비 고양이 재판≫(1935) ≪미키의 시계방≫(1937) ≪언덕의 풍차≫(1937) ≪어린이의 꿈≫(1938) 등 유머와 개그, 악몽의 공포, 자연의 횡포와 환상 넘치는 걸작이 많이 나왔고, 1937년 말에는 최초의 장편만화 ≪백설공주≫를 완성하여, 흥행면으로도 크게 성공하였다. 이어서 ≪피노키오≫(1938) ≪판타지아≫(1940) ≪덤보≫(1941) ≪밤비≫(1942) 등의 장편을 발표하였다. 제2차 세계대전 후 ≪신데렐라 공주≫(1950)로부터 ≪정글북≫(1965)에 이르는 일련의 장편만화 이외에 ≪보물섬≫(1950)으로 시작된 극영화와 ≪사막은 살아 있다≫(1953) 등의 기록영화에서, 차차 동물실사(動物實寫) 필름에 의한 드라마 구성으로 옮겨 가고, 나아가 텔레비전 프로그램에도 진출하였다. 특히 ≪메리 포핀스≫(1964)는 디즈니 생애 최고 성공작이었다. 1955년 대규모 유원지 '디즈니랜드'를 완성하였으며, 1964년 뉴욕 세계박람회에서 어트랙션을 담당하였다.

(지난 1000년간 인물중 62위 선정)

월터 일라이어스 "월트" 디즈니(Walter Elias "Walt" Disney, 1901년 12월 5일 ~ 1966년 12월 15일)는 미국의 애니메이션, 영화 감독이자 제작자이며 사업가이다.

미국 시카고에서 태어나 고등학교 때부터 상업 미술에 뜻을 두고 광고 만화 등을 그리기 시작하였다. '미키 마우스'를 창조하여 한층 인기가 높아졌다. 그 뒤 〈미키〉 〈도널드〉 등 많은 만화 영화를 제작하였는데, 삼원색 방식에 의한 최초의 천연색 영화인 〈숲의 아침〉으로 아카데미상을 받았다. 그 뒤에도 〈돼지 삼형제〉를 비롯하여 많은 걸작 만화를 만들었다. 1937년 세계 최초의 장편 애니메이션 백설공주를 제작하여 개봉하였는데 당대에 엄청난 화제를 모았다. 그때까지만 해도 애니메이션은 장편 영화 상영 도중 잠시 틀어주는 소품같은 개념이어서 월트 디즈니의 도전은 무모하다고 여겨졌지만 개봉 직후 모든 흥행 기록을 갈아치우며 대성공을 거두었다. 전함 포템킨의 감독 세르게이 에이젠슈타인은 백설공주를 본 뒤 영화 역사상 가장 위대한 영화라고 추켜세우기도 했다. 이 밖에도 자연 과학 영화, 기행 단편 영화, 기록 영화 등 수많은 우수한 영화를 제작하였다. 그는 TV용 영화도 만들어 대호평을 받았다. 1955년 로스앤젤레스 교외에 디즈니랜드라는 거대한 어린이 유원지를 설립하여 영화 제작자 이상의 사업가로서도 자리를 군혔다. 그가 영화 업계와 세계 오락 산업에 미친 영향력은 아직까지도 방대하게 남아있으며 여전히 대중문화 역사 사상 가장 중요한 인물 중 한 사람으로 꼽힌다. 새터데이 이브닝 포스트는 그를 통틀어 '세계에서 가장 유명한 엔터테이너이자 가장 유명한 비정치적 공인'이라고 일컬었다. 월트 디즈니 스튜디오는 형인 로이 디즈니와 함께 1923년에 창립했고 현재까지도 꾸준히 애니메이션을 제작하고 있다. 1966년 폐암 말기로 진단받고 불과 한 달 만에 사망했다. 화장되어 글레데일의 묘에 매장되었다.

노벨-Alfred Bernhard Nobel, 발명가, Sweden

알프레드 노벨

[Alfred Bernhard Nobel]

[요약] 스웨덴의 발명가, 화학자, 노벨상의 창설자. 고형 폭약을 완성하여 다이너마이트라는 이름을 붙였다. 과학의 진보와 세계의 평화를 염원한 그의 유언에 따라 스웨덴 과학아카데미에 기부한 유산을 기금으로 1901년부터 노벨상 제도가 실시되었다.

[출생] 1833년 10월 21일스웨덴 스톡홀름

[사망] 1896년 12월 10일 (63세) 이탈리아 산레모

[국적] 스웨덴

[분야] 화학, 공학, 방위산업, 발명

[주요 업적] 다이너마이트 발명

1833년 스웨덴 스톡홀름에서 출생한 후 4세 때 핀란드로 이주하였다. 8세 때는 다시 러시아 상트페테르부르크로 이주하고 이곳에서 초등교육을 받았다. 1850년 미국으로 유학하여 4년 동안 기계공학을 배웠다. 크림전쟁 후 스웨덴에서 폭약의 제조와 그 응용에 종사하고 있던 아버지의 사업을 도와 폭약의 개량에 몰두하였다. 1863년 소브레로가 발명한 니트로글리세린과 중국에서 발명한 흑색화약을 혼합한 폭약을 발명하고, 그 이듬해 뇌홍(雷汞)을 기폭제로 사용하는 방법을 고안하여 아버지와 동생과 함께 이의 공업화에 착수하였다. 그러나 이 과정에서 1864년 9월 공장이 폭파되어 동생과 조수 4명이 희생되었다. 여기서 그는 니트로글리세린이 바로 액체라는 점에 위험의 원인이 있다고 인정하고, 1866년 이것을 규조토(硅藻土)에 스며들게 하여 안전하게 만든 고형(固型) 폭약을 완성하여 이것에 '다이너마이트'라는 이름을 붙였다. 또 1887년 니트로글리세린·콜로디온면(綿)·장뇌(樟腦)의 혼합물을 주체로 하는 혼합 무연화약(無煙火藥)을 완성하였다. 노벨의 공장은 스웨덴·독일·영국 등에서 연이어 건설되어, 1886년 세계 최초의 국제적인 회사'노벨 다이너마이트

트러스트 사'가 창설되기도 하였다. 그동안 그의 형인 로베르트와 루트비히는 카스피 해 (海)의 서안에 있는 바쿠의 유전개발에 성공하여 대규모의 정유소를 건설하고 세계 최초의 유조선 조로아스타호(1877년 취항)를 사용하여 세계 최초의 파이프라인(1876)을 채용함으로써 노벨가(家)는 유럽 최대의 부호가 되었다. 노벨은 평생 결혼하지 않았으며 자식도 없었다. 1895년 11월 자신의 재산을 은행 기금으로 예치토록 하는 유서를 작성하였으며 1896년 12월 10일 63세를 일기로 사망하였다. 과학의 진보와 세계의 평화를 염원한 그의 유언에 따라 스웨덴 과학아카데미에 기부한 유산을 기금으로 1901년 이래로 세계의 평화, 문학, 물리, 화학, 생리ㆍ의학, 경제 분야에 노벨상 제도가 실시되고 있다.

[알프레드 노벨 연보]

1833 10월 21일 스웨덴 스톡홀롬에서 출생.

1837 가족과 함께 러시아 상트페테르부르크로 이주.

1851 미국으로 유학. 기계공학과 화학을 공부.

1863 소브레로가 발명한 니트로글리세린과 중국에서 온 흑색화약을 혼합해 폭약을 발명.

1867 니트로글리세린을 연구해 다이너마이트를 발명, 특허를 얻음.

1875 무연화약 발리스타이트 발명.

1886 세계 최초의 국제적인 회사 '노벨다이너마이트트러스트'가 창설.

1896 12월 10일 스웨덴 과학 아카데미에 유산을 기부하고 사망.

1901 노벨의 유산으로 노벨상 제도가 만들어짐.

알프레드 베른하르드 노벨(Alfred Bernhard Nobel, 1833년 10월 21일 스톡홀름 ~ 1896년 12월 10일)은 스웨덴의 과학자이다. 그는 고체 폭탄인 다이너마이트를 발명했다. 그의 유언에 따라 노벨상이 제정되었다. 1896년 12월 10일 숨을 거두기 일년전 유명한 유언장을 남겼다. 자기 재산에서 생기는 이자로 해마다 물리학, 화학, 생리학 및 의학, 문학, 평화의 다섯 부문에 걸쳐 공헌이 있는 사람에 상을 주라는 유언이다. 세계의 평화와 과학의 발달을 염원해 오던 그의 유언에 따라 그의 유산은 스웨덴 과학 아카데미에 기부되었다. 그 기부금으로 1901년부터 노벨상 제도가 설정되었다. 이 상은 물리학ㆍ화학ㆍ생리ㆍ의학ㆍ문학ㆍ경제학ㆍ평화의 6개 부문으로 나누어 국적 및 성별에 관계없이 그 부문에서 뚜렷한 공로자에게 매년 수여되고 있다. 노벨은 역설과 모순으로 가득 찬 인물로 남아 있다. 비상하면서도 고독하고, 비관주의자이면서도 한편으로는 이상주의자였던 그는 현대전에 사용된 강력한 폭탄을 발명했을 뿐만 아니라, 인류에 이바지한 지적인 업적에 수여하는 세계에서 가장 권위 있는 상을 제정하기도 했다. 노벨이 열아홉살 때 외국 유학 도중 프랑스에서 한 여인을 사모하게 되었다. 그 후 이 소녀는 죽고 말았다. 이 죽음의 상처로 노벨은 재혼을 하지 않고 독신으로 1896년 이탈리아 산레모의 별장에서 여생을 마쳤다. 그의 생애와 노벨상과 역대 노벨상 수상자들을 다루는 노벨 박물관은 스톡홀름의 구 시가지에 있다. 주기율표 102번 원소인 노벨륨은 노벨의 이름을 따서 만든 것이다.

정주영-鄭周永, 현대 회장, Chung Ju-yung, Korea

정주영, 鄭周永, 현대그룹 창업자, Chung Ju-yung

[출생-사망] 1915년 11월 25일, 강원도 - 2001년 3월 21일

[가족] 배우자 변중석, 아들 정몽필, 정몽구, 정몽근, 정몽우, 정몽헌, 정몽준, 정몽윤, 정몽일, 손자 정의선, 정일선, 정문선, 정대선, 정기선, 손녀 정성이, 정명이, 정윤이, 정지이, 동생 정인영

[학력사항]

2000 한국체육대학교 이학 명예박사

1995 존스홉킨스대학교 인문학 명예박사

1995 고려대학교 철학 명예박사

1990 서강대학교 정치학 명예박사

1986 이화여자대학교 문학 명예박사

1985 연세대학교 경제학 명예박사

1982 조지워싱턴대학교 경영학 명예박사

1976 충남대학교 경제학 명예박사

1975 경희대학교 공학 명예박사

~ 1930 통천송전소학교

[경력사항]

2006.11 타임지 선정 아시아의 영웅

1998.03 ~ 2001.04 현대건설 대표이사 명예회장

1994.01 한국지역사회교육중앙협의회 이사장

1992.05 ~ 1993.02 제14대 국회의원

1987.02 ~ 1991.12 현대그룹 명예회장

1982.07 ~ 1984.10 제27대 대한체육회 회장

1985 ~ 1987 제17대 전국경제인연합회 회장

1983 ~ 1985 제16대 전국경제인연합회 회장

1981 ~ 1983 제15대 전국경제인연합회 회장

1979 ~ 1981 제14대 전국경제인연합회 회장

1977 ~ 1979 제13대 전국경제인연합회 회장

1973.12 현대조선중공업 설립

1950.01 현대건설 사장

1946.04 현대자동차공업 대표

[수상내역]

2008 제4회 DMZ 평화상 대상

2001 제5회 만해상 평화상

1998 커맨더 위드 스타 (노르웨이 왕실 최고 공로훈장)

1998 국제올림픽위원회 올림픽 훈장

1988 국민훈장 무궁화장

1987 제1회 한국경영대상

1982 자이레 국가훈장

1981 국민훈장 동백장

[출생] 1915년 11월 25일

일제 강점기 강원도 통천군 답전면 아산리

[사망] 2001년 3월 21일 (85세)

대한민국 서울특별시 송파구 풍납동 서울중앙병원

[사인] 폐렴으로 인한 급성호흡부전증

[국적] 대한민국

[별칭] 호는 아산(峨山)

[학력] 통천송전소학교 졸업

[경력] 현대그룹 회장

[직업] 기업인

[종교] 불교

[배우자] 변중석

[자녀] 슬하 8남 1녀

[부모] 아버지 정봉식, 어머니 한성실

[친척] 6남 2녀 중 장남

정주영(鄭周永, 1915년 11월 25일 ~ 2001년 3월 21일)은 대한민국의 기업인이다. 현대그룹의 창업주이며 한국의 기업을 이야기할 때 자수성가한 기업인 중의 한 명으로 쉽게 대화의 주제가 되는 인물이다. 일제 강점기인 1940년대에 자동차 정비회사인 아도 서비스(Art Service)를 인수하여 운영하였고 한때 홀동광산을 운영하기도 했다. 이를 바탕으로 1946년 4월에 현대자동차 공업사를, 1947년 현대토건사를 설립하면서 건설업을 시작하였고 현대그룹의 모체를 일으켰으며 건설사업을 지속적으로 추진해 성공을 거두었다. 1995년에 조사한 세계 부자 순위에서 9위를 차지하기도 했다. 1998년 이후에는 김대중 정부를 도와 대북사업 추진의 한 축을 담당하였으며, 정주영을 주인공으로 하는 드라마 ≪영웅시대≫가 제작되기도 하였다. 1998년 6월 16일 판문점을 통해 통일소라고 불린 소 500마리와 함께 판문점을 넘는 이벤트를 연출하여 세계 언론의 주목을 받았다.

[생애]

[생애 초반]

정주영은 1915년 11월 25일에 강원도 통천군 답전면 아산리(현 북한 강원도 통천군 노상리)에서 아버지 정봉식과 어머니 한성실 사이에서 6남 2녀 중 장남으로 태어났다. 아산(峨山)이라는 그의 아호는 자신의 출생지 옛 지명에서 따온 것이다. 통천 송전소학교를 졸업하였고 그와 함께한 동창생은 27명이며 정주영의 최종 학력은 소학교(초등학교) 졸업이 유일하다. 가난 때문에 중학교에 진학하지 못하고 아버지의 농사를 도왔다. 가난에서 벗어나려고 여러 차례 가출을 반복하였으나 실패하였다가 결국 가출에 성공하였다. 가출 후 청진의 개항 공사와 제철 공장 건설 공사장에 노동자가 필요하다는 동아일보 기사를 보고 소를 판 돈으로 고향을 떠나 원산 고원의 철도 공사판에서 흙을 날랐는데 이것이 첫 번째 가출이었다. 이것을 시작으로 정주영은 무려 4번이나 가출을 하였다. 두 번째 가출하여 금화에 가서 일하였다. 3번째 가출 때는 아버지가 소를 판 돈 70원을 들고 도망하여 경성실천부기학원에서 공부를 하다가 덜미를 잡혀 고향으로 돌아갔다. 4번째 가출은 1933년으로 19살의 나이로 인천에서 부두하역과 막노동을 하다가 경성으로 상경하여 이듬해 복흥상회라는 쌀가게 배달원으로 취직했다. 배달원 자리는 꽤 흡족하여 집을 나온지 3년이 지나 월급이 쌀 20가마가 되었다. 장부를 잘 쓸 줄 아는 정주영은 쌀가게 주인의 신임을 받았고 쌀가게 주인의 아들은 여자에 빠져 가산을 탕진했기 때문에 주인은 아들이 아닌 정주영에게 가게를 물려 주었다. 일제강점기인 1935년 11월 23일 밤 변중석 집에서 처음 대면하였다. 당시 소녀 변중석은 윗마을 총각이 서울서 선을 보러 내려왔다는 부친의 말에 방에서 나오지도 못하고 떨고 있었다. 그리고 한 달 보름 뒤 결혼식을 올렸다. 신랑은 신부 뒷모습만 보고, 신부는 신랑 얼굴도 제대로 보지 못하고 이뤄진 결혼이었다. 1938년 주인으로부터 가게를 물려 받아 복흥상회라는 이름을 짓고 그 가게의 주인이 되었다.[8] 하지만 복흥상회 개업 후 2년 만인 1940년에 중일전쟁으로 인해 쌀이 배급제가 되면서 결국 가게를 정리하였다.

[기업 활동]

[자동차 공장 설립]

1940년 당시 경성부에서 가장 큰 경성서비스공장의 직공으로 일하던 이을학(李乙學)에게서 경영난에 처한 아도 서비스라는 자동차 수리공장의 소식을 접하고 인수를 시작한다. 일제말기인 1941년 빚을 내어 아도 서비스의 사업을 맡기도 하였으나 1달도 채 지나기 전에 불에 타버렸다. 다시 빚을 내어 신설동 빈터에다 다시 자동차 수리 공장을 시작했다. 그러나 그 공장도 1942년 5월 기업정리령에 의해 공장을 빼앗기다시피 하고 새로운 일거리를 찾아 떠나게 된다. 홀동광산의 광석을 평양 선교리까지 운반하는 일을 3년간 하다가 1945년 5월 그 일을 다른 사람에게 넘겼는데, 3개월 후 일본의 패망으로 홀동광산은 문을 닫고 그 곳에 있던 사람들은 소련군 포로로 잡혀갔다. 이때 그는 이미 타인에게 광산업을 인수하였으므로 극적으로 피랍을 모면한다.

[현대그룹 설립]

[해방과 한국전쟁]

이후 서울 돈암동의 스무 평 남짓한 집에서 동생들, 자녀들과 함께 벌어놓은 돈으로 살다가 해방 후인 1946년 4월에 미군정청의 산하기관인 신한공사에서 적산을 불하할 때 초동의 땅 200여 평을 불하받아 현대그룹의 모체라 할 수 있는 현대자동차 공업사를 설립하였다. 또한 1947년 5월에는 현대토건사를 설립, 건설업에도 진출하였다. 1950년 1월에는 자신이 운영하던 두 회사인 현대토건사와 현대자동차 공업사를 합병하여 현대건설주식회사를 설립하였다. 이때 자본금은 삼천만원이었다. 그러나 그해 한국 전쟁으로 서울이 인민군에게 점령되면서 모든 것을 버리고 가족들과 부산으로 피난한 정주영은 동생 정인영이 미군사령부의 통역장교로 일하던 덕에 서울에서 하던 토목사업을 계속 할 수 있었으며 서울 수복 후 미8군 발주 공사를 거의 독점하였다.

[창업 전반기와 전후 복구 사업]

한국 전쟁 직후 현대건설은 전쟁으로 파괴된 도시와 교량, 도로, 집, 건물 등을 복구하면서 점차 늘어가는 건설수요로 승승장구하게 되었다, 그 뒤에도 늘어나는 건설 수요 등을 감안하여 그는 시멘트 공장 설립을 추진, 1964년 6월 현대 시멘트공장을 준공하여 시멘트도 자체적으로 조달하였다. 그 뒤 낙동강 고령교 복구, 한강 인도교 복구, 제1한강교 복구, 인천 제1도크 복구 등의 사업을 수주하여 1960년에는 국내 건설업체중 도급한도액이 1위를 차지하게 되었다. 1964년 단양에 시멘트 공장을 완공하였으며, 1965년에는 국내 최초로 태국의 파타니 나라티왓 고속도로를 건설하였다. 1967년에는 다시 자동차 산업에 뛰어들어 현대자동차주식회사를 설립하였다. 현대건설 내 시멘트공장을 확장하여 1970년 1월 정식으로 현대시멘트주식회사를 설립하였다. 이후 현대건설과 현대시멘트의 사주로 해외건설시장 확보와 낙찰 등을 이끌어내며 한국 국외의 건설시장으로도 진출하였고 울산 조선소 건설, 서산 앞바다 간척사업 등을 성공적으로 추진하면서 기업을 확장하게 된다. 1971년 2월 현대자동차, 현대건설, 현대시멘트주식회사 등을 총괄한 현대그룹을 창립하고 대표이사 회장에 취임하였다. 1973년 12월에는 중공업에도…(중략)…

[경제건설사업 참여]

1971년 정주영 회장은 혼자서 미포만 해변 사진 한 장과 외국 조선소에서 빌린 유조선 설계도 하나 들고 유럽을 돌았다. 차관을 받기 위해서였다. 부정적인 반응만 받다가 1971년 9월 영국 바클레이 은행의 차관을 받기 위한 추천서를 부탁하기 위해 A&P 애플도어의 롱바툼 회장을 만났지만 대답은 역시 'No'였다. 이 때 정주영은 대한민국 5백원짜리 지폐를 꺼내 거기 그려진 거북선 그림을 보여줬다. "우리는 영국보다 300년이나 앞선 1500년대에 이미 철갑선을 만들어 외국을 물리쳤소. 비록 쇄국정책으로 시기가 좀 늦어졌지만, 그 잠재력만큼은 충분하다고 생각하오."라며 설득해 결국 차관 도입에 성공할 수 있었다. 1978년에는 아산사회복지사업재단을 설립하였으며 같은 해 4월 29일 서울 강남구 압구정동에 위치한 현대고등학교를 설립하고 초대이사장으로 취임하였다. 1980년에는 신군부에 의하여 창원중공업을 강탈당했으며, 이어 1983년 1월에는 지금의 SK하이닉스의 전신인 현대전자주식회사를 설립하였다.

[저서]

≪시련은 있어도 실패는 없다≫, 1991년

≪이 땅에 태어나서≫, 1998년

입이 뜨거워야 성공할 수 있다, 2002년

정주영, ≪입이 뜨거워야 성공할 수 있다≫ (도서출판 숲속의 꿈, 2002)

정주영, ≪이 땅에 태어나서:나의 살아온 이야기≫ (도서출판 솔, 2009)

정주영, ≪시련은 있어도 실패는 없다≫ (제삼기획, 2001)

카리스마 vs 카리스마 이병철 · 정주영 (홍하상 著, 한국경제신문사)

| 카네기-Andrew Carnegie, 철강왕, Industrialist, USA

앤드루 카네기 [Andrew Carnegie]

[요약] 미국의 산업자본가로 US스틸사의 모태인 카네기철강회사를 설립하였다. 이후 교육과 문화사업에 헌신하였다.

[출생-사망] 1835.11.25 ~ 1919.8.11

[별칭] 강철왕

[국적] 미국

[활동분야] 경제

[출생지] 영국 스코틀랜드

[주요저서] ≪승리의 민주주의 Triumphant Democracy≫ (1886)

스코틀랜드 출생. 수직공(手織工)의 아들로 태어나, 1848년 가족과 함께 미국의 펜실베이니아주(州) 앨러게니(지금의 피츠버그)로 이주하였다. 어려서부터 방적공ㆍ기관조수ㆍ전보배달원ㆍ전신기사 등의 여러 직업에 종사하다가, 1853년 펜실베이니아철도회사에 취직하였다. 1865년까지 이곳에서 근무하는 동안, 침대차회사에 투자하여 큰 이익을 얻었으며 철도기재제조회사ㆍ운송회사ㆍ석유회사 등에도 투자하여 거액의 이윤을 얻었다. 1865년 철강 수요의 증대를 예견하여 철도회사를 사직하고 독자적으로 철강업을 경영하기 시작하여, 1872년 베서머제강법(베서머법)에 의한 미국 최초의 거대한 평로(平爐)를 가진 홈스테드제강소를 건설하였다. 1870년대부터 미국 산업계에 일기 시작한 기업합동의 붐을 타고, 피츠버그의 제강소를 중심으로 하는 석탄ㆍ철광석ㆍ광석 운반용 철도ㆍ선박 등에 걸치는 하나의 대철강 트러스트를 형성하였다. 1892년에는 카네기철강회사(뒤에 카네기회사로 개칭)를 설립하였는데, 이 회사는 당시 세계 최대의 철강 트러스트로서 미국 철강 생산의 4분의 1 이상을 차지하였다. 1901년 카네기는 이 회사를 4억 4000만 파운드에 모건계(系)의 제강회사와 합병하여 미국 철강시장의 65 %를 지배하는 US스틸사를 탄생시켰다. 이 합병을 계기로 카네기는 실업계에서 은퇴하고, 교육과 문화사업에 몰두하였다. 카네기공과대학(현 카네기멜론대학)ㆍ카네기교육진흥재단에 3억 달러 이상을 투자하였다. 인간의 일생을 2기로 나누어, 전기에서는 부(富)를 축적하고, 후기에서는 축적된 부를 사회복지를 위하여 투자하여야 한다는 신념을 지니고 있었으며, 이를 실천한 위대한 인물이었다. 저서에 ≪승리의 민주주의 Triumphant Democracy≫ (1886) ≪사업의 왕국 The Empire of Business≫ (1902) ≪오늘의 문제 Problems of Today≫ (1908) 등이 있다.

[출생] 1835년 11월 25일, 영국, 파이프 주, 던펌린

[사망] 1919년 8월 11일 (83세), 미국, 매사추세츠 주, 레녹스

[사인] 기관지 폐렴

[국적] 미국

[직업] 강철 사업가, 자선가

[순자산]

증가2008년 1월 포브스 출처의 정보에 기초한 2008년 부의 역사적 수치에 따르며, 2007년 달러로 2983억 달러임 (역대 2위로 발표)

[배우자] 루이스 휫필드 카네기

[자녀] 마가릿 카네기 밀러

앤드루 카네기 (Andrew Carnegie, 1835년 11월 25일 ~ 1919년 8월 11일)는 미국의 철강 재벌이다. 2008년 기준으로 세계적인 철강회사인 US 스틸은 카네기의 철강회사를 투자자인 JP 모건이 합병을 통해 설립한 회사이다.

[성장]

카네기는 스코틀랜드 던펌린에서 섬유를 만드는 노동자의 아들로 태어났다. 어머니가 구멍가게를 운영하였지만 좀처럼 가난에서 벗어나지 못하자, 카네기 집안은 1848년 미국 펜실베이니아주 피츠버그로 이주한다. 어려서부터 얼레잡이, 방적공장 노동자, 기관조수, 전보배달원, 전신기사 등 여러 직업을 전전하다가, 1853년 펜실베이니아 철도회사에 취직하게 된다. 남북전쟁에도 종군하였고, 1865년까지 이곳에서 근무하는 동안, 장거리 여행자를 위한 침대차와 유정사업 등에 투자하면서 큰돈을 벌었다.

[기부]

1902년 1월 29일 당시로서는 천문학적 액수인 2천5백만 달러를 기부하여 공공도서관 건립을 지원하는 워싱턴 카네기협회를 설립했다. 미국 전역에 2500개의 도서관을 지었다. 카네기는 그밖에도 카네기회관, 카네기공과대학, 카네기교육진흥재단 등 교육·문화 분야에 3억 달러 이상을 기증했다. 현재 국제사법재판소의 건물인 평화궁을 지었으며, 카네기멜론대학교를 설립했다.

[저서] The Gospel of Wealth

게이츠-Bill Gates, MicroSoft Founder, USA

빌 게이츠 (Bill Gates, William Henry Gates III), 기업인, 남성

[출생] 1955년 10월 28일 (미국)

[소속] 마이크로소프트 (기술고문)

[가족] 배우자 멜린다 게이츠

[학력사항]

~ 2009 캠브리지대학교 명예박사

~ 2007하버드대학교 명예박사

~ 2007칭화대학 명예박사

~ 2005와세다대학교 명예박사

~ 2002 스웨덴왕립공과대학 명예박사 하버드대학교 법학 (중퇴)

[경력사항]

2014. 02 ~ 마이크로소프트 기술고문

2008. 06 마이크로소프트 이사회 의장

2000 빌 앤드 멜린다 게이츠 재단 설립

~ 2008 마이크로소프트사 CEO

2000 ~ 2008. 06 마이크로소프트사 회장, 기술고문

1989 코비스 설립

1975 마이크로소프트사 설립

1974 베이직(BASIC) 개발

[수상내역]

2013 제65회 밤비 미디어 어워드 밀레니엄 밤비상

2005 미국 타임지 올해의 인물

[본명] William Henry Gates III

[출생] 1955년 10월 28일, 미국 워싱턴 주 시애틀

[국적] 미국

[학력] 하버드 대학교 중퇴

[직업] 기업인

[소속]

마이크로소프트 (기술고문), 빌 & 멜린다 게이츠 재단 (공동회장), 테라파워(회장)

[순자산] 790억달러

[종교] 로마 가톨릭교회

[배우자] 멜린다 게이츠

[자녀] 제니퍼 캐서린 게이츠, 로리 존 게이츠, 피비 아델 게이츠

[부모] 아버지 윌리엄 H. 게이츠, 어머니 매리 맥스웰

빌 게이츠(영어: Bill Gates, 본명: William Henry Gates III, 1955년 10월 28일 ~)는 미국의 기업인이다. 어렸을 때부터 컴퓨터 프로그램을 만드는 것을 좋아했던 그는 대학을 다니다가 자퇴하고 폴 앨런과 함께 마이크로소프트를 공동창립했다. 그는 당시 프로그래밍 언어인 베이직 해석프로그램과 앨테어용 프로그래밍 언어인 앨테어베이직을 개발했다.

[생애]

[성장 과정]

빌 게이츠는 1955년 10월 28일에 워싱턴 주 시애틀에서 아버지 윌리엄 H. 게이츠 시니어와

어머니 매리 맥스웰 게이츠의 아들로 태어났다. 그의 부모는 영국계 미국인이자 독일계 미국인이며, 스코틀랜드계 아일랜드 이민자였다. 그의 가정은 상중류층으로, 아버지는 저명한 변호사였으며 어머니는 미국 은행인 퍼스트 인터스테이트 뱅크시스템과 비영리 단체 유나이티드 웨이의 이사회 임원이었다. 또한 외할아버지인 J.W. 맥스웰은 미국 국립은행의 부은행장이었다. 게이츠에게는 누나 크리스티앤(Kristianne)과 여동생 리비(Libby)가 있었다. 그는 그의 가문에서 윌리엄 게이츠라는 이름을 물려받은 네 번째 남자이지만 실제로는 윌리엄 게이츠 3세로 불리는데, 이는 그의 아버지가 자신의 이름에서 '3세'라는 접미어를 사용하지 않았기 때문이다. 빌 게이츠가 어렸을 때, 그의 부모는 그가 법조계에서 일하게 되기를 바랐다. 그는 13세 때 상류층 사립 학교인 레이크사이드 스쿨에 입학했다. 8학년이 되었을 때, 학교 어머니회는 자선 바자회에서의 수익금을 텔레타이프라이터 단말기와 제네럴 일렉트릭(GE) 컴퓨터의 사용시간을 구매하는 데 사용하기로 결정하였다. 게이츠는 이 GE 시스템에서 베이식(BASIC)으로 프로그래밍하는 것에 흥미를 갖게 되었으며, 이에 프로그래밍을 더 연습하기 위해 수학 수업을 면제 받기도 했다. 그는 이 시스템에서 동작하는 틱택토(Tic Tac Toe) 게임을 만들었는데, 이는 그가 만든 최초의 프로그램으로 사람이 컴퓨터를 상대로 플레이할 수 있게 되어 있었다. 또한 다른 게임인 달 착륙 게임을 만들기도 하였다. 그는 입력된 코드를 언제나 완벽하게 수행하는 이 기계에 매료되었다. 게이츠가 훗날 회고한 바에 따르면, 당시의 기억에 대해 그는 '그때 그 기계는 나에게 정말 굉장한 것이었다'라고 말했다. 어머니회의 기부금이 바닥나자, 게이츠와 몇몇 학생들은 DEC의 미니컴퓨터의 사용 시간을 샀다. 이 시스템 중 일부는 PDP-10이라는 것으로 컴퓨터 센터 코퍼레이션(CCC)에서 생산된 것이었는데, 훗날 게이츠를 포함한 네 명의 레이크사이드 스쿨 학생(폴 앨런, 릭 와일랜드, 켄트 에번스)은 이 시스템의 운영 체제가 가진 버그를 이용해 공짜로 컴퓨터를 사용한 것이 발각되어 이 회사로부터 사용을 금지당하기도 했다. 고등학교 졸업 후 하버드 대학으로 진학하여 응용수학을 전공했으나 재학 중 1975년 폴 앨런과 함께 마이크로소프트를 설립하고 학업을 중단했다. 당시에 그는 사업이 안 풀리면 학교로 돌아갈 예정이었으나 마이크로소프트의 성공으로 그럴 일은 없었다.

[업적]

1974년 BASIC 개발

1975년 마이크로소프트 설립

1975년~2000년 마이크로소프트 CEO

1981년 MS-DOS 개발

2000년~2008년 마이크로소프트 기술고문

2000년 빌 & 멀린다 게이츠 재단 설립

[수상]

2005년 영국 명예KBE훈장(외국인대상 명예훈장)

2010년 보이스카우트로 부터 실버 버펄로상 (Silver Buffalo Award)

[빌 게이츠를 소재로 한 작품]

[영화] 미국: 실리콘 밸리의 신화

주커버그, Mark Zuckerberg, Facebook CEO, USA

주커버그 (Mark Zuckerberg, Mark Elliot Zuckerberg), 기업인

남성 황소자리 쥐띠

[출생] 1984년 5월 14일 (미국)

[소속] 페이스북 (CEO)

[가족] 배우자: 프리실라 챈, 동생: 아리엘 주커버그, 누나: 랜디 주커버그

[학력사항]

[대학교]

Harvard University 2002년 9월~2004년 5월 컴퓨터 과학, 심리학, 케임브리지.

[고등학교]

Phillips Exeter Academy 2002년 졸업 · 서양고전학 · Exeter, New Hampshire.

Ardsley High School 1998년 9월 ~ 2000년 6월 · Ardsley, New York.

[경력사항] 2013.04 포워드닷어스 설립, 2004 ~ 페이스북 CEO

Facebook: Founder and CEO · 팰로앨토 · 2004년 2월 4일 ~ 현재.

마크 엘리엇 저커버그(Mark Elliot Zuckerberg, 1984년 5월 14일 ~)는 미국의 기업인으로, 페이스북의 공동 설립자이자 회장 겸 CEO로 잘 알려져 있다. 하버드 대학교 학부 재학 중, 같은 대학 친구들이었던 더스틴 모스코비츠, 에두아르도 세버린, 크리스 휴즈와 함께 페이스북을 설립하였다.

[생애]

저커버그는 미국 뉴욕 주 화이트플레인스에서 태어났다. 아버지 에드워드(Edward)는 치과 의사였으며 어머니 캐런(Karen)은 정신과 의사였다. 그는 세명의 여자 형제들인 랜디(Randi), 도나(Donna), 애리얼(Arielle)과 함께 뉴욕 주 돕스페리에서 자랐다. 그는 유대교 교육을 받았으며, 13세 때는 유대교 성인식의 일종인 바르 미츠바 또한 거쳤다. 그러나 성인이 된 이후로는 그는 스스로를 무신론자라고 밝혀 왔다. 저커버그는 중학교 시절 프로그래

밍을 시작했다. 1990년대에는 아버지로부터 아타리 BASIC 프로그래밍 언어를 배웠으며, 이후 1995년 경에는 소프트웨어 개발자인 데이비드 뉴먼(David Newman)으로부터 개인 지도를 받았다. 또한 1990년대 중반에 집 근처 머시 칼리지(Mercy College)의 대학원에서 관련 수업을 청강하기도 했다. 그는 프로그래밍하는 것을 좋아했으며, 특히 통신 관련 툴을 다루거나 게임하는 것을 좋아했다. 그는 아버지 사무실 직원들의 커뮤니케이션을 돕는 애 플리케이션을 고안하기도 했으며, 리스크 게임을 PC 버전으로 만들기도 했다. 아즐리 고등 학교를 다닐 당시 그는 서양고전학(classics) 과목에서 우수한 성적을 거두었다. 이후 3학년 때 필립스 엑세터 아카데미로 학교를 옮긴 그는 과학(수학, 천문학 및 물리학)과 서양고전 연구(Classical studies) 과목(그는 그의 대학 입학 원서에서 그가 영어 외에 읽고 쓸 줄 아는 언어로 프랑스어 히브리어, 라틴어, 고대 그리스어를 꼽았다)에서 우수한 성적으로 상을 받 았으며, 펜싱팀의 주장을 지냈다.

그는 고등학교 재학 중에 인텔리전트 미디어 그룹(Intelligent Media Group)이라는 회사에 고용되어 시냅스 미디어 플레이어(Synapse Media Player)를 제작했다. 이것은 인공지능을 사용하여 사용자의 음악 감상 습관을 학습할 수 있도록 만든 뮤직 플레이어로, 슬래시닷에 포스팅 되었으며 PC 매거진에서 5점 만점에 3점의 평가를 받았다. 마이크로소프트와 AOL 이 시냅스 플레이어를 사들이고 저커버그를 고용하겠다는 제안을 해왔으나, 그는 이를 거 절하고 2002년 9월 하버드 대학교에 입학하였다. 그는 대학에서 컴퓨터 과학 및 심리학을 전공으로 택했으며, 알파 엡실론 파이라는 유태인 학생 클럽에 가입하였다. 대학에서 그는 평소 일리아드와 같은 서사시의 구절을 곧잘 인용하는 것으로도 유명했다. 2학년 때 참가한 사교 파티에서 그는 프리실라 챈(Priscilla Chan)을 만났으며, 이후 두 사람은 연인 관계가 되었다. 현재 의대생인 챈은 2010년 9월 팔로알토의 저커버그가 세들어 살고 있는 집으로 옮겨와 함께 살기 시작했다. 그리고 둘은 5월 19일 깜짝 결혼을 했다. 2010년 9월 현재 저커 버그는 챈과의 중국 여행과 중국에서의 사업 확장을 위해 개인 교사로부터 만다린어를 배우 고 있다.

(2008)Hackers: Heroes of the Computer Revolution(1984)의 저자인 스티븐 레비는 2010 년 저커버그에 대해 "그는 확실하게 스스로를 해커라고 생각하는 사람이다"라고 썼다. 저커 버그는 "무언가를 개선하기 위한 목적에서라면," "그것을 깨뜨리는 것도 괜찮다고 생각한 다"는 견해를 밝혔다. 페이스북은 매 6~8주마다 열리는 해커톤이라는 행사를 주관하기도 했었다. 이것은 일종의 협업 프로젝트 이벤트로, 참가자들은 하룻밤동안 새로운 프로젝트 를 구상하고 구현할 수 있다. 페이스북이 행사 중에 필요한 모든 음악과 음식, 맥주를 제공 하며, 저커버그 자신을 비롯한 많은 페이스북 직원들도 이 행사에 직접 참여했다. 저커버그

는 스티븐 레비와의 인터뷰에서, 이 행사가 하룻밤만에도 아주 훌륭한 무언가를 만들어낼 수 있다는 생각에서 출발하며 이것이 오늘날 페이스북을 이끌어가는 아이디어의 하나이자 자기 자신의 가장 중요한개성이기도 하다고 말했다. 대중 잡지인 배니티 페어는 저커버그를 2010년 "정보화 시대에 가장 영향력 있는 인물" 1위에 올렸다. 2009년 이 잡지의 동일한 랭킹에서 저커버그는 23위를 차지했었다. 영국의 잡지 뉴 스테이츠먼에서 매년 실시하는 세계에서 가장 영향력 있는 인물 50인을 선정하는 투표에서는 2010년 저커버그가 16위에 올랐다. 2010년 타임이 뽑은 '올해의 인물'에도 선정되었다. 2013년 Forbes선정 가장 양향력 있는 인물 24위에 선정되었다. (2013 Ranking World's Most Powerful People) 저커버그는 적록색약으로 인해 파란색을 가장 잘 인식한다고 알려져 있다. 파란색은 페이스북의 주색상이기도 하다.

잡스-Steve Jobs, 기업인, Apple Founder, USA

스티브 잡스 (Steve Jobs, Steven Paul Jobs), 기업인

[출생-사망] 1955년 2월 24일, 미국 - 2011년 10월 5일

[가족] 배우자 로렌 파월 잡스

[학력사항] 1972 ~ 1972 리드대학 철학과 중퇴

[경력사항]

2011.08 ~ 2011.10 애플 이사회 의장

2011.03 ~ 2011.10 월트디즈니 이사

2000 ~ 2011.08 애플 최고경영자(CEO)

1997 ~ 2000 애플 임시 최고경영자(CEO)

1986 ~ 2006 픽사 최고경영자(CEO)

1985 ~ 1996 넥스트 사장, 최고경영자(CEO)

1985 넥스트 설립

1976 애플컴퓨터 설립

1974 ~ 1975 아타리

[수상내역]

2009 포춘지 선정 최고의 CEO

1985 국가 기술혁신 훈장

[출생] 1955년 2월 24일, 미국 캘리포니아 주 샌프란시스코

[사망] 2011년 10월 5일 (56세), 미국 캘리포니아 주 팰러앨토

[사인] 췌장암

[국적] 미국

[학력] 리드대학교 철학과 (중퇴)

[직업] 애플 이사회 의장, 월트 디즈니 컴퍼니 이사

[종교] 선불교

[배우자] 로렌 파월 잡스

[자녀] 4명

[부모] 폴 잡스, 클라라 잡스

스티븐 폴 "스티브" 잡스 (1955년 2월 24일 ~ 2011년 10월 5일)는 미국의 기업인이었다. 애플의 전 CEO이자 공동 창립자. 2011년 10월 5일 췌장암에 의해 사망했다. 1976년 스티브 워즈니악, 로널드 웨인과 함께 애플을 공동 창업하고, 애플 2를 통해 개인용 컴퓨터를 대중화했다. 또한, GUI와 마우스의 가능성을 처음으로 내다보고 애플 리사와 매킨토시에서 이 기술을 도입하였다. 1985년 경영분쟁에 의해 애플에서 나온 이후 NeXT 컴퓨터를 창업하여 새로운 개념의 운영 체제를 개발했다. 1996년 애플이 NeXT를 인수하게 되면서 다시 애플로 돌아오게 되었고 1997년에는 임시 CEO로 애플을 다시 이끌게 되었으며 이후 다시금 애플을 혁신해 시장에서 성공을 거두게 이끌었다. 2001년 아이팟을 출시하여 음악 산업 전체를 뒤바꾸어 놓았다. 또한, 2007년 아이폰 을 출시하면서 스마트폰 시장을 바꾸어 놓았고 2010년 아이패드를 출시함으로써 포스트PC 시대를 열었다. 스티브 잡스는 애니메이션 영화 ≪인크레더블≫ 과 ≪토이 스토리≫ 등을 제작한 컴퓨터 애니메이션 제작사인 픽사의 소유주이자 CEO였다. 월트 디즈니 회사는 최근 74억 달러어치의 자사 주식으로 이 회사를 구입하였다. 2006년 6월 이 거래가 완료되어 잡스는 이 거래를 통해 디즈니 지분의 7%를 소유한, 최대의 개인 주주이자 디즈니 이사회의 이사가 되었다. 한편 그는 2004년 무렵부터 췌장암으로 투병생활을 이어왔다. 그의 악화된 건강상태로 인하여 2011년 8월 24일 애플은 스티브 잡스가 최고경영책임자(CEO)를 사임하고 최고운영책임자(COO)인 팀 쿡이 새로운 CEO를 맡는다고 밝혔다. 잡스는 CEO직에서 물러나지만 이사회 의장직은 유지시키기로 했으나, 건강상태가 더욱 악화되어 사임 2개월도 지나지 않은 2011년 10월 5일 향년 57세의 나이로 사망하였다. IT분야의 혁신의 아이콘으로 꼽힌다.

스티븐 폴 잡스(영어: Steven Paul Jobs, 1955년 2월 24일 ~ 2011년 10월 5일)는 애플의 창업자이자 세계 최초의 PC 개발자, IT혁신가.

"단순함이 이긴다 전쟁하듯 줄여라"

디자인만 아닌 조직·소통·철학까지 극도의 단순화가 잡스의 경영원칙

고객에 많은 선택지 주면 감흥 없어 단순화는 엄청나게 갈고 닦은 결과

켄 시걸이 말하는 '잡스의 단순화 5원칙'

① 조직: 모든 회의는 핵심 인력만, 층층이 쌓여있는 의사결정 체계 간소화

② 철학: 뚜렷한 핵심 가치, '다르게 생각' 애플의 정신으로 자리잡아

③ 제품: 복잡한 제품群, 머리만 아파, 개인·전문가·노트북·데스크톱 단 4개로

④ 소통: 모든 제품 한 줄로 표현, 어려운 이야기 쉽게 하는게 진정한 고수

⑤ 디자인: 적은 게 많은 것, 올인원 컴퓨터 '아이맥' 큰 매출 증가 안겨

마윈 Jack Ma, Alibaba Chairman, 馬雲 China

알리바바그룹 (회장)

[출생] 1964년 9월 10일, 중화인민공화국, 저장 성, 항저우 시

[거주지] 저장 성, 항저우 시

[학력] ~ 1988 항주사범대학 (杭州师范大学), 영어과 (영문학 학사)

[소속] 알리바바그룹 (회장)

[경력사항]

2013 ~ 알리바바그룹 회장

1999 ~ 2013 알리바바그룹 회장, 최고경영자(CEO)

1999 알리바바그룹 설립

잭 마(1964년 9월 10일 ~)는 알리바바 그룹 의 창시자 겸 회장이다. 본명은 마윈(馬雲)이다. 2014년 12월 기준, 마윈의 자산은 283억 달러(약 31조 1498억 원)로 아시아 최대 자산가가 되었다.

[초기 경력]

1964년 중국 저장 성 항저우 시에 태어났다. 잭 마는 영어를 배우고 싶은 열망에 매일 아침 자전거를 타고 호텔에 가서 외국인들과 영어로 대화를 했다. 1988년 항저우사범대학을 졸업하고 영어교사 생활을 했다.

[사업가 경력]

1992년 하이보(海博)라는 통역회사를 차려 기업경영에 나섰다. 1999년 3월 항저우에서 알리바바를 설립했다. 2015년 4월 4일 중국 저장성 항저우의 항저우사범대학에 1억 위안(약 180억 원)을 기부했다.

[출신학교] 항저우사범대학

| 손정의-소프트뱅크 회장, Son Masayoshi, Japan

손 마사요시 (孫正義 손정의 Son Masayoshi), 기업인

[출생] 1957년 8월 11일 (일본)

[성별] 남성

[본명] 손정의

[별자리] 사자자리 띠 닭띠

[소속] 소프트뱅크(대표이사 회장)

[학력사항] ~ 1980 캘리포니아대학교, 버클리캠퍼스 경제학 학사

[경력사항]

2000.07~ 일본 총리정책자문기관 정보기술IT 전략회의 위원

2000~ 대만 천수이볜총통 개인고문

1981.09~ 소프트뱅크 대표이사 회장, 일본 개인용컴퓨터 SW협회 부회장

[수상내역]

1999 매일경제신문사와 전국경제인연합회 선정 21세기를 빛낼 기업인 7위 1999 미국 비즈니스위크지 인터넷 시대를 주도하는 25인 선정 1998 미국타임지 사이버공간에서 가장 영향력있는 인물 50명 중 17위 선정.

손정의(孫正義) 또는 손 마사요시(1957년 8월 11일 ~)는 일본의 사업가로 현 소프트뱅크 그룹의 대표이사 겸 CEO이자 일본 프로 야구 후쿠오카 소프트뱅크 호크스의 구단주이다. 현재 일본 최고의 재벌이다. 1957년 8월 11일 일본 사가 현 도스 시 출생으로 재일 한국인 3세이다. 할아버지인 손종경은 대구광역시에서 살다가 일본으로 건너가 정착하여 아버지인 손삼헌을 낳았고, 손정의는 아버지 손삼헌의 아들 4형제 가운데 차남으로 태어났다. 손정의의 어머니 역시 한국인으로 이씨라고 한다. 대한민국 대구광역시에서 살다가 일본으로 이주한 할아버지 손종경이 일본에 정착하면서부터 일본에서 살았는데, 그의 할아버지는 일본 사람들이 힘들어서 하지 않는 광산노동자로 일했으며, 그의 아버지인 손삼헌은 생선 장사, 양돈업 등의 여러가지 일을 하였다. 1973년 쿠루메 대학 부설 고등학교(久留米大 附設高等校)에 입학하여 다니다가 이듬해 중퇴하고, 일본 맥도날드 경영자 후지타 덴의 조언으로 유학을 준비했다. 16세가 되던 해에 미국 캘리포니아 주 살레몬테 고등학교에서 미국 유학을 시작했으며, 고등학교를 3주일 만에 졸업 후 캘리포니아 버클리 대학에서 경제와 컴퓨터 과학(컴퓨터 설계, 자료 처리 등을 다루는 과학)을 공부하였다. 캘리포니아 버클리 대학 경제학부 재학 시 마이크로칩을 이용한 번역기를 개발했으며, 1980년 캘리포니아 오클랜드에 유

니손 월드라는 사업체를 설립하였다. 공부를 마치면 귀국하겠다는 부모와의 약속을 지키기 위해 일본에 귀국했으며, 1년 6개월간 사업구상을 한 뒤 1981년 9월 종합소프트웨어 유통업체인 소프트뱅크를 설립했다. 소프트뱅크는 컴텍스(COMDEX)에 전시된 소프트웨어를 눈여겨본 일본회사들과 거래하면서 자라기 시작했으며, 일본업체들의 견제로 잡지에 광고를 싣지 못하자 스스로 컴퓨터 잡지를 출판하기도 했다. 인터넷이 널리 사용될 것을 내다본 손정의는 포털사이트 야후의 출자율을 5퍼센트에서 35퍼센트로 올려 야후의 최대주주가 되었다.

알리바바의 최대주주인 일본 소프트뱅크의 손정의 회장이 알리바바가 미국 증시에 상장되면서 5,000억엔(약 4조 8,000억원)의 수익을 거둘 것으로 예상된다고 로이터통신이 21일(이하 현지시간) 보도했다. 알리바바는 뉴욕증시 상장 첫날인 지난 19일 공모가(68달러)보다 38.1% 급등한 93.89달러에 거래를 마감하면서 소프트뱅크도 큰 수익을 거뒀다. 손정의 회장은 2000년 창업자인 마윈 회장과 만난 후 소프트뱅크가 2,000만달러(약 207억원)를 알리바바에 투자토록 결정했으며, 이 결단이 14년 만에 엄청난 대박으로 이어진 것이다. 이에 따라 손정의 회장은 재산이 166억달러(17조 2,000억원)로 일본 내 최대 갑부가 됐다. 소프트뱅크는 현재 지분 32.4%를 보유하고 있다. 증시 전문가들은 대체로 알리바바의 성장 가능성이 아직도 크다면서 알리바바의 주가가 계속 오를 것으로 전망하고 있다. 손 회장은 미 CNBC와의 인터뷰에서 알리바바의 지분을 더 갖기를 원한다면서 "무엇이든 가능하지만 현재에 만족한다"고 말했다. 손 회장은 소프트뱅크가 알리바바를 핵심 자산으로 생각하고 있고, 이 회사의 미래에 대해 낙관적이라고 전했다. 그러나 일부에서는 알리바바의 복잡한 기업구조 등을 이유로 투자에 조심해야 한다는 경계의 목소리도 나오고 있다. 알리바바는 거래 첫날부터 주가가 엄청나게 뛰면서 미국 증시 인터넷 기업 중 시가총액이 19일 종가 기준으로 페이스북을 제치고 구글(4,031억 8,000만달러)에 이어 2위로 올랐다. (from 국민일보 2014.9.22.)

소프트뱅크(주)

소프트뱅크 주식회사(SoftBank Corporation)는 1981년 9월 3일 일본 도쿄에서 설립된 고속 인터넷, 전자 상거래, 파이낸스, 기술 관련 분야에서 활동하는 일본의 기업 겸임 일본의 이동통신사이다. 사장은 한국계 일본인인 손 마사요시(한국명 : 손정의)이다.

[회사명(상호)] 소프트뱅크 주식회사, (영문사명) SOFTBANK CORP.

[설립 연월일] 1981년 9월 3일

본사 주소 (105-7303): 도쿄도 미나토구 히가시신바시 1-9-1

대표전화: 03-6889-2000

[대표] 대표이사 사장 손 정의

[자본금] 1,887억 7,534만 엔

[연결자회사수] 117개 사, 지분법적용 회사수 73개사

[종업원수] 151명(연결베이스 21,799명)

[사업내용] 순수지주회사

벨-Alexander Graham Bell, 발명가, Inventor, USA

알렉산더 그레이엄 벨 (Alexander Graham Bell), 전화기 발명가

[출생-사망] 1847년 3월 3일, 영국 - 1922년 8월 2일

[학력사항] 런던대학교 의학, 에든버러대학교

[경력사항] 1877 벨 설립, 1873 미국 보스턴대학교 음성생리학 교수

[수상내역] 볼타상

알렉산더 그레이엄 벨(Alexander Graham Bell, 1847년 3월 3일 ~ 1922년 8월 2일)은 스코틀랜드계 미국인 과학자 및 발명가였다. 최초의 '실용적인' 전화기의 발명가로 널리 알려져 있다. 원래 이름은 알렉산더 벨(Alexander Bell)이었지만 가족과 친하게 지냈던 알렉산더 그레이엄이라는 사람을 존경하여 자기 이름에 그레이엄을 더 많이 썼다고 한다. 스코틀랜드의 에든버러에서 태어났고 1882년 미국으로 귀화하였다. 영국 왕립 고등학교 졸업 후, 런던에서 발음에 관한 연구를 하고, 대학 졸업 후에 발성법 교사로 있다가 교육자인 아버지를 도와 농아자의 발음 교정에 종사하였다. 런던 대학에서 생리 해부학 강의를 들은 후, 캐나다를 거쳐 미국의 보스턴에 가서 농아 학교를 세우고 보스턴 대학의 발성학 교수가 되었다. 그는 음성의 연구에서 전기적인 원거리 통화법을 고안하여, 1875년 최초의 자석식 전화기를 발명하고, 1877년 '벨 전화 회사'를 설립하였다. 그 후 계속 농아자와 발성 문제, 축음기, 광선 전화 등의 연구를 하고 만년에는 항공기의 연구에 전념하였다. 1880년에 〈사이언스〉지를 창간하였다. 많은 사람들은 그를 '청각장애인의 아버지'로 불렀다. 그러나 벨은 우생학을 믿고 있었기 때문에 어떤 면에서 이 별명은 반어적이다. 영국 런던대학교 유니버시티 칼리지 런던 (University College London: UCL)에서 음성학 학사를 받았으며, 훗날 UCL에서 강의를 하였다.

포드-Henry Ford, Founder, Ford Motor Co, USA

헨리 포드 (Henry Ford), 기업인, 공학기술자

[출생-사망] 1863년 7월 30일, 미국 - 1947년 4월 7일

[경력사항]

1936 포드 재단 공동설립

1903 포드 모터스 설립

디트로이트 에디슨 책임기술자

(세계 역사인물 100명 중 91위: 참조- http://wopen.net/contentp.asp?idx=22692)

헨리 포드 (Henry Ford, 1863년 7월 30일 ~ 1947년 4월 7일)는 미국의 기술자이자 사업가로 포드 모터 컴퍼니의 창설자이다. 미국 미시간 주 디트로이트 서쪽의 농촌에서 농부의 아들로 태어났다. 농업 노동의 합리화를 위한 운반의 개선을 위해 기계기사를 지망, 디트로이트의 작은 기계 공장에 들어가 직공으로서 기술을 배웠다. 5년 후 고향에 돌아가 농사를 돌보면서 공작실을 만들어 연구를 계속하였고, 1890년 에디슨 조명 회사 기사로 초청되어 근무하던 중 내연 기관을 완성하여 1892년 자동차를 만들었다. 1903년 세계 최초의 양산대중차 포드 모델 T의 제작을 시작하였다. 포드 모델 T는 자동차의 대중화를 위해 헨리 포드가 실현한 대량 생산 방식의 자동차였다. 그는 특히 경영지도원리로써 미래에 대한 공포와 과거에 대한 존경을 버릴 것, 경쟁을 위주로 일하지 말 것, 봉사가 이윤에 선행할 것, 값싸게 제조하여 값싸게 팔 것 등 4개의 봉사원칙을 내세웠는데 이를 포디즘이라 한다. 한편 포드는 공장의 경영합리화를 위해 제품의 표준화, 부분품의 단순화, 작업의 전문화라는 3S운동을 전개하면서 이 원칙을 달성하기 위하여 누드젠콘이 창안한 컨베이어 시스템을 채용하여 흐름작업조직으로 노동생산성 고무에 이바지하였다. 이것을 '포드 시스템'이라 하는데 특별히 경영을 봉사 기관으로 보는 포드의 사상은 P. H. 드러커의 경영이론에 계승되고 있다. 저서에 ≪오늘과 내일(1926)≫, ≪나의 산업철학(1929)≫ 등이 있다. 1947년 4월 7일, 향년 84세로 사망했다. 증손자는 윌리엄 클레이 포드 2세이다.

자동차 왕으로서 세계적으로 유명한 기술자·실업가. 에디슨과 함께 미국의 입지전적(立志傳的) 인물이다. 근대적 대량 생산 방식에 의하여 자동차를 대중화하였고 현재의 자동차 시대를 개척하였다. 미시간 주(州)의 농가에서 태어나 소년 시절부터 기계에 흥미를 가졌으며, 15세 때 기계공이 되어 자동차 제작에 몰두하였다. 1903년 자본금 10만 달러로 포드 자동차 회사를 설립, 1908년 세계 최초의 양산대중차(量産大衆車) T형 포드의 제작을 개시하였다. 가장 큰 공적은 1913년에 조립 라인 방식에 의한 양산체제인 포드시스템을 확립한 것이다. 그 밖에 수많은 기술상의 새로운 토대와 계획·조직·관리에 있어서 합리적 경영 방식의 도입 등으로 종래의 관행(慣行)을 하나하나 타파해 나갔다. 1914년에는 최저 임금 일급(日給) 5달러, 1일 8시간 노동이라는 당시로서는 획기적인 노동 정책으로 세상을 놀라게 하였다. 그의 산업 철학(産業哲學)은 제품 가격의 인하로 판매량을 확대하고, 생산 효율을 높여 생산을 증대하여 가격을 더욱 낮춘다는 단순한 것이었다. 포드 자동차 회사는 T형 포드로 미국 최대의 자동차 제조업체가 되고, 1924년에는 시장의 거의 반을 차지하였으나, 그의 개성이 너무 강하고 편협한 탓으로, 말년에는 경영에 파탄을 가져왔다. 1920년대 말에는 경쟁사인 제너럴 모터즈(GM)에 수위를 빼앗기고, 노동조합 운동에 반대를 계속하였으므로 경영이 악화되었다. 1936년에 설립한 포드 재단(財團)은 교육 진흥에 크게 공헌하고 있다.

| 마르코니-G.G. Marconi, EE Engineer, 노벨상, Italy

마르코니 [Guglielmo Marconi]

[국적] 이탈리아

[출생 - 사망] 1874년 4월 25일 ~ 1937년 7월 20일

[출생지] 이탈리아 볼로냐

[직업] 전기기술자, 발명가, 이탈리아의 전기 기술자 · 발명가 · 후작.

볼로냐에서 출생. 어머니는 아일랜드인.

1895년 헤르츠의 전자파(電子波)에 기초하여 실험을 거듭하고, 무선 전신 장치를 발명, 1896년 도영(渡英)하여 특허를 얻고, 9마일 떨어진 지점(地点) 사이의 무선 송수신(送受信)에 성공했다. 이탈리아 정부의 초빙으로 라스페치아에 무선국(無線局)을 세우고(1897), 영국에서는 런던에 마르코니 무선 전신 회사가 설립되었다(1897). 1898년 영불 해협 횡단의 통신을 하고, 또 영국 해군 대연습에서 약 1백 20km거리 사이의 통신을 달성, 1899년 영국에서 등대선(燈臺船) 조난 구제에 처음으로 성공했다. 1901년 대서양 횡단 무선 통신을 성취, 이 때부터 무선은 함선을 비롯한 각종 통신에 실용(實用)되고, 유럽과 미국 사이의 공공 통신 사업이 그에 의해 시작되었다(1907). 이 밖에 광석 검파기(鑛石檢波器 ; 1902) · 수평 공중선(水平空中線 ; 1905) · 전파를 지속적으로 발신하는 장치(1912) 등을 발명, 제1차 대전 후는 단파 · 초단파의 연구 이용에 전념했다. 1909년 브라운과 함께 노벨상을 수상, 원로원 의원에 추대되었으며(1918), 파리 평화 회의의 이탈리아 전권(全權) 대표가 되었다(1919).

[수상] 1909 노벨상(공동수상 : 브라운)

[출생] 1874년 4월 25일, 이탈리아 왕국 볼로냐

[사망] 1937년 7월 20일, 이탈리아 왕국 로마

[분야] 물리학, 전기공학

[주요 업적] 무선통신

[수상] 노벨 물리학상 (1909)

[종교] 성공회

제1대 마르코니 후작 굴리엘모 조반니 마리아 마르코니(Guglielmo Giovanni Maria Marconi, 1874년 4월 25일 ~ 1937년 7월 20일)는 이탈리아의 전기 공학자이다. 볼로냐 출신으로 무선 전신을 실용화하였다. 1895년 헤르츠의 전자기파 이론에 기초하여 현대 장거리 무선통신의 기초를 이루었다.

[교육과 초기의 연구]

마르코니는 볼로냐 근교에서 지주인 주세페 마르코니의 둘째 아들로 태어났다. 그의 어머니 애니 제임슨은 아일랜드계/스코틀랜드계였다. 볼로냐와 피렌체에서 교육을 받고 리보르노의 기술학교로 가서 물리학 공부를 했다. 거기서 전자기파 기술을 연구했다. 1895년에 마르코니는 볼로냐 근처에 있는 아버지의 간단한 도구로 헤르츠의 전자기파 이론에 기초하여 실험을 했다. 전압을 높이는 유도 코일과 불꽃 방전기와 수신기가 달린 코히러가 부착된 기구로 실험을 했다. 짧은 거리에서 예비실험을 한 후 코히러를 개량하고 안테나를 사용하여 신호 전달의 범위를 증가시키는 것도 알아냈다. 이러한 실험을 거듭하여, 무선 전신 장치를 발명하고, 이듬해 영국으로 가서 특허를 얻었으며, 9마일 떨어진 지점 사이의 무선 송수신에 성공하였다. 또 영국 해군 대연습에서 약 120 km 거리 사이의 통신에 성공하고, 1899년에는 그의 무선 통신기를 이용해 영국에서 등대선 조난 구제에 처음으로 성공하였다. 1901년에는 대서양을 사이에 두고 행한 통신에 성공하여 이 부터 무선은 함선을 비롯한 각종 통신에 실용화되고, 1907년에는 유럽과 미국 사이의 공공 통신 사업이 그에 의해 시작되었다. 1909년에는 독일의 카를 페르디난트 브라운과 함께 노벨 물리학상을 공동수상하였다.

[무선전신의 발명자]

1943년에 미국 대법원은 마르코니의 무선전신 특허보다 니콜라 테슬라가 1897년에 획득한 특허번호 645576가 우선함을 인정했다. 마르코니의 특허 번호는 763772로 1904년에 획득했으며, 테슬라보다 7년 늦은 것이었다.

[기타 활동]

1914년에 이탈리아 원로원의원이 되었으며, 1929년에 비토리오 에마누엘레 3세로부터 후작작위를 받았다.

| 록펠러-John Davison Rockefeller, 사업가, USA

존 데이비슨 록펠러 (John Davison Rockefeller), 사업가, 기업인

[출생] 1839년 7월 8일, 미국 뉴욕 주 리치퍼드

[사망] 1937년 5월 23일 (97세), 미국 플로리다 주 오몬드비치

[직업] 실업가, 자선가

[순자산]

포브스 선정 인류에서 가장 부유한 75인,

3183억 달러 (약 318조원) (역대 1위에 해당)

[종교] 침례교

[자녀] 존 D. 록펠러 2세

[가족] 슬하 1남 4녀

[경력사항]

1890 ~ 1892 미국 시카고대학교 설립

1899 뉴저지주 지주회사 설립

1882 스탠더드 오일 설립, 회장

1870 오하이오스탠더드 석유회사 설립

1863 클리블랜드 정유소 설립

1859 상사회사 설립

존 데이비슨 록펠러(John Davison Rockefeller, 1839년~1937년)는 미국의 사업가 · 대부호이다. 1870년 스탠더드 오일을 창립, 석유 사업으로 많은 재산을 모아 역대 세계 최고의 부자로 손꼽히는 인물이다. 2010년 현재 세계 최대 석유 기업인 엑손 모빌도 그가 세운 스탠더드 오일에 그 기원을 두고 있다.

[생애]

뉴욕 주에서 순회 판매원의 아들로 태어났고, 1853년 가족을 따라 오하이오 주로 이주했다. 넉넉하지 못한 집안 형편으로 고등교육을 받지 못했고, 16세 때 클리블랜드에서 농산물 중개 상점에 근무하다 곧 자신의 중개 사업을 시작했다. 1859년 펜실베이니아에서 석유 광맥이 발견되자, 1862년에 석유정제업에 손을 대었다. 1870년 스탠더드 오일 회사를 창립하고 뛰어난 경영 수완으로 얼마 안 되어 미국 최대의 정유 회사가 되었다. 스탠더드 오일 트러스트를 조직하여 석유업의 독점적 지배를 확립하였으나, 반 트러스트 법 위반으로 인정되어 1899년 트러스트를 해산하였다. 이어서 뉴저지 스탠더드 석유 회사를 설립하였으나, 1911년 미국 대법원에 의해 해산을 명령받아 은퇴하였다. (은퇴를 했지만 회사의 지분은 대부분 그가 소유했다.) 그 후 자선 사업에 몰두하여 시카고 대학교를 설립하고, 록펠러 재단을 세워 병원 · 의학 연구소 · 교회 · 학교 등의 문화 사업에 전념하다 1937년 97세로 사망하였다. 그는 1남 4녀를 남겼는데, 아들 존 D. 록펠러 2세가 사업을 계승하였으며, 부통령을 지낸 넬슨 록펠러 등 그의 많은 후손들이 정계 · 재계에서 활동하여 미국의 유명한 록펠러 가문을 형성했다.

| 김범수-Kim Beom-soo, 카카오 의장,korea

기업인

[출생] 1966년, 서울특별시

[소속] 카카오 (의장)

[학력사항]

~ 1992 서울대학교 대학원 산업공학 석사

~ 1990 서울대학교 산업공학 학사

[경력사항]

2015.09 ~ 카카오 이사회 의장

2014.10 ~ 2015.09 다음카카오 이사회 의장

2011.07 국가지식재산위원회 민간위원

2011 ~ 2014.09 카카오 이사회 의장

2010.02 아이위랩 대표

2007.08 ~ 2008.06 NHN 비상임 이사

2007.01 ~ 2007.07 NHN USA 대표

2005.10 ~ 2006.12 NHN 글로벌 담당 대표이사

2004.04 ~ 2005.03 한국게임산업협회 회장

2004.01 NHN 대표이사 사장

2001.11 NHN 공동대표 이사

2000.07 네이버컴 공동대표이사 사장

1998.11 한게임커뮤니케이션 설립

1992.03 삼성SDS

[수상내역]

2015 제60회 정보통신의 날 동탑산업훈장

2013 제22회 다산경영상 창업경영인상

2012 제6회 포니정 혁신상

2003 대통령표창 소프트웨어산업발전 유공자

김범수(1966년 3월 8일 ~)는 대한민국의 기업인이다. 한게임(현 NHN엔터테인먼트)의 창업자이며 NHN의 공동대표이사였다. 이후 카카오를 창업하여 이사회 의장을 맡았고, 2014

년 다음 커뮤니케이션과 합병하였고 현재 통합 법인인 카카오 의 이사회 의장을 맡고 있다.

[생애]

1966년 서울특별시에서 부친 김진용과 모친의 2남 3녀 중 맏아들로 태어났으며 형제관계로는 누나 2명(김행자 김명희) 과 여동생 하나(김은정) 그리고 막내 남동생(김화영, 카카오톡 자회사 까페톡 운영)이 있다. 1990년 서울대학교 산업공학 학사, 1992년 서울대학교 대학원 산업공학 석사과정을 수료했다. 초기 PC 통신 시절 인터넷에 관심을 가졌고, PC통신 관련 논문으로 석사 학위까지 받았다. 이후 몸담았던 삼성SDS에서 퇴사하고 한게임을 만들었다. 2000년 삼성SDS 동기 이해진이 이끄는 네이버컴과 합병하고 NHN 공동대표를 맡았으며, 2004년 NHN 단독대표를 거친 이후 해외사업을 총괄하는 대표를 맡았다. 2007년 8월 대표직을 그만두고 가족들과 3년을 보낸 후 카카오톡을 만들어 성공시켰다.

[약력]

1990년 서울대학교 산업공학과 학사

1992년 서울대학교 대학원 산업공학과 석사

1992년 삼성SDS 입사

1998년 한게임커뮤니케이션 창업

2001년 NHN 공동대표 이사

2004년 한국게임산업협회 회장

2010년 아이위랩 대표

2011년 카카오 이사회 의장

2011년 국가지식재산위원회 민간위원

2014년 다음카카오 이사회 의장

2015년 카카오 이사회 의장

안철수-安哲秀, 안철수연구소, Korea

안철수 安哲秀 Ahn Cheol-soo, 국회의원

[출생] 1962년 2월 26일

[소속] 무소속 (서울 노원구병)

[가족] 배우자 김미경, 아버지 안영모

[학력사항]

~ 2008 펜실베이니아대학교 와튼스쿨 경영학 석사

~ 1997 펜실베이니아대학교 대학원 공학 석사

~ 1991 서울대학교 대학원 의학 박사

~ 1988 서울대학교 의과대학원 의학 석사

~ 1986 서울대학교 의학 학사

[경력사항]

2015.12.13 탈당(새정치민주연합)

2015.07 ~ 새정치민주연합 국민정보지키기위원회 위원장

2014.08 ~ 새정치민주연합 상임고문

2014.03 ~ 2014.07 새정치민주연합 공동대표

2014.03 ~ 제19대 국회의원 (서울 노원구병/새정치민주연합)

2013.04 ~ 2014.03 제19대 국회의원 (서울 노원구병/무소속)

2012.07 ~ 제19대 국회 보건복지위원회 위원

2011.06 ~ 2012.09 서울대학교 융합과학기술대학원 원장

2011.06 ~ 2012.09 서울대학교 융합과학기술대학원 디지털정보융합학과 교수

2011.05 ~ 2012.09 포항공과대학교 이사

2008.09 ~ 2012.09 아름다운재단 이사

2008.05 ~ 2011.05 KAIST 기술경영전문대학원 석좌교수

2005.03 ~ 2012.09 안랩 이사회의장

2005.02 ~ 2011.02 POSCO 사외이사, 이사회의장

1995.02 ~ 2005.03 안철수연구소 창립, 대표이사

1991.02 ~ 1994.04 해군 군의관

1990.03 ~ 1991.02 단국대학교 의과대학 의예과 학과장

1990.01 ~ 1990.01 일본 규슈대학교 의학부 방문연구원

1989.10 ~ 1991.02 단국대학교 의과대학 전임강사

1986.03 ~ 1989.09 서울대학교 의과대학 조교

[수상내역]

2015 제17회 백봉 라용균 선생 기념사업회 백봉신사상

2015 제3회 국회의원 아름다운 말 선플상

2015 일치를 위한 정치포럼 제5회 국회를 빛낸 바른언어상 상임위 모범상

2014 제16회 백봉 라용균 선생 기념사업회 백봉신사상

2013 제15회 백봉 라용균 선생 기념사업회 백봉신사상

2011 대전광역시 명예시민패

2010 세종문화상 사회봉사부문

2009 제1회 대한민국 브랜드 이미지 어워드 교육부문

2003 제1회 한국윤리경영대상 투명경영부문 대상

2002 동탑산업훈장

2002 제1회 대한민국SW사업자대상 경영부문 최우수상

2001 자랑스러운 서울대인상

2001 제2차 아시아 유럽 젊은 기업인 포럼 젊은 기업가상

2000 제14회 인촌상

2000 제4회 한국공학기술상 젊은공학인상

1996 청와대 자랑스런 신한국인상

1990 한국컴퓨터기자클럽 올해의 인물상

[국적] 대한민국

[출생] 1962년 2월 26일

대한민국 경상남도 부산시 부산진구 범천동 (現 부산광역시 부산진구 범천동)

[거주지] 대한민국 서울특별시 노원구 상계동

[학력] 서울대학교 의과대학원 Ph.D

[본관] 순흥

[부모] 아버지 안영모, 어머니 박귀남

[배우자] 김미경

[자녀] 딸 안설희

[군복무] 해군대위 전역, 보건복지위원회

[의원 선수] 1

[의원 대수] 19

[정당] 무소속

[지역구] 서울 노원구 병

안철수(安哲秀, 1962년 2월 26일 ~)는 대한민국의 의사, 프로그래머, 전 벤처
사업가, 전 대학 교수, 정치인이다. 본관은 순흥(順興)이다.

1986년에 서울대학교 의과대학을 졸업한 후 동 대학원에서 의학 석·박사학위를 취득했고,
1990년에는 당시 최연소인 만 28세에 단국대학교 의과대학 학과장을 역임했다. 서울대학
교 의과대학에 재학 중이던 1982년 가을에 컴퓨터를 처음 접하였고 이후 컴퓨터에 관심을
갖게 되었다. 이후 대한민국 최초의 백신 프로그램인 V3를 만들었다. 이후 7년간 의사 생활

을 하면서 백신을 무료로 제작·배포했다.

의대 교수로 일하면서 백신을 만들어 오던 안철수는 단국대학교 의과대학 학과장을 그만두고 1995년 2월 안철수연구소를 설립하여 백신 사업을 본격적으로 시작했다. 이후 2005년 3월까지 안철수연구소의 대표이사로 재직했다. 이후에는 펜실베이니아 대학교 샌프란시스코 캠퍼스 워튼스쿨에서 MBA를 취득한 뒤, KAIST 석좌교수로 임용됐다. 2011년에는 서울대학교로 자리를 옮겨 융합과학기술대학원장, 차세대융합기술원장을 맡았다. 차세대융합기술원장 직은 2011년 10월 28일에 사임했다. …(중략)…

[저서]

[단독 저서]

≪안철수의 생각≫ (김영사, 2012) ISBN 9788934958710

≪행복 바이러스≫ (리젬, 2009) ISBN 9788992826259 - 예스24 올해의 책 선정

≪CEO 안철수, 지금 우리에게 필요한 것은≫ (김영사, 2004) ISBN 9788934917205

- 베스트셀러 종합 1위, 올해의 책 ≪CEO 안철수, 영혼이 있는 승부≫ (김영사, 2001) ISBN 9788934917915 - 베스트셀러 종합 1위

≪안철수의 인터넷 지름길≫ (정보시대, 2000) ISBN 9788988351147

≪안철수와 한글윈도우 98 지름길≫ (정보시대, 1998) ISBN 8988351002

≪안철수의 바이러스 예방과 치료≫ (정보시대, 1997) ISBN 9788985346863

≪바이러스 분석과 백신 제작≫ (정보시대, 1995) ISBN 8985346180

≪별난 컴퓨터 의사 안철수≫ (비전, 1995) ISBN 9788985456142

≪바이러스 뉴스 2호≫ (성안당, 1991) ISBN 2003519003799

≪바이러스 뉴스 1호≫ (성안당, 1990) ISBN 2003519003782

[공저]

≪인생기출문제집≫ (북하우스, 2009) ISBN 9788956053875

≪나눌수록 많아진다≫ (지식산업사, 2009) ISBN 9788942390069

≪재능을 키워 준 나의 어머니≫ (JEI 재능아카데미, 2009) ISBN 9788976492456

≪9인 9색 청소년에게 말걸기≫ (김영사, 2008) ISBN 9788934932307

≪내 인생의 결정적 순간≫ (이미지박스, 2007) ISBN 9788991684348

≪내가 잘할 수 있는 무엇 하나≫ (높빛, 2006) ISBN 8995286814

≪내 평생 잊지 못할 일≫ (한국일보, 2006) ISBN 9788973480029

≪공부하기 싫은 사람 모여라≫ (깊은책속옹달샘, 2005) ISBN 9788956923505

≪나는 무슨 씨앗일까?≫ (샘터, 2005) ISBN 9788946416192

≪당신에게 좋은일이 나에게도 좋은일입니다.≫ (고즈윈, 2004) ISBN 9788991319011

≪나의 선택≫ (정음, 2003) ISBN 9788990164193

≪가슴 속에 묻어둔 이야기≫ (아침이슬, 2000) ISBN 9788988996027

≪컴퓨터, 참 쉽네요≫ (영진출판사, 1995) 등 ISBN 9788931405439

페이지-Larry Page, Google 공동창업자, USA

래리 페이지 (Larry Page, Lawrence E. Page), 기업인

[출생] 1973년 3월 26일, 미국

[소속] 알파벳 (CEO)

[학력사항]

스탠퍼드대학교 대학원 컴퓨터공학 석사

~ 1995 미시간대학교 컴퓨터공학 학사

인터로컨예술학교

[경력사항]

2015.10 ~ 알파벳 CEO

2011.01 ~ 2015.10 구글 CEO

2001.07 ~ 2011.04 구글 제품부문 사장

1998.09 ~ 2002.07 구글 CFO

1998.09 ~ 2001.07 구글 CEO

1998 구글 공동설립

[수상내역]

2002 세계경제포럼 내일을 위한 글로벌 리더

[출생]

1973년 03월 26일, 미국 미시간 주 이스트랜싱

[거주지] 캘리포니아 팰로앨토

[국적] 미국

[학력]

미시간 대학교 컴퓨터공학 학사 (B.S.)

스탠포드 대학교 컴퓨터과학 석사(M.S.)

[경력] 구글의 공동 창업자이자 최고 경영자

[직업] 알파벳의 최고 경영자, CEO

[순자산] 증가 US$ 304억 (2014년 10월)

[배우자] 루신다 사우스워스(2007년 결혼)

[자녀] 2명

래리 페이지(Lawrence E. Page, Larry Page, 1973년 3월 26일 ~)는 미국의 비즈니스 거물이자 세르게이 브린과 함께 구글의 공동 창업자인 컴퓨터 과학자이다. 2011년 4월 4일에 에릭 슈밋의 뒤를 이어 구글의 최고경영자 자리를 맡았다. 2014년 10월 현재, 페이지의 개인 재산은 포브스 선정 억만장자 목록 19위인 304억 달러일 것으로 추산한다. 페이지는 구글의 검색 랭킹 알고리즘의 기초인 페이지랭크의 창안자이며, 그와 브린은 서로 약 16%의 주식을 보유하고 있다.

마이크로소프트와 빌 게이츠, 애플과 스티브 잡스, 페이스북과 마크 저커버그. IT 업계를 선도하는 기업과 그 기업의 창업자로 혁신의 아이콘이라고 부를 만하다. 하지만 이들 셋 못지 않은, 어쩌면 셋보다 더 혁신적일지도 모를 래리 페이지에 대해선 잘 모른다. 래리 페이지(Larry Page)는 구글의 공동창업자이며 현 최고경영자이다. 세상에서 가장 혁신적인 기업으로 손꼽히는 구글을 이끄는 래리 페이지의 삶과 철학을 이해하면 구글에 대해 좀 더 자세히 알 수 있게 될 것이다.

[니콜라 테슬라를 존경하는 컴퓨터 신동]

래리 페이지는 1973년 미국 미시건주 이스트랜싱에서 태어났다. 그의 아버지 칼 페이지는 미시건주립대학교 컴퓨터공학과 교수였고, 마찬가지로 엄마 글로리아도 컴퓨터 교수였다. 컴퓨터를 전공한 부모 슬하에서 페이지 역시 컴퓨터 신동으로 자라났다. 6살부터 컴퓨터에 관심을 갖기 시작했고 초등학교 숙제를 워드 프로세서로 작성해 제출하기도 했다. 그 학교에서 워드 프로세서를 사용한 첫 번째 학생이었다. 12살 페이지는 '니콜라 테슬라'에 대한 전기를 읽고, 그처럼 세상을 바꿀 혁신적인 발명가가 되길 꿈꾸게 된다. 페이지는 고등학교 졸업 후 미시건 대학교에 진학해 컴퓨터 엔지니어링을 공부했다. 부모와 마찬가지로 교수가 되고 싶었던 그는 스탠퍼드 대학원에 진학해 컴퓨터 사이언스에 대한 연구를 시작했다. 스탠퍼드 대학원에 진학한 페이지는 평생을 함께 할 친구 세르게이 브린을 만나게 된다. 동갑내기인 브린과 페이지는 처음엔 사이가 좋지 않았지만 웹 페이지에 관한 연구를 함께 진행하며 친분을 쌓게 된다.

[웹 페이지에 가치를 매기다]

페이지와 브린은 막 태동한 월드 와이드 웹(WWW)의 가치에 주목했고, 어떻게 하면 방대한 월드 와이드 웹 속에서 사용자에게 의미 있는 웹 페이지를 찾아낼 수 있을지 연구했다. 사실 페이지가 처음부터 웹 페이지에 가치를 매기는 작업에 매진한 것은 아니었다. 페이지는 모든 월드 와이드 웹을 백업하고 정돈(인덱싱)하는 방법에 대해 연구했다. 하지만 월드 와이드 웹은 연구원 혼자 백업하기에는 너무 방대했다. 페이지는 결국 자신의 아이디어보다 친구 브린의 아이디어인 웹 페이지에 가치를 매기는 방법에 대한 공동 연구를 시작하게 된다. 가치 있는 논문이 많이 인용되듯이 웹 페이지도 마찬가지일 것이라 생각했다. 즉 가치 있는 웹 페이지는 다른 웹 페이지와 많이 연결(링크)되기 마련이다. 페이지와 브린은 특정 웹 페이지가 어떤 웹 페이지와 링크되어 있고, 얼마나 링크되어 있는지 횟수를 분석함으로써 웹 페이지의 가치를 파악할 수 있다고 생각했다.

'백럽(BackRub)'이라고 이름 붙인 이 연구 프로젝트에 브린이 합류했다. 페이지와 브린은 웹 페이지의 가치를 파악하기 위해 웹 페이지를 뒤지는 검색 로봇(웹 크롤러)을 개발했고, 검색 로봇으로 수집한 링크 데이터를 분석할 페이지 랭크 알고리즘을 완성했다. 페이지와 브린은 이 검색 로봇과 페이지 랭크 알고리즘이 웹 검색의 수준을 한 단계 끌어올릴 수 있음을 파악했다.

[구글의 탄생]

개발 도중 백럽이라는 이름이 너무 촌스럽다는 지적을 받았다. 이름을 세상의 모든 웹 페이지를 품겠다는 의미에서 10의 100승, 사실상 무한함을 의미하는 구골(Googol)로 바꾸는 것이 좋겠다는 제안을 받았다. 하지만 구골이라는 상표와 도메인은 이미 다른 곳에서 등록한 상태였다. 때문에 유사한 발음을 가진 '구글'이라는 이름으로 최종 결정했다. 1996년 8월 마침내 세계 최대의 검색 엔진 '구글'이 세상에 태어났다. 당시 구글의 초기 버전은 스탠퍼드 대학교의 URL을 이용해 구축했다. 당시 검색 엔진은 조악하기 이를 데 없었다. 검색 로봇이 웹 페이지를 뒤져 사용자가 필요로 하는 정보를 찾아내는 것이 아니라, 웹 페이지의 소유주가 검색 엔진에 자신의 사이트를 등록하는 방식이었다. 검색 엔진보다 관문(포탈)이라는 이름이 더 적합한 시절이었다. 구글의 등장은 충격 그 자체였고 큰 인기를 끌었다. 결국 남는 PC 부품과 리눅스를 조합해 얼기설기 만든 서버와 스탠퍼드 대학교의 URL이 구글을 감당하지 못할 지경에 이르게 된다. 페이지와 브린은 구글을 판매하기로 정하고 야후, 알타비스타 등과 접촉해 매각에 대해 논의했다. 매각 대금은 100만 달러 정도만 받아도 충분하다고 생각했다. 현재 구글의 기업가치가 약 3,715억 달러(약 416조 원, 2015년 S&P 캐피탈 IQ 조사 기준)를 생각해 보면 헛웃음이 나올 정도로 초라한 가격이다. 하지만 정작 구글의 판매는 난항을 겪게 된다. 구글의 검색 성능이 너무 뛰어나 사용자가 너무 빨리 포탈에서 벗어난다는 것이 그 이유였다. 당시 웹 페이지 광고가 주 수입원이던 포탈의 입장에선 도입하기 어려운 기술이었다. 결국 페이지와 브린은 투자를 받아 구글을 하나의 회사로써 운영한다는 결정을 내린다. 구글에 최초로 투자한 사람은 썬마이크로시스템즈의 창업자 앤디 벡톨샤임

(Andy Bechtolsheim)이었다.

두 창업자의 열의와 구글의 가능성을 알아본 벡톨샤임은 별다른 설명도 듣지 않고 그 자리에서 바로 10만 달러짜리 수표를 끊어줬다. 투자를 받은 페이지와 브린은 스탠퍼드 대학교 연구실에서 독립한 후 수잔 보이키치(현 유튜브 최고경영자)의 집 창고를 빌려 구글을 창업한다. 이후 람 슈리람(벤처 캐피탈리스트, 현 구글 이사), 데이비드 체리턴(스탠퍼드 대학교수, 페이지와 브린의 은사), 제프 베조스(아마존의 창업자) 등의 투자를 받아 구글을 지속적으로 성장시켰다.

▎베조스-Jeffrey Preston Bezos, Amazon창업자, USA

[출생] 1964년 1월 12일, 미국
[출생지] 미국 뉴멕시코주 앨버커키
[소속] 아마존 (사장, CEO)
[학력사항] ~ 1986 프린스턴대학교 전기공학 학사
[경력사항]
16.07 ~ 미국 국방부 혁신자문위원회 위원
2000 블루 오리진 설립
2000 ~ 아마존 사장
1996 ~ 아마존 CEO
1994 ~ 1999 아마존 사장
1994 ~ 아마존 이사회 의장
1994 아마존 설립
~ 1994 디이쇼 수석 부사장
1990 뱅커스트러스트 부사장
[수상내역]
1999 타임지 올해의 인물
[국적] 미국
[배우자] 매킨지 터틀
[소속] 아마존닷컴
[직위] CEO
[자산] 한화 약 159조원 (2018년 7월, 세계 1위)
제프리 프레스턴 베조스(Jeffrey Preston Bezos, 1964년 1월12일~)는 미국의 기업가이며

투자자로, 아마존닷컴의 설립자이자 CEO이다. 처음에는 인터넷 상거래를 통해 책을 판매하였으며, 이후에 넓고 다양한 상품을 판매하고 있다. 프린스턴 대학교를 졸업하고 1994년에 아마존닷컴을 설립하였다. 1999년 ≪타임≫ 지의 올해의 인물에 선정되었다. 2000년 블루 오리진(Blue Origin)사를 설립하고 우주여행선 프로젝트를 진행하고 있다. 2013년 워싱턴포스트를 인수했다.

제프 베조스는 1964년 1월 12일 미국 뉴멕시코주 엘버커키에서 태어났다. 어머니 제클린 베조스는 17세에 결혼 후 제프 베조스를 낳았다. 생부는 잘 알려져 있지 않으며 생부 역시 재클린과 결혼 시 10대였고 제프 베조스의 생후 18개월 때 제클린 베조스는 제프 베조스의 생부와 이혼했다. 이후 제클린 베조스는 쿠바출신 미겔 베조스(Bezos)와 재혼했다. 미겔은 재클린이 제프 베조스를 임신했을 때 처음 만났으며 제프 베조스가 4살 때 둘이 결혼해서 제프 베조스를 양아들로 삼았다고 한다. 제프 베조스는 방학마다 외할아버지 프레스턴 기스의 목장에서 생활하며 외할아버지의 영향을 강하게 받았는데 어릴 때부터 차고에서 각종 전자제품을 만들거나 실험을 하는데 많은 시간을 보냈다. 그는 세 살 때 어른 침대를 사용하겠다며 자신의 아기 침대를 분리해서 어른 침대로 바꾸려고 드라이버를 들었던 일화도 있다. 이후 그는 휴스턴의 리버 오크스 초등학교에 입학했는데 그곳에서 메인프레임 컴퓨터를 사용하면서 컴퓨터에 빠지게 된다. 하지만 컴퓨터 사용시간의 대부분을 친구들과 스타트렉 게임을 하면서 보냈다고 한다. 흔한 게임 폐인 한편으로는 초등학생 시절에 자기 방 출입문에 사이렌 경보장치를 달아서 동생들이 들어오면 알람이 켜지게 하는 등 아이디어와 기술에 뛰어난 면모를 보이기도 했다. 그의 초등학교 시절 선생님의 평가는 대단히 총명하나 리더의 자질은 없다는 것이었다. 고등학생 시절에는 플로리다 대학에서 주최한 과학교육 프로그램에 참여해서 실버기사상을 수상하기도 했다.

그 이후 그는 프린스턴 대학교에 입학해서 이론물리학을 전공했지만 이후 컴퓨터공학과 전기공학에 더 애착을 보여 결국 전공을 전기공학으로 바꾸어 수석 졸업을 했다. 제프 베조스는 대학생 시절 여자한테 별로 인기가 없었다고 한다. 졸업 후 제프 베조스는 유명 대기업인 인텔, AT&T의 벨연구소, 앤더슨컨설팅의 오퍼를 거절하고 무명의 벤처기업 피텔[3]에 입사하여 통신 프로토콜 프로그래밍 업무를 수행하였다. 그리고 그는 입사 1년 후 기술 및 사업 개발담당 부책임자로 승진하였으나 입사 2년 후 퇴사한다. 제프 베조스는 그 이후 뱅커스 트러스트에 컴퓨터 관리자로 입사한다. 그는 뱅커스 트러스트 입사 10개월 만에 회사내 최연소 부사장으로 승진하게 된다. 그 이후 제프 베조스는 금융사 D.E. Shaw의 펀드매니저로 전직하게 되고 D.E. Shaw 입사 1년 후 26세의 최연소 부사장, 몇 해 후 수석 부사장이 된다 그리고 그때 D. E. Shaw에서 같은 회사 연구원인 매킨지 터틀을 만나 1993년에 결혼을 하게 된다. 1994년 7월 그는 회사를 갑자기 그만두고 시애틀로 출발하게 된다. 그의 동행은 아내와 인터넷 서점이라는 창업 아이템이었다. 그는 친척과 친구들에게 200만 달러의 창업자금을 투자받았는데 그 중에는 제프 베조스의 아버지인 미겔 베조스의 투자금도 있었다. 제프 베조스는 자신의 아버지 미겔 베조스에게 사업 성공 가능성을 30%라고 이야기한 후 아마존닷컴의 주식 58만 2,528주를 팔아 10만 달러 상당의 자금을 확보했다고 한다.

그 이후 1995년 7월. 제프 베조스는 시애틀 자신의 집 창고에서 3대의 워크스테이션을 가지고 아마존닷컴을 창업했다. 그리고 마침내 1995년 7월 16일에 사업을 개시한 아마존닷컴은 창업 일주일 만에 미국 전역과 전세계 45개 도시에 서적을 판매하기 시작했고 1996년 5월에는 월스트리트지가 Amazon.com을 일면에 대서특필하기도 했다. 물품 없이 온라인 카탈로그만 존재하는 순수 전자상거래 업체로 출발한 아마존닷컴은 1997년 5월 주당 18달러에 상장됐고 이후 주당 100달러까지 상승하게 된다.

하지만 그렇게 잘 나가던 것도 잠시, 리먼 브라더스는 아마존닷컴이 일년 안에 파산할 것이라는 보고서를 발표하게 된다. 이 보고서 발표 후 아마존닷컴은 1주일만에 주가가 19%나 급락하게 된다. 게다가 뒤이은 2001년초 닷컴 버블 붕괴의 파장으로 자금 경색이 심화된 아마존닷컴은 최고 100달러였던 주가가 2002년에는 6달러로 추락할 정도의 경영 위기를 겪게 된다. 결국 아마존닷컴은 2001년 직원 1,300명을 해고한 후 사업 다각화를 실시하게 되는데 우리가 아는 종합쇼핑몰로서의 아마존닷컴이 바로 이 때 탄생한 것이다. 이렇게 닷컴 버블 붕괴와 경영 위기를 종합쇼핑몰 변신이라는 사업 다각화를 통해 타개한 제프 베조스는 이후 이북 단말기 킨들 시리즈와 킨들 파이어, 그리고 파이어 폰 등의 제품과 클라우드 컴퓨팅 서비스를 계속해서 내놓으며 공격적으로 사업 확장을 하는 경영 전략을 구사하고 있다.

2013년 8월에 제프 베조스가 경영난에 허덕이던 미국 3대 일간지 워싱턴 포스트를 개인 돈 2억5천만 달러로 인수하였다. 인수 이후 워싱턴 포스트는 제프 베조스의 지휘 아래 디지털 기업으로 변신하고 있다. 엔지니어를 대거 고용하고 온라인 컨텐츠를 대대적으로 강화하고 있다. 2년만에 워싱턴 포스트 웹사이트 방문자가 3배가 증가했다.

2017년 7월 빌 게이츠를 넘어 세계 최고의 부자가 되었으며, 2018년 7월 현재, 보유 자산은 한화로 약 159조원으로 세계 1위이다.

6.1 창업기업의 성공사례로서 선정된 우수기업들 중에서 본인이 관심있는 2업체를 선택해서, 그 회사의 웹 홈페이지 등을 참조하여, 업체의 현황(주요업종, 매출액, 직원, 사업장 소재지 등)을 작성해보라.

6.2 본문에서 소개된 인물들 중에서, 본인이 관심있는 IT분야의 기업인 3명을 선택하여, 그 회사의 현황을 조사해보라.

6.3 본문에서 소개 안된 인물들 중, 본인이 관심있는 IT분야의 기업인(해외) 3명, (국내) 2명을 선택하여, 그 인물들과 회사의 현황을 조사해보라. (참조: from naver.com wikipedia.org등)

제10장

중소기업창업 지원현황 및 기관

제1절 지원현황

중소벤처기업부(전신인 중소기업청)는 **창업지원사업의 일원화된 온라인 창구인 "K-startup 홈페이지"**(www.k-startup.go.kr) **개설**등의 지원이력 및 **지원현황**을 간략히 소개한다. 기존 중소기업청(현 중소벤처기업부 전신)에서 운영해 오던 온라인 지원 창구인 창업넷 홈페이지를 기반으로 개편하여(2015년 12월), 각 부처가 유사한 목적·방식의 창업지원 사업들을 연계·통합하여 안내함으로써 창업자의 사업 파악/신청 부담이 크게 개선되었다.

K-startup 홈페이지에서는 정부의 다양한 창업지원사업을 창업교육, 시설·공간 등 8개 카테고리로 일목요연하게 제공하고, 업력, 연령 등에 따라 검색할 수 있는 기능도 강화함으로써 창업자가 정부지원사업을 보다 손쉽게 찾을 수 있도록 하여 편의성을 향상시켰다. 한 다양한 스타트업 지원 정책의 일관성을 확보하고 우리나라를 아시아의 최고 창업허브로 발전시키고자 하는 의미를 담아 새로운 디자인 로고를 제작하였다. 중기청(현 중소벤처기업부) 및 관련 부처는 창업지원사업을 구체화하여 책자로 제작·배포하고, 2016년 1분기 중에 전국의 창조경제혁신센터를 통해 지역의 창업자들과 정책 담당자가 현장에서 소통할 수 있는 설명회를 가졌다.

중소벤처기업부는 (예비)창업자와 창업초기기업들이 창업관련 정보나 정부지원사업 등의 접근을 편리하고 손쉽게 이용할 수 있도록 '창업넷'을 수요자 중심의 'one-gate 플랫폼'으로 확대·개편했다. (2014년 12월) 2014년 1월부터 10월 말까지 신설 법인이 7만 개를 넘어 역대 최고기록과 동시에 법인설립부터 창업과 관련된 교육, 정부지원사업, 투자유치, 마케팅 등 창업 전 주기에 걸친 창업정보에 대한 다양한 수요가 증가했으며 업관련 대표사이트인 '창업넷'의 방문자수도 2013년 116만명에서 2014년 200만명에 이르고 회원수도 2013년 12만명에서 2014년 16만명으로 증가했다. 중소기업청(현 중소벤처기업부 전신)은 수요에 부응하기 위해 창업준비부터 창업교육, 창업정보제공과 함께 창업지원사업 신청 및 온라인 법인설립까지 관련시스템을 '창업넷'으로 통합하여 제공하고 있다.

중소벤처기업부는 공장설립 시 부과되는 부담금의 면제 기간 및 범위를 확대하고, 청년창업자 우대 등의 내용을 담은 「중소기업창업 지원법」(이하 창업지원법)이 2014년 12일(월)에 국회 본회의를 통과하고, 2015년 2월 3일 본격 시행에 들어간다고 밝혔다. (2015년 5월) 아울러 교수·연구원 등이 창업휴직제도 이용 시 연장신청 등 불편을 최소화하기 위해 휴직 기간을 현행 3년(연장 3년)에서 5년(연장 1년)으로 확대하는 「벤처기업 육성에 관한 특별조치법」(이하 벤처기업법)도 개정되어 시행('14.12.30)에 들어갔다. 본 개정의 주요 내용은 '14년 3월에 발표된 「벤처·창업활성화를 위한 규제개선방안」(제1차 규제개혁장관회의)에 따른 후속조치로서 창업분야 활성화에 크게 기여할 것으로 보인다. 특히, 사업계획승인을 받은 창업자에 대해 창업 후 최대 5년간 농지 및 초지전용 부담금을 면제하고, 창업 3년이내 제조창업기업에 대한 부담금 면제 항목에 "대체산림자원조성비"를 추가하여 창업자의 공장설립에 따른 부담을 대폭 완화하였다. 개정된 창업지원법의 주요 내용은 다음과 같다.

창업사업계획승인에 따른 부담금 면제조항 신설: 그간 창업사업계획승인을 받은 창업자는 개별법에 따라 일정기간 동안 전용(轉用)부담금(3종) 및 개발부담금을 면제받음. 시장·군수·구청장이 창업7년이내 제조창업자의 공장 신·증설 시 사업계획 및 공장설립요건을 일괄 검토하여 의제처리함으로써 창업자의 시간·비용을 절감하는 제도. 농지법·초지법(창업 3년이내), 산지관리법(5년이내), 개발이익환수법(7년이내)

본 개정을 통해 창업사업계획승인을 받은 창업자에 대해 농지 및 초지부담금 면제하는 특례를 창업지원법에 신설하고, 면제기간도 5년으로 확대하였다. 이에 따라 개별법 개정에 따른 전용부담금 대상, 감면율 및 면제기간의 축소 가능성을 없애고, 제조공장 설립을 안정적으로 지원할 수 있는 법적 근거가 마련되었다.

창업 3년이내 제조창업기업에 대한 부담금 면제항목에 '대체산림자원조성비' 추가: 기존 창업지원법은 창업 3년이내 제조창업기업에 대해 농지보전부담금 등 11종의 부담금*을 면제하나, 대체산림자원조성비는 제외됨. 공공시설 이익분담금, 농지보전부담금, 대체초지조성비, 전기사용자 부담금, 대기오염물질 배출부과금, 수질오염물질 배출부과금, 폐기물부담금, 4대강 물이용부담금. 그러나 실제 공장을 설립 시 농지전용과 초지전용 외에 산지도 전용하고 있어, 형평성 제고 차원에서 대체산림자원조성비(산지전용 부담금)도 함께 면제하도록 규정 신설. 토지용도별 공장용지 전용비율 : 농지 54.5%, 초지 1.2%, 산지 32%, 기타 12.3%.

창업촉진사업 추진 시 청년창업자 우대 근거 마련: 청년실업 문제를 창업을 통해 해결하기 위해 중소벤처기업부장관이 창업촉진사업 추진 시 청년창업자를 우대할 수 있는 근거 조항 신설. 단, 청년의 범위는 대통령령에 위임.

지역특화산업 관련 창업촉진계획 수립 및 창업 지원 근거 마련: 지역특화산업과 관련된 창업 촉진을 통해 지역의 고용창출 및 지역경제를 활성화하고자, 지역산업의 한 축으로, 기존의 시·도의 지역전략산업, 시·군·구의 지역특화산업을 통합하여 '지역특화산업'으로 관리. 중소벤처기업부장관은 지역특화산업과 관련된 창업촉진계획을 수립하고, 지방자치단체는 해당 지역의 특화산업 관련 (예비)창업자를 발굴·육성 및 지원하도록 하는 규정 신설.

중소기업창업투자회사 등에 지원 중단 시, 중단기간 범위 설정: 종전에는 창업투자회사, 창업투자조합, 중소기업상담회사, 창업보육센터에 대해 정부지원을 중단하는 경우 지원중단의 근거는 법에 규정되어 있었으나, 중단기간은 법률에서 미규정. 기존 규정 하에서는 행정의 상대방이 지원중단기간을 예측하기 어렵다는 법제처의 지적에 따라 '3년 이내 범위에서 지원을 중단'할 수 있도록 중단기간의 범위를 설정.

(예비)창업자의 해외진출 지원 근거 마련: 최근 사회적으로 창업자의 해외진출을 장려하고, 관련 지원사업도 증가하고 있는 추세이나 법적 근거는 미약함, 이에 (예비)창업자의 해외진출 지원을 위한 법적 근거 마련. 개정된 벤처기업법('14.12.30 시행)의 주요 내용은 다음과 같다.

교육공무원등의 창업휴직 허용기간 확대 (3+3년→5+1년): 종전에는 교수·연구원 등이 벤처기업 또는 창업기업의 대표나 임원으로 근무하고자 하는 경우 3년 이내에서 휴직을 할 수 있고 필요한 경우 3년 이내에서 연장 가능하였으나, 교수·연구원의 평균휴직기간은 5.3개월로 평균 1.3회 연장승인신청을 하는 것으로 조사된 반면, 대학의 경우 연장승인의 기간이 길고 절차가 복잡하여 창업에 애로가 된다는 지적에 따라 휴직 허용기간을 5년 이내에서 가능하고, 1년 연장할 수 있도록 개정하여 휴직연장 없이 창업에 전념할 수 있도록 개선.

현재의 중소벤처기업부 전신인 중소기업청은 청년창업자 범위 및 창업지원기관(중소기업상담회사, 창업보육센터)의 행정처분기준 등의 내용을 담은 「중소기업창업 지원법 시행령」 (이하 창업지원법 시행령)이 2015년 4월 28일에 국무회의에서 통과되었고, 5월 4일(월)부터 창업지원법 시행령을 시행한다고 밝혔다. 본 개정은 창업촉진사업을 추진 시 예비청년창업자 및 청년창업자를 우대할 수 있는 법적 근거를 마련하고, 창업보육센터사업자 등에 대한 지원 중단기간 설정 등을 내용으로 2015년 2월 공포(5.4일 시행 등)된 「중소기업창업 지원법」의 후속조치로서, 39세 이하의 예비창업자 또는 창업자를 창업촉진사업 추진 시 우대할 수 있도록 하였고, 창업보육센터사업자가 지원받은 자금을 다른 목적으로 사용하는 등 법정 위반 사유에 해당하면, 1회 위반 시에는 경고, 2회 위반 시에는 지원 중단, 3회 위반 시에는 지정취소의 행정처분을 하도록 개정하였다.

이번 창업지원법 시행령 개정을 통해 청년실업 해소 및 청년 일자리 창출에 기여할 수 있는 법적 토대가 마련되고, 창업지원기관에 대한 불이익 처분 기준에 대한 구체성 및 명확성이 확보되어 민간기관의 원활할 창업활동에 기여할 것으로 기대된다. 개정된 창업지원법 시행령의 내용은 다음과 같다.

청년창업자 범위 설정(제 5조의4): 창업촉진사업 추진 시 우대할 수 있는 예비청년창업자 또는 청년창업자의 범위를 39세 이하로 한다. 그간 예산에 근거한 청년창업지원사업('11년 ~)은 39세 이하 청년창업자를 대상으로 하고 있으며, 시니어창업지원사업은 40세 이상 창업자를 기준.

창업지원기관에 대한 행정처분기준 마련(제31조의3): 창업지원법(제43조제3항·제4항)은 중소기업상담회사 또는 창업보육센터사업자가 사업수행과 관련하여 법정사유에 해당하는 경우 지원 중단 또는 취소할 수 있도록 규정하고 있었지만 중소기업상담회사 : ① 거짓 등 방법으로 등록된 때, ② 등록요건 미비, ③ 회사책임으로 사업수행이 어렵게 된 때, ④ 정당한 사유 없이 1년 이상 사업을 하지 아니한 때 창업보육센터사업자 : ① 거짓 등 방법으로 지정받은 때, ② 자금의 목적 외 사용, ③ 시설 등 목적 외 사용, ④ 운영실적 미흡할 때, ⑤ 등록요건 미비한 때 개정된 시행령은 이러한 법정사유에 해당하면 1차 경고, 2차 12개월 지원중단, 3차는 등록을 취소하도록 처분기준을 구체화하였다.

부담금 면제 신청 시 제출 서류의 정비(제29조의2): 제조창업기업에 대한 12종의 부담금 면제를 위해 제조창업기업 여부를 확인 할 때, 종전에는 행정정보망을 이용한 개인정보 확인에 동의하지 않는 경우 제출서류*에 국세(지방세)납세증명서가 포함되어 있었다. 사업자등록증, 법인 등기사항증명서, 국세(지방세)납세증명서 그러나 제조창업기업 여부 확인 시 국세(지방세)납세증명서가 없이도 창업확인이 가능하여 제출서류 항목에서 삭제하였다.

| 2017년 대학 창업 통계 조사 결과(요약)

창업강좌 및 창업동아리 현황

○ 2016년 창업강좌 수는 10,461개로 전년대비 145.4% 증가, 창업동아리 수는 5,468개로 전년대비 24.8% 증가

(단위 : 개, 명, %)

구 분		2015	2016	
			전 체	전년대비 증감율
창업강좌	개설대학 수	291	313	7.6
	강좌 수	4,262	10,461	145.4
	수강인원	289,886	385,571	33.0
창업동아리	보유대학 수	259	268	3.5
	동아리 수	4,380	5,468	24.8
	회원 수	38,588	45,387	17.6

학생창업 현황

○ '16년 학생창업기업 수는 1,191개로, 총 매출액은 14,355.5백만원으로 전년대비 각각 38.3%, 72.7% 증가

(단위 : 개, 백만원, %)

구분	2015	2016	
		전 체	전년대비 증감율
창업기업 수	861	1,191	38.3
매출액	8,310.1	14,355.5	72.7

※ 매출액 : 2016.1.1.~2016.12.31. 기간에 발생한 매출액

제2절 지원기관

1. 중앙행정기관

정부에서 계속 강조중인 창조경제를 위하여 정부에 속해있는 중앙행정기관에서도 중소기업들을 위하여 많은 지원사업을 하고 있다. 가장 대표적으로 중소벤처기업부가 있고 이를 비롯한 정부의 각 부처들에서 중소기업을 지원하기 위해 일을 하고 있다. 특히, 중소벤처기업부는 금융, 인력, 기술, 판로, 정보화 등 다양한 방면에서 지원정책을 실시하고 있다. 중소벤처기업부 이외의 부처인 고용노동부 같은 경우는 고용창출, 노동개혁 뿐 아니라 중소기업의 성장 희망사다리를 구축하고자 다양한 지원 사업을 하고 있으며, 혁신적인 중소기업들을 발굴하기 위한 지원 사업을 하고 있다. (참조 URL: http://bit.ly/2E5LGlI 네이버 블로그)

- 중소벤처기업부

1973년 1월 상공부에 소속된 표준국·중앙계량국·국립공업연구소·국립지질조사소·국립광업연구소와 체신부에 소속된 전기통신연구소의 일부 기능을 통합하여 상공부의 외청으로 출범한 공업진흥청이 전신이다. 공업진흥청은 1993년 상공자원부를 거쳐 1994년 통상산업부의 외청으로 변경되었고, 1996년 2월 9일 공업진흥청을 폐지하고 통상산업부의 중소기

업국을 확대하여 중소기업청이 설치되었다. 이후 정부조직 개편에 따라 1998년 산업자원부, 2008년 지식경제부를 거쳐 2013년 3월 산업통상자원부 산하의 외청으로 변경되었다. 이후 2017년 7월 26일 정부 조직 개편에 의해 예전 (전)미래창조과학부(현 과학기술정보통신부)의 창조경제 진흥 업무 등을 이관 받으면서 중소벤처기업부로 격상하였다.

주요 업무는 중소기업 육성시책 수립, 중소기업 구조개선 사업, 중소기업 기술 지원, 벤처기업 육성, 대기업과 중소기업 간의 협력 증진, 중소기업에 자금 및 인력 지원, 중소기업 수요기반 확충, 중소기업 재해 관리, 중소기업 동향 조사분석, 경영정보화 지원, 중견기업 확인제도 시행, 중견기업 세제 부담 완화 및 금융 지원, 중견기업의 우수인재 유치·확보 지원, 여성 및 장애인 기업 육성, 소상공인 정책자금 융자 및 컨설팅 지원, 유망 소상공인 프랜차이즈화 지원, 전통시장의 시설 현대화 사업 등 전통시장 활성화 추진 등이다.

조직은 2018년 기준 장관 및 차관 1명, 4실(기획조정실·중소기업정책실·창업벤처혁신실·소상공인정책실) 13관 41과로 이루어져 있으며, 소속기관으로는 12개 지방청(서울, 부산, 대구·경북, 광주·전남, 경기, 인천, 대전·충남, 울산, 강원, 충북, 전북, 경남)과 지방청에 소속된 5개 사무소(경북·전남·경기·충남·강원), 구미전자공업고등학교·부산기계공업고등학교·전북기계공업고등학교 등 3개의 국립공고가 있다. (참조 URL: http://bit.ly/2CHcsO2 네이버지식백과)

– 고용노동부

고용노동부는 기재부, 미래부, 고용부 등과 함께 희망사다리라는 지원 사업을 하고 있다. 중소기업의 경쟁력을 강화하고 성장 걸림돌을 제거하여 중견 기업으로 성장할 수 있는 기회의 사다리 마련이라는 취지의 사업이며

① 기술력·생산성 향상 : 중소·중견기업에 대한 R&D 지원 확대, 출연연구소 예산의 중소기업 지원 쿼터제 도입, 정부 기술개발 결과물 중소기업 우선이전 법제화 등을 통해 중소기업 기술력·생산성 향상

② 고질적인 인력난 완화 : 중소기업 근로자를 위한 재형저축 인센티브 강화 검토, 병역 특례 제도 개선 등을 추진

③ 글로벌 시장 진출 지원 : 수출기업 전용 기술개발자금 및 수출·마케팅 지원 확대, 강소기업에 대한 집중지원 프로그램 도입

④ 공공구매제도 개선을 통한 중소기업 참여기회 확대: 여성기업제품 구매의무화, 대규모 계약의 분할·분리발주 법제화, 소기업 우선구매제도 활성화 등을 통해 중소기업 초기시장 제공

⑤ 중견기업 성장 사다리 마련 : 중소기업 졸업 시 축소되는 지원제도(금융 · 세제 지원 등) · 법령 개선방안 마련, 가업상속 지원 등으로 중견기업의 글로벌 전문기업화

⑥ 중소기업정책의 실효성 제고 및 정보 전달체계 개편 : 중소기업 통합관리시스템 구축 · 운영을 통해 중복지원을 방지하고, 정책정보시스템을 수요자 중심으로 개편

이렇게 총 6가지의 계획을 갖고 지원 사업을 진행중에 있다.

고용노동부(정책마당-국정과제-협조과제) (참조 URL: http://bit.ly/2DTjoHu)

- 과학기술정보통신부

다양한 중소기업 지원 사업 진행중

2. 지방자치단체

지방자치단체에는 서울특별시를 포함하여 총 16개의 광역지방자치단체로 이루어져 있다. 각 지역의 지자체들은 지역과 지방의 특색에 맞추어 자체적으로 중소기업들의 창업과 육성을 위한 정책들을 시행하고 있다.

3. 중소기업 유관기관

정부기관 및 지자체 외에도 중소기업 지원사업을 펼치고 있는 민간기관 및 공공기관이 있다. 대표적으로는 행복한 중기씨가 속해져 있기도 하며, 중소기업의 경제적 지위향상과 국민경제의 균형 발전을 도모하기위해 최선을 다하고 있는 중소기업중앙회를 비롯하여 중소기업들의 자금조달을 도와주는 신용보증기금도 있다. 중소기업을 육성하여 국제경제를 키워나갈 수 있도록 지원하는 중소기업진흥공단도 있다.

- 중소기업중앙회

약칭은 KBIZ이다. 1962년 5월에 설립하여 1974년부터 지회를 설치하기 시작, 1992년까지 전국에 12개 지역본부(서울지회, 부산·울산지회, 인천지회, 경기지회, 강원지회, 충북지회, 대전·충남지회, 전북지회, 광주·전남지회, 대구·경북지회, 경남지회, 제주지회)를 설치하였다. 1993년 7월에는 중소기업연구원을 설립하였고, 1994년 1월에는 외국인연수협력단을, 1996년 8월에는 중소기업여의도종합전시장을 설치하였다. 1997년 4월 중소기업개발원을 개원하였고, 2000년 4월 중국 옌지에 한국상품도매센터를 개장하였다. 2006년 8월 중소기업협동조합중앙회에서 중소기업중앙회로 이름을 변경하였다. 2007년 9월 소기업소상공인공제제도(노란우산공제)을 출범하였다.

본부는 경영기획본부, 정책개발본부, 대외협력본부, 회원지원본부, 공제사업본부, 인력지원본부, 센터건설사업단 등의 6본부 1단의 27팀으로 구성되어 있으며 12개 지역본부와 5개 지부가 있다.

중앙회는 중소기업들이 감수해야 하는 제도적·관행적 애로사항들을 조사하여 건의 등을 통해 이를 정부나 관련 기관에서 법이나 규정 등에 반영하게 함으로써 중소기업이 국민경제 속에 제대로 설 수 있도록 업계의 힘을 결집하는 민간 경제단체 역할을 수행한다.

주요기능은 중소기업지원 정책개발 및 경영애로 대정부 건의, 중소기업 실태파악을 위한 조사·분석 및 통계 생산, 중소기업의 조직화 유도 및 공동사업지원, 중소기업 국제협력강화 및 수출촉진지원, 대·중소기업 협력강화 및 하도급 분쟁 조정, 중소기업공제사업기금, 소기업소상공인공제사업 운용, 중소기업 외국인력지원 및 중소기업인력개발원 운영 등이다. 서울특별시 영등포구 여의도동에 있다. (참조 URL: http://bit.ly/2AamVif 네이버지식백과)

중소기업중앙회의 지원사업

KBIZ 중소기업중앙회 지원사업

연회실/사무실 임대	기업승계지원센터	중소기업해외전시포탈
문화경영지원센터	통일경제정보센터	소기업·소상공인 경영지원단
해외민간대사자문	중소기업회계기준	무역구제경연대회
글로벌청년창업 멘토링사업	KBIZ CEO 혁신포럼	민생구하기 입법촉구 천만 서명 운동

연회실/사무실 임대는 중소기업을 대상으로 교육 및 토론, 세미나 등을 위한 연회실과 사무실을 임대해주는 사업이다. 기업승계지원센터는 중소기업이 명문장수기업이 되도록 가업승계를 체계적으로 지원해주는 사업이다. 중소기업해외전시포탈은 해외판로를 개척할 수 있도록 지원한다. 예로는 해외 전시회, 시장개척단, 수출컨소시엄 등이 있다. 문화경영지원센터는 문화경영과 문화마케팅을 지원해주는 사업으로 문화접대비 제도와 예술나무 운동이 있다. 통일경제정보센터는 갑자기 통일이 되더라도 중소기업이 곧바로 북한에 진출할 수 있도록 북한, 북한경제특구, 개성공단의 현황 등 북한의 경제정보를 제공한다. 소기업-소상공인 경영지원단은 소기업, 소상공인 등의 경영활동에서 발생하는 문제에 대해 체계적인 상담과 자문으로 소기업과 소상공인들을 지원한다. 해외민간대사자문은 해외투자진출을 희망하는 중소기업을 대상으로 제도와 절차에 대한 컨설팅을 자문하며 인적네트워크를 소개해준다. 중소기업회계기준은 중소기업회계기준에 대한 무료교육 실시, 회계 상담지원, 무료 동영상강의와 교재를 제공하며 중소기업회계기준의 이해를 도와준다. 무역구제경연대회는 국내외 대학(원)생을 대상으로 무역구제경연대회를 열어 시상한다. 글로벌청년창업멘토링사업은 제조중소기업을 멘토로하여 예비 창업가들을 매칭해 주고 기술과 노하우를 제공해주며 멘토링을 할 수 있도록 지원해준다. KBIZ CEO 혁신포럼은 글로벌 경제흐름과 경영환경이라는 주제로 제1회 KBIZ CEO혁신 포럼이 개최된다. 민생구하기 입법촉구 천만 서명운동 현재 국회에 상정되어 있는 경제활성화 관련법안인 기업 활력 제고법, 서비스산업발전법, 노동개혁법의 조속한 입법을 위한 서명운동을 전개한다. (참조 URL: http://smallgiantk.blog.me/220760123798 네이버 블로그)

– 중소기업진흥공단

영문 머리글자를 따서 SBC 또는 '중진공'으로 약칭한다. 중소기업진흥 및 제품구매촉진에 관한 법률에 의거, 1979년 1월 특수법인으로 설립되었다. 1980년 한국농가공산품개발본부 업무를, 1982년 한국생산기술사업단 업무를 각각 인수한 뒤, 1995년 자회사인 중소기업인증센터(주)·중소기업유통센터(주)를 설립하였다. 1999년 중소기업유통센터를 개점하고, 2002년 3월 산업기반기금을 인수해 중소기업진흥 및 산업기반기금으로 명칭을 변경하였다. 2014년 7월 21일 경상남도 진주시로 본부를 이전하였다.

조직은 이사장 아래 부이사장 겸 기획관리본부장, 경영관리본부장, 금융본부장, 글로벌마케팅본부장, 인력기술본부장, 기업지원본부장이 있다. 하부조직으로 비서실·감사실·홍보실·인재경영실·기획조정실·성과관리실·기금관리실·고객행복실·정보관리실 9실과 기업진단처·기업금융처·융합금융처·재도약성장처·리스크관리처·수출지원처·국제협력처·마케팅사업처·인력개발처·창업기술처·성과보상사업처·수도권경영지원처·서부권경영지원처·동부권경영지원처 14처, 3지방 연수원과 중소기업연수원, 글로벌리더십연수원, 청년창업사관학교가 있다.

또, 전국 31개 지역 본·지부(서울·부산·울산·대구 경북·인천·광주 전남·대전 충남·경기·충북·전북·경남·강원·제주)가 있고, 독일 프랑크푸르트암마인, 미국 시카고, 일본 도쿄, 중국 베이징 등 9개 지역에 해외지부를 두고 있다.

주요 기능은 중소벤처기업부가 정한 기본정책에 따라 중소기업이 당면한 애로사항의 시정을 지원하고, 중소기업 창업 및 진흥기금을 관리, 운용하는 것이다. 이를 위해 ① 중소기업 정책자금 지원, ② 기술경영 지도 및 연수, ③ 제품 마케팅 및 판로 지원, ④ 중소벤처기업 창업 지원, ⑤ 중소기업의 정보화 및 컨설팅 지원, ⑥ 핵심인력 공제기금 운용 등의 사업을 한다. 그밖에 기술도입 및 보급, 경영진단 및 지도와 그 요원의 양성, 중소기업자와 종업원 및 관계 기관의 임원과 직원에 대한 연수, 중소기업의 주식 또는 사채 인수 등을 추진한다.

(참조 URL: http://bit.ly/2DU3MTW 네이버지식백과)

4. 지방 중소기업 종합지원센터

지방에 소재한 중소기업지원 유관기관들을 일정한 장소에 모아 지방 중소기업의 기술, 창업, 판로, 인력과 정보 등에 대한 애로를 한 곳에서 해결할 수 있도록 1995년부터 건립하여 시·도지사가 추진주체가 되고 정부는 건축비 일부(50억 원 이내)를 지원하고 있다. 2002년 8월 현재 13개 시·도에 센터가 운영되고 있으며 인천 등 2개 시·도에서 건립 중에 있다.

(참조 URL: http://bit.ly/2qiHUQ2 네이버지식백과)

부록 (벤처창업 추가자료)

제1절 창업일반 자료

1.1. 창업

개인사업자

법인사업자

개인사업자 → 법인전환 → 법인사업자

1.2. 법인과 개인

법인(주식회사)-발기인(주주) 1인 이상, 자본금 100원 이상

※ 법인사업자와 개인사업자의 비교

	법 인 사 업 자	개 인 사 업 자
장점	• 출자액 한도내에서 유한책임 • 주식이나 사채발행을 통한 대규모 자본 조달 가능 • 대외적 공신력 높음 • 대규모 기업의 경우 조세 경감(20%)	• 설립이 간단 – 사업자등록만으로 가능 • 창업비용이 적음 • 기업이윤의 독점 • 세무상 간섭이 최소화 • 소규모 기업에 적함 (매출액 5억원 미만)
단점	• 설립이 복잡하고 창업비용이 발생 • 세무상 엄격한 관리 요함 (예: 가지급금, 세무조사)	• 무한책임 • 대외적 공신력 감소 • 매출액 과다시 높은 누진세율(38%) 적용

1.3. 법인의 설립

1.3.1 법인의 종류

주식회사, 유한회사 합명회사, 합자회사

비영리법인 - 사단법인, 재단법인

1.3.2 상호의 열람

업종별 중복상호의 불허(대법원인터넷등기소: www.iros.go.kr)

1.3.3 설립등기- 관할 상업등기소에 신청

· 발기인(주주) : 1인 이상

· 자본금 : 최저자본금 제도 폐지 100원 이상

· 이사 : 대표이사 포함 1인 이상 (주주와 겸임 가능)

· 감사 : 1인 이상(주주와 겸임 가능)

· 비용 : 등록세 자본금의 0.4%(대도시 1.2%)

교육세 자본금의 0.08%(대도시 0.24%)

채권 자본금의 1%

기타비용 : 30만원 전후

(자본금 5천만원 기준 대도시 120만원 정도 소요)

· 소요시간 : 1주일 정도 소요

※ 주의사항

- 과점주주(친족을 포함한 특수관계자의 소유 주식 합계가 50% 초과 소유시)의 2차 납세

  의무

- 과점주주 취득세 납세의무(비상장 법인에 限함)

  (최초부터 과점주주일 경우에는 납세의무 없음) → 추가 취득의 경우에만 추가분 취득

  에 납부의무

- 주주의 지분비율은 회사의 지배구조와 중대한 관련 있음

1.3.4 설립신고 - 관할 주소지 세무서에 신고

- 사업자등록신청서(법인) (법정양식)
- 법인등기부등본
- 정관
- 주주명부
- 사업 인 · 허가증
- 기타

1.4. 사업자등록 신청

사업개시일(법인설립 등기일)로부터 20일 이내 관할 세무관서에 신청→실제 사업여부의

조사→신청일로부터 7일 이내에 사업자등록증 교부

※ 주의사항

- 업태 · 종목별 소득표준율 고려
- 임대차계약서의 사실관계 고려
- 일반사업자, 간이과세자 여부 구분(연매출액 4,800만원 기준)
- 2이상의 사업장이 있을 경우 총괄납부 신청(신고는 사업장 별로 함)
- 사업자등록 미신청시는 고율의 가산세(공급가액의 1%) 징수
- 사업자등록증의 등록사항이 변경되었을 경우 등록정정신고 하여야 함

5. 사업자등록신청 및 사업시 유의사항(아래 사항을 반드시 읽고 확인하시기 바랍니다)

가. 사업자등록 상에 자신의 명의를 빌려주는 경우 해당 법인에게 부과되는 각종 세금과 과세자료에 대하여 소명 등을 하여야 하며, 부과된 세금의 체납시 소유재산의 압류·공매처분, 체납내역 금융회사 통보, 여권발급제한, 출국규제 등의 불이익을 받을 수 있습니다.

나. 내국법인은 주주(사원)명부를 작성하여 비치하여야 합니다. 주주(사원)명부는 사업자등록신청 및 법인세 신고시 제출되어 지속적으로 관리되므로 사실대로 작성하여야 하며, 주주명의 대여시는 양도소득세 또는 증여세가 과세될 수 있습니다.

다. 사업자등록 후 정당한 사유 없이 6개월이 경과할 때까지 사업을 개시하지 아니하거나 부가가치세 및 법인세를 신고하지 아니하거나 사업장을 무단 이전하여 실지사업여부의 확인이 어려울 경우에는 사업자등록이 직권으로 말소될 수 있습니다.

라. 실물거래 없이 세금계산서 또는 계산서를 발급하거나 수취하는 경우 「조세범처벌법」 제10조제3항 또는 제4항에 따라 해당 법인 및 대표자 또는 관련인은 3년 이하의 징역 또는 공급가액 및 그 부가가치세액의 3배 이하에 상당하는 벌금에 처하는 처벌을 받을 수 있습니다.

마. 신용카드 가맹 및 이용은 반드시 사업자 본인 명의로 하여야 하며 사업상 결제목적 이외의 용도로 신용카드를 이용할 경우 「여신전문금융업법」 제70조제2항에 따라 3년 이하의 징역 또는 2천만원 이하의 벌금에 처하는 처벌을 받을 수 있습니다.

신청인의 위임을 받아 대리인이 사업자등록신청을 하는 경우 아래 사항을 적어 주시기 바랍니다.

대리인 인적사항	성 명		주민등록번호	
	주 소 지			
	전화번호		신청인과의 관계	

신청 구분	[ ] 사업자등록만 신청　[ ] 사업자등록신청과 확정일자를 동시에 신청 [ ]확정일자를 이미 받은자로서 사업자등록신청(확정일자 번호:　　　　)

신청서에 적은 내용과 실제 사업내용이 일치함을 확인하고, 「법인세법」 제109조·제111조, 같은 법 시행령 제152조부터 제154조까지, 같은 법 시행규칙 제82조제3항제11호 및 「상가건물 임대차보호법」 제5조제2항에 따라 법인설립 및 국내사업장설치 신고와 사업자등록 및 확정일자를 신청합니다.

년　월　일

신 청 인　　　　　　　(인)

위 대리인　　　(서명 또는 인)

세무서장 귀하

첨부서류	1. 정관 1부(외국법인만 해당합니다) 2. 임대차계약서 사본(사업장을 임차한 경우만 해당합니다) 1부 3. 「상가건물 임대차보호법」의 적용을 받는 상가건물의 일부를 임차한 경우에는 해당 부분의 도면 1부 4. 주주 또는 출자자명세서 1부　5. 사업허가·등록·신고필증 사본(해당 법인만 해당합니다) 또는 설립허가증사본(비영리법인만 해당합니다) 1부 6. 현물출자명세서(현물출자법인의 경우만 해당합니다) 1부 7. 자금출처소명서('08년 7월부터 금지금 도·소매업 및 과세유흥장소에의 영업을 영위하려는 경우만 해당합니다) 1부 8. 본점 등의 등기에 관한 서류(외국법인만 해당합니다) 1부 9. 국내사업장의 사업영위내용을 입증할 수 있는 서류(외국법인만 해당하며, 담당 공무원 확인사항에 의하여 확인할 수 없는 경우만 해당합니다) 1부 10. 사업자단위과세 적용 신고자의 종된 사업장 명세서(법인사업자용)(사업자단위과세 적용을 신청한 경우만 해당합니다) 1부

작성방법

사업장을 임차한 경우 「상가건물 임대차보호법」의 적용을 받기 위하여서는 사업장 소재지를 임대차계약서 및 건축물관리대장 등 공부상의 소재지와 일치되도록 구체적으로 적어야 합니다.
(작성 예) ○○동 ○○○○번지 ○○호 ○○상가(빌딩) ○○동 ○○층 ○○○○호

사 업 자 등 록 증

( )

등록번호:

① 법 인 명(단 체 명):

② 대 표 자:

③ 개 업 연 월 일: 년 월 일   ④법인등록번호:

⑤ 사 업 장 소 재 지:

⑥ 본 점 소 재 지:

업태		종목

⑦ 사 업 의 종 류:

⑧ 교 부 사 유 :

⑨ 주류판매신고번호:

⑩ 사업자단위과세 적용사업자 여부: 여( ) 부( )

⑪ 전자세금계산서 전용메일주소 :

년 월 일

○ ○ 세 무 서 장 | 직인 |

1.5. 4대 사회보험의 신고

국민연금 - 국민연금관리공단

국민건강보험 - 국민건강보험공단

산업재해보상보험 - 근로복지공단

고용보험 - 근로복지공단

※ 월 급여 대비 4대 보험 요율

구분	국민연금	건강보험	장기요양	산업보험	고용보험	비고
사용자부담분	4.5%	2.945%	3.275%	1.5%	0.80%	
본인부담분	4.5%	2.945%	3.275%	-	0.55%	
합 계	9.0%	5.890%	6.550%	1.5%	1.35%	
보험료 산정	보수월액	보수월액	건강보험료	보수월액	보수월액	

본인 부담분은 매월 급여 지급시 원천징수하고 이에 사용자 부담분을 합하여 다음 달 10일까지 관할 공단에 납부함.

※ 정규 직원 1인당 인건비의 개산

종 목	금 액(%)	비 고
월정급여	100	
상 여	30	연 400% 기준
퇴 직 금	13	통상임금의 1/12
4대 보험	12	
기 타	55	임대료,식대,사무용품비등
계	210	

※ 원천세 및 주민세 원천징수

- 일용근로자

　일용근로자의 범위 : 일급 또는 시급성과에 따라 근로대가를 계산하여 급여를 받는 자로서 3개월 미만

- 고용된 자

　근로소득세 : {1일 급여액 - ₩100,000(근로소득공제)} ×6% - {*}×45%(본인부담, 사용자가

원천징수)

지방소득세 : 근로소득세의 10% (본인부담, 사용자가 원천징수)

- 프리랜서

기타소득세 : 지급금액 × 4%(지방소득세 10%)

사업소득세 : 지급금액 × 3%(지방소득세 10%)

벤처캐피탈의 투자과정

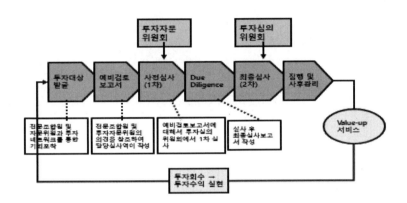

IR (투자유치활동)이란

■ IR (Investor Relations)

■ 기업이 자본시장에서 정당한 평가를 얻기 위하여 주식 및 사채투자자들 대상으로 실시하는 홍보활동.

■ 투자자관계·기업설명활동이라고 한다. PR(public relations:홍보)은 일반 사람들을 대상으로 기업활동 전반에 대하여 홍보를 하는 반면, IR은 주식시장에서 기업의 우량성을 확보해 나가기 위해서 투자자들만을 대상으로 기업의 경영활동 및 이와 관련된 정보를 제공하는 홍보활동을 말한다. 또한 PR은 일반 대중을 상대로 하고 회사의 장점만을 전달하는 반면, IR은 기관투자가를 상대로 하고 회사의 장점뿐 아니라 단점까지도 전달한다는 데 차이가 있다.

1990년대는 'IR의 시대'라고 불릴 정도로 최근 몇 년 사이 IR에 대한 인식이 높아지고 있다. 이에 따라 각 기업에서는 IR 부서를 설치하여 적극적인 활동을 벌이고 있다. 투자가 그룹이나 그 대리인인 주가 분석가들의 자기 기업에 대한 이해도를 높이기 위하여 기업의 최고 경영진이 직접 IR 업무를 수행하는 경향도 높아지고 있다.

이처럼 IR가 중요시된 배경에는 그룹평가에 투자가 주가에 반영되어 기업의 자금조달을 좌우하게 된 데 있다. IR에 의하여 바람직한 투자환경이 조성되고, 높은 주가가 형성되어야만 기업이 수진하는 각종 프로젝트를 원활하게 펼쳐수 있기 때문이다.

법규에 의거하여 기업의 재무내용 등 기업경영과 관련된 주요사항을 증권시장에 의무적으로 공시하는 기업공시가 계량화된 정보를 제공하는 것이라면, IR은 비계량화된 정보까지 제공하는 것이다. IR활동에서 기업은 스스로의 실상을 공평·정확·신속 그리고 계속적으로 알려야만 IR의 효과를 극대화할 수 있다.

아직까지는 IR를 기업설명회 정도로 인식하는 경향이 강하지만, 주주총회의 소집통지를 조기에 방송하거나 대표이사 등 최고 경영진의 보수를 공개하는 것 등도 모두 IR 중의 하나이며, 이밖에도 30~40개의 IR 방법이 있다.

한국의 기업들은 과거 자본의 대부분을 은행에서 차입하였으므로 경영전략이나 업적 동향을 오로지 은행에 설명하기만 하면 되었으나 1980년대 후반 이후 외국인 투자가를 포함하여 불특정 다수인을 상대로 자본시장에서 자금을 조달하는 것이 주류를 이루게 되면서 IR의 필요성이 높아졌다. 그러나 미국 기업에 비하면 아직도 IR를 PR나 리크루트활동과 혼동하고 있는 기업이 적지 않다.
(출처 : 네이버 지식검색 'IR)

사업계획서의 종류와 목적

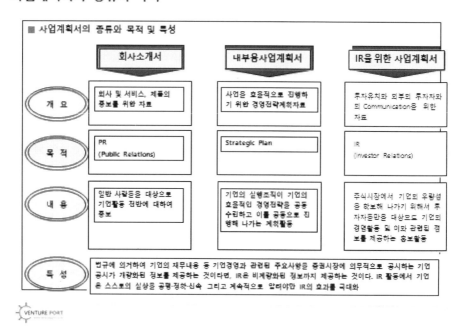

제2절 회계세무 자료

회계의 개념, 제무제표의개념 및 중요성, 손익계산서, 현금흐름표 등의 회계관리와 부가가 치세, 법인세, 소득세 등의 세무관리는 참고문헌을 (기술창업경영론-김종호 등 공저) 참조바란다.

제3절 출구전략 자료

창업 후, 어느 정도 성공을 한 후에, 창업가는 무론이고 투자자는 금전적으로 보상받고 싶어 하는데, 특히, 벤처캐피털리스트나 투자자는 투자한 자금을 현금으로 보상받는 것이 매우 중 요하며 이를 출구전략(exit strategy)이라고 한다. 크게 두가지 유형으로는 기업공개(IPO: initial public offering)와 큰 기업의 인수/합병(M&A)가 있다. 상세한 사항은 참고문헌(기술 창업론-김진수 등 공저)을 참조하기바란다. 또한, 기술기업의 출구전략에 관한 출구전략은 참 고문헌(기술창업경영론-김종호 등 공저)을 참조하기 바란다.

IPO, M&A 및 우회상장 등이 소개되어 있는데, IPO 개요를 간단히 설명하면, IPO는 기업이 공모를 통하여 일반 대중에게 발행주식을 분산시키고, 기업의 재무내용 등 기업의 실체를 알리는 것이다. 이에 비해 상장이란 주식회사가 발행한 주권이 증권시장에서 거래될 수 있는 자격을 부여하는 것이다. M&A (인수합병) 개요를 간단히 설명하면, 기업이 M&A를 하려는 목적은 기술확보, 신사업 진출, 경영효율성 확보, 위험의 분산, 자금조달능력 향상, 조세절감 등이 있는데, 창업기업의 경우에는 기술은 있으나, 자금부족, 경영관리능력 부족 등으로 피M&A를 통한 투자회수를 고려할 수 있다. M&A의 형태로는 합병, 주식교환, 영업양수도/자산양수도, 주식양수도, 등이 있다. 벤처기업의 M&A에 관해서는 참고문헌(벤처창업과 경영전략-한정화 저)에 특히, 필요성, 활용방법, 현황, 문제점, 활성화방안 및 사례 등의 상세한 내용을 참조하길 바란다. 우회상장(backdoor listing)의 개념을 간단히 설명하면, 비상장기업이 유가증권시장이나 코스닥시장의 상장기업과 합병등을 통하여 상장심사나 공모주계약 등의 절차를 밟지 않고 바로 장내에 진입하는 것을 말하며, 주식인수와 합병이 순차적으로 결합된 형태이다.

기업공개와 상장의 개념, 코스닥(KOSDAQ: Korea Securities DEalers Automated Quotation) 시장의 상장 및 코넥스(KONEX: Korea New Exchange) 시장의 상장 등에 관해서 참고문헌(벤처창업과 경영전략-한정화 저)의 상세한 내용을 참조바란다.

제4절 한국창업보육백서 자료

중소기업청(현 중소벤처기업부 전신)과 KOBIA(사)한국창업보육협회가 2016년 3월 한국창업보육백서(KOREA BUSINESS INCUBATION WHITE PAPER)를 발간하였다. 주요내용은 다음과 같이 구성되어있다. PDF자료를 다운로드하여 (URL: http://bit.ly/2n8uykB) 참조바란다.

제1장 벤처 창업보육사업의 발전과정
제1절 창업보육사업 태동기 (1986년~1996년)
 1. 비즈니스 인큐베이터 제도의 출현
 2. 창업준비 종합 지원센터
 3. 창업교육프로그램 개설
 4. 창업기업보육센터의 등장
 5. 소프트웨어 창업보육센터의 출현

제2절 창업보육사업 성장기 (1997년~ 2004년)

1. IMF와 창업보육센터의 양적 팽창

2. (사)한국창업보육센터협회 출범

3. 센터장 · 매니저 역량 강화

4. 창업보육 정책 활동

5. 창업보육센터 운영평가

6. 창업보육 운영사례 발굴

7. 창업보육 관련 자료 발간

8. 입주기업 사업화 지원활동

9. 창업보육센터 운영 효율성 제고 노력

10. 전국창업보육매니저협의회 출범

제3절 창업보육사업 조정기 (2005년~ 2010년)

1. 창업보육 유사사업의 구조 조정

2. 센터장 · 매니저 역량 강화

3. 창업보육 정책 활동

4. 창업보육센터 기능 강화

5. 입주기업 사업화 지원활동

6. 창업보육 관련 자료 발간

7. 제도 신설과 변화

제4절 창업보육사업 특성화기 (2011년~ 2014년)

1. 창업보육센터 활성화 방안

2. 센터장 · 매니저 역량 강화

3. 한국창업보육협회 재출범

4. 창업보육센터 기능 강화

5. 입주기업 사업화 지원

6. 창업보육 관련 자료 발간

7. 제도의 변화

8. 창업보육 발전의 변곡점

제5절 2018년 창업지원 사업

☐ 중소벤처기업부에 따르면 2018년도 중기부의 기술창업 지원 예산은

○ 메이커스페이스 조성사업(235억원) 신설, TIPS사업 예산 증액(840억원→1,062억원) 등
으로 전년(6,143억원, 본예산 기준) 대비 13.8% 늘어난 6,993억원이라고 밝혔다.

〈중기부, 분야별 창업지원 규모〉

구 분	사업화	R&D	창업 교육	시설 공간	멘토링 컨설팅	행사 네트워크	계
'17년 예산(억원)	2,842	1,989	293	946	55	18	6,143
'18년 예산(억원)	2,892	2,765	308	960	49	19	6,993

* 창업기업에 대한 융자, 보증, 투자는 미포함

□ 또한, 중기부의 창업지원사업 운용계획을 보면,

① 우선, 일자리 창출 우수 창업기업 등에 대한 지원을 강화한다.

　- 창업지원기업 선정 시 '일자리 창출 실적 우수기업'과 '일자리 안정자금 수급기업'에 대해서는 최대가점을 부여하고,

　- 창업사업계획서에 '직원-기업 간 성과공유제 도입' 등 사회적 가치 실천계획을 포함하여 평가하고, 지원 후 5년동안 일자리 변화를 추적 · 관리하여 창업지원사업 개편에 적극 활용할 계획이다.

② 메이커 스페이스 조성사업(235억원), 사내창업 프로그램(100억원) 등을 신설한다.

　- 제조창업 저변을 확대하기 위해 창작공간인 메이커 스페이스를 전국에 신규 조성(65개 내외)하고,

　- 대기업 · 중견 · 중소기업 내 유망 사내벤처팀을 발굴하여 아이템 사업화 및 분사창업에 필요한 자금 · 서비스를 지원한다.

③ 또한, 성공가능성이 높은 창업자를 선발 · 지원하기 위해 민간투자자 등이 창업지원 대상을 선정하면 정부가 후속 지원하는 TIPS 방식을 창업지원 사업 전반으로 확산한다.

　* 민간투자 주도형 기술창업지원(TIPS) : 액셀러레이터 등 TIPS 운영사(기관)가 발굴 · 투자한 기술창업팀에게 보육 · 멘토링과 함께 기술개발 지원하는 프로그램

　- 창업지원사업별 특성에 맞추어 사업 주관기관의 선투자를 의무화하거나, 창업팀 발표를 투자유치식 사업발표(피칭)로 변경해 나갈 계획이다.

④ 산업간 융복합이 이루어지는 4차 산업혁명 시대에 맞추어 신사업 창출 촉진을 위한 팀창업도 촉진한다.

　- 청년과 중 · 장년간 '세대융합형 팀창업'을 지원(128억원)하고, 다양한 분야와 배경을 가진 인재간의 팀창업을 우대 지원할 계획이다.

　□ 한편, 중기부가 과기부 등 관계부처를 통해 취합한 2018년도 창업지원 사업 규모는 총 7개부처 7,796억원으로 조사되었다.

　○ 이번 통합공고에 포함된 창업지원 사업은 'K-스타트업' 홈페이지 (k-startup.go.kr)를 통해 확인할 수 있으며, 사업별 세부계획은 향후 별도 공지될 예정이다.

부처별 창업지원 예산 규모

구 분	교육부	과기부	문체부	농식품부	고용부	중기부	특허청	계
예산(억원)	294	130	37	48	182	6,993	112	7,796

* 창업기업에 대한 융자, 보증, 투자는 미포함

2018년 창업지원 사업

사업명	모집구분		예산 (억원)	소관 부처
	지원대상	주관(수행)기관		
사업화				
창업도약패키지	창업 후 3년 이상 7년 이내 기업	창업진흥원	500	중기부
선도벤처연계 기술창업	2인 이상의 (예비)창업팀 또는 창업 후 3년 이내 기업	창업진흥원 등	76	중기부
민관공동 창업자 발굴육성(Tips)	TIPS 창업팀 중 창업 후 7년 이내 기업	창업진흥원	284	중기부
상생서포터즈 사내창업 프로그램	사내벤처팀	대중소기업농어업 협력재단	100	중기부
스마트벤처캠퍼스	만 39세 이하 창업 후 3년 이내 기업	대학 등 전문기관	124	중기부
세대융합 창업캠퍼스	청년(39세 이하)과 중·장년 (40세 이상)간 팀을 구성한 창업 후 3년 이내 기업	대학 등 전문기관	127.8	중기부
창업선도대학 육성	창업 후 3년 이내 기업	창업선도대학	895	중기부
창업성공패키지 (청년창업사관학교)	만 39세 이하 창업 후 3년 이내 기업	중소기업진흥공단	540	중기부
여성벤처창업 케어 프로그램	창업 후 7년 이내 여성벤처기업	(사)한국여성벤처 협회	6	중기부
장애인기업 시제품제작지원	장애인 예비창업자 및 창업 7년 미만의 장애인기업	(재)장애인기 업종합지원센터	5.6	중기부
장애인 창업 사업화지원 (신규)	장애인 예비창업자 및 업종전환 희망자	(재)장애인기업 종합지원센터	12	중기부
재도전 성공패키지	재창업 후 3년 이내 기업	창업진흥원	150	중기부
글로벌엑셀러레이팅 활성화	(글로벌진출지원) 창업 후 5년 이내 기업	창업진흥원	39	중기부

사업명	모집구분		예산 (억원)	소관 부처
	지원대상	주관(수행)기관		
	(외국인창업) 학사학위 이상 취득한 ①외국인, ②재외동포, ③귀환 유학생 중 창업 후 3년 이내 기업	정보통신산업 진흥원	33	
대학원특화형 창업선도대학 육성	대학(원)생 및 교원	한국연구재단	8	교육부
과기형 창업선도대학 육성	대학(원)생 및 교원	한국연구재단	16	과기부
K-Global ICT 재도전 패키지 지원	재창업 후 7년 이내 기업	정보통신산업 진흥원	32	과기부
K-Global Startup 공모전	ICT분야 창업기업	정보통신산업 진흥원	10	과기부
K-Global 액셀러레이터 육성	엑셀러레이팅 프로그램을 지원하는 국내법인 및 ICT유망 창업기업	정보통신산업 진흥원	18	과기부
K-Global 클라우드기반 SW개발환경지원	창업 후 3년 이내 기업	정보통신산업 진흥원	10.9	과기부
사회적기업가 육성사업	창업 후 1년 이내 기업	한국사회적기업 진흥원	182	고용부
창업발전소 콘텐츠 스타트업 리그 공모·사업화	창업 후 1년 이내 기업	한국콘텐츠진흥원	14	문체부
관광벤처사업 발굴 및 지원	예비창업자 및 창업 3년 이내 기업, 창업 3년 이상 중소기업	한국관광공사	21	문체부
농산업체 판로지원	농식품 분야 창업 후 7년 이내 기업	농업기술실용 화재단	9.6	농식품부
R&D				
창업성장기술개발	창업 후 7년 이내 기업	중소기업	2,727	중기부
재도전 기술개발	재창업 후 7년 이내 기업	중소기업기술정보 진흥원	38	중기부
농식품 벤처창업 바우처사업(R&D)	창업 및 벤처 최초 인증 5년 이내 중소기업	농림식품기술기획 평가원	15	농식품부
창업교육				
청소년 비즈쿨	초·중·고등학생 등 청소년	초·중·고교 등 학교밖 청소년지원 센터	76.7	중기부
대학기업가센터	대학생, 교수 등	대학	19	중기부

사업명	모집구분		예산 (억원)	소관 부처
	지원대상	주관(수행)기관		
창업대학원	창업학 석사과정 희망자	창업대학원	7	중기부
메이커 문화 확산	모든 국민	한국과학창의재단	87.2	중기부
장애인 맞춤형 창업교육	장애인 예비창업자 및 전업희망자	(재)장애인기업 종합지원센터	9.7	중기부
스마트창작터	창업 후 3년 이내 기업	대학 등 전문기관	90	중기부
청년혁신가 인큐베이팅(교육)	산업·사회가 직면한 문제를 해결할 의지가 있는 청년	한국과학창의재단	18	중기부
희망사다리 장학금 (창업유형)	대학생	한국장학재단	286	교육부
지식재산기반 차세대영재기업인 육성	중학생(또는 13~16세)	한국발명진흥회	9	특허청

시설·공간·보육

사업명	지원대상	주관(수행)기관	예산 (억원)	소관 부처
메이커스페이스구축	공공·민간기관 및 단체	한국과학창의재단	235	중기부
창업보육센터	창업 후 3년 이내 기업	창업보육센터	155	중기부
창업보육센터 지원 (건립지원사업)	창업보육센터	지방중소기업청, 한국창업보육협회	51	중기부
시제품 제작터 운영	창업 후 7년 이내 기업	지방중소기업청 (경기, 대구, 광주, 부산, 전북)	27	중기부
시니어기술창업센터	만 40세 이상 창업 후 3년 이내 기업	지자체 및 대학	47.4	중기부
장애인 창업보육실 운영	예비창업자 또는 창업 후 3년 미만 장애인기업	(재)장애인기업 종합지원센터	6.5	중기부
지역혁신생태계구축지원 (창조경제혁신센터)	예비창업자, 창업 후 3년 미만 기업	17개 창조경제 혁신센터	376.6	중기부
판교밸리 창업존 운영	창업 7년 미만 기업	창업진흥원	61	중기부
K-Global 빅데이터 스타트업 기술지원	대학생, 창업자 등	한국정보화 진흥원	8.6	과기부
출판지식 창업보육센터 운영	출판 분야 창업 후 3년 이내 기업	한국출판문화산업 진흥원	2	문체부
농촌현장 창업보육	창업 후 5년 이내 농식품 기업	농업기술실용	7	농식품부

사업명	모집구분		예산 (억원)	소관 부처
	지원대상	주관(수행)기관		
		화재단		
멘토링·컨설팅				
아이디어 사업화 온라인 플랫폼 운영	모든 국민	한국과학기술 정보연구원	39.8	중기부
멘토역량강화 지원	창업멘토	한국과학기술 정보연구원	9.4	중기부
K-Global 기업가정신 프로그램	ICT 유망 중소·벤처 기업가 등	정보통신산업 진흥원	5	과기부
K-Global 창업멘토링	ICT기반 창업초기·재도전기업, 대 학창업동아리	(재)한국청년기업 가정신재단	29.9	과기부
농식품 크라우드펀딩 컨설팅 비용지원	창업 후 7년 이내 농식품 기업	농업정책보험 금융원	0.8	농식품부
농식품 벤처창업 인턴제	농식품 벤처창업이 가능한 아이템 과 의지를 지닌 만39세 이하 예비 창업자	벤처기업협회	3.1	농식품부
IP 디딤돌 프로그램	예비창업자 및 개인	지역지식재산센터	36.4	특허청
IP 나래 프로그램	기술기반 창업기업	지역지식재산센터	55.8	특허청
행사·네트워크				
벤처창업페스티벌	벤처·창업기업, 청년기업 등	창업진흥원	4	중기부
대한민국 창업리그	창업 후 3년 이내 기업	창업진흥원	14	중기부
장애인 창업아이템 경진대회	예비창업자 및 창업 후 3년 미만 장 애인기업	(재)장애인기업 종합지원센터	0.5	중기부
여성창업경진대회	창업 후 2년 이내 여성기업	(재)여성기업 종합지원센터	0.9	중기부
2018 농식품 창업 콘테스트	농식품 분야 창업 5년 이내 (예비) 창업자	농업기술실용 화재단	12	농식품부
대한민국 지식재산대전	전 국민	-	11.1	특허청
총 계			7,796.3	

제6절 전시회 사진

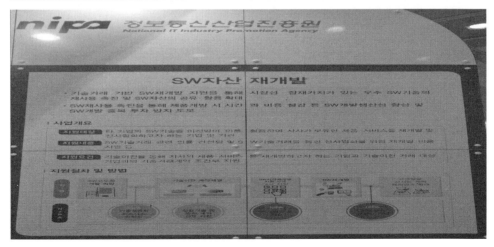

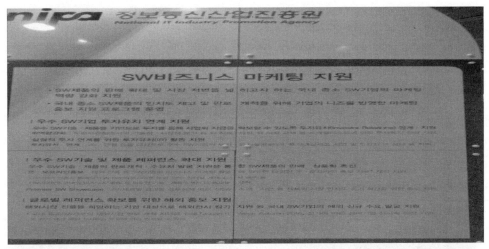

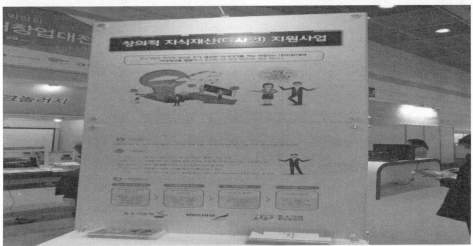

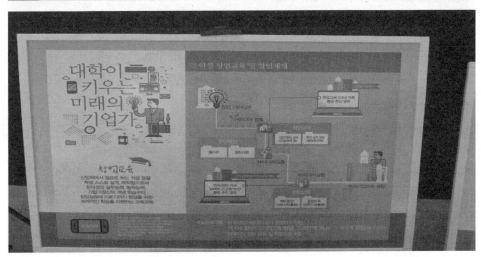

제1부 벤처창업

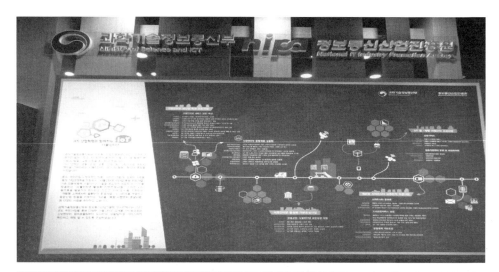

[벤처창업 참고자료 및 웹사이트]

[1] 위키피디어 https://ko.wikipedia.org

   창업진흥원: http://bit.ly/1NSoWQy (from wikipedia.org)

[2] "벤처기업 매출 215조...중기청, 2015년 벤처기업 정밀 실태조사", 전자신문, http://www.etnews.com/20151228000333

[3] 벤처 3만개 시대 열렸다...미래부 창조경제 성과 가시화, 전자신문, 2015년 12월 23일, http://www.etnews.com/20151223000441

[4] 지난해 벤처투자 2조858억원 `사상 최고치`, 전자신문, 2016년 1월, 20일 http://www.etnews.com/20160119000254

[5] 기술창업론 Innovative Start-Up Business 김진수외 4인 (탑북스), 2015년

[6] 중소벤처기업부: http://www.mss.go.kr

[6a] 중소기업청(현 중소벤처기업부): http://www.smba.go.kr

[7] 창업진흥원: http://www.kised.or.kr

[8] 창업넷: http://www.startup.go.kr

   http://facebook.com/startup.go.kr (전화: 1357번)

[9] 정부 창업지원 프로그램 (통합: K-Startup): http://www.k-startup.go.kr

[10] 온라인 법인설립시스템 사이트: http://www.startbiz.go.kr

   (상담센터: 1577-5475)

[11] 신용보증기금 http://kodit.co.kr

[12] 창업에듀(온라인 창업교육): http://edu.k-startup.go.kr

[13] K-ICT창업멘토링센터: http://www.gomentoring.or.kr

[14] 기술창업가이드: http://bit.ly/29ZItSY

[15] 네이버 인물들: http://naver.com

[16] "사업자의 회계와 세무" 2013년, 현대회계법인 김창수

[17] 투자유치 IR Incubating 프로그램, 투자유치 성공 메뉴얼, 2015년, Venture Port

[18] 벤처창업과 경영전략 (제6판), 한정화, 홍문사

[19] 기술창업경영론, 김종호, 윤재홍, 최유준 공저, 이프레스

[20] 인터넷 창업경영, 김윤호, 박태규, 도서출판 청람

[21] 스토리 창업과 경영사례, 유성은, 피앤씨미디어

[22] 창업과 경영 (제3판), 김희오, 윤상환, 김정수, 정용태, 신현우 공저, 피앤씨미디어

[22] 창업경영론, 송경수, 류태모, 박정기, 옥주수, 정동섭, 최수형, 서정기 공저, 피앤씨미디어

[23] 창업개론, 오영환, 신상권, 이태헌, 황우연, 김광현, 박미수 공저, MJ미디어

[24] 한국창업보육백서, 중소기업청(현 중소벤처기업부의 전신), KOBIA (사)한국창업보육협회, 2016년 3월 (PDF URL: http://bit.ly/2n8uykB)

7.1 창업지원사업의 일원화된 온라인 창구인 "K-startup 홈페이지" http://www.k-startup. go.kr를 방문하여 전체메뉴 화면에서 간단히 내용 제목들만 나열하여라.

7.2 중소벤처기업부: http://www.smba.go.kr 웹사이트를 방문하여서 지원정책 창업/벤처 메뉴화면에서 상세 지원정책 종류를 나열하여라.

7.3 창업진흥원: http://www.kised.or.kr 웹사이트를 방문하여서 사업안내 메뉴화면에서 상세한 사업의 종류를 나열하여라.

7.4 SNS(페이스북) 사이트인 http://facebook.com/startup.go.kr을 방문하여, 이번주에 게시된 내용을 간략히 요약하라.

7.5 콜센터(전화: 1357번)에 전화를 하여 어떤 안내를 받을 수 있는지 알아보라.

7.6 창업에듀(온라인 창업교육): http://edu.k-startup.go.kr 웹사이트를 방문하여서 온라인 교육들을 나열하여라.

7.7 K-ICT창업멘토링센터: http://www.gomentoring.or.kr 웹사이트를 방문하여서 센터를 간략히 설명하여라.

7.8 중소기업창업 지원법 및 시행령의 핵심내용을 간략히 반쪽정도로 요약하여라.

7.9 청년창업자 범위 설정과 관련하여, 창업촉진사업 추진 시 우대할 수 있는 예비청년창업자 또는 청년창업자의 범위를 간략히 설명하라.

7.10 전자신문(http://etnews.co.kr)에서 최근의 벤처창업과 관련되는 주요기사를 찾아서 간단히 요약하여 설명하라. 또는 1년대에 소개된 최근의 벤처창업대전에서의 주요전시 내용(전시 사진 등)을 요약하여 설명하라.

● 교재: 기술창업론 1장~7장 ●

1   창업은 중소기업을 새로이 설립하여 사업을 개시하는 것으로 창업기업은 창업후
      (   )년이 경과하지 않은 중소기업'을 의미한다.

2   (   )은 혁신기술을 창출하는 기업의 창업으로 지칭할 수 있으며, 벤처·기술혁
      신·혁신선도·기술집약형 기업의 창업을 포괄하는 의미로 정의됨.

3   빅데이터 산업은 인프라(스토리지, 서버, 네트워크), (   ), 그리고 빅데이터
      이행에 필요한 서비스 부문으로 분류된다.

4   온라인과 오프라인의 결합, 즉 융합을 기반으로 새로운 가치를 창출하는 서비스를 의
      미함. (영어로 풀어서) (   ) 서비스

5   창업 기업의 중요한 성공 요인으로는 혁신적 아이디어, 창업가와 창업팀, 시장, 그리
      고 (   )이 있다.

6   실질적으로 아무것도 아닌 것으로부터 가치 있는 어떤 것을 만들어내는 창조적인 행
      동이며, 현재 보유하고 있는 자원의 부족을 감수하여 새로운 기회를 추구하고, 비전을
      추구함에 있어 다른 사람들을 이끌 열정과 헌신, 계산된 위험을 감수하는 의지 등을
      총체적으로 의미하는 개념"은 무엇을 설명하는가? (   )

7   환경적 요인을 통한 (   ) 발견을 위한 가장 효과적인 분석기법 중의 하나가
      PEST (정치적, 경제적, 사회적, 기술적 변화나 요인) 분석기법이다.

8   창업아이디어 개발방법으로서, 어떤 문제를 해결함에 있어 일체의 판단이나 비판을
      배제하는 자유로운 분위기에서 머릿속에 떠오르는 다양한 생각과 아이디어를 쏟아냄
      으로써 창의적인 아이디어를 만들어내는 기법을 말한다. (한글로) (   )

9 창업가에게 있어서 혁신이란 단순히 기존에 없던 새로운 무언가를 창출해내는 것이 아니라, 바로 (   )를 창출하는 프로세스 개념으로 이해해야 한다.

10 창의적 디자인 사고의 핵심 가치는 (   ), 실현가능성, 그리고 지속성이다.

11 예비 창업가는 (   ) 검증과정을 통하여 창업자의 역량, 시장성, 기술성, 수익성 등을 객관적으로 점검할 수 있을 것이며 보다 효과적인 창업을 준비할 수 있다. (한글로)

12 실현가능성을 영어로 표현하라. (   )

13 지식재산권은 창작보호 여부, 법 목적, 규제형식 등 여러 가지 기준에 의해 다양하게 분류해 볼 수 있는데, 크게 (   ), 저작권, 신지식재산권으로 구분된다.

14 특허 등록되었을 때 특허권의 보호범위를 결정하는 역할을 하는 매우 중요한 부분으로서, (   )에 기재된 발명을 기초로 특허청에서 심사를 진행한다.

● 교재: 벤처창업, 특허, RFP 및 표준 1주~7주 ●

15 Entrepreneurship을 우리말로 표현하면? (   )

16 온라인 법인설립시스템 체험서비스에서 제공하는 5가지 회사의 종류는 (   ),
유한회사, 유한책임회사, 합명회사, 합자회사가 있다.

17 중소기업 정책의 기획·종합, 중소기업의 보호·육성, 창업·벤처기업의 지원, 대·중
소기업 간 협력 및 소상공인에 대한 보호·지원에 관한 사무를 관장하는 대한민국의
중앙행정기관은? (   )

18 유망한 예비창업자의 발굴·창업 촉진, 창업자의 우수한 아이디어 사업화, 국내외 창
업진흥 우수사례 조사·연구 및 전파, 중소·벤처기업의 창업 진흥을 위한 기획·조
사·연구·정책개발 등의 주요기능 및 역할을 하는 기관은? (   )

19 청년전용창업자금의 지원내용에서 신청자격은 만 (   )세 이하의 예비창업자 및
창업 3년 미만의 기업이다.

20 청년창업특례보증 사업은 청년사업가의 아이디어가 상품화 될 수 있도록 청년창업에
특화된 제도를 마련하여 청년의 창업기회를 확대하기 위해 도입하였으며, 대상 자금
은 창업 및 운영을 위한 (   )자금, 사업장 임차자금 및 (   )자금이며, 동일
기업당 지원한도 보증금액은 3억원 이내이다.

21 컴퓨터시스템을 통합구축하는 산업활동과 고객의 사업장에서 컴퓨터시스템의 관리 및
운영관련 전문적/기술적 서비스를 제공하는 산업의 트렌드는 개별 개발보다는 기업
또는 공공기관이 필요로 하는 정보시스템에 관한 설계/기획에서부터 개발과 구축, 운
영까지의 전 과정을 통합적으로 제공하는 (   )사 형태로 변화되고 있다. (영어 약
어로)

22 자료처리 및 DB 구축, Web 및 Server Hosting, Streaming Service를 제공하거나 Internet 정보매개 Service 및 기타방식의 정보제공을 하는 업종 명칭은? (   )

23 재무상태표의 다른 명칭은 (5자로)? (   )

24 중소기업 및 벤처기업이 직접 자금조달을 할 수 있도록 지원하기 위해 설립된 유가증권 시장을 영어로(줄여서) 쓰면? (   )

25 일본의 사업가로 현 소프트뱅크 그룹의 대표이사 겸 CEO이자 일본 프로 야구 후쿠오카 소프트뱅크 호크스의 구단주이며, 현재 일본 최고의 재벌이며, 재일 한국인 3세인 인물은? (   )

26 미국의 기업가이며 투자자로, 아마존닷컴의 설립자이자 CEO이다. 처음에는 인터넷 상거래를 통해 책을 판매하였으며, 이후에 넓고 다양한 상품을 판매하고 있는 인물은? (   )

27 중소벤처기업부-(전)중소기업청은 창업지원사업의 일원화된 온라인 창구인 (영어로) (   ) 홈페이지를 개설하여, 정부의 다양한 창업지원사업을 창업교육, 시설·공간 등 8개 카테고리로 일목요연하게 제공하고, 업력, 연령 등에 따라 검색할 수 있는 기능도 강화하였다.

28 이번학기에 참관한 전시회의 명칭을 적고, 보고 느낀 내용을 간략히 요약하면?

제2부

특허

특허의 정의 및 역사

특허제도는 발명을 보호·장려함으로써 국가산업의 발전을 도모하기 위한 제도이며 (특허법 제1조) 이를 달성하기 위하여 「기술공개의 대가로 특허권을 부여」하는 것을 구체적인 수단으로 사용하는 것이다. 특허권을 받기 위하여 출원발명이 갖추어야 할 요건으로는 산업에 이용할 수 있어야 하며(산업상 이용가능성) 출원하기 전에 이미 알려진 기술(선행기술)이 아니어야 하고(신규성) 선행기술과 다른 것이라 하더라도 그 선행기술로부터 쉽게 생각해 낼 수 없는 것이어야(진보성) 한다. 특허권은 등록을 통해 효력이 발생하며 존속기간은 출원일로부터 20년(실용신안 10년)이면서 권리를 획득한 국가에서만 효력이 발생(속지주의)한다.

특허의 역사적인 시작은 1624년 제정한 최초의 특허법령으로서 Statute of Monopolies (독점권 조례)를 들 수 있다. 영국의회가 새로운 산업을 창출하고 경제를 강화하기 위해 만든 것으로서 이 독점권 조례 이전에는 왕의 칙령으로서 독점권을 돈을 받고 부여하였다. 엘리자베스 1세 때는 심지어 소금, 전분과 같은 일용품에도 특허를 부여하는 등 부작용이 심해서 이러한 군주의 권력 남용을 막기 위해서 1624년 5월 25일 영국 의회가 조례를 통과시켰다. 이 법은 봉건주의에서 자본주의로 이행하는 주요한 변화 중 하나이기도 하다. 역사적으로 영국의 특허법은 관습법에 기반한다. 군주가 산업생산을 늘리기 위한 경제보호의 형태로 특허를 부여하였다. 이러한 관습은 군주가 통제하는 특정 산업에 대한 독점권을 갖는 '길드'가 행사하였다. 14세기 영국의 경제는 다른 유럽에 비해 뒤쳐졌고 1331년 에드워드 2세가 이를 극복하기 위해 외국 노동자와 발명가들이 영국에 정착하게 만들기 위해 영국의 견습공을 훈련시키고 지식을 전달한다는 조건에서 '길드' 정책으로부터 보호해주는 보호칙령 (letters of protection)을 내렸다. 이 칙령은 완전한 독점권을 부여하는 건 아니고 영국을 돌아다니고 무역을 할 수 있게 허락한 연장된 여권 정도였다. 최초의 완전한 특허는 1449년 4월 3일 John of Utynam에게 부여된 독점권이다. 이탈리아에서는 1420년대에 완전한 산업 특허와 독점권을 부여하였다. 이 후 영국에서는 산업 특허를 부여하는 것이 일상적으로 이루어졌다. 1537의 기록으로서 베니스의 비단상인으로부터 헨리 8세의 비서에게 보낸 편지인데, 15년에서 20년 동안 비단을 키우는 독점권을 보호하는 왕의 공개 칙령을 내려달라는 편지로서 허락이 되었다. 1561년 엘리자베스 1세 때는 모든 산업에 독점권이 허락되었다. 하지만 심지어 소금, 전분에 까지 부여되는 독점권으로 왕과 의회에 분쟁이 있었고, 1601년 특허에 대한 관리를 관습법 법정으로 넘기는 것에 동의하였으나, 왕의 권력 남용이 계속 있었고 1624년 독점 조례가 의회를 통과하였다.

특허의 영어단어인 Patent의 어원은 14세기 영국에서 국왕이 특허권을 부여할 때, 다른 사람이 볼 수 있도록 개봉된 상태로 수여되었으므로 특허증서를 개봉된 문서, 즉 Letters Patent 라 하였으며 그 후 "Open" 이라는 뜻을 가진 Patent가 특허권이라는 뜻으로 사용되게 되었다. 특허남용은 공정거래법 조항이나 취지를 위반하여 특허권을 이용하거나 자유경쟁을 훼손시킬 정도로 그 권리범위를 허락된 범위 이상으로 확장하여 특허권을 이용하는 경우에 생긴다. 지식재산권의 부당한 행사가 권리남용에 해당하는지 여부에 대하여는 다툼이 있으며, 공정거래법은 지식재산권의 행사를 권리남용이 아니라고 예외를 규정하고 있으나 공정거래위원회 심결례에서는 이를 인정하고 있는 사례가 다수 있다. 민법 제2조 제2항은 권리남용금지 원칙을 규정하고 있다. 지재권에 관한 출원, 청구 기타 절차를 밟는 자로부터 징수하는 것으로 역무제공에 대한 반대급부 또는 보수를 말하며, 개개의 특정의 이용자로부터 징수한다는 점에서 일반 조세와 차이가 있다. 특허법상의 수수료에는 출원료, 심사청구료, 심판청구료, 이의신청료, 기간연장수수료 등이 있다.(특허법 제82조)

◉ 특허제도의 기원

- 최초의 특허법(1474년) : 르네상스 이후, 북부 이탈리아 도시국가 베니스에서 모직물공업 발전을 위해 법을 제정하여 제도적으로 발명을 보호 → 갈릴레오의 양수, 관개용 기계에 대한 특허 (1594년)

- 현대적 특허법의 모태 : 영국의 전매조례 (Statute of Monopolies : 1624 ~ 1852) : 선발명주의, 독점권(14년), 공익위배 대상 특허 불인정 → 산업혁명의 근원이 되는 방적기, 증기기관 등이 탄생

◉ 특허제도의 목적

- 특허제도는 발명을 보호 · 장려함으로써 국가산업의 발전을 도모하기 위한 제도이며 이를 달성하기 위하여 기술공개의 대가로 특허권을 부여하는 것을 구체적인 수단으로 사용

◉ **특허 요건**

- 출원발명은 산업에 이용할 수 있어야 하며 (산업상 이용가능성), 출원하기 전에 이미 알려진 기술(선행기술)이 아니어야 하고(신규성), 선행기술과 다른 것이라 하더라도 그 선행기술로부터 쉽게 생각해 낼 수 없는 것이어야 함(진보성)

◉ **특허권의 효력**

- 특허권은 설정등록을 통해 효력 발생하며 존속기간은 출원일로부터 20년(실용신안권 10년)권리를 획득한 국가 내에만 효력발생 (속지주의)

제1절 특허법

우리나라에서는 1946년 특허법을 제정하고 특허원을 창립하였으며, 1977년 특허청으로 확대되었으며, 1979년에 세계지식재산권기구(WIPO), 1980년에 파리협약(Paris Convention), 1984년에 특허협력조약(Patent Cooperation Treaty) 등 중요한 특허관련 국제협약에 가입하였다. 특허법은 산업발전을 궁극적인 목적으로 하고 있어 주로 발명자 또는 승계인에게 부여되는 "발명의 보호" 측면만으로는 발명의 장려수단이 될 수 있을지는 모르나 반드시 그것만으로 법 목적을 충족하고 있다고 볼 수는 없다. 즉, 발명의 이용기회가 담보되지 않는 발명자의 보호만으로는 특허법 그 자체의 목적을 달성할 수 없으므로 특허법은 제3자에게 발명을 이용할 기회를 제공하는 것을 준수해야 될 하나의 의무로 부과하고 있다. 이러한 발명의 이용은 출원인의 특허청에 대한 발명의 개시를 전제로 해서 "발명공개"와 "발명실시"를 통해 이루어진다.

특허권자의 의무: 특허권에 따르는 의무로는 실시의무, 정당 실시의무, 특허료 납부의무, 특허청에 대한 보고의무 등이 규정되어 있다. 특허권은 **등록주의**에 기반하며 자연적으로 발생하는 것이 아니라 설정등록에 의해 발생한다는 원칙이다. 출원하여 등록받지 못하면 권리를 행사하지 못한다.

재현성: 발명이 일정한 확실성을 갖고 동일한 결과를 반복할 수 있는지의 가능성을 말한다. 특허법상 발명은 자연법칙을 이용한 기술적 창작으로서 고도한 것을 말하며 자연법칙을 이용한다는 요건으로서는 반복실시 가능성이 문제가 된다. 일반적으로 자연법칙을 이용한 발명이 되기 위해서 필요한 재현성은 100%일 필요는 없고, 어느 정도 확실성이 있으면 된다.

특허권의 효력범위: 출원일로부터 20년이 경과하면 소멸하며, 특허권은 속지주의 원칙상 대한민국의 주권이 미치는 영토 내에서만 효력을 가진다. 출원일은 출원의 선·후관단의 시

간적 기준으로서 특허청에 대한 서류의 제출효력이 발생한다. 우리나라는 특허청에 도달한 일시에 효력이 발생한다는 도달주의를 원칙으로 하고 출원서, 청구서 기타의 서류를 우편으로 제출하는 경우에는 우체국에 제출한 일시에 특허청에 도달한 것으로 본다는 발신주의를 예외적으로 채택하고 있다.

선출원주의: 하나의 발명에 대하여 복수의 출원이 있을 경우 그 발명을 한 시점의 선후를 문제삼지 않고 출원한 시점의 선후만을 비교하여 먼저 출원한 자에게 특허를 부여하는 제도이다.

특허권의 보호범위: 특허발명의 보호범위는 특허청구범위에 기재된 사항에 의하여 정하여 진다. (특허법 제97조)

특허독립의 원칙: 산업재산권제도 자체가 원래 자국의 산업보호의 정신에 기하여 각국이 독립한 제도로서 발전시킨 결과 자국에서 부여한 권리에 대하여만 보호하며 다른 나라에서 부여된 권리의 효력은 그 나라에서만 미치고 제3국에는 미치지 않는다는 원칙이다.

제2절 특허의 조건

신규성: 특허등록요건 중의 하나로 종래의 기술과 구별되는 신규한 사항이 있어야 한다. 특허출원 전에 국내에서 공지되었거나 공연히 실시된 발명이나 특허출원 전에 국내 또는 국외에서 반포된 간행물에 기재된 발명은 신규성을 상실한다. 판매로 인해 신규성을 상실한다. 미국에서는 특허출원일로부터 1년 전에 그 발명이 미국에서 판매된 경우에는 특허를 취득할 수 없도록 하고 있다.

유용성: 특허를 받을 수 있는 발명의 조건의 하나로써, 유익한 용도에 쓰일 수 있는지 여부이다. 미국 특허법 제101조는 신규하고 유용한 방법, 장치, 제품, 조성물 또는 이들에 관한 신규하고 유용한 개량발명을 한 자는 본법이 정하고 있는 바에 따라 그 발명이 특허 받을 수 있다고 규정하고 있다. 여기서 유용성이란 발명이 실시가능하고, 그 발명의 실시가 사회에 유용하다는 것을 의미하므로 신규성, 비자명성과 함께 특허성을 판단하는 데 하나의 기준이 되고 있다.

진보성: 발명의 창작수준이 그 발명이 속하는 기술분야에서 통상의 지식을 가진 자가 공지발명으로부터 용이하게 발명할 수 없을 정도로의 창작성이 있는 것이어야 하며, 특허법상의 법률용어는 아니며 관용어이다. 발명의 비자명성, 발명의 비용이성이라고 하기도 한다.

실시가능성: 명세서의 작성요건으로서, 유효 특허의 기재시 해당 기술분야에서 통상의 지식을 가진 자가 과도한 실험없이 해당 발명을 만들어 사용할 수 있도록 반드시 발명에 대한 설명을 충분히 명확하게 해야 한다는 미국 특허법 제112조의 요건이다. 심사관은 청구된 발명의

실시가능성이 결여된 경우에는 실체적 거절이유를 통지한다. 이에 대해 출원인은 발명의 실시가능성을 심사관에게 입증하여야 하며, 모형, 작동모델, 전시품 등과 같은 적당한 수단에 의해 입증할 수 있다. 또 실시가능성을 주장하는 선서진술서 또는 선언서를 제출하여 실시가능성을 주장할 수 있다. 또한 장치의 실시가능성이 문제된 경우 출원인은 심사관에게 그 점에 대하여 충분히 입증하여야 한다.

적격성: 특허 등 지식재산권을 등록받기 위하여 출원을 하는 경우 해당 발명을 출원할 수 있는지에 대한 자격이 있다. 주로 모인출원 내지 직무상 발명에 있어 출원 적격이 있는지가 문제되며, 공동발명의 경우에도 적격성이 문제될 수 있다.

수치한정 발명: 청구항에 기재된 발명의 구성에 없어서는 아니 되는 사항의 일부가 수량으로 표현된 발명으로 대부분 온도, 압력 등 관용적으로 사용되는 변수 중 하나 이상을 일정 수치범위로 한정한다. (파라미터 발명)

용도 발명: 새로이 발견된 새로운 용도에 의해 정의되는 물의 발명을 의미하며, 물질이 갖는 특정성질(속성)을 특정의 용도로 이용하는 발명이다.

제3절 특허의 활용

특허 권리의 승계: 특허를 받을 수 있는 권리는 계약 또는 상속 기타의 일반승계에 의하여 이전할 수 있다. 그러나 승계인은 재산권으로서의 특허를 받을 수 있는 권리만을 승계하는 것이고 발명자의 명예권은 발명자에게 남기 때문에, 출원서에는 실제 발명자의 성명을 기재하여야 한다. 특허권 또는 상표권을 침해한 자는 5년 이하의 징역 또는 5천만원 이하의 벌금에 처한다.

위증죄: 법률에 의하여 선서한 증인이 허위의 진술을 하는 죄로서 특허법에서는 증인 · 감정인 또는 통역인이 특허심판원에 대하여 허위의 진술 · 감정 또는 통역을 한 때에는 5년 이하의 징역 또는 1천만원 이하의 벌금에 처하도록 규정된 죄이다.

특허법에서는 침해죄, 위증죄, 허위표시의 죄, 사위행위의 죄, 비밀누설죄 등을 규정하고 각각에 대하여 과태료, 벌금, 징역형 등의 처벌을 과할 수 있게 하고 있다.

침해행위: 지식재산권을 침해하는 행위로 그 행위태양은 특허법 제127조 등에서 규정하고 있다. 특허법 제127조는 특허가 물건의 발명인 경우에는 그 물건의 생산에만 사용하는 물건을 생산, 양도, 대여 또는 수입하거나 그 물건의 양도 또는 대여의 청약을 하는 행위이며, 특허가 방법의 발명인 경우에는 그 방법의 실시에만 사용하는 물건을 생산, 양도, 대여 또는 수입하거

나 그 물건의 양도 또는 대여의 청약을 하는 행위를 침해행위의 유형으로 예정하고 있다.

지재권은 무체재산권의 일종으로 권리자의 양도 등에 의한 처분이 자유롭게 이루어질 수 있다. 지재권의 이전은 매매, 증여, 교환, 출자, 신탁 등의 법률행위에 의해 이루어지거나, 상속, 판결. 경매, 수용 등의 법률행위 이외의 사유에 의해 이루어진다.

합리적 로열티: 특허발명의 실시에 대하여 통상 받을 수 있는 금액에 해당하는 액수이다. 특허권자는 침해자에게 실시료 상당액을 손해액으로 하여 그 배상을 청구할 수 있다. (특허법 제128조 제3항) 이는 특허권 등의 침해에 대해 배상받을 수 있는 최소한의 손해액의 의미가 있다.

경상기술료 (running royalty): 라이센스된 기술에 대한 이용료(로열티)를 지불하는 방식 중의 하나로 일정한 비율과 산정기준에 의한 금액을 주기적으로 지불하는 방법이다.

통상실시권 (non exclusive licence): 산업재산권 권리자가 타인에게 일정한 범위 내에서 자신의 권리를 실시(사용)하게하는 권리이며 전용실시(사용)권과는 달리 설정등록이 없어도 설정효력이 발생한다.

상호저촉특허: 소유자는 다르면서 권리범위에서 서로 중복되거나 결합되는 특허이다. 실제 실시하기 위해서는 각 특허에 대한 라이센스가 각각 필요하며, 이런 문제를 해결하기 위해서는 해당 특허간의 크로스 라이센싱이나 특허풀에 기탁해 두는 것이 필요하다.

직무발명 보상: 발명에 의하여 사용자 등이 얻을 이익의 액과 그 발명의 완성에 사용자 등 및 종업원 등이 공헌한 정도를 고려하여 직무발명에 대한 보상액을 결정하며, 발명보상, 출원보상, 등록보상, 실적보상 등이 있다.

: 특허의 라이센스 계약에서 라이센스된 특허를 실시하는 과정에서 실시권자가 개발한 개량발명의 특허를 실시허락자가 실시권자에게 양도 또는 실시허락을 요구하는 것이다.

손해배상: 특허권자는 고의 또는 과실에 의하여 특허권 또는 전용실시권을 침해한 자에 대하여 이로 인해 입은 손해에 대해 배상을 청구할 수 있다. 이는 민법의 손해배상청구권에 근거한 청구권이며, 특히 특허법에서는 손해액의 산정과 관련하여 법 제128조에 특별규정을 두고 있다.

강제실시권: 공공의 이익보호와 특허권의 남용방지 등과 같은 일정한 경우, 권리자의 동의나 허락없이 정부가 특허를 강제로 실시하게 하는 것으로 특허법 제106조 및 제107조에 규정되어 있다. 최근 공중보건과 관련하여 도하아젠다가 채택되어, 저개발국에 대한 수출을 목적으로 강제실시권을 행사할 수 있도록 허용되었다.

통상실시권 설정의 재정: 특허권자가 특별한 사유도 없이 특허발명을 실시하지 않는 등의 사유가 있을 경우 그 발명의 실시를 필요로 하는 제3자가 특허권자에게 특허발명의 실시허락을 받기 위해 협의를 시도하였으나 협의가 불성립시 특허청장의 결정(재정)에 의해서 특허발명을 업으로 할 수 있도록 통상실시권을 설정시켜 주는 제도이다.

고의적 침해: 침해자가 문제 특허의 존재를 알고 있으며, 본인의 행위가 합법적으로 믿을 만한 합리적인 근거없이 침해행위를 행하는 경우 고의침해가 성립된다. 미국의 경우 고의침해는 징벌적인 3배 배상의 판단근거가 되며, 고의침해를 피하기 위해서는 적절한 주의의무를 다하여야 하는데 그 중 한 가지 방법으로서 변호사의 비침해 혹은 무효의 의견을 받아 두는 것이 바람직하다.

국제소진: 특허권의 소진이 국제적으로 이루어진다고 보는 입장으로, 이 경우 병행수입된 상품은 수입국에서도 권리소진이 이루어진 것이므로, 특허권자가 수입국으로의 병행수입을 막을 수 없게 된다.

허수아비특허 (scarecrow patent): 경쟁자를 견제하기 위해 침해소송에서 경쟁자를 위협하려는 특허권자가 사용하는 잠재적으로 무효이거나 너무 광범위한 특허를 말한다.

잠수함 특허: 출원이 장기간 숨겨진 특허이다. 출원공개제도가 없는 국가(예, 미국)의 특허제도 하에서 생기는 현상으로 출원된 특허내용이 수면아래(비공개)에 있다가 갑자기 수면위로 돌출(공개)된다고 해서 붙여진 이름이다.

매체특허: 특허성이 있는 소프트웨어 관련 발명이 형상화된 소프트웨어를 기록한 매체를 특허청구범위에 기재한 특허이다.

우회발명: 기존의 등록된 특허와 유사한 발명으로서 특허권에 대한 침해가 되지 않도록 발명의 구성요건에 추가요소를 포함시키는 등 회피 설계한 발명이다.

기술이전: 특허법 등 관련법률에 의하여 등록된 특허, 실용신안, 디자인, 반도체배치설계, 기술이 집적된 자본재, 소프트웨어 등 지식재산인 기술 및 디자인, 기술정보 등이 양도, 실시권 허여, 기술지도 등의 방법을 통하여 기술보유자로부터 그 외의 자에게 이전하는 것을 말한다.(기술이전촉진법 제2조 제1호).

무상실시권: 대가의 지불없이 성립된 실시권이다. 직무발명에 관하여 특약이 없어도 사용자는 무상의 실시권을 가진다.

제4절 특허관련자

발명자: 발명자란 진실로 발명을 한 자연인으로서 해당 발명의 창작행위에 직접 가담한 자로서, 단순한 보조자, 조언자, 자금제공자는 발명자가 될 수 없다.

출원대리인: 발명자에 대한지식재산권 출원사무의 대리인(변리사). 특허 등 지식재산권의

출원을 대리하는 사람으로, 변리사법 제2조는 변리사는 특허, 실용신안, 디자인 또는 상표에 관하여 특허청 또는 법원에 대하여 하여야 할 사항의 대리 및 그 사항에 관한 감정 기타의 사무를 행함을 업으로 한다고 규정하고 있다.

양수인: 특허 등 지식재산권에 관한 권리를 타인으로부터 매입하였거나 양도받은 자연인 또는 법인이다.

양도인: 특허에 관한 권리를 타인에게 매도하거나 양도하는 자연인 또는 법인.

공개번호: 출원중인 모든 특허출원의 내용을 일정기간이 경과하거나 출원인의 신청에 의해 특허공보에 게재하여 공중에게 공표하는 경우, 공표되는 특허출원에 부여되는 번호.

기술심리관: 기술심리관제도는 특허청 항고심판소의 심결에 대하여 곧바로 대법원에 상고하도록 되어 있던 구 특허법 제186조 제1항이 위헌이라는 주장에 대해 특허사건은 기술을 아는 자가 심리하여야 한다는 주장이 맞서면서 그 절충안으로 1998년 3월 1일 도입되었으며, 현재 특허법원, 서울중앙지방법원, 대법원에 기술심리관이 파견되어 있다.

심판관: 특허심판원에 속해 있으며 특허, 실용신안, 디자인, 상표에 관한 심판과 재심 및 이에 관한 조사 및 연구업무를 수행한다. 심판관의 자격은 특허법 시행령 제8조 제2항에 규정하고 있다.

심사관: 심사관이 될 수 있는 자는 특허청 또는 그 소속 기관의 5급 이상의 일반직 국가공무원으로서 국제특허연수원에서 소정의 심사관 연수과정을 수료한 자이다. 이외에도 심사관의 직급에 해당하는 공무원으로서 변리사의 자격이 있는 자는 국제특허연수원에서 심사관 연수과정의 수료 없이도 심사관이 될 수 있다.

9.1   특허권을 받기 위하여 출원발명이 갖추어야 할 요건을 요약하여 설명하라.

9.2   특허권에서 재현성에 관하여 요약하여 설명하라.

9.3   특허법에서 특허권의 효력범위를 요약하여 설명하라.

9.4   특허법에서 선출원주의를 요약하여 설명하라.

9.5   특허법에서 특허권의 보호범위를 요약하여 설명하라.

9.6   특허의 조건에서 신규성, 유용성 및 진보성을 요약하여 설명하라.

9.7   특허의 활용에서 합리적 로얄티와 경상기술료를 요약하여 설명하라.

9.8   특허의 활용에서 통상실시권과 그랜트백(grant back)을 요약하여 설명하라.

9.9   특허의 활용에서 강제실시권과 매체특허를 요약하여 설명하라.

9.10   특허관련자 중에서, 출원대리인과 심사관을 요약하여 설명하라.

제2장

특허출원 및 심사절차

제1절 특허출원

특허출원은 등록을 받으려고 하는 특허를 양식에 맞게 작성하여 특허청에 접수하는 것이다. 출원된 특허는 특허청의 심사관이 심사하여 등록을 결정한다. 특허출원은 본인이 직접 할 수도 있으며, 특허에 관한 전문인인 변리사의 도움을 받아 출원할 수 있다.

특허출원은 온라인으로 '특허로' 웹사이트(http://patent.go.kr)에서 할 수 있다. '특허로' 사이트에서 출원 등의 절차를 진행하기 위해서는 먼저 본인의 사용자 식별코드를 부여 받기 위해서 사용자등록신청 (출원인코드 부여신청)을 하고, 온라인출원 및 전자문서교환을 위해 공인인증서를 등록한다. 다음으로 출원문서 작성 전에 특허문서(명세서, 보정서, 의견서 등)와 첨부문서(위임장, 증명 등) 작성과 변환을 위하여 필요한 문서작성SW를 다운받아 설치한다. PCT국제출원서 작성을 위해서는 WIPO에서 개발 보급하는 서식작성기(PCT-SAFE) 또는 특허문서작성기와 특허청에서 개발 보급하는 특허문서작성기 등을 설치한다. 중간서류를 작성하기 위해 서식작성기(KEAPS) 또는 통합서식작성기(PKEAPS), 첨부서류입력기 및 서열목록작성기를 필요에 따라 설치한다. 설치한 특허문서작성기(NK-Editor)를 실행하여 명세서, 보정서(도면) 등을 상세히 작성한다. 또한, 필요에 따라 PC에 설치한 첨부서류입력기를 실행하여 출원서 제출시 필요한 위임장, 증명서 등을 스캔 및 변환하여 첨부한다. 작성된 전자문서를 특허청에 온라인 제출하고, 접수번호(납부자번호), 출원번호, 심판번호 등을 부여받는다. 서식작성기(KEAPS) 또는 통합서식작성기(PKEAPS)를 이용하여 생성한, 최종 압축파일(ZIP)을 온라인제출 서비스를 통해 제출한다. Easy 출원 서비스를 이용하여 작성하는 경우에는 저장기능이 없으므로, 작성과 동시에 인증완료 후 온라인 제출을 해야 한다. PCT-SAFE로 작성된 PCT국제출원서 파일도 온라인 제출서비스를 통해 제출할 수 있다. 특허청에 제출한 문서의 처리결과 및 진행상태를 확인할 수 있다. 제출결과의 조회는 인증서(특허청인증서 또는 공인인증서) 로그인이 필요하다.

가출원: 미국의 제도로서 출원일의 우선일을 빨리 얻기 위해 할 수 있다. 명세서는 영어 이외의 언어도 가능하며, 청구범위를 기재할 필요가 없고, IDS (Information Disclosure Statement) 제출의무가 부가되지 않는다. 가출원 후 1년 이내에 정규출원을 하면 가출원 일자가 미국 출원일로 인정된다.

요약해서 부연 설명하면,

◉ 특허 출원이란?

특허를 받을 수 있는 권리를 가진 자가 그 발명의 공개를 전제로 하여 특허청에 대하여 특허를 받고자 하는 의사를 객관적으로 표시하는 행위를 말한다. 특허 절차는 출원으로부터 시작되는데 출원인은 출원서류를 제출할 때 출원서에 미리 부여받은 출원인코드를 기재할 수 있으며, 이와 같이 출원인코드를 기재한 경우에는 절차를 밟고자 하는 자의 특정을 위한 주소를 기재하지 않아도 된다. 출원인이 출원서류를 제출하면 접수번호가 부여되며, 그 접수번호를 부여받은 날의 다음날까지 수수료를 납부하면 특허청장 등이 방식심사를 하게 된다. 방식심사란 특허청장 등이 출원인이 제출한 출원서류를 수리할 것인지 여부를 심사하는 것을 말한다. 특허청장 등은 방식심사 결과 제출된 서류에 흠결이 있으면 절차의 무효나 반려(불수리) 처분을 하게 된다.

특허제도를 활용하여 독점권을 얻기 위한 출원의 종류에는 특허출원, 실용신안등록출원, 이중출원, 업그레이드 출원, 해외출원 등이 있으며, 그에 따라 얻을 수 있는 권리의 영역도 출원의 종류에 따라 다소 상이하다.

가장 넓은 영역의 권리를 확보하기 위해서는 모든 종류의 출원을 한꺼번에 하는 것이 이상적이겠지만, 이를 위해서는 많은 비용과 수고가 소요되는 것이므로, 기업은 그 사업아이템의 성격, 사업의 확장 추이 등을 종합적으로 검토하여, 가장 합리적인 방법을 선택하는 것이 바람직하다.

◉ 선 출원주의와 선 발명주의

동일한 발명이 둘 이상 출원되었을 때 어느 출원인에게 권리를 부여할 것인가를 결정하는 기준으로서 선출원주의와 선발명주의가 있으며 우리나라는 선출원주의를 채택하고 있음.

-선 출원주의: 발명이 이루어진 시기에 관계없이 특허청에 먼저 출원한 발명에 권리를 부여

기술의 공개에 대한 대가로 권리를 부여한다는 의미에서 합리적이며 신속한 발명의 공개를 유도할 수 있음. 발명의 조속한 공개로 산업발전을 도모하려는 특허제도의 취지에 부합.

-선 발명주의: 출원의 순서와 관계없이 먼저 발명한 출원인에게 권리를 부여. 발명가 보호에 장점이 있음. 특히 사업체를 가지고 있지 않은 개인발명가들이 선호하는 제도. 발명가는 발명에 관련된 일지를 작성하고 증인을 확보해야 하며 특허청으로서는 발명의 시기를 확인하여야 하는 불편이 있음

◉ 출원서류의 구성

- 출원서: 출원인, 대리인 및 발명(고안)의 명칭 등
- 명세서
  발명의 상세한 설명 : 정하는 기재방법에 따라 명확하고 상세하게 기재
  청구범위 : 특허발명의 보호범위
- 도면: 필요한 경우 기술구성을 도시하여 발명을 명확히 표현
- 요약서: 발명을 요약정리 (기술정보로 활용)

◉ 특허 출원의 종류

1. 국내출원

아이템에 관한 사업화가 결정되면 일단 그 기본적인 내용에 대하여 국내특허출원 또는 국내 실용신안출원을 하여야 한다. 해외출원은 그 국내출원일로부터 1년 이내에만 이루어지면, 그 사이에 일어난 타인의 행위로 인한 불이익을 받지 않게 되므로, 해외출원 여부는 국내출원일 로부터 1년 이내에만 결정하면 된다.

2. 이중출원

아이템에 관하여 특허출원과 실용신안출원의 효용이 모두 있다고 판단되는 경우에는 하나 의 아이템에 관하여도 이중으로 특허출원 및 실용신안출원을 모두 할 수 있다. 다만 비용 기타 의 제약이 있는 경우에는 특허와 실용신안 중 하나만 우선적으로 출원할 수 있으며, 특허출원 을 먼저 하는 것이 더 바람직하다.

3. 업그레이드 출원

사업아이템의 기본적 내용에 관하여 출원을 해 놓은 상태에서, 그 아이템을 보강할 수 있는 업그레이드 기술에 관한 아이디어가 떠오른 경우, 그 출원일로부터 1년 이내에 이를 본래의 출원에 덧붙여 하나의 출원(국내우선권주장 출원)으로 할 수 있다. 따라서 현재 기술개발 과 정에 있는 아이템의 경우, 일단 기초적인 내용에 관하여 기본출원을 함으로써 우선적 지위를 확보해 두고, 그 후 1년 동안 개발된 내용을 보강하여 완전한 내용으로 다시 업그레이드 출원 을 함으로써, 소기의 목적을 달성할 수 있는 것이다.

4. 해외출원

국내출원 후 그 출원된 아이템에 관한 사업의 진행 중 국내뿐만 아니라 해외에서도 그 사업 의 성공가능성이 있는 경우, 수출할 외국에도 특허출원을 함으로써 독점적 사업권을 확보하 는 것이 바람직하다. 국내출원된 내용과 같은 내용을 외국에 출원하고자 하는 경우, 그 국내출 원일로부터 1년 이내에만 출원하면 국내출원일에 비해 외국출원일이 늦어짐에 따른 불이익 을 받지 않게 된다. 즉, 해외출원은 국내에 비해 많은 비용이 소요되므로 신중한 판단 및 결정 이 필요한데, 이런 결정은 국내출원일로부터 1년 이내에 이루어져야 한다.

5. PCT

해외출원의 경우 특허를 받고자 하는 국가의 특허사무소에 사건을 의뢰하게 되는데, 그 비용이 각국마다 약 1,000만원 정도로, 사업가에게는 부담이 되지 않을 수 없다. 더욱 어려운 점은 국내에서 이제 막 사업을 시작한 아이디어가 과연 해외에서 성공할 수 있을 것인지, 성공한다면 어느 국가에서 성공할 수 있을 것인지에 관한 판단을 1년 이내에 해야 한다. 출원인의 부담을 덜어주기 위하여 국제출원제도라는 것이 있다. 국제출원제도는 단 하나의 출원(국제출원)에 의해 출원인이 지정한 다수의 국가에 대한 특허출원을 한번에 할 수 있도록 하며, 실제로 비용이 소요되는 시기가 출원일로부터 30개월까지 연장될 수 있도록 한다.

즉, 출원인으로 하여금 그 아이디어에 관하여 세계 각국에서의 우선적인 권리를 확보한 채, 사업화 여부를 결정하기 위한 시간을 충분히 벌 수 있도록 한다는 점에서 국제출원제도의 매력이 있다.

제2절 특허보정

출원의 절차상 또는 내용상의 흠결을 특허청장 또는 특허심판원장의 명령에 하거나 출원인이 자진하여 법령에서 정하는 요건에 따라 요지변경이 해당되지 않는 범위에서 일정한 기간 내에 정정하거나 출원인의 본래의 의도대로 내용을 바로잡는 것이다.

신규사항: 출원서, 청구범위나 도면에 나타나지 아니한 신규사항. 이러한 신규사항에 대하여는 보정이 허용되지 않는다. 계류 중인 특허출원이나 재발행 특허를 위한 출원서에 최초로 첨부된 명세서 또는 도면에 기재된 사항의 범위를 벗어나는 사항을 의미하며, 당업자 수준에서 자명한 사항은 신규사항에 해당하지 않는다. 계속출원에서 신규사항을 추가할 경우 일부계속출원(continuation-in-part application)으로 진행하여야 한다.

보정서: 자진으로 또는 심사관의 통지(office action)에 의한 거절이유를 해소하기 위하여 출원인이 보정가능 기간 또는 지정기간 이내에 명세서 또는 도면을 수정하여 제출한 문서이다.

보정각하: 법규에 허용되는 범위를 넘은 보정행위에 대해서 심사관 등 권한 있는 자가 그 보정을 각하하는 처분이다. 출원인이 제출한 보정서가 명세서 또는 도면의 요지를 변경한 경우 이를 거부하는 결정이다. 요지 변경 즉 최초 출원서에 기재된 내용의 실질적인 부분을 변경하는 것으로 보정의 대상이 되지 않아 보정이 불인정된다. 현행 특허법에서는 요지변경제도를 없애고 신규사항의 추가를 금지하고 있다.

보정각하결정에 대한 불복심판: 출원인이 제출한 보정서가 명세서 또는 도면의 요지를 변경한 경우 이를 결정으로 거부하는 행정처분을 보정각하라 하며, 이 보정각하 결정에 대해 출원인이 불복하여 특허심판원에 청구하는 심판이다.

제3절 특허심사

특허의 출원에서부터 등록까지의 심사절차는 방식심사, 출원공개, 실체심사, 특허결정, 특허공고의 순서를 따르며, 그 의미는 다음과 같다.

방식심사: 서식의 필수사항 기재 여부, 기간의 준수여부, 증명서 첨부 여부, 수수료 납부 여부 등 절차상의 흠결을 점검하는 심사이다.

출원공개: 출원공개제도는 출원 후 1년 6개월이 경과하면 그 기술내용을 특허청이 공보의 형태로 일반인에게 공개하는 제도로서 심사가 지연될 경우 출원기술의 공개가 늦어지는 것을 방지하기 위하여 도입한 것이다. 출원공개가 없다면, 출원기술은 설정등록 후 특허공보로서 공개된다. 출원공개 후, 제3자가 공개된 기술내용을 실시하는 경우에 출원인은 그 발명이 출원된 발명임을 서면으로 경고할 수 있으며, 경고일로부터 특허권 설정등록일까지의 실시에 대한 보상금을 권리획득 후 청구할 수 있다. (가보호권리). 1년 6개월의 기간은 우선권주장을 수반하는 외국출원과 국내출원의 균형을 유지하기 위한 것이다. (우선기간 12월, 우선권증명서제출기간 4월, 공개준비 2월)

실체심사: 특허요건, 즉 산업상 이용가능성, 신규성 및 진보성을 판단하는 심사로서 이와 함께 공개의 대가로 특허를 부여하게 되므로 일반인이 쉽게 실시할 수 있도록 기재하고 있는가를 동시에 심사한다. (기재요건)

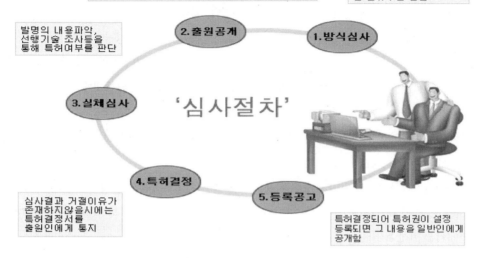

특허출원에 대하여 그 출원일로부터 1년6월이
경과한 때 또는 출원인의 신청이 있는 때는 기술
내용을 공개 공보에 게재하여 일반인에게 공개

출원의 주체, 법령이 정한
방식상 요건 등 절차의
흠·결유무를 점검

발명의 내용파악,
선행기술 조사등을
통해 특허여부를 판단

2.출원공개

1.방식심사

3.실체심사

'심사절차'

4.특허결정

5.등록공고

심사결과 거절이유가
존재하지않을시에는
특허결정서를
출원인에게 통지

특허결정되어 특허권이 설정
등록되면 그 내용을 일반인에게
공개함

특허출원후 심사 흐름도

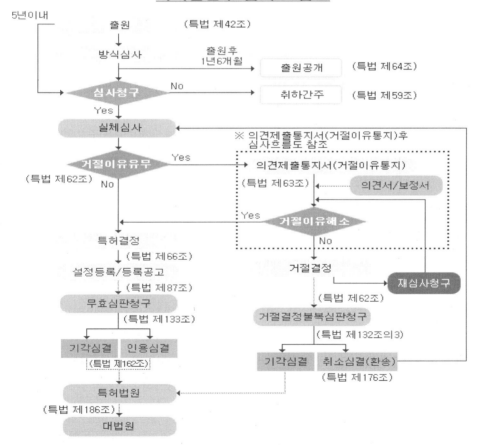

심사청구: 심사업무를 경감하기 위하여 모든 출원을 심사하는 대신 출원인이 심사를 청구한 출원에 대해서만 심사하는 제도로서, 특허와 실용신안의 심사청구기간은 3년(다만, 특허의 원출원일이 2017. 3. 1.이전인 경우에는 5년)이다.

특허결정: 출원이 특허요건을 충족하는 경우, 심사관이 특허를 부여하는 처분이다.

거절결정: 심사관이 출원을 심사한 후, 등록요건을 만족하지 못했다고 판단할 때 내리는 결정이다. 거절결정을 내릴 때에는 심사관이 특허청장에게 보고하고 출원인에게 거절이유를 통지하며 기간을 정하여 의견서 제출의 기회를 부여한다.

거절 결정 불복심판: 심사관의 판정에 불복하여 출원인이 거절결정등본을 받은 날로부터 30일 이내에 특허심판원에 청구하는 심판이다.

등록공고: 특허결정이 되면 출원인은 등록료를 납부하여 특허권을 설정 등록한다. 이때부터 권리가 발생되고, 설정 등록된 특허출원 내용을 등록공고로 발행하여 일반인에게 공표한다. 심사를 거쳐 특허가 확정된 발명의 내용을 일반에게 공표하고, 이에 대하여 일반에게 일정 기간 특허이의신청을 인정하여 심사의 완전성과 공정성을 기함과 동시에 특허분쟁을 미연에 방지하고 또한 특허내용을 공개함으로써 이중투자, 중복연구를 방지하기 위한 제도이다. 이전 특허법에서 특허 등록 전에 출원공고를 하고 이의신청을 받던 제도가 폐지되면서 새 특허법에서 도입된 제도이다. 등록된 특허를 공중에게 공표하는 제도라는 점에서 등록 전의 출원을 공표하는 출원공고제도와 구별된다.

출원절차의 포기: 특허출원의 경우 단독출원인 또는 공동출원인 전원은 출원절차를 포기할 수 있음. 적법하게 제출된 출원포기서의 수리와 동시에 당해 특허출원은 종료된다. (출원의 포기: 출원사건의 절차를 도중에 그만두는 것) 보정명령, 거절이유(rejection, objection) 등에 대한 답변에 있어 제출기간 내에 적절한 절차를 밟지 아니한 경우, 출원으로부터 포기서가 제출된 경우, 특허 발행료를 납부하지 아니한 경우가 있다.

열람: 출원계속 중인 서류에 대해서는 일반인은 열람 할 수 없다. 다만, 출원인, 출원인의 법적 대표자, 양수인, 대리인 등은 출원서류를 열람할 수 있다.

국내 우선권 출원: 우리나라에 기 출원된 특허출원 또는 실용신안출원(원출원)의 발명 또는 고안에 기초하여 우선권을 주장하여 원출원일로부터 1년 이내에 특허출원 또는 실용신안출원을 하는 경우에 특허심사 등의 기준일을 선출원일로 인정한다.

국제 우선권 출원: 파리조약에 의해 인정되는 것으로 동맹 제1국의 정규의 최선 출원인 또는 그 승계인이 동일발명에 대하여 동맹 제2국에 일정기간 내에 특허 출원하여 우선권을 주장하는 경우, 특허요건 및 선후 원 적용에 있어서 제2국의 출원에 대하여 제1국의 출원일에 출원된 것과 동일하게 취급할 것을 주장할 수 있는 절차상의 특별한 권리를 말한다. 특허출원 시에 이

러한 우선권 주장을 같이하여 행하여진 특허출원을 우선권 주장을 수반하는 출원이라 한다. 지식재산권을 최초 출원한 날(선출원일)로부터 일정한 기간 내에서 선출원 명세서 또는 도면에 기재된 발명(고안)과 동일한 내용을 출원(후출원)하면서 선출원한 사실을 주장하면, 신규성, 진보성, 선후원관계 등의 규정을 적용함에 있어 선출원일의 출원시에 후출원이 출원된 것으로 보는 제도이다.

조기공개: 특허출원은 원칙적으로 1년 6개월이 경과한 후 공개하지만 당해 발명 모방자의 발명실시에 대하여 보상금 청구권 주장 등 출원인이 적극 대응할 수 있도록 하기 위해서 그 이전이라도 공개를 할 수 있도록 하고 있다.(특허법 제64조) 우선심사청구시에도 조기공개를 하여야 한다.

요약해서 부연설명하면,

◉ **우선심사제도**

특허출원은 심사청구 순서에 따라 심사하는 것이 원칙이나, 모든 출원에 대해서 예외없이 이러한 원칙을 적용하다 보면 공익이나 출원인의 권리를 적절하게 보호할 수 없는 면이 있어 일정한 요건을 만족하는 출원에 대해서는 심사청구 순위에 관계없이 다른 출원보다 먼저 심사하는 제도.

◉ **특허청구범위제출 유예제도**

출원일부터 1년 2개월이 되는 날까지(출원심사청구의 취지를 통지받은 경우에는 통지받은 날부터 3개월이 되는 날까지) 명세서의 특허청구범위 제출을 유예할 수 있는 제도.

제출기한 이내에 특허청구범위를 제출하지 않으면 취하 간주되며, 특허청구범위가 제출된 경우에 한하여 심사청구 가능.

◉ **심사유예신청제도**

늦은 심사를 바라는 고객의 요구를 충족시키기 위해 특허출원인이 원하는 유예시점에 특허출원에 대한 심사를 받을 수 있는 제도.

늦게 심사받는 대신 희망시점에 맞춰 심사서비스 제공(심사유예 희망시점으로부터 3월 이내 심사서비스 제공 예정.

심사청구시 또는 심사청구일로부터 9개월 이내에 유예희망시점을 기재한 심사유예신청서를 제출하면 이용 가능(별도 신청료 없음).

◉ **분할출원**

2이상의 발명을 하나의 특허출원으로 신청한 경우 그 일부를 하나 이상의 출원으로 분할하여 출원.

◉ **변경출원**

출원인은 출원후 설정등록 또는 거절결정 확정 전까지 특허에서 실용신안 또는 실용신안에서 특허로 변경하여 자신에게 유리한 출원을 선택할 수 있음.

◉ **조약우선권주장**

파리협약이나 WTO 회원국간 상호 인정되는 제도로 제1국출원후 1년내에 다른 가입국에 출원하는 경우 제1국 출원에 기재된 발명에 대하여 신규성 진보성 등 특허요건 판단일을 소급하여 주는 제도.

◉ **국내우선권주장**

선출원후 1년 이내에 선출원 발명을 개량한 발명을 한 경우 하나의 출원에 선출원 발명을 포함하여 출원할 수 있도록 하는 제도.

◉ **직권보정제도**

출원에 대해 심사한 결과 특허결정이 가능하나 명백한 오탈자, 참조부호의 불일치 등과 같은 사소한 기재불비만 존재하는 경우, 의견제출 통지를 하지 않고도 보다 간편한 방법으로 명세서의 단순한 기재불비 사항을 수정할 수 있도록 함으로써 심사 지연을 방지하고 등록 명세서에 완벽을 기하고자 마련된 제도.

◉ **재심사청구(심사전치) 제도**

심사후 거절결정된 경우 거절결정불복심판을 청구한 후 명세서를 보정한 건에 대해 다시 심사를 하였으나(심사전치제도) 개정 특허법에 따라 거절결정후 심판청구를 하지 않더라도 보정과 동시에 재심사를 청구하면 심사관에게 다시 심사받을 수 있음(재심사청구제도)

◉ **처리기간**

심사처리기간이란 심사청구일로부터 심사착수 시점까지의 기간으로 심사처리기간의 장기화는 권리행사기간의 단축을 초래하고, 신기술의 사업화와 수익화를 저해함.

이에 따라 특허청은 특허심사관 증원, 선행기술조사 외주용역 확대, 성과주의 경영을 통한 심사처리실적의 극대화, 자동검색시스템 구축, 6시그마 경영 도입 등을 통해 '06년 말 이후 세계에서 가장 빠른 심사서비스를 제공.

특허 심사처리기간 단축 현황

년도	2004	2005	2006	2007	2008	2009	2010	2011
1차심사처리기간	21.0	17.6	9.8	9.8	12.1	15.4	18.5	16.8

주요국 심사처리현황

구분	미국(2010)	유럽(EPO)	일본(2010)
심사처리기간(개월)	24.6	21.8	28.7

(참조 URL: http://bit.ly/2AleznQ http://bit.ly/2Ak4HuI http://bit.ly/2ER45QX)

제4절 특허명세서

특허명세서에는 특허를 받고자 하는 발명 기술을 작성하는데, 발명의 명칭, 요약, 도면의 간단한 설명, 발명이 해결하려는 과제, 발명의 상세한 설명, 특허 청구범위, 도면 등을 작성한다.

발명의 명칭: 발명의 명칭은 출원의 시작부분 또는 첫 부분에 기재하여야 한다. 발명의 명칭은 청구된 발명을 적절하게 설명하여야 하며, 인덱스, 분류, 조사를 할 때 유용한 것이 바람직하다. 보정을 명하여도 바람직한 발명의 명칭으로 보정되지 아니하면 심사관은 직권으로 발명의 명칭을 보정할 수 있다. 직권으로 보정된 발명의 명칭은 허가통지서에 기재된다.

도면의 간단한 설명: 도면이 첨부된 경우에 명세서에 기재되며, 첨부 도면의 종류, 도시상태 및 도시부분에 대한 설명을 간단히 기재한다.

요약서: 발명의 기술내용을 용이하게 파악하기 위한 문서로서, 특허발명의 보호범위를 정하는데 사용될 수 없다.(특허법 제43조) 요약서는 검색자가 특허에 기재된 발명의 필수내용에 관한 정보를 신속하게 얻을 수 있도록 하는 것에 목적이 있다.

배경기술: 청구된 발명의 이해, 검색 및 심사를 용이하게 하기 위하여 배경기술을 명세서에 기재하여야 하며 문헌이 있는 경우 문헌명을 기재하여야 한다.

발명이 해결하려고 하는 과제: 종래 기술의 문제점을 분석하여 그 문제점으로부터 발명이 해결하고자 하는 과제를 기술한다.

발명의 상세한 설명: 특허출원된 발명의 내용을 상세하게 기재하고 있는 명세서에서 가장 중요한 부분으로 실질적으로 특허청구항의 기초가 된다. 특허권은 발명의 공개에 대한 대가로 부여되는 것이기 때문에 아무리 특허청구범위에 기재되어 있다 하더라도 그것이 발명의 상세한 설명에 의하여 뒷받침되지 않으면 안된다.

불명료한 기재: 발명의 상세한 설명에는 당해 기술분야의 통상의 지식을 가진 자가 발명의 상세한 설명의 기재를 보고 발명을 쉽게 이해함으로써 시행착오나 별도의 실험절차 등을 거치지 아니하고 생산, 사용 등 재현 가능한 정도로 발명을 기재하여야 하며 상기 조건을 만족하

지 않는 경우 불명료한 기재가 된다.

실시예: 발명의 기술적 사상을 구체화하고 실질적으로 형태를 부여한 예이다.

청구항: 당해 특허출원발명이 특허된 경우 특허발명으로서 보호되는 보호범위적 기능과 발명을 구성하는 구성요건적 기능을 수행하는 부분으로 독립항과 종속항이 있다. 종속항은 독립항을 한정하거나 부가하여 구체화하는 청구항으로서 인용되는 항의 특징을 모두 포함하며, 종속항은 필요한 때에는 그 종속항을 한정하거나 부가하여 구체화하는 다른 종속항의 형태로도 기재할 수 있다.

기재불비: 명세서의 기재가 특허법에서 규정하는 발명의 상세한 설명 또는 청구범위에 기재되어야 할 요건을 구비하고 있지 않은 것으로 특허 출원의 거절이유가 된다.

제5절 특허관련 국제협약

국제특허분류는 미국(USPC), 일본(JPC), 유럽(ECLA) 등 각국마다 다른 분류체계를 사용하여 왔으나, 국제적으로 통일된 특허 분류체계가 필요함에 따라 1968년에 국제특허분류(IPC)가 도입되었다. 목적으로는 특허문헌을 체계적으로 정리해서, 특허문헌에 포함되어 있는 기술 및 권리정보에 용이하게 접근할 수 있게 하기 위하고, 특허정보의 모든 이용자에게 정보를 선택적으로 보급하고, 주어진 기술분야에서 공지기술을 조사하고, 여러 영역에서의 기술발전을 평가하는 공업소유권 통계를 내기 위한 것이다. 섹션, 클래스, 서브클래스, 메인그룹, 또는 서브그룹의 계층 구조로 이루어지면, 다음과 같은 섹션들로 구분된다. 기타 세부내용은 특허청 홈페이지 메인화면의 '코드/분류 조회' 또는 WIPO 홈페이지(www.wipo.int/classifications/ipc/en/) 를 참조바란다.

A 섹션 - 생활필수품

B 섹션 - 처리조작, 운수

C 섹션 - 화학, 야금

D 섹션 - 섬유, 종이

E 섹션 - 고정구조물

F 섹션 - 기계공학, 조명, 가열, 무기, 폭파

G 섹션 - 물리학

H 섹션 - 전기

세계지식재산기구(WIPO, World Intellectual Property Organization): 산업재산권 문제를 위한 파리협약(1883), 저작권 문제를 위한 베른조약(1886), 특허협력조약 및 특허법조약 등을 관리하고 지식재산권 분야의 국제협력을 위하여 1967년 스톡홀름에서 체결하고 1970년에 발효한 세계 지식재산기구설립조약에 따라 설립되었다. 1974년 국제연합의 전문기구가 되었다. 회원국은 184개국이며, 한국은 1979년 3월에 가입하였다.

파리협약(Paris Convention): 산업재산권의 국제적 보호를 위하여 1883년 파리에서 체결, 각국의 특허제도상의 차이를 인정하면서 중요한 사항에 대하여 국제적으로 통일된 규범을 규정하였으며, 우리나라는 1980년 5월에 가입하였고, 가맹국은 172개국이다. 주요내용으로는 특허독립의 원칙 (속지주의), 내외국인 동등의 원칙, 우선권제도 등이 있다.

특허협력조약(PCT: Patent Cooperation Treaty): 파리조약 제19조에 따른 특별협정의 하나로서 국제적인 특허출원 절차요건의 통일화에 주안점을 두고 1970년 워싱턴에서 개최된 외교회의에서 채택되어 1978년 1월 24일 발효되었다. PCT에 의한 국제출원은 출원인이 국제사무국 또는 자국 특허청(수리관청)에 특허를 받고자 하는 국가를 지정하여 PCT국제출원서를 제출하면 각 지정국에서 정규의 국내출원으로 인정해주는 제도이다.

특허법조약(PLT : Patent Law Treaty) 및 특허실체법조약(SPLT : Substantive Patent Law Treaty): 각국 특허제도의 절차적 및 실체적 사항을 통일함으로써 다른 나라에서의 특허취득을 원하는 출원인의 편의성을 제고하고 비용절감을 도모하기 위한 국제적인 논의로서 '86년 이후 90년까지 8차에 걸친 회의 개최를 통하여 조약 기본안 (Draft Patent Harmonization Treaty)이 마련되었으나, 클린턴정부 출범 이후 미국이 선발명주의 고수입장으로 회귀함에 따라 조약 타결에 실패하였다. 1995년 이후 WIPO의 주도로 통일화에 장애가 되는 실체적 사항을 제외하고 논의를 진행한 결과, 2000. 6월 절차적 사항에 관한 조약인 특허법조약이 타결되었다. 10개국이 가입하면 조약발효 (2005. 7. 28. 발효), 2012년 5월 기준으로 32개국이 가입하였다. 주요내용으로는 출원일 설정 기준, 출원서류의 서식 및 작성방법, 제출서류의 서식, 언어 및 표기사항, 기간의 연장 및 권리의 복원, 우선권 주장의 정정 및 추가 등이 있다. 2000년 11월 이후 WIPO는 특허요건 판단기준 등 실체적 사항을 통일하기 위하여 특허실체법조약안을 마련하고 특허법상설위원회 (Standing Committee on the Law of Patents : SCP)를 중심으로 조약안을 논의한다. WIPO는 그간의 SPLT 논의과정에서 각국이 제기한 의견을 종합하여 수정조약안을 작성하였으나, 전통지식 및 유전자원 문제가 새로운 변수로 부각되고 있어 단기간 내의 타결 전망은 불투명하다.

　　PCT국제출원: 특허협력조약(Patent Cooperation Treaty; PCT)에 의한 국제출원은 출원인이 자국 특허청(수리관청)에 특허를 받고자 하는 국가를 지정하여 PCT 국제출원서를 제출하면 각 지정국에서 정규의 국내출원으로 인정해 주는 제도로서, 2008년 10월 1일 기준으로 139개국이 가입되어 있다. 국제출원이 접수되면 수리관청에서 서류작성의 적정여부 등에 대한 방식심사(접수 후 1개월 이내, 우선일 부터 13개월경)를 한다. 국제조사기관에서 선행기술조사 및 특허성에 관한 검토를 하여 그 결과를 "국제조사보고서" 및 "견해서"로 작성(조사용사본의 수령 통지일부터 3개월 또는 우선일 부터 9개월 중 늦은 때까지이며, 통상 우선일 부터 16개월경)하여 출원인 및 국제사무국에 통보한다. 국제사무국에서는 우선일 부터 18개월경과 후 국제출원 일체 및 국제조사보고서에 대하여 국제공개를 한다.

　　별도의 선택적 절차인 국제예비심사를 청구하는 경우(통상 우선일 부터 22개월) 국제예비심사기관은 특허성에 관한 예비적인 심사를 하여 그 결과를 "특허성에 관한 국제예비보고서(PCT 제2장)"으로 작성하여 출원인에게 통보한다. (통상 우선일 부터 28개월 시점). 출원인은 상기 보고서 등을 기초로 실제 특허를 얻고자 하는 국가에 국제출원의 번역문 및 국내수수료 등을 납부하는 국내단계에 진입(통상 우선일 부터 30개월 이내)하여 해당 지정국에서 특허 심사절차를 밟는다. 우리나라는 우선일로부터 31개월 이내에 국내 단계절차를 밟는다. 우리나라 특허청을 수리관청으로 하여 출원하는 출원인은 국제조사기관으로 한국, 오스트리아, 호주, 일본 특허청(일본어 출원에 한함)중 하나를 선택할 수 있으며, 국제예비심사기관으로는 한국, 오스트리아, 일본 특허청(일본에서 국제조사를 받은 경우에 한함) 중 하나를 선택할 수 있다.

　　※ 국외 PCT국제출원 중 우리나라를 국제조사기관으로 지정한 나라는 필리핀, 베트남, 인도네시아, 몽고, 뉴질랜드, 미국, 싱가포르, 말레이시아, 스리랑카, 호주, 칠레, 페루, 태국이 있다.

PCT 출원절차

PCT국제출원에 필요한 서류: PCT국제출원을 하기 위해서는 Request(국제출원서), 명세서, 청구범위, 요약서, 도면(있는 경우), 서열목록(해당하는 경우)으로 이루어진 국제출원 관련 서류를 별도로 제출해야 한다. 국내출원시 제출한 서류를 그대로 제출하는 것이 아님에 유의하여야 한다. 명세서도 국내출원과 달리 PCT규칙에서 규정하는 기술순서에 따라 작성하여야 하며, 국내 출원과 달리 명세서와 청구범위를 구분하여 별도로 작성하여야 한다. 국제출원서(Request)는 반드시 한국어, 영어 또는 일본어(일본어 출원의 경우)로 작성하여야 한다.

제3장

변리사 및 특허분쟁

제1절 변리사

　변리사는 발명자를 대신하여 특허청 또는 법원에 특허 실용신안 디자인, 상표에 관한 사항을 대행하는 직업으로서 변리사 시험에 합격하거나 변호사로서 변리사 등록을 함으로써 자격을 갖는다. 변리사는 1차 시험과 2차 시험으로 실시한다. 특허청 소속의 7급 이상 공무원으로써 10년 이상 특허업무의 경력이 있는 사람은 1차 시험이 면제되고 특허청의 5급 이상 공무원은 1차 시험과 2차 시험의 일부 과목을 면제한다. 1차 시험에 합격하면 다음 시험에는 1차 시험을 면제한다. 변리사 자격을 가진 사람이 변리사 업무를 하기 위해서는 특허청에 등록하여야 한다. 변리사는 한 사람당 1개의 사무소만 설치할 수 있다. 특허법인은 5명 이상의 변리사를 구성원으로 설립할 수 있으며, 특허청장이 인가한다. 특허법인은 분사무소를 둘 수 있으며, 특허법인의 구성원과 소속변리사는 소속특허법인외의 다른 특허관련 업체에서 일할 수 없다. 변리사는 특허, 실용신안, 디자인 도는 상표에 관한 사항의 소송대리인이 될 수 있다.

　대한변리사회: 변리사법에 의해 설립된 법인으로서 변리사 및 특허법인이 가입하여야 한다. 대한변리사회는 특허청장이 감독한다. 변리사회는 등록된 변리사의 전문분야 등의 필요한 정보를 제공받아 공개한다. 등록된 변리사는 변리사회가 시행하는 연수교육을 받아야 한다. 변리사이거나 변리사였던 사람이 정당한 사유없이 업무상 알게 된 특허에 관한 비밀을 누설하거나 도용하면 5년 이하의 징역 또는 1천만원 이하의 벌금에 처한다.

변리사 시험과목 및 배점

　제 1차 시험: 1교시 (산업재산권법(특허법, 실용신안법, 상표법, 디자인보호법 및 조약 포함), 2교시, 민법개론(친족편 및 상속편 제외), 3교시: 자연과학개론(물리, 화학, 생물, 지구과학 포함), 영어능력검정시험의 해당 기준점수 이상 취득자로서, 영어과목을 제외한 나머지 과목에 대하여 매 과목 100을 만점으로 하여 매 과목 40점 이상, 전 과목 평균 60점 이상을 득점한 자 중에서 전 과목 총득점에 의한 고득점자 순으로 결정

　　제 2차 시험: 1일차 (특허법, 상표법), 2일차 (민사소송법, 전공- 디자인보호법(조약 포함), 반도체공학, 저작권, 제어공학, 산업디자인, 데이터구조론. 기계설계, 발효공학, 열역학, 분자생물학).　일반응시자: 매 과목 100점을 만점으로 하여 매 과목 40점 이상, 전 과목 평균 60점 이상을 득점한 자를 합격자로 결정하되, 전 과목 평균 60점 이상을 득점한 자가 최소합격인원에 미달하는 경우에는 매 과목 40점 이상을 득점한 자 중에서 전 과목 평균 득점에 의한 고득점자 순으로 결정. 특허청 경력자: 매 과목 100점을 만점으로 하여 매 과목 40점 이상을 득점한 자 중 응시과목 평균득점이 일반응시자 최종 순위 합격자의 합격점수 이상 득점한 자를 합격자로 결정.

공인 어학성적 기준점수:

험명	TOEIC	TEPS	TOEFL			G-TELP	FLEX
			CBT	IBT	PBT		
일반응시자	775점 이상	700점 이상	220점이상	88점이상	560점 이상	77점이상 (Level-2)	700 점 이상
청각장애인	387점 이상	420점 이상	146점이상	41점이상	373점 이상	51점이상 (Level-2)	350 점 이상

제2절 특허분쟁

　　변리사는 특허 · 실용신안 · 의장 · 상표에 관하여 특허청 또는 법원에 처리해야 할 일을 대신해주거나 그 사항에 관한 감정이나 사무를 담당하는 지식재산 분야의 전문가를 말한다. 쉽게 말해 발명에 대한 권리를 확보하기 위해 법적인 업무를 대신하고, 발명에 대한 감정과 사무 등 지식재산에 대한 업무를 담당하는 것이다. 산업재산권에 대한 출원 및 등록과 산업재산권 분쟁에 관한 심판 및 소송 대리로 구분 할 수 있다.

　　자신의 특허를 타인에게 도용당하거나 침해당했을 경우 특허 권리자는 특허소송을 통해 이를 해결 할 수 있다. 특허소송에는 어떤 것이 있으며, 특허소송에서 변리사의 역할은? **특허심결취소소송**과 **특허침해소송**에 대해 알아보고 소송 진행 시 변리사가 하는 역할에 대해 알아본다.

Ⅰ. 특허심결취소소송

심결취소소송은 행정소송으로써 특허심판원의 심판에 불복하는 자는 특허법원에 심결취소소송을 제기할 수 있다. 특허심판원의 행정작용(심결)의 적법성을 판단하는 사법작용이라 할 수 있다. 즉, 심결취소소송에서는 심결취소사유의 존부에 관하여 심리 판단하며 심결의 위법 여부를 선언하게 된다. 변리사와 변호사 모두 소송대리를 진행할 수 있다. 심결취소소송의 경우 전체 소송 건수 중 80% 이상을 변리사가 대리하고 있다.

심결취소소송의 절차는 다음과 같다.

1. 소장의 제출과 서면 공방

　　가. 원고의 소장 제출

　　나. 피고의 답변서 제출 등

2. 사건의 분류와 변론의 준비

　　가. 사건 분류

　　나. 변론기일을 지정할 사건의 변론준비

　　다. 사건 관리를 위한 화상회의

　　라. 변론준비기일

3. 변론기일의 운영

　　가. 변론의 진행

　　나. 쟁점별 집중 심리

　　다. 청구항 해석에 관한 심리

　　라. 심결취소소송과 관련 침해소소의 심리

4. 증거의 조사와 전문가의 참여

　　가. 증거의 신청 일반

　　나. 검증 및 감정

　　다. 전문가 증인

5. 서류의 작성 및 서증의 제출

　　가. 소장, 답변서, 준비서면

　　나. 증거설명서

　　다. 서증 등

Ⅱ. 특허침해소송

특허침해소송은 특허등록을 받은 권리자의 허락 없이 무단으로 기술이나 제품을 사용할 경우 특허권자가 민형사상 소송을 제기할 수 있는 부분이다. 특허소송의 주요 쟁점은 특허의 유/무효 및 권리 범위에 속하는지 여부를 다투는 것인데, 두 개의 소송 모두 쟁점이 같음에도 불구하고 우리나라 변리사의 소송대리권은 심결취소소송에만 인정되고 있다. 민사소송법 8조에 보면 '법률에 따라 재판상행위를 할 수 있는 대리인 외에는 변호사가 아니면 소송대리인이 될 수 없다'라고 나와 있다. 일반적으로 특허침해소송은 변리사 없이 변호사만이 진행할 수 있는 부분은 아니기에 변리사의 경우 '업무협조'를 통해 특허침해소송을 진행하고 있다. 특허소송 권리범위 침해 판단 방법은 다음과 같다.

1단계 : 특허청구범위 해석을 통한 특허발명의 기술적 범위 확정
(특허청구범위의 문언해석/발명의 상세한 설명/공지기술/출원 경과 등의 참작)
2단계 : 특허발명과 확인대상 발명의 비교 - 문언침해의 판단
3단계 : 특허발명과 확인대상 발명의 비교 - 균등침해의 판단
4단계 : 특허발명의 간접침해 등 기타 침해 이론 적용

변리사의 경우 '업무협조'를 통해 특허침해 소송을 진행하고 있다고 했는데 특허침해소송에서 변리사의 역할은 크게 네 가지로 구분할 수 있다.

소장작성	소장 작성을 위해서는 특허 내용의 기술적 이해와 분석, 해당 기술분야의 선행기술에 대한 조사와 분석, 특허와 침해대상품의 기술적 비교, 특허 침해 관련 특허법 이론과 실무에 대한 이해가 필요하다 →기술과 특허의 전문가인 변리사의 도움을 통해 적절한 소장을 작성할 수 있다.
답변서, 준비서면 작성	소장 작성과 마찬가지로 답변서와 각종 준비서면을 작성할 때에도 기술과 특허 전문가인 변리사의 도움을 통해 제대로 된 변론준비를 할 수 있다.
변론준비기일에서의 기술설명	재판부가 석명을 요구하는 각종 기술 및 특허 쟁점에 대해 변리사가 진술하는 경우가 많고 변호사는 절차 진행에 관한 발언을 하는 경우가 많다.
각종 증거조사	현장검증, 감정, 사실조회 등 각종 증거조사는 대부분 기술에 관한 것이어서 변리사가 참여하여 진술하거나 설명하는 경우가 많다.

특허침해소송은 기술의 동일성과 차이점을 심도 있게 다룰 수 있어야 하는데 이에 전문가인 변리사는 특허소송에 필요한 소장 작성, 답변서, 준비서면 작성, 변론준비기일에서의 기술설명, 각종 증거조사 등 전반적인 업무를 수행하고 있다.

특허침해소송의 과정은 다음과 같다.

1. 사건의 접수 및 준비명령

  가. 항소인에 대한 준비명령

  나. 피항소인에 대한 준비명령

2. 사건 분류 및 변론의 준비

  가. 사건 분류

  나. 변론준비명령

  다. 사건관리를 위한 화상회의

  라. 변론준비기일

3. 변론기일

  가. 변론기일의 운영

  나. 변론기일을 쟁점별로 집중 심리하는 경우

  다. 침해소송과 심결취소소송의 심리

4. 증거의 신청 및 조사 등

  가. 증거의 신청 및 채부

  나. 전문가 증인

  다. 서류(자료) 제출명령

  라. 감정

  마. 전문심리위원

  바. 손해액에 관한 주장 및 증거의 제출

5. 제출서류의 작성방법

  가. 준비서면

  나. 증거설명서

  다. 서증

III. 특허침해소송 대리권 문제

앞서 특허침해소송에서 소송대리권은 변리사가 아닌 변호사에게만 주어져있다고 살펴보았다. 이 특허침해소송 대리권에 대해 이해당사자간의 이견이 꾸준히 있는 상황이다. 이해당사자는 크게 변호사와 변리사다. 민사소송법 8조엔 "법률에 따라 재판상행위를 할 수 있는 대리인 외에는 변호사가 아니면 소송대리인이 될 수 없다." 변리사법 2조엔 "변리사는 특허청 또는 법원에 대하여 특허, 실용신안, 디자인 또는 상표에 관한 사항을 대리하고 그 사항에 관한 감정(鑑定)과 그 밖의 사무를 수행하는 것을 업(業)으로 한다"는 다소 애매한 규정이 있다. 이 해석에 대하여 문제제기가 있어왔지만 결론은 변리사법 2조의 법원에 대한 대리는 특허심결에 관한 부분이며 문제가 되고 있는 특허침해소송에 대하여는 해당사항이 없다는 것이 법원의 입장이다.

1. 공동소송대리제도

위에서 살펴본 특허침해소송 대리권 문제를 개선하기 위해 변리사회는 공동소송대리제도안을 내놓았다. 공동소송대리제도는 무엇이며 이 제도가 필요한 이유는? 공동소송대리제도는 특허침해소송에서 변호사가 단독으로 대리할 수 있게 하되, 법률소비자가 원하는 경우 변리사와 변호사가 공동으로 대리할 수 있도록 하는 선택적 공동대리 제도이다. 한 마디로, 변호사가 선임된 사건에 한해서만 소송 당사자가 원하는 경우 추가로 변리사를 선임할 수 있는 제도이다.

2. 공동소송대리제도가 필요한 이유

특허침해소송은 변리사의 소송대리 제한으로 현재 변호사만 재판에 참여하여 소송을 진행하고 있다. 사실상, 해당 기술에 대한 자문이나 정보교류를 위해 변리사와 논의를 진행하지만 재판 중에 예상치 못하게 등장하는 기술적 질문에 변호사 혼자 대응하기는 다소 무리가 있는 현실이다. 이로 인해 제대로 된 답변과 응대가 늦어져 소송기간이 길어지는 등의 부작용을 낳고 있다. 이는 곧 소송비용과 직결되며, 결과적으로 소비자의 부담을 늘리게 된다.

그렇다면, 특허 분쟁에 있어 변호사의 역할이 변리사에 비해 월등히 많은가? 다음은 한국지식재산연구원의 특허 분쟁 시 변리사와 변호사의 활용도 조사이다.

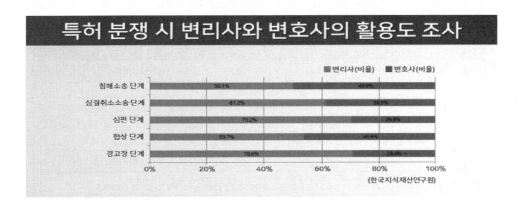

위의 조사는 특허 분쟁 단계에 따른 변리사와 변호사의 활용도를 조사한 것으로 5단계로 나누어진 항목에 대해 모두 변리사의 활용도가 높으며, 그중 과반수 이상의 항목이 월등히 높은 것으로 조사되었다. 이에 한국지식재산연구원은 "각 단계에서 변호사보다 변리사의 활용도

가 훨씬 높으며, 침해소송단계에 있어서도 소송대리권을 가진 변호사와 변리사가 거의 대등하게 활용되고 있다는 점은 침해소송에 있어서 변리사와 변호사의 공동참여 실무관행이 유지되고 있으며, 소송 당사자인 기업이 소송대리권을 부여받지 못한 변리사에 대한 의존도는 변호사 못지않게 크다는 점을 시사하는 것이다"라고 밝힌바 있다.

선진국들의 상황은 어떤가? 주요 선진국별 변리사의 침해소송대리 현황을 통해 변리사의 소송대리 제도를 어떻게 시행하고 있을지 알아본다.

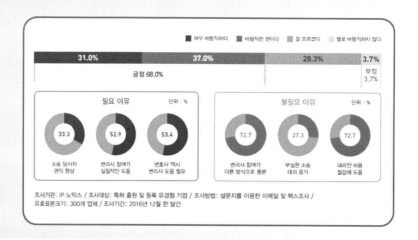

선진국별 특허소송 대리 현황

구분	심결취소소송 대리 (특허 유·무효/권리범위 판단)	특허침해소송 대리 (특허 침해 여부 판단)
일본	변리사 단독대리	변호사와 공동대리
	특정침해소송 대리인 시험에 합격한 변리사(부가변리사)는 변호사와 함께 공동으로 소송대리 [변리사법 제6조 2 (2003년 1월 시행)]	
영국	변리사 단독대리	변리사 단독대리
	변리사회로부터 송무인가증을 받은 변리사는 법정변호사와 공동으로 소송대리 ※ 지식재산기업법원에서는 변리사 단독으로 소송대리	
유럽연합	변리사 단독대리	변리사 단독대리
	[유럽 통합특허법원 설치를 위한 국제조약] 제28조에서 유럽특허변리사(EPA)의 단독 대리를 규정하고 있음 ※ 통합특허법원 설치로 유럽특허분쟁 해결 관할을 집중하는 유럽특허법원협정(UPCA)은 현재 각 국가별 비준 절차에 있음	
미국	변리사 단독대리	변리사 단독대리
	변호사 자격을 가진 자는 특허소송을 대리할 수 있지만, 주로 과학기술을 전공하고 특허대리인과 변호사 자격을 위한 시험을 각각 통과해서 양 자격을 동시에 갖춘 특허변호사(Patent Attorney)에 의해 소송대리가 이루어짐	
중국	변리사 단독대리	변리사 단독대리
	일정자격을 갖추고 중국변리사회(전리대리인협회)의 추천을 받아 최고인민법원에 등록된 변리사는 단독소송대리 가능	

위의 선진국별 특허소송 대리 현황을 살펴보면 일본을 제외한 영국, EU, 중국 모두 심결취소소송과 특허침해소송에 대해 변리사 소송대리를 인정하고 있는 것을 확인할 수 있다. 또한, 일본의 경우도 2003년 1월부터 특허침해소송 대리에 있어 특정침해소송 대리인 시험에 합격한 변리사는 변호사와 함께 공동으로 소송대리를 진행할 수 있도록 하고 있다. 뿐만 아니라, 변리사와 변호사의 공동대리 제도에 대한 우리나라 기업들의 생각은 법원의 축소 해석과는 확연히 다른 양상을 띠고 있다. 전자신문의 공동대리 필요성 조사에 따르면 약 43%가 변호사와 변리사가 공동으로 소송대리를 할 수 있도록 허용해야 하며 약 30%가 기업이 변호사, 변리사 중 선택할 수 있도록 해야 한다고 답했다. 대한상공회의소의 조사에선 과반수가 넘는 약 53%가 변리사의 전문지식이 꼭 필요하며 40% 이상이 기업에 선택권을 줄 필요가 있다고 대답했다. 전자신문은 약 70% 이상, 대한상공회의는 약 94%가 공동대리가 필요하다고 생각하고 있다.

3. 특허침해소송 변리사 공동대리 국회 논의 재점화

소송에서 변리사와 변호사의 공동대리(이하 공동소송대리)를 위한 국회 입법 논의가 재점화 되었다. 국회 산업통상자원중소벤처 기업위원회 법률안소위(소위)는 2017년 9월 26일 제4차 회의를 열고 공동소송대리를 골자로 한 변리사법 일부개정 법률안에 대한 논의를 진행하였다. 산업계 및 과학기술계의 지속적인 요구와 지식재산에 대한 전 국민적인 인식제고 등으로 공동소송대리 제도도입의 필요성은 꾸준히 제기돼 왔다. 이에 20대 국회에서도 여야의원이 각각 관련 법안을 대표 발의해 현재 2건의 개정안이 국회 계류 중이다.

대한변리사회는 법안이 발의된 지난해 6월부터 국회를 방문해 개정안의 취지와 필요성을 설명해 왔다. 특히 지난 4월 3일 국회도서관에서 열린 '특허침해소송에서 변리사-변호사 공동대리를 위한 변리사 법 개정 토론회'에서는 변리사 · 변호사 · 학계 · 기업 관계자 등이 모여 개정안에 대한 열띤 토론이 벌어졌다.

반면 대한변호사협회의 추천으로 주제 발표에 나선 손보인 변호사는 "소비자의 선택권을 넓히려면 소송대리인 전문성이 전제돼야 하지만 현행 변리사 제도상 변리사에게 특허침해 소송을 담보할 법률전문성이 있는지 의문"이라며 변리사의 소송역량에 대한 강한 의구심을 드러내며 반대의사를 밝혔다.

(참고: 대한변리사회 http://bit.ly/2EtZzrN, 특허법원 침해소송 항소심 심리 매뉴얼, 특허법원 심결취소소송 심리 매뉴얼)

10.1　특허청에서 서비스하는 웹사이트: 특허로 http://www.patent.go.kr 를 방문하여 출원신청 메뉴에서 제공하는 내용들을 요약하여 설명하라.

10.2　특허청 웹사이트: http://www.kipo.go.kr를 방문하여 지식재산제도 메뉴에서 제공하는 내용(특허의 이해와 해외특허출원-PCT)을 요약하여 설명하라.

10.3　특허로 http://www.patent.go.kr 를 방문하여 전자출원을 요약하여 설명하라.

10.4　특허보정을 요약하여 설명하라.

10.5　특허심사에서 심사청구를 요약하여 설명하라.

10.6　국내 우선권 출원과 국제 우선권 출원을 각각 요약하여 설명하라.

10.7　특허심사 절차 5단계를 요약하여 설명하라.

10.8　특허명세서 관련하여, 청구항과 기재불비를 각각 요약하여 설명하라.

10.9　PCT 국제출원에 필요한 서류와 PCT출원절차를 각각 요약하여 설명하라.

10.10　변리사 시험과목 및 배점을 요약하여 설명하라.

제4장

특허심판 및 소송

특허권자의 허락 등 특허에 대한 정당한 권한 없이 타인이 특허를 실시할 경우 특허권자가 그 타인에 대하여 소송을 제기하는 것이다. 우리나라는 특허침해소송은 민사 및 형사소송으로 이원화되어 있으며, 민사 및 형사소송은 일반법원이 관할권을 가지고 있다.

구성요소 일체의 원칙: 특허침해여부를 판단할 때, 특허청구범위에 기재된 모든 구성요소가 침해품(an accused product)에 존재하는지(reads on)를 판단하게 되는데, 이를 구성요소 일체의 원칙이라고 함.

특허정정: 특허권자가 특허이의신청, 무효심판 및 정정무효심판에 대한 답변서 제출기간 또는 심사관, 심판관의 직권에 의한 의견서 제출기간 내에 일정범위 내에서 특허발명의 명세서 또는 도면의 정정을 청구하는 것.

정정청구: 특허이의신청 또는 특허무효심판이 특허청에 계속 중인 때에 이들과 관련된 특허의 특허권자가 신청서에 첨부된 명세서 또는 도면의 정정을 청구하는 것.

청구의도: 청구범위가 너무 좁아서 발명의 실제범위를 적절히 포함하지 못한다는 이유로 특허의 재등록을 받기 위해서는 그것이 실수의 결과였다는 것을 입증할 필요가 있음. 이 실수를 입증하기 위한 한 가지 방법으로 출원인이 청구할 의사가 있었다는 것을 입증할 수 있음.

문언적 침해: 특허를 침해하는 물건이 특허 청구범위의 문언에 의하여 특정된 특허발명의 구성요건을 모두 그대로 사용하는 것을 말함. 동일영역에서의 침해가 성립되려면 특허의 구성요건을 전부 이용하여야 함. 특허청구항의 구성요소 중 하나라도 결여된 경우에는 문언적 침해는 성립하지 아니하며, 균등영역에서의 침해를 검토하게 됨

특허이의신청: 등록된 특허에 대하여 일반공중이 등록의 하자 또는 흠결을 지적하여 특허의 취소를 구하는 의사표시를 말함. 누구든지 이의신청을 할 수 있으며, 특허등록 공고일로부터 3개월 이내에 할 수 있음.

심판: 행정기관인 특허심판원이 대법원의 최종심을 전제로 그 전심절차로서 특허 등의 지식재산권 등록출원에 대한 거절결정 등과 같은 심사관의 처분에 대한 불복이 있거나 이미 설정등록되어 있는 지식재산권에 대한 권리분쟁을 해결하기 위하여 실체적 법규를 해석하고 적용하는 행위를 의미함. 특허무효분쟁과 같은 특허권을 둘러싼 분쟁이나 특허출원에 대한 거절사정 등과 같은 심사관의 처분에 대하여 불복이 있을 경우 법원의 재판에 앞서 전문행정기관인 특허청 특허심판원에서 행하는 분쟁해결절차로서 특별행정심판 또는 준사법절차의 일종. 특허권도 사유재산권으로서 재산권에 관한 분쟁은 법원에서 사법적으로 해결하는 것이 원칙이나 특허권은 일반 유체재산권과는 다른 특수한 재산권으로서 이에 관련된 분쟁을 다루는 데는 특별한 전문지식과 경험이 필요하므로 일단 특허에 관한 전문지식과 경험을 갖춘 특허심판원의 심판을 받도록 하고 특허심판원의 심결에 불복하는 경우에는 고등법원 격인 특허법원에 심결취소소송을 제기 할 수 있도록 하고 있음. 특허 등 산업재산권 심판에는 무효심판, 권리범위확인심판, 취소심판, 거절사정불복심판, 보정각하불복심판, 정정심판, 정정무효심판 등이 있음.

심판비용: 심판 또는 재심에 관한 비용액 결정에 관한 규정에 의하면, 심판 또는 재심의 청구료, 특허청장이 정하는 금액범위 안에서의 변리사 보수, 심판서류 작성료, 증인 감정인 통역인 등의 일당 숙박료 여비, 현지검증에 소용된 일당 숙박료 여비 등이 심판비용에 해당.

산업재산권(특허 · 실용신안 · 디자인 · 상표)의 발생 · 변경 · 소멸 및 그 효력범위에 관한 분쟁을 해결하기 위한 행정심판을 말하며, 일반법원에서 담당하고 있는 특허침해소송과는 달리 특허심판은 전문적인 지식과 경험이 필요하기 때문에 특허청소속 특허심판원에서 한다. 특허심판원의 심결(결정)에 불복하여 고등법원급 전문법원인 특허법원에 소를 제기할 수 있고, 대법원에 상고할 수도 있으므로 특허심판은 사실상 제1심 법원의 역할을 수행하고 있다.

특허심판은 직무상 독립된 3인 또는 5인의 심판관 합의체가 준사법적인 절차에 따라 공정하고 신속하게 특허분쟁을 해결하는 편리한 제도입니다. 특허 심판에는 결정계 심판과 당사자계 심판으로 나눈다.

결정계 심판: 특허출원에 대한 거절결정과 같은 심사관의 처분에 불복하여 청구하는 심판으로 청구인만이 존재하는 심판.

당사자계 심판: 이미 설정된 권리에 관련한 당사자의 분쟁에 대한 심판으로 청구인과 피청구인이 존재하여 당사자 대립구조를 취하는 심판.

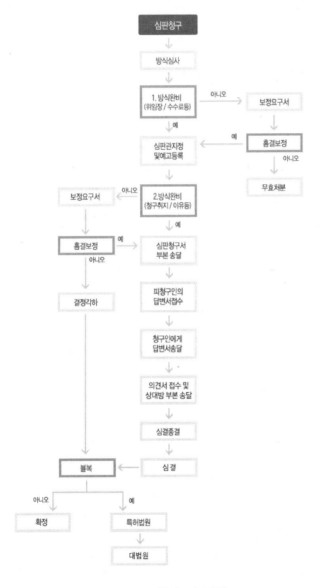

〈특허소송 절차〉

제5장

특허지원제도

| 지역지식재산센터 (Regional Intellectual Property Center)

서울지식재산센터 (서울산업진흥원)	02-2222-3860	서울특별시 마포구 월드컵북로 400 1F
경기지식재산센터 (경기테크노파크)	031-500-3043	경기도 안산시 상록구 해안로 705
경기북부지식재산센터 (경기북부상공회의소)	031-853-7431	경기도 의정부시 추동로 140 경기북부상공회의소 5층
인천지식재산센터 (인천상공회의소)	032-810-2882	인천광역시 남동구 은봉로60번길 46
강원지식재산센터 (강원도산업경제진흥원)	033-749-3327	강원도 원주시 호저로 47
충남지식재산센터 (충남북부상공회의소)	041-559-5746	충청남도 천안시 서북구 광장로 215
대전지식재산센터 (대전테크노파크)	042-930-8420	대전광역시 유성구 테크노9로 35
충북지식재산센터 (청주상공회의소)	043-229-2732	충청북도 청주시 상당구 상당로 106
부산지식재산센터 (부산테크노파크)	051-974-9076	부산광역시 강서구 과학산단1로60번길 32 과학기술진흥교류센터 5층 기업지원단 지식재산팀
울산지식재산센터 (울산상공회의소)	052-228-3087	울산광역시 남구 돋질로 97
대구지식재산센터 (대구상공회의소)	053-242-8079	대구광역시 동구 동대구로 457
경북지식재산센터 (포항상공회의소)	054-274-5533	경상북도 포항시 남구 포스코대로 333

경남지식재산센터 (창원상공회의소)	055-210-3085	경상남도 창원시 의창구 중앙대로 166
전남지식재산센터 (목포상공회의소)	061-242-8587	전라남도 무안군 삼향읍 오룡3길 2 전남중소기업종합지원센터 4층
광주지식재산센터 (한국발명진흥회광주지회)	062-954-3841	광주광역시 광산구 하남산단8번로 177
전북지식재산센터 (한국발명진흥회 전북지부)	063-252-9301	전라북도 전주시 덕진구 반룡로 110-5 (전북테크노파크 본부동 5층)
제주지식재산센터 (제주상공회의소)	064-755-2554	제주특별자치도 제주시 청사로1길 18-4
수원지식재산센터 (수원상공회의소)	031-244-8321	경기도 수원시 장안구 수성로 311
부천지식재산센터 (부천산업진흥재단)	070-7094-5483	경기도 부천시 원미구 평천로 655 부천테크노파크 401동 1503호
춘천지식재산센터 (한국발명진흥회강원지회)	033-264-6580	강원 춘천시 강원대학길 1 강원대학교 보듬관 403호
태백지식재산센터 (태백상공회의소)	033-552-4779	강원도 태백시 황지로 188-1
강릉지식재산센터 (강릉상공회의소)	033-643-4413	강원도 강릉시 종합운동장길 88
서산지식재산센터 (서산상공회의소)	041-663-0041	충청남도 서산시 읍내3로 28
충주지식재산센터 (충주상공회의소)	043-843-7005	충청북도 충주시 으뜸로 31
부산남부지식재산센터 (한국발명진흥회부산지회)	051-645-9683	부산시 부산진구 가야1동 50-4 새마을회관 6층
안동지식재산센터 (안동상공회의소)	054-859-3093	경상북도 안동시 축제장길 240
구미지식재산센터 (구미상공회의소)	054-454-6601	경상북도 구미시 송정대로 120
진주지식재산센터 (진주상공회의소)	055-762-9411	경상남도 진주시 동진로 255
순천남부지식재산센터 (순천상공회의소)	061-741-5411	전라남도 순천시 장명로 6
군산지식재산센터 (한국발명진흥회전북지부)	063-471-1284	전라북도 군산시 새만금북로 437 군산새만금컨벤션센터 2층

| IP Start UP 사업

목적: 지식재산 교육, 선행기술 조사, 국내출원 등 기업의 지식재산경영 입문을 위한 인식제고 지원

지원대상: 중소기업 또는 사회적기업(최근 3년간 지식재산권 출원 3건 미만 기업 우선 지원), 일부 개인발명가 지원 포함

지원사업: 선행기술조사, 국내출원비용지원, 지식재산 인식제고 교육 등

* 통합 공고 후 예산 소진시까지 수시선정(약 5,000건 연간) 예정이며, 교육은 각 지역센터
  의 교육 프로그램 운영에 따름

세부 내용: (참고용~변경가능)

(1) 선행기술조사

- 사업개요 : 중소기업과 개인발명가의 연구개발 또는 특허출원 전 동일하거나 유사한 선
  행기술 정보를 조사 분석
- 지원내용 : 침해 조사, 권리소멸 조사, 무효자료 조사, 특정기술 및 계속조사
- 지원대상
    - 지역 소재 중소기업 및 사회적기업 (예비사회적기업 포함)
    - 최근 3년간 지식재산권 출원 3건 미만 기업
    - 개인발명가 (특허청 등 유관기관 주관대회 수상자에 한함)
- 접수기간 : 수시접수(ripc.org를 통한 온라인 수시접수, ※ 센터마다 접수 기간이 다를 수
  있음)

- 지원건수 : 기업(개인) 당 선행기술조사와 국내출원 포함 3건 이내
- 지원규모
  - 지원 금액 : 건당 400천원 이내
  - 지원 한도 : 전액 지원 (분담금 없음)

(2) 국내출원비용지원

- 사업개요 : 국내 특허, 실용신안, 상표, 디자인 출원비용 중 일부 지원함으로써 산업재산권 창출 도모
- 지원내용 : 국내출원비용 일부 지원
- 지원대상
  - 지역 소재 중소기업 및 사회적기업 (예비사회적기업 포함)
  - 최근 3년간 지식재산권 출원 3건 미만 기업
  - 개인발명가 (특허청 등 유관기관 주관대회 수상자에 한함)
- 접수기간 : 수시접수(ripc.org를 통한 온라인 수시접수, ※ 센터마다 접수 기간이 다를 수 있음)
- 지원건수 : 기업(개인) 당 선행기술조사와 국내출원 포함 3건 이내, 개인은 특허 · 실용신안 출원만 지원
- 지원규모
  - 지원 금액 : 특허 건당 1,000천원 이내 / 실용신안 건당 500천원 이내 / 상표 건당 250천원 이내 / 디자인 건당 350천원 이내
  - 지원 한도 : 총 금액의 95% / 90% / 70% 지원
    ※ 기업분담금 – 사회적기업 5% / 소기업(개인 포함) 10% / 중기업 30%
- 지원기준 : 출원 전 해당지역 지식재산센터의 컨설팅을 받은 우수 건에 한함
- 지원제외
  - 출원 후 교부금 신청 당시 취하, 포기 또는 각하된 건
  - 신청일 현재 출원 완료된 특허, 실용신안, 상표 및 디자인

| IP Scale UP 사업

목적: 지식재산을 효율적으로 활용할 수 있는 중소기업을 대상으로 지식재산을 통한 기업 경쟁력 강화를 위한 지원

지원대상: 중소기업 또는 사회적기업 (최근 3년간 지식재산권 출원 3건 이상 또는 등록 1건 이상 보유 기업 우선 지원) * 지원받은 기업들이 차후 IP스타기업으로 성장할 수 있도록 사후 연계 지원

지원사업: 국내외 출원비용지원, 맞춤형 특허맵 작성지원, 3D 시뮬레이션 제작지원, 브랜드 개발, 디자인 개발 등, * 선정기업 1개사당 수시사업 3건이내, 정시사업 1건 이내 지원(약 1,500개 社 지원예정)

세부내용: (참고용-변경가능)

국내출원비용지원

사업개요 : 국내 특허, 실용신안, 상표, 디자인 출원비용 중 일부 지원함으로써 산업재산권 창출 도모

- 지원내용 : 국내출원비용 일부 지원
- 지원대상
  - 지역 소재 중소기업 및 사회적기업 (예비사회적기업 포함)
    * 최근 3년간 지식재산권 출원 3건 미만 기업
  - 개인발명가 (특허청 등 유관기관 주관대회 수상자에 한함)
- 접수기간 : 수시접수 (ripc.org를 통한 온라인 수시접수,
  ※ 센터마다 접수 기간이 다를 수 있음)
- 지원건수 : 기업 당 국내출원과 해외출원 포함하여 3건 이내
- 지원규모
  - 지원 금액 : 특허 건당 1,000천원 이내 / 실용신안 건당 500천원 이내 / 상표 건당 250천원 이내 / 디자인 건당 350천원 이내
  - 지원 한도 : 총 금액의 95% / 90% / 70% 지원
    ※ 기업분담금 – 사회적기업 5% / 소기업(개인 포함) 10% / 중기업 30%
- 지원기준 : 출원 전 해당지역 지식재산센터의 컨설팅을 받은 우수 건에 한함
- 지원제외
  - 출원 후 교부금 신청 당시 취하, 포기 또는 각하된 건
  - 신청일 현재 출원 완료된 특허, 실용신안, 상표 및 디자인
    해외출원비용지원 사업개요 : 중소기업의 해외 특허(실용실안), 상표, 디자인 출원비용 중 일부를 지원함으로써 국제출원을 촉진하고 글로벌 경쟁력 제고
- 지원내용 : 해외출원비용 일부 지원
- 지원대상

- 지역 소재 중소기업 및 사회적기업 (예비사회적기업 포함)

  * 최근 3년간 지식재산권 출원 3건 이상 또는 등록 1건 이상 보유 기업

- IP Star 기업

■ 접수기간 : 수시접수 (ripc.org를 통한 온라인 수시접수,

※ 센터마다 접수 기간이 다를 수 있음)

■ 지원건수 : 기업 당 국내출원과 해외출원 포함하여 3건 이내

■ 지원규모

- 지원 금액 : 특허(PCT 국제단계) : 건당 3,000천원 이내 / 특허(PCT 국내단계, 개별국)

  : 건당 7,000천원 이내 / 상표 : 건당 2,500천원 이내 / 디자인 : 건당 2,800천원 이내

- 지원 한도 : 총 금액의 95% / 90% / 70% 지원

  ※ 기업분담금 – 사회적기업 5% / 소기업(개인 포함) 10% / 중기업 30%

■ 지원기준

- PCT출원(국제단계) : 선행기술조사를 통해 특허성이 있다고 판단되는 건으로써, 특허

  (실용신안) 해외출원 전 해당지역 지식재산센터의 컨설팅을 받은 우수기술

- PCT출원(국내단계) 및 개별국 출원 : 국내단계 진입일 또는 개별국 출원일 기준 3년 이

  내의 우수기술

- 해외 상표 · 디자인 출원 : 해외출원 전 해당지역 지식재산센터의 컨설팅을 받은 상표

  또는 디자인

  ※ PCT 출원 및 개별국 출원의 경우 우선 심사 등을 통해 국내 특허청의 등록을 받은 경

  우에는 우선 지원 대상으로 선정할 수 있음

■ 지원제외 : 출원 후 교부금 신청 당시 취하, 포기 또는 각하된 건

특허기술 3D 시뮬레이션 제작지원사업개요 : 특허기술 내용에 대해 보다 쉽게 접근할 수

있도록 하여, 기술이전 활성화 및 사업화 지원을 할 수 있도록 지원

■ 지원내용 : 등록된 특허기술의 구성 내용을 3차원 시뮬레이션으로 가공 지원

■ 지원대상

- 지역 소재 중소기업 및 사회적기업 (예비사회적기업 포함)

  * 최근 3년간 지식재산권 출원 3건 이상 또는 등록 1건 이상 보유 기업

- IP Star 기업

■ 지원규모

- 지원 금액 : 건당 5,000천원 이내

- 지원 한도 : 총 금액의 95% / 90% / 70% 지원

※ 기업분담금 - 사회적기업 5% / 소기업(개인 포함) 10% / 중기업 30%

- 지원기준 : 신청일 현재 권리가 존속되고 있는 특허 · 실용신안 기술

- 지원제외 : 동일 기술에 대하여 타 기관(지자체 포함)에서 지원받은 경우
맞춤형 특허맵(PM) 작성 지원사업개요 : 지역특화산업 종사기업들의 관심기술 분야에 대한 특허기술 동향 조사 분석을 통해 R&D 방향 설정 및 공백기술 발굴

- 지원내용 : 특허분석을 통한 연구기술 개발 방향 및 특허 활용 전략수립 제공

- 지원대상

  - 지역 소재 중소기업 및 사회적기업 (예비사회적기업 포함)

    * 최근 3년간 지식재산권 출원 3건 이상 또는 등록 1건 이상 보유 기업

  - IP Star 기업

- 지원규모

  - 지원 금액 : 건당 12,000천원 이내

  - 지원 한도 : 총 금액의 95% / 90% / 70% 지원

    ※ 기업분담금 - 사회적기업 5% / 소기업(개인 포함) 10% / 중기업 30%

- 지원기준 : 특허조사 분석이 필요한 기술에 한함

- 지원제외 : 동일 기술에 대하여 타 기관(지자체 포함)에서 지원받은 경우
브랜드(신규 또는 리뉴얼) 개발 지원사업개요 : 지역 중소기업의 신규 브랜드 개발 또는 기존 브랜드 리뉴얼을 통해 기업의 브랜드 경쟁력 강화

- 지원내용 : 시장 및 소비자 분석, 브랜드 전략 수립, 브랜드 신규 또는 리뉴얼 개발 및 국내 권리화 지원

- 지원대상

  - 지역 소재 중소기업 및 사회적기업 (예비사회적기업 포함)

    * 최근 3년간 지식재산권 출원 3건 이상 또는 등록 1건 이상 보유 기업

  - IP Star 기업

- 지원규모

  - 지원 금액 : 브랜드 신규 건당 25,000천원 이내 / 브랜드 리뉴얼 건당 20,000천원 이내

  - 지원 한도 : 총 금액의 95% / 90% / 70% 지원

    ※ 기업분담금 - 사회적기업 5% / 소기업(개인 포함) 10% / 중기업 30%

- 지원제외 : 동일 브랜드에 대하여 타 기관(지자체 포함)에서 지원받은 경우
디자인(제품, 포장, 맵) 개발 지원사업개요 : 중소기업의 제품 및 포장 디자인을 개발하고 권리화를 지원하여 시장 경쟁력 강화

- 지원내용 : 특허기술 제품 디자인 및 포장 디자인 개발, 디자인 R&D 방향 제시, 국내 권리화 지원
- 지원대상
    - 지역 소재 중소기업 및 사회적기업 (예비사회적기업 포함)
    * 최근 3년간 지식재산권 출원 3건 이상 또는 등록 1건 이상 보유 기업
    - IP Star 기업
- 지원규모
    - 지원 금액 : 제품디자인 건당 25,000천원 이내 / 포장디자인 건당 15,000천원 이내 / 디자인맵 건당 15,000천원 이내
    - 지원 한도 : 총 금액의 95% / 90% / 70% 지원
    ※ 기업분담금 – 사회적기업 5% / 소기업(개인 포함) 10% / 중기업 30%
- 지원제외 : 동일 디자인에 대하여 타 기관(지자체 포함)에서 지원받은 경우

| IP Star 기업

목적: 지식재산 경영자원 집중지원을 통해 지역의 지식재산경영 선도기업 구축을 위해 3년 간 전략적으로 지원, 자생적 지식재산 경영능력을 갖추도록 유도

선정건수: 227개사 (17개 광역센터) (참고용-변경가능)

선정기준: 연구역량, 지식재산역량, 기업역량, 글로벌역량을 기준으로 중소기업 IP 경영진단(Spectrum)을 통해 일정점수 이상인 기업

- (산업부, Kiat) 글로벌 전문기업 육성사업 참여기업 우대, (중기청, 중진공) 글로벌 하이웨이 프로그램 참여기업 우대

지원사업: 해외출원비용지원, 맞춤형 특허맵 작성지원, 3D 시뮬레이션 제작지원, 브랜드 개발, 디자인 개발, 비영어권 브랜드 개발, 브랜드&디자인 융합지원, 디자인&특허 융합지원 등

세부내용: (참고용-변경가능)

국내출원비용지원

해외출원비용지원

특허기술 3D 시뮬레이션 제작지원

맞춤형 특허맵(PM) 작성 지원

브랜드(신규 또는 리뉴얼) 개발 지원

디자인(제품, 포장, 맵) 개발 지원

| 비영어권 브랜드 지원사업

- 사업개요 : 비영어권 국가(중국, 러시아, 일본, 아랍권 등)에 진출했거나 진출 예정인 중소기업에게 현지에 적합한 브랜드 개발 및 권리화 지원

- 지원내용 : 시장 및 소비자 분석, 브랜드 전략 수립, 현지 브랜드 개발 및 해외 권리화 지원

- 지원대상 : IP Star 기업

- 지원규모 (참고용-변경가능)

  - 지원 금액 : 건당 40,000천원 이내

  - 지원 한도 : 총 금액의 90% 지원

    ※ 기업분담금 - 스타기업 10%

- 지원제외 : 동일 브랜드에 대하여 타 기관(지자체 포함)에서 지원받은 경우

브랜드&디자인 융합지원

사업개요 : 지역 중소기업의 브랜드 개발 및 포장디자인을 개발함으로써 중소기업의 지식
재산 경쟁력강화 및 브랜드 · 디자인 보호

- 지원내용 : 시장 및 소비자 분석, 브랜드 전략 수립, 브랜드 개발, 포장디자인 개발 지원
- 지원대상 : IP Star 기업
- 지원규모 (참고용-변경가능)

  - 지원 금액 : 건당 30,000천원 이내

  - 지원 한도 : 총 금액의 90% 지원

    ※ 기업분담금 - 스타기업 10%

- 지원제외 : 동일 브랜드에 대하여 타 기관(지자체 포함)에서 지원받은 경우

디자인&특허 융합지원

사업개요 : 종래 외관 위주의 디자인개발을 탈피하여 R&D 개념의 기술중심
디자인 개발 및 특허 · 디자인 권리화 지원

- 지원내용 : 특허맵(선행기술조사), 디자인맵 기술분석 및 개발 방향 제시, 디자인(기구설
  계, 프로그램 등 포함) 개발, 특허 및 디자인 권리화 지원
- 지원대상 : IP Star 기업
- 지원규모 (참고용-변경가능)

  - 지원 금액 : 건당 50,000천원 이내

  - 지원 한도 : 총 금액의 90% 지원

    ※ 기업분담금 - 스타기업 10%

- 지원기준 : 특허기술이 접목될 수 있는 디자인 등 디자인권 출원 가능한 품목
- 지원제외 : 동일 브랜드에 대하여 타 기관(지자체 포함)에서 지원받은 경우

| 지식재산거래정보시스템

지식재산의 활용도를 제고하고 중소기업 및 개인 발명가의 발명의욕을 고취하여 창업 확대 및 기술력 확보를 통해 국가경쟁력을 제고하기 위한 지원

지식재산 평가정보 제공, 시장가격 제공, 지식재산 협상 지원, 지식재산 금융정보 제공 등 지식재산 거래활성화를 위한 정보제공, 인터넷 지식재산 거래시스템 운용 수도권, 중부권, 영남권, 호남권의 4개 권역에 거래정보센터를 두어 전국적으로 지원

11.1   특허침해여부를 판단할 때, 구성요소 일체의 원칙이란 무엇인지 요약하여 설명하라.

11.2   특허침해 관련하여, 문언적 침해란 무엇인지 요약하여 설명하라.

11.3   특허 이의신청이란 무엇인지 요약하여 설명하라.

11.4   특허심판이란 무엇인지와 특허 등 산업재산권 심판의 종류에 관하여 각각 요약하여 설명하라.

11.5   특허소송 절차를 간략히 설명하라.

11.6   본인의 회사/거주지에 가까운 지역지식재산센터를 적어보라.

11.7   "IP Start UP" 사업의 목적과 지원대상을 요약해서 적어보라.

11.8   "IP Scale UP" 사업의 목적과 지원대상을 요약해서 적어보라.

11.9   "IP Star 기업" 사업의 목적과 지원대상을 요약해서 적어보라.

11.10   지식재산거래정보시스템을 웹사이트 등을 참조하여 요약하여 설명하라.

제6장

특허정보

제1절 특허정보 특징

┃ 특허정보 종류

특허정보는 특허청에서 최초로 발행한 1차 자료와 1차 자료를 가공한 2차 자료, 1차 또는 2차 자료에의 접근이 용이하도록 하기 위하여 가공된 3차 자료로 나눌 수 있다.

1차 자료는 특허청에서 최초로 발행한 자료로서 서지적 사항, 명세서, 도면 등이 수록되어 있어 발명 등을 상세하게 파악할 수 있는 자료를 말하며, 출원내용을 공개하는 공개특허공보, 등록된 특허내용을 공고하는 특허공보, 실용신안 출원내용을 공개한 실용신안공보, 디자인공보, 상표공보 등이 있다. 이들 1차 정보는 서지사항, 명세서, 도면 등이 수록되어 있어 발명을 상세하게 파악할 수 있는 장점이 있다.

2차 자료는 1차 자료를 가공한 자료로서 서지적 사항, 명세서 및 도면 등에서 일부를 발췌하거나 요약한 자료를 말하며 한국특허영문초록, 미국특허초록, 일본공개특허초록, Chemical Abstract Service의 화학초록 등이 있다. 3차 자료는 1차 또는 2차 자료에의 접근을 용이하도록 하기 위하여 주로 서지적 사항을 가공하여 수록한 자료를 말하며 목차류, 색인류, 대조표 등이 있다. 공개 특허 또는 실용신안의 분류별, 출원인별 색인, 공고 특허 또는 실용신안의 분류별, 출원인별 색인, 특허속보로서 대응특허별서비스(PFS), 분류별서비스(PCS), 출원인별서비스(PAS), 번호순서비스(NDB) 등이 있다.

┃ 특허정보 기능

특허공개공보는 출원인이 특허출원 후 18개월이 지나 출원내용이 일반에게 최초로 공개되는 자료로서 특허정보 중 가장 최근의 정보라 할 수 있으며, 권리 정보적인 기능보다는 기술정보적 기능이 크다할 수 있다. 이미 개발된 기술을 참고로 하여 기술수준을 파악하거나 기술적 지식을 습득할 수 있으며, 중복연구 및 투자를 방지하게하고 기술개발의 방향과 힌트를 얻을 수 있다. 분석하여 특허맵을 작성함으로써 경쟁사의 기술개발 방향 및 과제의 예측이 가능하며, 타사의 특허전략, 기술개발전략 및 기업전략을 파악할 수 있다.

권리정보적 기능을 지닌 특허공고 공보는 발명자의 소속이나 출원인(권리자) 및 기술범위 등의 권리관계를 일반에게 공시하는 권리정보적인 역할을 하며, 확정된 권리 범위를 기재하고 있으므로 타사가 보유하고 있는 권리를 회피함으로서 중복연구와 이중투자를 방지할 수 있다. 권리화된 기술의 관계를 파악함으로서 외국 또는 경쟁기업으로부터의 기술이전을 용이케 하고 기술도입 시 적정기술의 선정에 도움을 준다. 그리고 연구자와 기업, 권리화된 기술의 관계를 파악함으로써 공동연구 또는 기술사용 계약 등을 추진할 수 있으며, 자사의 기술과 관련이 있는 타사의 권리기술에 대하여 이의신청 또는 무효심판을 청구함으로써 거절 또는 무효화 할 수 있다. 실용신안 공보는 출원되는 실용신안 내용이 등재되고 실용신안권은 기술평가 확인에 의하여 권리가 부여된다. 2000년 이전에 출원된 실용신안은 실용신안 공개와 실용신안 등록으로 나뉘어져 있다.

┃ 특허정보 자료의 이용

특허정보 자료는 장기간에 걸쳐 광범위한 정보가 축적되어 있기 때문에 새로운 연구개발 테마를 탐색할 경우 힌트를 수집할 수 있으며, 개발 도중에 아이디어를 획득할 수 있다. 그리고 새로운 기술에 대한 공개특허정보의 경우 특정분야에 대한 기술 동향이나 기술수준의 파악이 가능한, 비교적 새로운 정보이므로 자기회사의 기술개발 테마의 선정이나 개발 프로세스의 수정이 가능하다.

특허정보자료는 명세서를 작성할 때 타인의 권리내용과 선행기술을 고려하여 자신의 기술에 대한 권리범위를 작성하기 때문에 이용가치가 높으며, 정보제공이나 이의신청, 무효심판 등에 의해 타사의 특허권을 저지하거나 권리범위를 축소시킬 수 있다. 특허정보자료를 적절히 활용함으로서 자사가 독점적으로 권리를 실시하고 타사에는 일체 실시를 허락하지 않을 수 있으며, 기술사용 계약에 의해 타사에게 실시를 허락하여 기술료를 받을 수도 있다. 또한 자사의 권리를 타사에 실시허락과 동시에 그에 대응하는 타사권리의 실시허락을 받는 상호 기술사용 계약이 가능하다. 특허 기술면에서는 기술개발의 방향이나 현재기술의 문제점의 파악이 가능하며, 기술개발이 요청되고 있는 기술분야, 기술개발이 활발하여 기술이 고도화, 복잡화되어 있는 기술분야 등에서는 기술예측 또는 특허 출원 시 사전조사의 효과가 있다.

| 특허정보 자료의 조사

1) 주제조사

특정 분야에 있어서 특허정보에 대한 조사인 주제조사를 통하여 신기술 연구 개발 시 관련 기술 분야를 조사하여 중복연구를 방지하며, 제품판매 개시이전에 자사제품과 동일하거나 유사제품 또는 상표를 조사하여 타사의 산업재산권에 대한 침해를 예방할 수 있다. 그리고 특허출원 이전에 선행기술 또는 특허권의 존재여부에 대한 확인으로 중복출원을 방지함과 동시에 연구 개발자 및 특허관리팀에게 특허기술에 대한 정보를 제공한다. 그리고 특허관리 측면에서는 이의 신청, 무효심판 청구의 자료 수집을 목적으로 특허주제조사를 실시한다. 주제조사 방법은 연구부서로부터 특허조사를 의뢰 접수받고 요지를 파악하며, 특허는 국제특허분류, 디자인은 물품분류, 상표는 상품분류 등을 결정한 후 조사기간 및 방법결정(매뉴얼 또는 전산검색)하고 조사를 실시하고 조사결과를 보고한다.

2) 기업동향조사(출원인 지정조사)

경쟁사 등의 연구 및 제품개발 동향을 파악하기 위하여 출원 및 등록 조사를 실시하며, 자사의 기업활동에 장애가 되는 타사의 특허권 취득 방지를 목적으로 특허정보조사를 실시한다. 조사대상 기업 및 제품을 결정하고 조사기간을 지정하여 출원인 색인집 또는 전산검색을 실시하여 기술내용을 파악하고 조사결과를 보고한다.

3) 출원 심사 경과 조사

특허관리상에 있어 정보제공, 이의신청, 무효심판청구를 위한 준비와 심사청구, 정보제공, 제3자에 의한 이의 신청여부를 파악하기 위하여 조사를 실시한다. 특허 심사 및 심판 포대복사 신청과 특허기술정보센타의 온라인 서비스를 열람하여 조사한다.

4) 권리상황 조사

등록된 특허권의 존속여부, 무효심판, 상속, 실시권설정 여부등 특허권의 현상을 파악하여 기업의 특허대책을 수립한다. 특허등록원부 열람 또는 특허기술정보센터의 온라인 서비스를 열람하여 조사한다.

5) 대응특허 조사

한 특허의 각 국에 있어서의 특허여부를 확인하며, 다른 나라에 제품을 수출하는 경우 그 나라의 권리상황 파악하고 각 국의 명세서 중 편리한 언어를 선택하여 입수한다.

(참조: 발명과 특허 산업재산정책국, URL: http://bit.ly/2lC7ZVy)

┃ 특허정보 검색절차

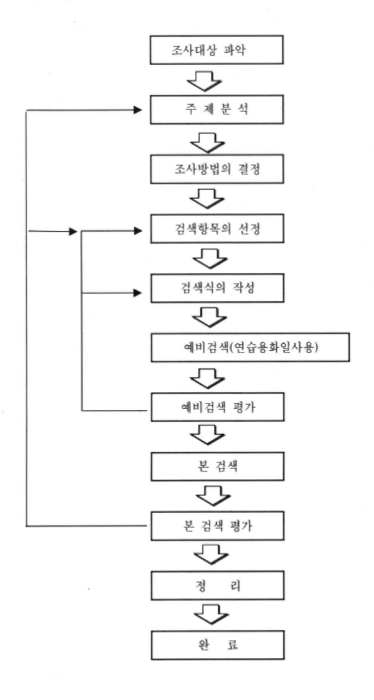

제2절 특허정보 검색서비스(KIPRIS)

특허정보 검색서비스(Korea Intellectual Property Rights Information Service; KIPRIS, http://www.kipris.or.kr)는 지식재산권에 대한 정보를 데이터베이스로 구축하여 인터넷을 통해 무료로 이용할 수 있도록 하는 검색서비스이다. 이 서비스는 특허정보원(KIPI)에서 운영 중이다. 특허정보 이용의 편의성을 높여 중소·벤처기업 및 발명인의 특허정보획득에 소요되는 비용부담을 완화하고 특허정보 활용의 저변을 확대하기 위한 목적으로 특허청예산으로 운영되고 있다. KIPRIS는 특허·실용신안, 디자인, 상표, 심판, 한국특허영문초록(KPA), 해외특허, 해외상표 등의 정보를 서비스한다.

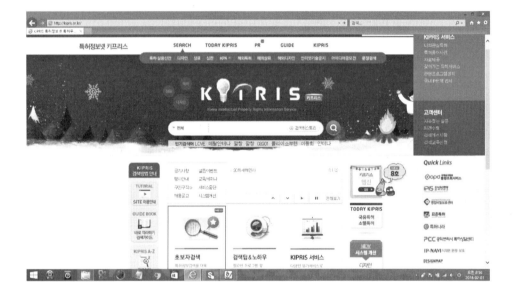

▎ 부가 서비스

수준별 검색기능을 제공하며, 별도의 뷰어 설치가 필요 없이 공보전문 열람할 수 있다. KIPRIS는 특허검색 툴바, 찾아가는 특허검색서비스, K2E-PAT 서비스(한) 영 자동번영서비스), KIPRISPlus 웹서비스의 기능을 부가서비스 하고 있다

(참조: 특허정보 검색서비스(KIPRIS), http://www.kipris.or.kr/khome/main.jsp)

| KIPRIS 특허정보 검색

KIPRIS 초보자용 튜토리얼

KIPRIS는 초보자용 키프리스와 키프리스 일반페이지로 구분하여 서비스를 제공하고 있다. 초보자용 키프리스는 특허에 대한 전문지식이 없어도 쉽게 원하는 특허정보를 검색할 수 있다는 장점이 있다

단계별 검색

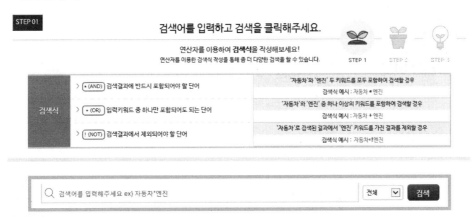

검색 시 연산자를 활용해서 찾는 정보를 정확히 구분할 수 있다.

AND (*) - 검색결과에 반드시 포함되어야 할 단어

OR (+) - 입력키워드 중 하나만 포함 되어도 되는 단어

NOT (!) - 검색결과에서 제외되어야 할 단어

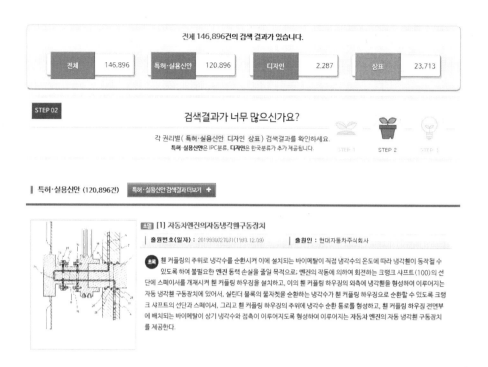

두 번째 단계로 각 권리별 (특허 · 실용신안, 디자인,상표) 검색결과 확인가능

마지막으로 각 권리별 검색결과 확인 후 기술분류로 한번 더 세부 검색결과 확인 가능

번호검색

출원번호, 공개번호, 공고번호, 등록번호 등으로 검색가능

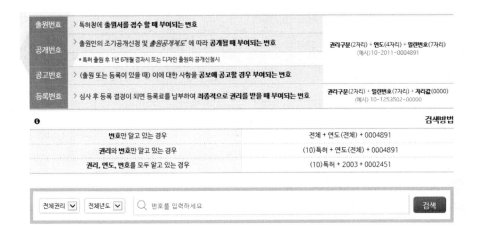

인명검색

출원인, 발명자, 대리인, 권리자 등 인명으로 특허검색 가능

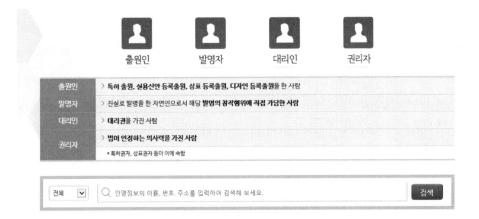

문장검색

사용자가 입력한 문장에서 핵심 주제어를 추출한 후, 다른 문서의 키워드를 비교하여 유사도가 높은 상위 100개의 특허문서를 보여준다.

(참고: KIPRIS 초보자 검색, URL: http://bit.ly/2DJTMRw)

| 구글 특허검색 (Google Patent Search)

구글에서 또한 무료로 특허검색을 제공하며(google.com/?tbm=pts), 연산식은 키프리스와 동일하게 검색가능하다. 검색 후 고급검색에서 검색 결과를 더 자세히 분류 할수 있다. 아래는 고급검색 설정 창이다.

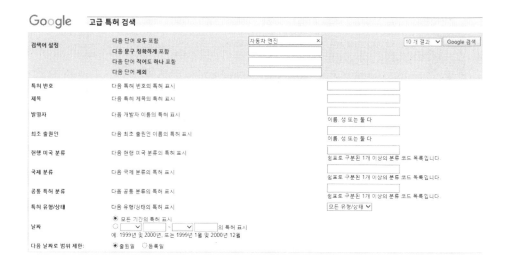

제3절 특허사례

[특허 사례1]

(51) Int. CL G06Q 30/02C0E0(2008.03)

(52) CPC CPC코드 정보 안내문구

(21) 출원번호/일자 1020030042329 (2003.06.27)

(71) 출원인 학교법인 대양학원, OOO

(11) 등록번호/일자 1005589090000 (2006.03.02)

(65) 공개번호/일자 1020050002964 (2005.01.10) 공개전문 다운로드

(11) 공고번호/일자 (2006.03.14) 공고전문 다운로드

(86) 국제출원번호/일자

(87) 국제공개번호/일자

(30) 우선권정보

심사진행상태 등록결정(일반)

심판사항

구분/원출원권리 / 원출원번호/일자

관련 출원번호   기술이전 희망

심사청구여부/일자 Y(2003.06.27)

심사청구항수 10

단일 문자 도메인명과 그 파생단어를 이용한 인터넷 광고방법 및 시스템

초록

본 발명은, 한 문자 인터넷 도메인명과 그 파생 단어를 이용한 광고 방법에 관한 것으로서, 인터넷 광고 서버, 등록 및 광고 데이터베이스, 유선 또는 무선 인터넷망에 연결되어 이용할 수 있는 PC나 PDA 또는 무선인터넷 휴대폰등의 클라이언트 단말기로 시스템이 구성되어, 인터넷 광고 단말기 사용자 인터페이스를 이용하여, 한 문자 인터넷 도메인명과 연관되는 파생 단어와 광고 내용을 등록하는 단계, 등록후 즉시 체크해보는 단계, 등록시 사용시간에 따른 비용 지불 단계, 단말기 소재지역을 고려한 광고 및 등록단계와 등록시 등록비용을 고려한 광고 순서 변경 단계를 포함하여 구성된다. 따라서, 본 발명은, 광고주에게 원하는 홍보내용을 효과적으로 광고할 수 있게 해주며, 특히 유무선 인터넷을 이용하여 지역별, 나라별 또는 전세계에서 광고내용을 등록하고, 동시에 사용자에게는 필요한 정보를 시간과 장소를 가리지 않고 인터넷 서비스가 가능한 세계 곳곳에서 즉시 원하는 광고를 할 수 있게 하는 것을 특징으로 하는 한 문자 인터넷 도메인명과 그 파생 단어를 이용한 광고 방법에 관한 것이다.

인터넷, 광고서비스, 도메인명, 파생단어, 단일 문자 도메인

특허 등록번호10-0558909-0000

출원 연월일 : 2003년 06월 27일

출 원 번 호 : 10-2003-0042329

공고 연월일 : 2006년 03월 14일

공 고 번 호 :

특허결정(심결)연월일 : 2005년 12월 29일

청구범위의 항수 : 10

유 별 : G06Q 30/00B0

발명의 명칭 : 단일 문자 도메인명과 그 파생단어를 이용한 인터넷 광고방법 및 시스템

존속기간(예정)만료일 : 2023년 06월 27일, 2006년 03월 02일 등록

통합행정정보

번호	서류명	접수/발송일자	처리상태	접수/발송번호
1	특허출원서 (Patent Application)	2003.06.27	수리 (Accepted)	112003023118585
2	출원인정보변경(경정)신고서 (Notification of change of applicant's information)	2004.01.27	수리 (Accepted)	412004000313749
3	출원인정보변경(경정)신고서 (Notification of change of applicant's information)	2004.02.13	수리 (Accepted)	412004000619311
4	선행기술조사의뢰서 (Request for Prior Art Search)	2004.11.10	수리 (Accepted)	919999999999989
5	선행기술조사보고서 (Report of Prior Art Search)	2004.12.14	수리 (Accepted)	912004007365377
6	의견제출통지서 (Notification of reason for refusal)	2005.04.29	발송처리완료 (Completion of Transmission)	952005019935716
7	지정기간연장신청서 (Request for Extension of Designated Period)	2005.06.29	수리 (Accepted)	112005035085011
8	지정기간연장신청서 (Request for Extension of Designated Period)	2005.07.29	수리 (Accepted)	112005042023145
9	명세서등보정서 (Amendment to Description, etc.)	2005.08.25	보정승인간주 (Regarded as an acceptance of amendment)	112005047141714
10	의견서 (Written Opinion)	2005.08.25	수리 (Accepted)	112005047141679
11	등록결정서 (Decision to grant)	2005.12.29	발송처리완료 (Completion of Transmission)	952005066684517
12	설정등록 (Registration of Establishment)	2006.03.02	수리 (Accepted)	212006005399467

(19) 대한민국특허청(KR)

(12) 등록특허공보(B1)

(51) °Int. Cl. G06Q 30/00B0 (2006.01)

(45) 공고일자

(11) 등록번호

(24) 등록일자 2006년03월14일, 10-0558909, 2006년03월02일

(21) 출원번호 10-2003-0042329 (65) 공개번호 10-2005-0002964

(22) 출원일자 2003년06월27일 (43) 공개일자 2005년01월10일

(73) 특허권자 학교법인 대양학원 서울 광진구 군자동 98

    ○○○ 서울 광진구 군자동 98 세종대학교 컴퓨터공학과

(72) 발명자 ○○○ 서울 광진구 군자동 98 세종대학교 컴퓨터공학과

(74) 대리인 특허법인씨엔에스

    심사관 : 문형섭

(54) 단일 문자 도메인명과 그 파생단어를 이용한 인터넷 광고방법 및 시스템

요약

본 발명은, 한 문자 인터넷 도메인명과 그 파생 단어를 이용한 광고 방법에 관한 것으로서, 인터넷 광고 서버, 등록 및 광고 데이터베이스, 유선 또는 무선 인터넷망에 연결되어 이용할 수 있는 PC나 PDA 또는 무선인터넷 휴대폰등의 클라이언트 단말기로 시스템이 구성되어, 인터넷 광고 단말기 사용자 인터페이스를 이용하여, 한 문자 인터넷 도메인명과 연관되는 파생 단어와 광고 내용을 등록하는 단계, 등록후 즉시 체크해보는 단계, 등록시 사용시간에 따른 비용 지불 단계, 단말기 소재지역을 고려한 광고 및 등록단계와 등록시 등록비용을 고려한 광고 순서 변경 단계를 포함하여 구성된다. 따라서, 본 발명은, 광고주에게 원하는 홍보내용을 효과적으로 광고할 수 있게 해주며, 특히 유무선 인터넷을 이용하여 지역별, 나라별또는 전세계에서 광고내용을 등록하고, 동시에 사용자에게는 필요한 정보를 시간과 장소를 가리지 않고 인터넷 서비스가가능한 세계 곳곳에서 즉시 원하는 광고를 할 수 있게 하는 것을 특징으로 하는 한 문자 인터넷 도메인명과 그 파생 단어를이용한 광고 방법에 관한 것이다.

대표도 도 2

색인어 인터넷, 광고서비스, 도메인명, 파생단어, 단일 문자 도메인

명세서 등록특허 10-0558909

도면의 간단한 설명

도 1은 본 발명에 의한 인터넷 광고 시스템의 기본 구성도이다.

도 2의 (a),(b)는 도 1의 시스템에 있어서 서버부의 상세 구성도이다.

도 3은 도 1의 클라이언트부에 제공되는 사용자 인터페이스 예를 보인 화면상태도이다.

도 4는 도 1의 클라이언트부에 제공되는 사용자 인터페이스의 다른 예를 보인 화면상태도이다.

도 5는 본 발명에 의한 인터넷 광고 시스템에 있어서, 서버부에서의 동작 흐름도이다.

도 6는 본 발명에 의한 인터넷 광고 시스템에 있어서, 클라이언트 단말기에서의 동작 흐름도이다.

도 7은 본 발명에 의한 인터넷 광고 시스템에 있어서, 클라이언트 단말기의 소재 지역을 고려한 동작 흐름도이다.

도 8은 본 발명에 의한 인터넷 광고 시스템에 있어서, 광고 등록시의 소요 비용 안내 서비스가 포함된 동작 흐름도이다.

* 도면의 주요부분에 대한 부호의 설명 *

100: 서버부 110: 메인서버

120: 등록정보 DB 130: 인터넷광고 서비스 서버

140: 인터넷 광고정보 DB 145: 인터넷망

150: 클라이언트부

발명의 상세한 설명

발명의 목적

발명이 속하는 기술 및 그 분야의 종래기술

본 발명은 인터넷 광고 서비스에 관한 것으로서, 보다 상세하게는 단일 문자의 인터넷 도메인과 상기 도메인의 단일 문자와 연관되는 파생 단어를 광고내용으로 등록하여 넘쳐나는 인터넷 정보속에서 효과적인 광고효과를 제공할 수 있는 단일문자 도메인명과 그 파생 단어를 이용한 인터넷 광고 방법 및 시스템에 관한 것이다. 컴퓨터 및 데이터 통신기술의 발달로 인터넷을 이용한 상거래가 보편화되면서, 수없이 만들어지는 인터넷 사이트들 간에 경쟁력을 확보하기 위해서, 자기 사이트를 홍보할 필요가 있어졌으며, 상기와 같은 인터넷 사이트의 홍보방법으로는 배너광고 등 여러가지 방법이 활용되고 있다. 그런데, 상기와 같은 종래의 인터넷 광고 방법은 광고 효과는 기대치 이하 인 경우가 많다. ...(중략)...

발명이 이루고자 하는 기술적 과제

본 발명은 상기와 같은 종래의 문제점을 개선하기 위하여 제안된 것으로서, 단일 문자로 이루어진 인터넷 도메인명과 상기 도메인명의 단일 문자로부터 파생되는 파생단어를 이용하여 보다 간단하게 효과적인 홍보효과를 제공할 수 있는 단일 문자 도메인명과 그 파생 단어를 이용한 인터넷 광고 방법 및 시스템을 제공하는 그 목적이 있다. ..(중략)...

발명의 구성 및 작용

본 발명은 상술한 목적을 달성하기 위한 구성수단으로서, 인터넷 접속 기능 및 입출력수단을 구비한 다수의 클라이언트 단말기; 상기 다수의 클라이언트 단말기에 접속된 인터넷; 상기 인터넷을 통해 접속한 클라이언트 단말기로부터 입력된 광고서비스를 이용한 사용자 및 광고서비스의 등록 및 해약, 서비스 비용 등을 관리하는 메인 서버 수단; 상기 메인서버에 의해 이루어진 등록정보를 단일문자 도메인명 및 지역별로 파생단어를 저장하는 등록정보 데이타베

이스; 상기 인터넷을 통해 다수의 클라이언트 단말기로 등록된 단일문자 도메인별 파생단어를 통한 광고 서비스를 제공해주는 인터넷 광고 서비스서버; 및 등록된 인터넷 광고 정보를 저장하는 광고정보 데이타베이스를 포함하여 이루어지는 것을 특징으로 하는 단일 문자 인터넷 도메인명과 그 파생 단어를 이용한 광고 장치를 제공한다. ...(중략)... 및 상기 클라이언트 단말기에서 제공된 광고 결과 화면에 대한 최종 등록 승인을 입력하는 단계를 포함하는 것을 특징으로 한다. 이하, 첨부된 도면을 참조하면서 본 발명의 구성 및 작용을 상세하게 설명한다.

도 1은 본 발명에 따른 단일 문자 도메인명과 그 파생단어를 이용한 인터넷 광고 시스템의 전체 구성도이다. 상기 도 1을 참조하면, 본 발명에 따른 인터넷 광고 시스템은 크게 단일 문자 도메인명과 그 도메인에 연결된 파생단어를 등록/관리하며, 단일 문자 도메인명의 입력시 검색서비스를 제공하는 서버부(100)와, 상기 서버부(100)와의 데이타통신을 제공하는 유/무선 인터넷망(145)과, 상기 유/무선 인터넷망(145)을 통해 서버부(100)에 접속하여 단일문자 도메인명으로 검색서비스를 제공받고, 파생단어의 등록을 요청하는 클라이언트부(150)로 구성된다.

그리고, 상기 서버부(100)는 인터넷망(145)를 통해 접속한 클라이언트부(150)들을 통해 요구되는 광고서비스의 신규 등록 및 해약, 서비스 비용 등을 관리해주는 메인서버(110)와, 상기 메인서버(110)에 의해 이루어진 등록정보가 저장되는 등록정보 데이타베이스(120)와, 상기 유/무선 인터넷망(145)를 통해 실시간으로 인터넷 광고 정보를 제공해주는 인터넷 광고 서비스 서버(130)와, 등록된 인터넷 광고 정보를 저장하는 광고정보 데이타베이스(140)로 구성된다. 상술한 서버들(110)(130)과 데이터베이스들(120)(140)은 사용자의 사용 트래픽 부하에 따라서, 인터넷망(145)에 각각 따로 접속될 수도 있고, 메인서버(110)와 인터넷 서비스 광고 서버(130)의 기능을 하나의 서버장치에 구현할 수 도 있다. 또한, 상기 메인서버(110)는 필요시 클라이언트부(150)에 필요한 제어 프로그램을 인터넷을 통해 다운로딩해 주는 기능을구비할 수 도 있다. 그리고, 상기 클라이언트부(150)는 유/무선 인터넷망(145)에 접속가능한 퍼스널 컴퓨터, 또는 노트북컴퓨터 또는 PDA(Personal Data Assistants) 또는 무선인터넷기능을 갖춘 휴대폰등으로서, 상기 클라이언트부(150)는 상기 서버부(100)에서 제공하는 메시지 정보를 출력할 수 있는 디스플레이 수단(155)과, 영어 및 한글 등의 문자와 이미지 및 멀티미디어 데이터를 입력 할 수 있는 입력수단(156)을 포함하여야 한다.

...(중략)... 상술한 바와 같이 구성된 본 발명에 따른 광고 서비스 장치의 작용 및 서비스 절차를 도 5 내지 도 8의 동작흐름도를 참조하여 상세히 설명한다. ...(중략)...

발명의 효과

상술한 바와 같이, 본 발명은 단일문자 인터넷 도메인과 그 파생단어를 연관지어, 필요한 광고 내용을 실시간으로 등록 가능하게 하며, 등록시 사용시간에 따른 비용 지불과 유무선 인터넷을 이용하여 지역별, 도시별, 나라별 또는 전세계에서 광고내용을 실시간으로 등록하면서 동시에 필요한 광고 및 정보를 전세계에서 즉시 이용할 수 있게 하여, 사용자들에게는 필요한 광고 및 정보 내용을 편리하게 액세스 가능하게 하고, 동시에 광고주에게는 굳이 한글 등의 인터넷 도메인명을 1년 단위로 등록할 필요없이, 원하는 기간 만큼만 홍보할 수 있으며, 인기있는 인터넷 도메인명과 파생 단어를 지역별로 동시에 쓸 수 있게함으로서, 인터넷 상에서 쉽고 효과적으로 광고 기회를 제공할 수 있는 효과가 있다.

(57) 청구의 범위

청구항 1.

인터넷 접속 기능 및 입출력수단을 구비한 다수의 클라이언트 단말기; 상기 다수의 클라이언트 단말기에 접속된 인터넷; 상기 인터넷을 통해 접속한 클라이언트 단말기로부터 입력된 광고서비스를 이용한 사용자 및 광고서비스의 등록 및 해약, 서비스 비용 등을 관리하는 메인 서버 수단; 상기 메인서버에 의해 이루어진 등록정보를 단일문자 도메인명 및 지역별로 파생단어를 저장하는 등록정보 데이터베이스; 상기 인터넷을 통해 다수의 클라이언트 단말기로 등록된 단일문자 도메인별 파생단어를 통한 광고 서비스를 제공해주는 인터넷 광고 서비스 서버; 및 등록된 인터넷 광고 정보를 저장하는 광고정보 데이타베이스를 포함하고,

상기 메인 서버 수단은 인터넷을 통해 접속된 클라이언트 단말기로부터 소정의 단일문자 도메인명을 입력받아, 해당 단일 인터넷 도메인명으로 등록된 다수의 파생단어가 표시되고, 회원등록, 광고등록 선택 수단이 포함된 사용자 인터페이스 화면을 클라이언트 단말기로 제공하는 선행처리 수단; 상기 선행처리 수단에서 제공된 사용자 인터페이스 화면에 구비된 등록 선택수단을 통해 신규 등록이 신청되면, 클라이언트 단말기로 회원 가입 절차의 수행을 지원하고, 가입된 회원에 대해서는 개인 또는 회사 정보를 관리하는 등록 관리 수단; ..(중략)... 해당 정보를 검색하여, 그 결과를 상기 선행처리수단을 통해 클라이언트 단말기로 제공하는 인터넷 광고 처리 수단을 포함하여 이루어지는 것을 특징으로 하는 단일 문자 인터넷 도메인명과 그 파생 단어를 이용한 광고 시스템.

청구항 2. 삭제

청구항 3.

제 1 항에 있어서, 상기 인터넷 광고 등록 수단은 클라이언트 단말기로부터 단일 문자 인터넷 도메인명을 입력받는 인터넷 도메인명 입력부; 입력된 단일문자 인터넷 도메인명에 대한 광고용 파생단어, 광고사이트나 광광고정보를 전달받아 등록 처리를 수행하는 인터넷광고등록처리부; 및 상기 인터넷 광고 등록 처리부에서 이루어지는 등록에 대한 비용의 지불 처리의

수행을 지원하는 등록비용 지불처리부를 포함하여 이루어지는 것을 특징으로 하는 단일 문자 인터넷 도메인명과 그 파생 단어를 이용한 광고 시스템. ...(중략)...

청구항 8.

제 7 항에 있어서, 상기 방법은 상기 클라이언트 단말기로부터 검색 지역을 입력받는 단계를 더 포함하고, 상기 검색 결과를 제공단계에서 상기 서버가 입력된 단일 도메인 명과, 등록 지역을 동시에 만족하는 등록 파생단어들을 검색하여, 클라이언트단말기로 제공하는 것을 특징으로 하는 단일 문자 인터넷 도메인명과 그 파생 단어를 이용한 광고 방법. ...(중략)...

청구항 12.

제 5 항에 있어서, 상기 지불 처리를 수행하는 단계는 상기 서버는 등록시 표시되는 위치 및 액세스 율이 높은 단어별로 일평균단가를 달리 설정하여 클라이언트 단말기로 제공하는 단계; 상기 클라이언트 단말기에서 비용을 선택을 변경하고, 서버는 그에 대응하여 변경된 광고 결과 화면을 클라이언트 단말기로 제시하는 단계; 및 상기 클라이언트 단말기에서 제공된 광고 결과 화면에 대한 최종 등록 승인을 입력하는 단계를 포함하는 것을 특징으로 하는 단일 문자 도메인명과 그 파생단어를 이용한 인터넷 광고 방법.

도면 도면1, 도면2, 도면3, 도면4, 도면5, 도면6, 도면7, 도면8

[특허 사례2]

- **51) Int. CL** H04N 19/60(2014.01) H04N 19/129(2014.01)
- **(*) CPC**
- **(21) 출원번호/일자** 1020080135879 (2008.12.29)
- **(71) 출원인** 세종대학교산학협력단
- **(11) 등록번호/일자** 1015769830000 (2015.12.07)
- **(65) 공개번호/일자** 1020100077825 (2010.07.08)
- **(11) 공고번호/일자** (2015.12.11)
- **(86) 국제출원번호/일자**
- **(87) 국제공개번호/일자**
- **(30) 우선권정보**
- **법적상태 등록**
- **심사진행상태** 등록결정(일반)
- **심판사항**

- **구분/원출원권리** 신규 /
- **원출원번호/일자**
- **관련 출원번호**
- **기술이전 희망**
- **심사청구여부/일자** Y(2013.11.11)
- **심사청구항수** 7

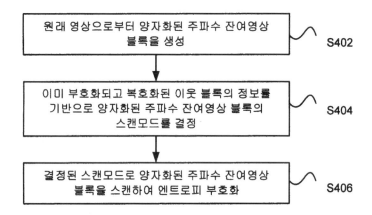

본 발명은 동영상 인코딩 및 디코딩 방법과 이를 구현하는 장치에 관한 것이다. 본 발명의 동영상 인코딩 방법은, 원래 영상으로부터 양자화된 주파수 잔여영상 블록을 생성하는 단계와, 이미 인코딩되고 디코딩된 이웃 블록의 정보를 기반으로 상기 양자화된 주파수 잔여영상 블록의 스캔모드를 결정하는 단계와, 상기 결정된 스캔모드로 상기 양자화된 주파수 잔여영상 블록을 스캔하여 엔트로피 인코딩하는 단계를 포함한다. 본 발명에 따르면, 인터 예측 인코딩에 있어 스캔모드 정보를 비트스트림에 포함하지 않고, 이미 인코딩되고 디코딩된 이웃 영상 블록의 정보를 사용하여 스캔모드를 결정하여 인코딩하고 디코딩함으로써 동영상 인코딩의 압축률을 향상시킬 수 있다.

동영상, 스캔모드, 엔트로피, 인코딩, 디코딩, 잔여영상, 움직임 예측, 보상

| 인명정보

〈출원인〉

번호	이름	국적	주소
1	세종대학교산학협력단 (220050114702)	대한민국	서울특별시 광진구 능동로 * (군...

〈발명자〉

번호	이름	국적	주소
1		대한민국	서울특별시 광진구...
2		대한민국	서울특별시 광진구 광나루로길 –, 층 호 (군...

〈대리인〉

번호	이름	국적	주소
1	심경식 (920070015123)	대한민국	서울특별시 서초구 반포대로 ** 신원빌딩 *층(에스와이피특허법률사무소)
2	유병욱 (920070006051)	대한민국	서울특별시 강남구 역삼로**길* 백년빌딩*층(세연특허법률사무소)
3	홍성욱 (920130001411)	대한민국	서울특별시 서초구 반포대로 ** 신원빌딩 *층(에스와이피특허법률사무소)
4	한승범 (920090042386)	대한민국	서울특별시 강남구 역삼로**길* (역삼동) 백년빌딩 *층(세연특허법률사무소)

〈최종권리자〉

이름	국적	주소
세종대학교산학협력단		서울특별시 광진구 능동로 * (군...

〈행정처리〉

번호	이름	국적	주소	접수/발송번호
1	[특허출원]특허출원서 ([Patent Application] Patent Application)	2008.12.29	수리 (Accepted)	112008090036066
2	[출원서등 보정]보정서 ([Amendment to Patent Application, etc.] Amendment)	2009.01.09	수리 (Accepted)	112009001311032
3	출원인정보변경(경정)신고서 (Notification of change of applicant's information)	2011.04.13	수리 (Accepted)	412011507327777
4	[명세서등 보정]보정서 ([Amendment to Description, etc.] Amendment)	2013.11.11	보정승인간주 (Regarded as an acceptance of amendment)	112013102497315
5	[심사청구]심사청구(우선심사신청)서 ([Request for Examination] Request for Examination (Request for Preferential Examination))	2013.11.11	수리 (Accepted)	112013102497461
6	[대리인선임]대리인(대표자)에 관한 신고서 ([Appointment of Agent] Report on Agent (Representative))	2013.11.11	수리 (Accepted)	112013102497124
7	선행기술조사의뢰서 (Request for Prior Art Search)	2014.05.08	수리 (Accepted)	919999999999989
8	선행기술조사보고서 (Report of Prior Art Search)	2014.06.11	수리 (Accepted)	912014004647569
9	의견제출통지서 (Notification of reason for refusal)	2015.02.27	발송처리완료 (Completion of Transmission)	952015013982869
10	[지정기간연장]기간연장 (단축, 경과구제)신청서 ([Designated Period Extension] Application of Period Extension(Reduction, Progress relief))	2015.04.27	수리 (Accepted)	112015040774440

번호	이름	국적	주소	접수/발송번호
11	[거절이유 등 통지에 따른 의견]의견(답변, 소명)서 ([[Opinion according to the Notification of Reasons for Refusal] Written Opinion (Written Reply, Written Substantiation))	2015.05.26	수리 (Accepted)	112015050360532
12	[명세서등 보정]보정서 ([Amendment to Description, etc.] Amendment)	2015.05.26	보정승인간주 (Regarded as an acceptance of amendment)	112015050360688
13	등록결정서 (Decision to grant)	2015.10.28	발송처리완료 (Completion of Transmission)	952015074656673

〈청구항〉

번호	청구항
1	원래 영상으로부터 양자화된 주파수 잔여영상 블록을 생성하는 단계와, 이미 인코딩되고 디코딩된 이웃 블록의 정보를 기반으로 상기 양자화된 주파수 잔여영상 블록의 스캔모드를 결정하는 단계와, 상기 결정된 스캔모드로 상기 양자화된 주파수 잔여영상 블록을 스캔하여 엔트로피 인코딩하는 단계를 포함하며, 상기 이웃 블록의 정보를 기반으로 결정된 스캔모드는 상기 이웃 블록의 스캔모드 중에서 가장 빈도수가 높은 스캔모드인 것을 특징으로 하는 동영상 인코딩 방법.
2	삭제
3	삭제
4	제 1 항에 있어서, 상기 양자화된 주파수 잔여영상 블록을 생성하는 단계는 상기 원래 영상을 매크로블록으로 분할하고, 상기 분할된 매크로블록의 각각을 인터 예측하여 잔여영상 매크로블록을 생성하는 단계와, 상기 잔여영상 매크로블록을 주파수변환 단위의 잔여영상 블록으로 분할하고, 상기 잔여영상 블록을 주파수변환하여 주파수 잔여영상 블록을 생성하는 단계와, 상기 주파수 잔여영상 블록을 양자화하여 양자화된 주파수 잔여영상 블록을 생성하는 단계를 포함하는 것을 특징으로 하는 동영상 인코딩 방법.
5	제 1 항에 있어서, 상기 이웃 블록의 스캔모드는 상기 이웃 블록의 복호영상 블록을 생성하는 단계와, 상기 복호영상 블록을 주파수변환하고 양자화하여 양자화된 주파수 블록을 생성하는 단계와, 상기 양자화된 주파수 블록에 2 이상의 스캔모드를 적용하여 양자화된 주파수 계수 열들을 생성하는 단계와, 상기 양자화된 주파수 계수 열들에서 0이 아닌 주파수의 위치가 가장 빠른 스캔모드를 상기 이웃 블록의 스캔모드로 선정하는 단계를 통해 결정되는 것을 특징으로 하는 동영상 인코딩 방법.
6	원래 영상으로부터 양자화된 주파수 잔여영상 블록을 생성하는 수단과, 이미 인코딩되고 디코딩된 이웃 블록의 정보를 기반으로 상기 양자화된 주파수 잔여영상 블록의 스캔모드를 결정하는 스캔모드 결정부와, 상기 결정된 스캔모드로 상기 양자화된 주파수 잔여영상 블록을 스캔하여 엔트로피 인코딩하는 엔트로피 코딩부를 포함하며, 상기 이웃 블록의 정보를 기반으로 결정된 스캔모드는 상기 이웃 블록의 스캔모드 중에서 가장 빈도수가 높은 스캔모드인 것을 특징으로 하는 동영상 인코딩 장치.
7	비트스트림을 입력받아 움직임 벡터와 양자화된 주파수 계수 열을 생성하는 단계와, 이미 인코딩되고 디코딩된 이웃 블록의 정보를 기반으로 상기 양자화된 주파수 계수 열의 스캔모드를 결정하는 단계와, 상기 양자화된 주파수 계수 열에 상기 결정된 스캔모드를 적용하여 주파수 잔여영상 블록을 생성하는 단계와, 상기 주파수 잔여영상 블록을 역주파수변환하여 잔여영상 블록을 생성하는 단계와, 상기 잔여영상 블록을 움직임 보상하여 복호영상 블록을 생성하는 단계를 포함하며, 상기 이웃 블록의 정보를 기반으로 결정된 스캔모드는 상기 이웃 블록의 스캔모드 중에서 가장 빈도수가 높은 스캔모드인 것을 특징으로 하는 동영상 디코딩 방법.

...(중략)...

| 등록사항

특허 등록번호: 10-1576983-0000

〈권리란〉

표시번호	사항		
1번			
출원 연월일 :	2008년 12월 29일	출원번호 :	10-2008-0135879
공고 연월일 :	2015년 12월 11일	공고번호 :	
특허결정(심결)연월일 :	2015년 10월 28일	청구범위의 항수 :	7
유별 :	H04N 19/129		
발명의 명칭 :	동영상 인코딩 및 디코딩 방법과 이를 구현하는 장치		
존속기간(예정)만료일 :	2028년 12월 29일 2015년 12월 07일 등록		

〈특허권자란〉

순위번호	사항
1번	
세종대학교산학협력단	(등록권리자)
서울특별시 광진구 능동로 * (군... 2015년 12월 07일 등록	

〈등록료란〉

제 1 - 3 년분	금액	159,000 원

〈통합행정정보〉

번호	서류명	접수/발송일자	처리상태	접수/발송번호
1	[특허출원]특허출원서 ([Patent Application] Patent Application)	2008.12.29	수리 (Accepted)	112008090036066
2	[출원서등 보정]보정서 ([Amendment to Patent Application, etc.] Amendment)	2009.01.09	수리 (Accepted)	112009001311032

번호	서류명	접수/발송일자	처리상태	접수/발송번호
3	출원인정보변경(경정)신고서 (Notification of change of applicant's information)	2011.04.13	수리 (Accepted)	412011507327777
4	[대리인선임]대리인(대표자)에 관한 신고서 ([Appointment of Agent] Report on Agent (Representative))	2013.11.11	수리 (Accepted)	112013102497124
5	[심사청구]심사청구(우선심사신청)서 ([Request for Examination] Request for Examination (Request for Preferential Examination))	2013.11.11	수리 (Accepted)	112013102497461
6	[명세서등 보정]보정서 ([Amendment to Description, etc.] Amendment)	2013.11.11	보정승인간주 (Regarded as an acceptance of amendment)	112013102497315
7	선행기술조사의뢰서 (Request for Prior Art Search)	2014.05.08	수리 (Accepted)	919999999999989
8	선행기술조사보고서 (Report of Prior Art Search)	2014.06.11	수리 (Accepted)	912014004647569
9	의견제출통지서 (Notification of reason for refusal)	2015.02.27	발송처리완료 (Completion of Transmission)	952015013982869
10	[지정기간연장]기간연장 (단축, 경과구제)신청서 ([Designated Period Extension] Application of Period Extension(Reduction, Progress relief))	2015.04.27	수리 (Accepted)	112015040774440
11	[명세서등 보정]보정서 ([Amendment to Description, etc.] Amendment)	2015.05.26	보정승인간주 (Regarded as an acceptance of amendment)	112015050360688
12	[거절이유 등 통지에 따른 의견] 의견(답변, 소명)서 ([Opinion according to the Notification of Reasons for Refusal] Written Opinion(Written Reply, Written Substantiation))	2015.05.26	수리 (Accepted)	112015050360532
13	등록결정서 (Decision to grant)	2015.10.28	발송처리완료 (Completion of Transmission)	952015074656673
14	[설정 특허·등록료]납부서 ([Patent·Registration Fee] Payment Form)	2015.12.07	수리 (Accepted)	2120150713544

제7장

특허관련 기타 사례

제1절 특허 성공 · 분쟁 사례

특허를 통해 로열티를 받거나 해당 기술로 신제품을 출시하여 엄청난 부를 축적하게 되는 성공사례, 혹은 특허로 인해 생겨나는 특허 분쟁사례 등이 있다. 특허 관련 분쟁은 새로운 핵심 기술이나 지식과 큰 연관이 있기에 자신의 기술과 지식 등을 보호하기 위해서라면 반드시 특허를 등록하고 권리를 보호받아야 한다. 정보화 사회가 고도화됨에 따라서 이러한 특허 분쟁도 증가하게 되면서 특허분쟁만 전문으로 다루는 변리사들도 있다. 이런 특허 관련 사례들로서 어떤 유형들이 있는지, 그리고 특허를 출원하여 권리를 보호받는 것이 왜 중요한지 살펴본다.

길라C&I의 김 사장은 반디라이트펜 특허로 큰 성공을 한 사례이다. 반디라이트펜은 볼펜의 끝 부분에서 빛이 나오게 함으로써 어두운 곳에서도 편리하게 필기를 할 수 있도록 개발한 펜으로, 교통 경찰관이 목과 어깨 사이에 전등을 끼운 채로 힘들게 필기하는 모습을 보고 개발했다고 한다. 이 아이디어를 통해 길라C&I는 해외 6개국에서 650만 달러 이상의 수출을 기록하고, 수출 유망 중소기업, 벤처기업지정, 국내외 각종 발명전에서 수상하는 등 많은 명예를 누리게 되었다. 반디라이트펜은 군대 내에서의 업무나 캠핑 등의 상황에서 유용하게 사용되고 있으며, 성공적인 상용화로 주변에서 쉽게 찾아볼 수 있다. 이 사례는 비록 작은 특허일지라도, 필요한 요구사항에 맞는 기술이라면 큰 성공을 할 수 있다는 것을 보여준다.

(참조URL: http://bit.ly/2DIlAG3 http://bit.ly/2nkoVRB)

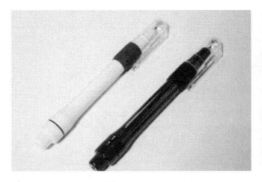

상용화에 성공한 반디라이트펜

　다음 사례는 (주)세라텍 소개인데, 컴퓨터 주변기기와 통신 기기에 사용되는 전자파 차단용 소자를 생성, 수출하던 우수 벤처기업이다. 세라텍은 수출 주문이 쇄도하자 설비를 확장하기 위한 비용이 필요했으나 자금조달이 어려웠다. 세라텍은 보유했던 25개의 특허 중, 11건을 한국산업기술평가원의 기술평가를 거친 후 중소기업진흥공단에 담보로 하여 대출을 받아 자금조달을 해결한 뒤에 지속적으로 성장할 수 있었다. 특허권이 기업의 중요한 자산이 될 수 있음을 보여주는 사례이다.

　(참조URL: http://bit.ly/2nhLXZ1)

　다음의 두 개인발명가 사례는 로열티를 통한 성공사례를 보여준다. 첫 번째 사례로 백○○씨는 폐타이어 내부에 완충 스프링을 내장함으로써 충격완화 효과를 극대화한 교통안전 제품을 발명하였다. 빈번한 교통사고 피해를 줄일 수 있는 제품으로 사업의 성공 가능성이 높았으나, 개인 발명가의 힘으로는 사업화하기에 버거운 일이었다. 백씨는 한국 발명진흥회 특허기술사업화 알선센터를 통해 모 중견기업에 특허권을 이전하고, 특허권 이전의 대가로 일시금으로 3천만원에 더해 기술 이전료와 제품공급가액의 일부를 로열티로 받게 되었다.

　오○○씨는 접착테이프의 길이를 임의로 조정하여 간편하게 절단하는 접착테이프 절단기를 발명하였다. 오씨 또한 개인 발명가였기에, 사업화시키기는 어려웠다. 오씨도 중견기업에 실용신안권을 이전함으로써 기술이전료와 로열티를 통해 많은 이익을 얻을 수 있게 되었다.

　(참조URL: http://bit.ly/2rFmxco)

실생활에서 유용하게 쓰이고 있는 테이프 절단기의 모습

특허관련 분쟁사례로 삼성과 애플의 특허 분쟁 사례를 살펴보자. 지난 2011년, 애플은 미국에서 밀어서 잠금해제 기능의 특허를 등록받았다. 이 기술은 단말기 화면에 나타나는 이미지를 손으로 밀어 잠금을 해제하는 기술을 의미하나, 애플이 출원한 특허에는 포괄적인 표현이 포함되어 있었다. 터치스크린 상에 미리 규정 위치에 잠금해제 이미지가 있고, 이 이미지를 터치스크린 상에 미리 규정된 다른 위치로 밀어낼 경우에는 애플의 특허를 침해한다는 표현이었다.

당시 분쟁의 원인이 되었던 아이폰(좌)와 삼성의 잠금 해제 기술(우)

당시 삼성의 주력 제품이었던 갤럭시S, 갤럭시S2 등의 제품은 잠금 화면 전체를 손가락으로 밀어낼 시에 잠금이 해제되는 방식이었으며, 퍼즐 형식의 잠금해제 방식 역시 화면의 특정 위치로 밀어서 해제한다는 점에서 애플의 특허를 피해갈 수 없었다. 하지만 삼성에서 새로이 개발한 잠금해제 기술은 터치 시 2개의 동심원이 생기고 어떠한 방향으로 손가락을 움직여도 잠금이 해제가 된다는 점에서 애플의 특허를 피해갈 수 있었다. 삼성과 애플은 2011년부터 지속적으로 특허 소송을 지속하고 있는데, 디자인, 기술 등의 분야에 걸쳐있으며, 이 사례를 통해서 특허권을 둘러싼 기업 간의 이해관계를 엿볼 수 있으며 특허기술 선점이 얼마나 중요한지를 알 수 있다. (참조URL: http://bit.ly/2EfGZUa)

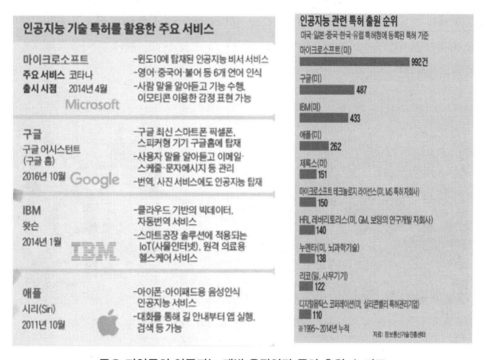

주요 기업들의 인공지능 개발 움직임과 특허 출원 수 비교

새로운 기술의 특허권 확보에 노력하는 주요 기업들의 사례를 살펴보자. 우선 인공지능 분야에서는 지난 2016년, 구글의 자회사이자 영국의 인공지능 개발회사인 '딥마인드'가 개발한 알파고가 세상에 소개되었다. 알파고는 빅데이터와 딥러닝 기술 등을 종합하여 스스로 학습하며 최적의 경우의 수를 찾아가는 알고리즘으로, 이세돌 9단과의 바둑대결이 전 세계적으로 알려지면서 많은 사람들이 충격을 받았다. 이세돌 9단이 알파고에게 처참하게 패배한 후에, 국내 기업과 세계의 주요 기업들은 잇따라 자신들의 인공지능 기술과 특허를 출원하기 시작하였으며 많은 양의 인공지능 특허들이 쏟아지고 있다. 인공지능 기술 외에도 빅데이터, 3D 프린팅, IOT, 블록체인, 헬스케어 등의 신 4차산업 기술들의 특허권 확보 경쟁이 세계 주류 기

업들 간의 4차산업 전쟁이 될 것으로 예상된다. (참조URL: http://bit.ly/2lQwi1q)

또 다른 사례로는 플라잉 카, 자율주행 자동차 등이 있다. 플라잉 카는 하늘을 나는 자동차를 의미하고 자율주행 자동차는 위와 같은 인공지능 기술을 이용해 운전하는 자동차를 의미한다. 그 중 플라잉 카는 영화에서나 보던 소재로 자율주행 자동차와 같은 기술에 밀려, 많이 두드러지지는 않았으나 여러 자동차 기업들에서 기술 개발에 열을 올리고 있다. 그 이유는, 자동차가 하늘을 날게 됨으로써 얻을 수 있는 이익이 다양하고, 최초로 상용화 기술을 확보하게 되면서 신규분야에 대한 선점효과 등이 있을 것이다. 다만 자동차가 하늘을 날기 위해서는 많은 문제가 존재한다. 예를 들면, 높은 엔진 출력의 필요성과 충분한 양력 확보를 위한 날개의 크기, 비행을 위한 활주로의 필요성 등이 문제이다. 하지만 이런 문제점들은 이를 극복하고 새로운 기술특허를 출원할 수 있는 기회이기도 하다.

현재 개발단계에 있는 플라잉 카의 모습

예를 들어서, 플라잉 카를 위해서는 양력을 위해 큰 날개가 필요하다는 문제점이 있지만, 도요타사에서 출원한 특허는 자동차 상단부에 날개를 겹쳐 쌓아 올림으로써 충분한 양력을 확보하는 기술이다. 이 기술을 이용하면 상대적으로 적은 비용을 들여 제작이 가능하고, 탈부착까지 가능하다는 점에서 상대적으로 경쟁력을 갖게 된다. 또한 타 기업은 이런 기술과 경쟁하기 위해 보다 나은 기술 특허를 출원하거나 도요타사에 로열티를 지불하고 이용하는 방법을 택해야 하며, 도요타사는 로열티를 받거나 혹은 기술적 우위로 시장 우위를 점할 수 있어서 이러한 기술특허는 기업에 큰 이익이 될 수 있다. (URL: http://bit.ly/2ESWzEO)

다음으로 살펴볼 사례는 모바일 분야와 관련이 된다. 많은 사람들이 알고 있을 만큼 인기가 있었던 쿠키런이 그 사례이다. 쿠키런은 당시에 많은 사랑을 받고 있었으나, 또 다른 모바일 게임사인 주식회사 레몬 측에서는 게임 아이템을 구매하는 방법과 관련한 특허권 침해 소송을 쿠키런측을 상대로 제기하였다. 이 특허권 침해의 주된 내용은, 모바일 게임 내에 구매하지 않은 아이템의 정보까지 일괄 저장해 놓은 상태에서, 이용자가 아이템을 구매하면 해당 아이템의 락을 풀어서 사용할 수 있도록 하는 아이템 구매방법에 대한 특허였다.

이에 대한 특허 소송으로 레몬에서는 쿠키런을 상대로 침해한 기술을 사용하지 말 것, 그리고 해당 프로그램을 삭제하고 손해배상액 1억원 보상을 청구하였다. 하지만 이 사례는 양 측의 입장표결이 간단하고 빠르게 소송이 마무리되는 듯하였으나, 실제로 쿠키런 기술은 아이템 정보를 단말기 내에 저장하는 형식이 아닌, 서버로부터 실행시마다 아이템 정보를 받아와서 사용하는 형태였기에 원고 측인 레몬 측의 특허권 침해에 대한 청구가 모두 기각되었다. 이 사례로 알아볼 수 있는 점은, 특허권을 선점하고, 기술을 보호받는 것도 중요하지만, 침해했다고 생각되는 대상의 실제 사용 기술을 정확하게 파악한 뒤에 기술을 보호 받아야 한다.

(참조URL: http://bit.ly/2ETCsqb)

쿠키런 게임 초기 실행화면

마지막으로 우리나라와 세계 선진 국가들의 특허 현황에 대해 살펴본다. 세계적으로 특허의 점유율이 높은 나라는 미국과 일본이 주를 이루고 있지만, 중국이 세계적 강대국으로 올라오면서, 세계 특허 점유율도 상승하고 있는 추세이다. 우리나라도 미국과 일본, 중국 등에 이어서 상위권에 포진 해 있으나, 미국과 일본의 점유율이 아직까지도 높은 것이 현실이다.

특허권의 확보는 기업의 기술, 디자인 등의 다양한 부분에서의 우위를 확보하거나 기업의 가치와 신뢰성을 확보시켜주며, 궁극적으로는 기업의 이익 창출 및 기업의 성공으로 이어지기 때문에 가능한 유용하고 많은 특허를 확보하는 것이 기업의 경영에 유리하다. 세계의 특허 분쟁은 계속해서 늘어가는 추세이고, 특허가 출원되고 있는 범위 또한 사소한 특허부터 주요 기술, 그리고 신규기술까지 점점 넓어지고 있다. 각 기업과 국가에서 새로운 기술에 대한 특허권 선점을 추구하고 장려하는 것을 보면, 특허권이 얼마나 중요한 재산이며 기회인지 알 수 있다. 앞으로 출현하는 새로운 기술들에 있어서도 특허권 확보를 위한, 특허권을 보호받기 위한 특허 전쟁은 계속될 것이다.

4차 산업혁명과 지식정보화 시대에, 지적자산권의 가치가 갈수록 커지고 있다. 지식은 저작권과 산업재산권, 지식재산권을 통해 보호받을 수 있고 권리를 행사할 수 있기에, 지식정보화 시대가 발전함에 따라서, 그리고 4차 산업혁명이 점점 진행됨에 따라서 신 기술과 관련된 특허는 쏟아져 나올 것이다. 특허의 중요성을 미리 알아두고 필요에 따라 적절히 대처할 수 있도록 대비해야 한다.

제2절 특허 주요상식

▌특허 제도의 기원

특허의 뜻을 가진 Patent는 14세기 영국에서 '다른 사람이 볼 수 있도록 개봉된 상태로 수여된 특허증서', 즉 개봉된 문서를 Letters Patent라고 부른 것에서 개봉의 뜻을 가진 Patent만 특허권 이라는 뜻으로 사용되게 되었다.

▌특허와 실용신안의 차이

'실용신안'이란 이미 사용하고 있는 물품을 개량해서 보다 편하고 유용하게 쓸 수 있도록 한 물품에 대한 고안이라는 점에서 특허와 차이가 있다.

▌특허의 출원과 등록

특허출원은 특허를 받고자 실시한 발명을 특허출원서에 기재하여 특허청에 제출하는 것이다. 출원이란, 특허를 받기위하여 특허를 받을 권리를 가진 자 또는 승계인이 소정의 원서를 작성해 특허청장에게 제출하는 것을 말한다. 반면에 특허등록이란, 특허출원된 발명을 심사청구에 의해 특허청에서 일정기간 심사를 하고, 특허등록결정서가 통지된 후에 특허권 설정 등록을 위해 특허료를 내고 특허청 등록과에 등록되는 것을 말한다.

▌특허의 실시

- 물건의 발명의 경우 : 해당 물건의 생산, 사용, 양도, 대여, 수입, 청약을 하는 행위에 해당
- 방법의 발명의 경우 : 방법을 사용 할 경우 해당
- 생산법의 발명인 경우 : 그 방법의 발명을 사용, 또는 그 방법에 의해 생산한 물건을 사용, 양도, 대여, 수입, 대여의 청약을 하는 행위에 해당.

동시 특허출원

동일한 발명에 대하여 다른 날에 둘 이상의 특허출원이 있는 때에는 먼저 특허출원한 자가 그 발명에 대하여 특허를 받을 수 있다. 단, 동일한 발명에 대하여 같은 날에 둘 이상의 특허출원이 있는 때에는 특허출원인의 협의에 의하여 정하여진 하나의 특허출원인만이 그 발명에 대하여 특허를 받을 수 있다. 하지만 협의가 성립되지 않거나, 협의할 수 없는 때는 어느 누구도 그 발명에 대한 특허를 받을 수 없다. 라고 명시되어 있다. 또한, '도달주의'라는 것이 있다. 특허법 또는 특허법명령에 따른 명령에 따라 특허청 또는 특허심판원에 제출하는 서류는 특허청 또는 특허심판원에 도달된 날부터 제출의 효력이 발생된다.

특허등록 요건

특허의 요건은 산업상 이용할 수 있는 발명으로, 다음 어느 하나에 해당하는 것을 제외하고는 그 발명에 대한 특허를 받을 수 있다.

- 특허출원 전에 국내외에서 공지되거나 공연히 실시된 발명
- 특허출원 전에 국내외에서 반포된 간행물에 게재되었거나, 전기통신회선을 통하여 공중이 이용할 수 있는 발명

또한 특허출원 전에 그 발명이 속하는 기술 분야에서 통상의 지식을 가진 사람이 위의 어느 하나에 규정된 발명에 의하여 용이하게 발명 할 수 있는 것일 때에는 그 발명에 대하여 특허를 받을 수 없다.

특허를 받지 못하는 발명

공공의 질서 또는 선량한 풍속에 어긋나거나 공중의 위생을 해칠 우려가 있는 발명.

국방상 필요한 경우, 외국에의 특허출원을 금지하거나 발명자, 출원인 및 대리인에게 그 발명을 비밀로 취급하도록 명할 수 있다.

(특허청, 참조 URL: http://bit.ly/29mInXa)

특허법이란? 1474년 르네상스 이후, 북부 이탈리오 도시국가 베니스에서 모직물공업 발전을 위해 법을 제정하여 제도적으로 발명을 보호한 것이 최초의 특허법이다.

- 1594년 갈릴레오의 양수, 관개용 기계에 대한 특허가 있다.
  또한 현대적 특허법의 모태가 된 것은 영국의 전매조례이다.
- 전매조례(Statute of Monopolies : 1624~1852) : 선발명주의, 독점권(14년), 공익위배 대상

특허 불인정 → 산업혁명의 근원이 되는 방적기, 증기기관이 탄생

| 우리나라 특허제도 연혁

1908년 한국 특허령 공표

1946년 특허원 창립 및 특허법 제정

1961년 특허법을 산업재산권 4법으로 분리

1977년 특허청 개청

1979년 세계지식재산권기구(WIPO)가입

1980년 파리협약(Paris Convention) 가입

1984년 특허협력조약(Patent Cooperation Treaty) 가입

(참조URL: http://bit.ly/29mInXa)

최근 10년동안에 가장 기억나는 '**특허분쟁**' 은? IT계열에서 선두를 달리는 두 기업 삼성과 애플의 특허전쟁을 떠올릴 것이다. 이 두 기업은 무엇 때문에 이렇게 소송에 소송을 거듭했을 까? 애플은 삼성의 고객이라고 할 수 있는데, 애플은 mp3(아이팟)을 만들 때 삼성전자의 부품을 다수 사용했었다. 이후 애플이 스마트폰 시장에 진출하게 되고, 스마트폰의 부품을 같이 구매하게 되며 애플은 금액만 무려 9억 달러에 해당하는 삼성의 최대고객이었다. 하지만 애플이 갤럭시s와 갤럭시 탭의 디자인이 아이폰4와 아이패드를 모방하였다. 라며 소송을 하며 특허 분쟁이 일어났다. 애플에서는 주로 디자인적 측면에서 특허침해를 주장했으며, 삼성에서는 맞대응으로 기술적 측면에서의 특허침해를 주장했다. 삼성과 애플의 특허 소송의 쟁점을 살펴본다.

삼성	애플
삼성의 특허는 3세대 이동통신의 기술 표준이기 때문에 특허 침해가 이뤄질 수밖에 없다.	기술표준은 수천가지 기술의 집합으로, 반드시 침해되는 것이 아니다.
특허 침해가 아니라면, 애플은 어떤 기술을 사용하고 있는지 밝혀라.	우리의 어떤 기술이 특허를 침해하는지 입증책임은 '삼성전자'에 있다.
공유 인정되지만, '실시권'요청조차 하지 않은 업체까지 무단으로 사용해도 된다는 의미는 아니다	표준특허는 제3자가 공유할 수 있고, 이럴 경우 특허 관련 금지명령을 낼 수 없어 손해배상은 성립되지 않는다.

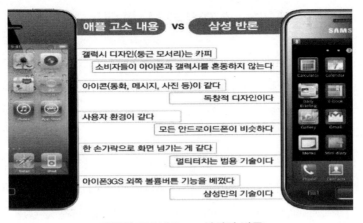

〈애플의 고소내용 vs 삼성의 반론〉

2012년 판결은 미국에서 애플의 손을 들어주면서 삼성은 애플에게 특허 침해로 10억달러 (당시 약 1조2천 억원)를 지불하라는 내용의 배심원 평결이 나왔다. 하지만 삼성의 항소심을 거치며 일부 무혐의 판결로 인해 배상금은 점차 줄어서 5억4800만 달러, 이후의 항소심에서 최종 3억9900만 달러를 지급하라는 판결에 대해 전원 일치 의견으로 삼성의 상고이유를 인정 하고 원심을 파기 환송했다. 결국 원점으로 돌아간 셈이다. 미국 대법원의 판결을 살펴보면, "특허 침해가 전 상품을 판매한 이익을 다 가져가도 되는 것인지"가 심리 대상이었으며, 이에 대해 대법원은 "삼성이 애플의 디자인 특허를 침해했지만, 이익 전체를 배상으로 가져갈 수 없 다"는 내용이다. (참조URL: http://bit.ly/2AkPM3z)

본 사례를 통해서 알아야할 특허법 및 상식에 대해 살펴본다. 삼성이 제기한 애플의 삼성 통 신표준 특허 침해에 대해서는 한건도 인정하지 않았다는 점, 미국 특허법 289조는 "디자인 특 허 존속 기간 내에 권리자의 허락을 받지않고... 그런 디자인 혹은 유사 디자인으로 제조된 물 건을 판매한 자는 전체 이익금 상당액을 권리자에게 배상할 책임이 있다."라고 명시하고 있 다. 미국 특허법 289조는 1887년 처음 제정되었으며, 디자인 특허침해 시 전체 이익 상당액을 배상한다는 기준이 확정 된 것이다. 이후, 이 규정은 몇 차례 개정이 되었으며, 이번 특허분쟁 에서 전체이익 이란 부분을 삭제하고, 전체이익의 상당액이라는 문구를 추가했다. 289조를 바탕으로 이익전체를 보상하라는 애플의 주장을 꺾고 삼성은 이익의 일부를 배상하는 방향으 로 승리했다. 본 사례를 살펴보면 만약 A와 B의 소송에서 B가 미국 특허법 289조를 몰랐다면, 최초 배상액인 10억을 모두 지급해야 하는 상황이 벌어졌겠지만, 최종적으로는 3억9900만 달 러로 배상액을 많이 절약한 것이다.

제3절 소프트웨어 특허논란

소프트웨어 특허가 허용되는지, 허용된다면 특허가 가능한 소프트웨어와 특허가 가능하지 않은 소프트웨어의 경계는 무엇인가? 특허에 요구되는 진보성 기준을 어떻게 적용해야 하는가? 소프트웨어 특허가 기술혁신을 저해하는 것은 아닌가? 등을 살펴본다. (참조URL: http://bit.ly/2Gpbw2y)

첫 번째, 소프트웨어 특허가 허용되었을 때 가능성에 대한 경계가 어떻게 되는지에 대하여 사례를 통해 알아본다. 지난 2007년, 미국 CLS은행(Continuous Linked Settlement Bank - 국제결제은행의 권고로 지난 1999년 뉴욕에서 설립된 외환거래결제전문 은행)은 엘리스 코퍼레이션을 상대로 **소프트웨어 관련 특허권에 대한 무효소송을 제기**했다. CLS은행이 문제를 제기한 특허는 거래 당사자들이 안전하게 현금이나 다른 금융증서를 교환할 수 있게 하는 에스크로(escrow: **조건부 날인증서**) 시스템 소프트웨어와 그 구현 방법에 관련한 기술이었다. 이에 대해 미국 연방순회항소심법원은 엘리스 코퍼레이션의 특허가 인정될 수 없다고 결정 내린바 있는데 10명중 5명이 엘리스 코퍼레이션의 사기 방지와 미지불 위험을 극복하기 위한 방법을 특허로 인정받는다는 것이 적절하지 않다고 판단했기 때문이다. 이런 결론에 여러 사람들은 의견이 분분하였다. 단순 알고리즘을 풀어서 적은 것을 특허로 인정할순 없다는 사람들이 있었고 금융, 비즈니스, 컴퓨터 통신 등 매우 중요한 부분에서 소프트웨어 특허가 무효화되면 큰 혼란을 야기한다는 주장도 있었다. 이 내용은 IT전문 기업들에겐 매우 예민한 문제였기 때문에 많은 IT기업들도 대법원에 판단을 요청하였다. IT 업계에서 중요한 비중을 차지하고 있는 것이 소프트웨어 특허이다.

이 사례를 통하여 특허가 될 수 있는지 없는지 경계는 무엇일까? CLS그룹의 사례에서는 단지 사기방지와 미지불 위험을 극복하기 위한 방법을 특허로 인정받게 한다는 것이 반대하는 입장의 주장이다. 인정받을 수 없다는 근거가 창의성이나 이전에 없었던 특별한 주제의 특허가 아니라는 것이다.

두 번째 논점에서 말하는 진보성에 대하여 살펴본다. 특허청 연구에 따르면 발명의 진보성이라 함은, 그 기술 분야에서 통상의 지식을 가진 자가 특허 출원 당시의 기술수준에서 용이하게 생각해 낼 수 없는 정도를 말한다. 소프트웨어라는 특별한 개체는 누가 만드는지에 따라서 천차만별이며 코드가 조금만 달라져도 아예 다른 소프트웨어가 된다. 소프트웨어 특허의 진보성 기준을 어떻게 정해야 하는지 사례를 살펴본다.

진보적 요소의 기준 사례 : 인터넷 콘텐츠 필터링 소프트웨어(US5,987,606 등록특허)의 특허적격성 여부에 대하여 CAFC는 콘텐츠 필터링 자체가 추상적 아이디어일 수 있지만 미국연

방대법원의 2014년 Alice 판결의 2단계 판단법을 통과하여 특허적격성이 있는 것으로 판단하였다. Alice 판결의 2단계 기준은 먼저 (i) 발명이 특허 대상이 아닌 자연법칙(law of nature) 또는 추상적 아이디어(abstract idea) 등에 해당하는지를 판단하고, 이후에 (ii) 여기에 속한다면 자연법칙, 추상적 아이디어를 현저히 넘어서는(significantly more) 진보적 구성요소가 존재하는지를 살펴보아 특허 적격성을 판단한다. 명세서에 기존 콘텐츠 필터링 방법의 문제점을 구체적으로 설명하고 출원된 발명의 기술적 진보성을 분명하게 명시한 점을 지적하고 있어, 특허출원문서 작성 시에 발명의 기술적인 특징과 그 효과에 대하여 구체적으로 기술해야 한다는 점을 다시 확인하여 주었다. 많은 소프트웨어 발명이 이미 알려진 구성요소의 결합으로 기존의 문제점을 해결하는 경우이므로, 본 판결은 이러한 경우에 이미 알려진 구성요소들의 일정한 조합(ordered combination)에 발명적 특징이 있을 수 있다고 판시하였다. 본 사례를 보면 자연법칙과 추상적인 아이디어를 넘어서는 진보적 구성요소를 기존 컨텐츠 필터링 방법의 문제점과 극복방법을 통하여 특허로 인정받았다.

첫 번째 사례에서 해결하지 못한 부분을 두 번째 사례에서 해결 할 수 있다. 특허 출원을 할 때 Alice 판결처럼 특정 요구사항을 명료하게 구분하여 진보성의 정의를 확실히 하고 그 기준에만 충족한다면 특허출원이 가능하도록 하는 것이다. 소프트웨어는 어떻게 만드는지, 조합하는지에 어떤 결과물이 나올지 모르기 때문에 그 조합 또한 특허출원 진보성에 만족한다고 나와 있다. 두 번째 논점을 통하여 알아낸 사실은 우리가 소프트웨어 특허를 충분히 경험 할 수 있으며 자신만의 시스템이나 네트워크의 조합들을 통하여 얼마든지 창의적인 특허결과를 얻어 낼 수 있다는 점이다.

세 번째 논점인 소프트웨어 특허가 기술혁신을 저해하는지는 위에서 알아본 두 가지 사례를 종합해보면 쉽게 알 수 있다. 특허가 가능한지 불가능한지 판단하는 경계에서 특허가 가능하려면 IT업계에서 상당히 중시하는 특허기준치에 부합하는 기술을 만들기 위하여 기술이 발전할 수밖에 없다.

국내 사례: 특허청이 최근 소프트웨어 특허 보호를 확대하는 정책을 시행한다고 발표하면서 이에 대한 반대 의견이 잇따르고 있다. 소프트웨어를 저작권이 아닌 특허로 보호할 경우 오히려 개발자의 창의성과 혁신을 위축시키고 소프트웨어 산업에 악영향을 끼칠 것이라는 주장이다. (참조: 디지털데일리) 특허청은 (컴퓨터) 프로그램 및 프로그램 제품의 특허청구를 허용한다고 발표했다. 기존에는 청구항이 프로그램이나 프로그램인 경우에는 특허청구가 허용되지 않았었다. 이에 대해 웹 개방을 위한 시민단체 오픈넷은 "특허청은 이번 조치가 마치 국내 소프트웨어 산업을 위한 것인 것처럼 홍보하고 있지만 실제로는 소프트웨어 산업에 큰 혼란을 일으킬 우려가 있다"고 지적했다. 오픈넷은 아울러 특허청이 법개정 없이 내부 규정을 수정

하는 것만으로 소프트웨어에 대한 특허 허용은 위법이라고 주장했다. 오픈넷은 "이번 심사기준 개정 사항은 지난 2011년 특허청이 특허법 개정을 통해 실현하려고 했던 것"이라며 "특허법 개정 사안을 행정청의 내부 규정을 바꾸는 방식으로 우회하는 것은 법치행정 원칙에 반하는 위법행위나 다름없다"고 반발했다. 오픈넷과 함께 소프트웨어 개발자관련단체인 스마트개발자협회도 특허청에 공개토론회 개최를 정식으로 제안하며, 개발자의 의견이 반영되지 않은 심사기준 개정에 대해 재검토할 것을 요청했다.

자유소프트웨어 운동을 이끌고 있는 리처드 스톨만 자유소프트웨어재단(FSF) 설립자도 한국 특허청의 행보에 반대의견을 피력했다. 스톨만 설립자는 "만약 한국 정부가 소프트웨어에 대한 특허공격을 허용한다면, 대부분의 무기는 외국 기업들의 수중에 들어가고 한국민들은 희생자로 몰릴 것"이라며 "컴퓨터 관련 특허를 배제해 한국의 소프트웨어 개발자와 이용자들을 최소한 한국 내에서 만이라도 안전하게 지키는 것이 더 현명하다"고 조언했다.

이 가운데 특허 제도가 가장 발달된 미국에서도 소프트웨어 특허권이 약화되는 움직임을 보이고 있어 주목된다. 미국 대법원은 22일 SW특허권 인정 여부를 두고 법정 다툼을 벌이던 앨리스코포레이션과 CLS 은행 사이의 분쟁에서 CLS의 손을 들어줬다. 소프트웨어 특허권을 인정하지 않은 것이다. 대법원은 일상적인 개념을 단지 컴퓨터가 수행하도록 하는 것에 대해서 특허권을 주장할 수 없다고 판결했다.

앱 개발자가 되었을 때를 예로 들면 성공적인 앱을 하나 만들기 위해서는 대부분의 사람들의 이목을 끌 수 있는 창의적인 앱 이어야 한다. 그러나 앱을 만들어 성공하였는데 이미 아이디어가 존재하였던 특허가 있는 것 이었다면 소송을 당할지도 모르는 곤란한 상황이 발생할지도 모른다. 앱을 개발하기 전에 특허가 이미 있는지 확인을 해야 하고 자신이 먼저 만들었다면 특허를 출원해야 한다.

특허와 혼동해선 안될 것이 있는데, 저작권이다. 게임발명을 예로 들어 설명하여보면, 게임은 과연 특허가 될까? 게임은 원칙적으로 특허를 받을 수 없다. 게임 아이디어도 창작자가 상당한 노력을 들여 만든 지식재산이긴 하지만 자연법칙을 이용한 기술적 사상에는 해당되지 않기 때문이다. 게임에는 여러가지 캐릭터와 스토리가 존재하지만, 이들은 모두 사람이 인위적으로 정한 규칙에 불과할 뿐 자연법칙을 이용한 것은 아니다. 따라서, 게임은 원칙적으로 특허발명에 해당되지는 않는다.

그렇다면 창작자가 힘들게 만든 게임은 재산적 권리로 보호받을 수 없는 것일까? 그것을 위한 방법으로 저작권이 있다. 저작권은 그 성립성이 인정되면 별도의 등록없이 보호받을 수 있다. 자신의 저작물을 보호하기 위해서는 법원에서 저작물이 본인의 것임을 입증해야 하며, 이런 어려움을 도와주기위해 저작권위원회에서는 저작권등록 제도를 두고 있다. 게임의 저작권을 저작권 위원회에 등록해두면 누군가 본인의 게임을 따라했을 때 저작권에 의해 따라하지 못하도록 방지할 수 있고, 게임 저작권이 본인에게 있음을 증명하기가 용이하다. 그래서 대부분의 게임업체들은 본인의 게임들을 저작권위원회에 등록하여 둔다. 그러나 특허만큼의 강력한 보호를 받을 순 없다.

저작권은 인간의 미적 창작물을 보호해주는 것이므로, 타인이 특정 저작물을 베끼지 않고, 별도의 창작물을 만든다면 별개의 저작물로 인정하게 된다. 쉽게 말하면 스토리만 변경해도 저작권 침해가 발생하지 않는다는 점이다. 그래서 게임회사들은 특허로 보호하기 위하여 노력하고 있다. 그리고 실제로 게임이 특허로 등록될 수 있다. 특정 게임 방식이 특허로 등록된다면, 이와 동일한 방식의 게임은 스토리나 캐릭터가 달라도 특허권의 보호를 받을 수 있다. 즉 독점적으로 게임방식을 사용할 수 있다. 그것은 바로 소프트웨어와 하드웨어의 결합이다.

| EZ2DJ와 비트매니아의 대결

EZ2DJ(1999년 **어뮤즈월드에서 개발한 리듬게임**)라는 게임이 한창 유행하였었는데 DDR 게임은 전자 게임이지만 기계(하드웨어)를 달고 있다. 이 게임은 엄청난 유행을 얻으며 수상도 하며 많은 돈을 벌게 되었다. 비슷한 게임으로 비트매니아라는 게임이 있었는데 국내 유저들에게 외면당했다. 비트매니아의 회사인 코나미는 비트매니아가 특허에 등록되자마자 특허 소송을 걸어 승리하였고 특허로 그 게임을 지켜냈다.

특허가 무엇인지, 실제로 어떤 상황에서 유용하게 작용할지 살펴보았다. 특허가 없다면 아무리 좋은 아이디어를 가지더라도 타인이나 기업에게 빼앗기는 상황이 발생할 수도 있다. 소프트웨어 특허는 컴퓨터공학자로서 IT업계에 종사하게 된다면 경험할 수많은 아이디어와 지식을 구현할 때 꼭 필요할 것이다.

(참고 문헌)

CLS 은행(Continuous Linked Settlement Bank) (한경 경제용어사전, 한국경제신문)

특허청의 BM특허의 국내외 보호현황 및 발전방향에 대한 연구

Alice판결의 2단계 판단법을 통과하여 소프트웨어 특허의 적격성 인정 - CAFC 2016. 6. 27.

Bascom Global Internet Services, Inc. v. AT&T Mobility LLC 판결, 가산종합법률사무소

디지털 데일리 - 소프트웨어에 특허를 인정할 것인가...논란 (URL: http://bit.ly/2E4U8Ox)

네이버 블로그 - 미핑 캠퍼스 (URL: http://cafe.naver.com/acousticnovel/19796)

부록 (특허관련 추가자료)

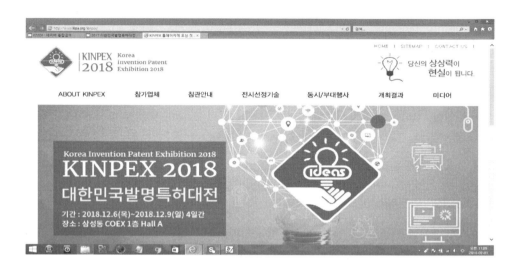

[특허 참고자료 및 웹사이트]

- 특허청: http://www.kipo.go.kr/kpo/user.tdf?a=user.main.MainApp
- 전자출원: http://www.patent.go.kr/portal/Main.do
- 특허심판원: http://www.kipo.go.kr/ipt/simpan/simpan0302.html#02
- 공공누리포털: http://www.kogl.or.kr/index.do
- 특허법원: http://patent.scourt.go.kr/main/new/Main.work
- 한국특허정보원: http://www.kipris.or.kr

- 한국발명진흥회: http://www.kipa.org

- 한국지식재산연구원: http://www.kiip.re.kr

- 대한변리사회: http://www.kpaa.or.kr

- 특허로: http://www.patent.go.kr/portal/Main.do

- 지식재산거래정보시스템: http://www.ipmarket.or.kr/

12.1   특허출원을 위한 본인의 아이디어를 간략히 소개하라.

12.2   본인의 발명을 1개의 전체 도면으로 그려보고 간략히 설명하라.

12.3   위 전체 1개의 도면을 몇 개로 나눠서 상세한 도면을 그려보고 각각을 간략히 설명하라.

12.4   발명의 구성 및 작용을 간략히 설명하라.

12.5   발명의 효과를 간략히 설명하라.

12.6   발명의 상세한 설명에서, 발명의 목적에서, 발명이 속하는 기술 및 그 분야의 종래기술을 작성해 보라.

12.7   본인의 발명을 간단히 반쪽으로 요약하여라.

12.8   청구범위에서 청구항을 5개로 세분화하여 설명하라.

12.9   전자출원 방법을 간략히 설명하라.

12.10 위의 본인 발명을 특허명세서로 작성하여 전자출원을 하여라. 또는 최근에 참가한 변리사의 특허관련 세미나 내용을 요약하여 설명하라.

제3부

용역사업 제안요청서(RFP)

제1장

제안요청서(RFP)

제안요청서(RFP, request for proposal)는 발주자가 특정 과제의 수행에 필요한 요구사항을 체계적으로 정리하여 제시함으로써 제안자가 제안서를 작성하는데 도움을 주기 위한 문서이다. 제안요청서에는 해당 과제의 제목, 목적 및 목표, 내용, 기대성과, 수행기간, 금액(Budget), 참가자격, 제출서류 목록, 요구사항, 제안서 목차, 평가 기준 등의 내용이 포함된다. 제안요청서는 시스템 설계에 사용자의 요구사항을 반영해 나중에 사용자의 제안이 잘 실행되고 있는지 판단하기 쉽게 만든다. 제안요청서를 만들려면 제안요청하는 기관이나 회사의 주요 상황이나 목표등을 잘 이해하고 있어야 한다. RFP의 서식에 정형화된 양식이 있는 것은 아니며, 요청하고자 하는 사안에 따라 항목을 달리 구성하여 작성할 수 있다.

RFP의 기본적인 역할 및 기능은 다음과 같다.
- RFP는 추진 예정인 사업을 대외에 알리는 최초의 행위이다.
- 불특정 다수인의 기술 혁신을 촉진하여 최적의 제안을 선택하기 위해
  대외에 공개하는 활동이다.
- 발주기관이 필요로 하는 사항을 제안자가 명확하게 제안하도록 하는 것이며,
  평가자가 최적의 제안서 평가/선정을 용이하게 하는 기준이 된다.

참고문헌:
위키피디아(제안요청서), 네이버 지식백과(제안요청서),
(참조URL: http://bit.ly/2CDaJcN http://bit.ly/2Cq5D5Z http://bit.ly/2EeVh7p)

제3부 용역사업 제안요청서(RFP)

RFP(제안요청서)의 요건

RFP에서 제안을 제대로 요청하기 위해 다음과 같은 요건을 갖추어야 한다.

- 요구하는 사항에 대해 시스템 구축 후, 그 결과가 확실해야한다.
- 요구되는 기능이나 기술은 현재의 기술수준으로 실현 가능해야한다.
- 요구되는 시스템 및 기술은 시험·검수 등으로 기술적인 검증이 가능해야한다.
- 의미가 불명확한 용어나 표현은 사용하지 않아야 한다.
- 투명하고 공정한 공개경쟁을 통해서 낙찰자를 선정하여야 하므로
  특정제품이나 스펙을 명시하지 않아야 한다.

참고문헌:

네이버 블로그(BS월드-제안요청서 요건 및 구성)

참조URL: http://bit.ly/2EeVh7p

RFP(제안요청서)의 구성

RFP는 일반적으로 다음과 같이 구성되어 있다.

- 사업의 개요 : 고객(혹은 발주자)이 원하는 서비스를 발주하게 되기까지의
  사업적인 배경과 목표, 추진 현황에 대해서 기술한다.
- 현황과 문제점 : 현재 업무, 정보화현황을 간략하게 설명하며 사업
  추진상에 문제가 되는 상황과 개선 방향에 대해서 설명한다.
- 사업 추진방향 : 해당 용역사업의 추진목표, 전략, 체계, 일정을 기술한다.
- 제안요청내용 : 사업별로 차이가 많은 부분으로 정보화전략계획, 실시설계, 구축등 어떤 사업인가에 따라 구성에 차이가 많이 난다. 일반적으로 용역사업의 예산규모, 사업범위와 요구사항, 목표시스템, 도입할 장비 내역, 기술지원 요건 등을 담고 있다.
- 제안서 작성 지침: 제안서의 개략적인 목차, 제안서의 작성기준 등을 제시한다.
- 제안에 대한 안내: 제안서 제출시점, 제안서 평가기준, 계약조건 등을 제시한다.
- 참고사항 : 기타 상기내용에 포함되지 않은 사항을 기재한다.

참고문헌:

네이버 블로그(BS월드-제안요청서 요건 및 구성), 브런치(모두모여-제안서 작성에 대한 팁)

http://blog.naver.com/kueitai/220429235987

https://brunch.co.kr/@moyora/28

제**2**장

제안요청서(RFP) 요구사항

제안요청서(RFP)내의 요구사항(要求事項, Requirement)이란 시스템 개발 분야에서 어떤 과제를 수행하기 위하여 필요한 조건이나 능력을 말한다. 시스템 개발 및 운영 시 발주자가 특정 과제를 수행하는데 필요한 조건과 능력을 체계적으로 정리하여 요구사항 번호를 붙여서 제안요청서를 작성하고, 제안자가 해당 요구사항에 맞춰 제안서를 작성한다. **요구사항 종류**를 코드(약어), 영문명, **요구사항명** 및 내용 순으로 아래에 기술하였다.

- **CSR Consulting Requirement 컨설팅**- 컨설팅 요구사항
- **FUR Function Requirement 기능**- 기능 요구사항
- **SFR System Function Requirement 시스템 기능**- 소프트웨어 기능 등 시스템 개발에 필요한 요구사항
- **PER Performance Requirement 시스템 성능**- 다수의 사용자들이 사용 중에 발생될 수 있는 성능 저하 현상을 향상시킬 수 있는 방안
- **INR Interface Requirement 인터페이스**- 사용자 인터페이스의 구현과 웹 접근성 고려 방안
- **SIR System Interface Requirement 시스템 인터페이스**- 시스템 인터페이스의 구현 방안
- **TER Test Requirement 테스트**- 테스트 방법 및 결과 처리 방안
- **MAR Maintenance Requirement 유지보수**- 시스템의 안정적 운영을 위해 필요한 기술
- **OPR Operational Requirement 운영관리**- 시스템의 원활한 운영 및 관리를 지원하고, 문제 발생 시 신속한 해결을 위해 효율적인 유지관리 운영인력 체계와 관리방안
- **SMR System Management Requirement 시스템 운영**- 시스템의 원활한 운영 및 관리에 필요한 요구사항
- **MHR Maintenance Human Resource Requirement 투입인력** 목표시스템의 정상 운영

을 위한 조직 및 인력투입 방안

- **SER Security Requirement 기밀보안-** 정보자산의 기밀성과 무결성을 위해 목표시스템의 데이터 및 기능, 운영 접근을 통제하기 위한 요건

- **QUR Quality Requirement 품질관리-** 목표시스템이 가져야 하는 품질 항목, 품질 평가 대상 및 목표값에 대한 요구사항

- **COR Constraint Requirement 제약사항-** 목표시스템 설계, 구축, 운영과 관련하여 사전에 파악된 기술, 표준, 업무, 법, 제도 등의 제약조건

- **PMR Project Management Requirement 사업관리-** 시스템의 원활한 수행을 위한 사업 관리 방법론 및 추진 단계별 수행 방안에 대한 요구사항. 사업을 수행하기 위한 계약방식과 조건, 프로젝트 추진 기간 등에 대한 요구사항

- **PSR Project Support Requirement 사업지원-** 프로젝트 수행 및 향후 지원을 위해 필요한 요구사항: 표준화, 교육지원, 기술지원, 하자보수, 유지보수, 프로젝트 팀원 요구사항 등

[참고문헌 : 위키피디아(요구조건), 참조URL: http://bit.ly/2C9STwS]

제3장

제안요청서(RFP) 사례

제안요청서(RFP) 사례를 보여주는 샘플로서 목차의 예 2가지(서울시[2], 조달청[3])를 보면 다음과 같다.

제1절 RFP목차 사례

목 차 (예1)

Ⅰ. 사업안내 　1. 사업개요 　2. 추진배경 　3. 사업범위 　4. 사업대상 **Ⅱ. 사업추진 방안** 　1. 추진목표 　2. 추진방향 　3. 추진체계 　4. 추진일정 **Ⅲ. 제안요청내용** 　1. 요구사항 분류기준 　2. 요구사항 목록 　3. 요구사항 상세	**Ⅳ. 제안 안내** 　1. 사업자 선정 및 입찰방식 　2. 입찰서류 및 제안서 제출 　3. 제안평가 및 협상 　4. 제안사 유의사항 **Ⅴ. 제안서 작성기준** 　1. 제안서 작성방법 　2. 입찰 및 제안서 관련 붙임 및 별지서식

목 차 (예2)

공공정보화 사업유형별 제안요청서 작성가이드

공공기관은 그동안 사업과 발주기관에 따라 다양한 형태의 제안요청서를 작성해왔다. 이에 "소프트웨어산업진흥법"을 제정하여 공공정보화사업에 대하여 요구사항을 정확하고 상세하게 RFP(제안요청서)를 작성하도록 의무화했다. 일부 발주 기관의 전문성 부족으로 인해 형식적 요건만 준수할 뿐 제안요청서 상의 기술적 요구사항인 기능, 성능, 데이터, 보안, 품질 등의 요구사항이 불명확하게 발주되는 사례가 발생하게 되었다. 요구사항이 불명확하게 발주된 공공정보화사업에서는 계약 후 사업추진 과정에서 과업변경, 사업지연, 품질 저하 등의 문제점이 나타날 수 있다. 이에 조달청은 발주기관의 업무부담 경감 및 경쟁력 있는 정보화 사업을 수행하기 위해 IT사업 발주를 지원했다. "제안요청서 사전검토"와 "제안요청서 작성대행" 2가지 서비스를 실시했다.

장점

○전문성: 축적된 노하우로 사업 만족도 극대화

계약관련 법·제도의 완벽한 이해를 통한 계약전문성 및 국가종합전자조달 (G2B) 시스템 구축으로 모든 조달과정을 전자화한 노하우 제공

○효율성: 표준화된 요구사항으로 최단기간 최대효과 사업완성

각 사업유형별 표준화된 발주템플릿과 효율적인 요구사항 분석기법을 통한 사업완성도 제

고 및 효율적인 예산집행 가능

○투명, 공정성: 민원 만족도 향상 및 발주기관의 감시부담 최소화

급변하는 IT환경에 대한 대처 및 개·제정되는 관련 법령 및 규정의 철저한 이행으로 맑은 공공조달 실현

특징

이 서비스는 가이드라인이기 때문에 강제성은 없어서 가이드라인에 맞춰 강제적으로 실행해야 하는 것은 아니다. 필요에 따라 발주하는 사업의 유형 및 특성, 사업 내용에 맞춰 수정 및 보완해서 활용할 수 있는 유연성도 가지고 있다.

예를 들면, 요구사항 도출 시 제시된 15개 영역(기능 성능, 시스템 등) 외에도 사업 특성에 맞는 요구사항 설정 및 일부 요구사항 명칭을 변경하여 사용할 수 도 있다.

제2절 RFP 사례1 (서울특별시)

▎one-stop 네트워크 시스템 구축 –서울특별시의회

1. 사업개요

서울특별시의회 의사담당관이 주관하는 사업 "ONE-STOP 네트워크 시스템 구축"을 보자. 발주기관은 자신의 사업유형을 결정하고 나서 가이드라인에 나온 작성 절차에 따라 제안요청서를 작성한다. 아래의 표는 수주자들이 알아야할 내용을 간단하게 정리한 것이다.

○ 사 업 명 : ONE-STOP 네트워크 시스템 구축

○ 사업기간 : 계약체결일로부터 6개월

○ 사 업 비 : 금 241,689,000원(부가가치세 포함)

> ※ 본 사업은 「소프트웨어사업 관리감독에 관한 일반기준」(과학기술정부통신부고시) 제6조의 규정에 의거한 '소프트웨어 개발사업의 적정 사업기간 산정 기준에 따른 사업' 임

1-1) 사업 목적

서울특별시의회는 업무적인 면과 시스템적인 면에서 발생한 문제를 개선해야한다.

○업무적인 측면

- 각 부서마다 중복·분산된 의정활동에 필요한 정보들이 통합적으로 관리되지 않아 의원들의 하나의 시스템에서 종합적 정보파악이 어려움

- 부서별 업무 데이터가 수기로 처리되어 이력관리, 통계, 분석을 위한 자료관리 및 자료추

출이 불가

- 의원/사무처/시민 등 다각적 의사소통을 위한 통합 플랫폼 미흡

○시스템적인 측면

- 특정 플랫폼에 종속된 기존 시스템의 폐쇄적인 환경, UI/UX 노후화로 접근성 낮음

- 기존 시스템 내 많은 정보가 단순 링크 연계 위주로 구축되어 있어 업무 담당자 및 시의원의 이용 편의성 낮음

- 시스템 접근 장소 및 사용환경의 제약 및 사용자 로그인 구조 비효율

서울시특별의회는 이러한 문제점들을 개선하기 위해 의원들의 의정활동을 효율적으로 지원하고 수기로 관리되던 정보를 DB화하여 조회, 관리 할 수 있는 시스템과 의원, 시의회직원, 시민 간 협업 및 소통 공간의 구축을 원하고 있다. 의원 맞춤형 의원중심 소통형 시스템을 구축하며, 사용자이용편의성 증진을 위한 다양한 방안 적용이 필요한 것이다. 따라서 아래와 같은 목적을 수주기관에게 설명하고 있다.

○ 의원들의 각종 의정활동을 효율적으로 지원하기 위한 의원맞춤형 시스템 개발

  - 의원별 의정활동을 조회 · 관리하여 효율적인 업무지원 체계 구축

○ 분산되어 있는 의정활동 정보를 통합 조회 · 관리할 수 있는 시스템 구축

  - 각 부서의 의정관련 정보를 통합하여 한번에 조회 · 관리가 가능하도록 개발

○ 의원, 시의회직원, 시민 간 협업 및 소통 공간 구축

  - 의원 간, 의원↔직원 간 소통 및 시민과의 소통체계 구축으로 신뢰성 있는 의정활동 구현

1-2) 사업범위

자세한 요구사항을 알려주기에 앞 서 간략하게 요약 정리한 부분이다. 큰 갈래로 나눠 발주기관이 원하는 부분이 무엇인지에 대해 이해를 돕는 부분이라고 할 수 있다. 발주기관이 사업 목적을 달성하기 위한 최소한의 기대범위라고 할 수 있다. 따라서 수주기관들은 아래의 내용들을 숙지하여 달성할 수 있도록 하여야 한다.

○ ONE-STOP 네트워크 시스템 구축 및 모바일 서비스 구현

  - ONE-STOP 네트워크 시스템 신규기능 개발

  - 서울시의회의 시스템 간 데이터 연계 구축 및 의원맞춤형 UI 구현

  - 언제 어디서나 접근가능한 모바일서비스 구현

○ 최신 환경 구축(WebServer, WAS 구매 포함)

  - 특정 플랫폼에 종속적이지 않은 호환가능한 최신 전자정부 프레임워크 기반 구축

  - 웹접근성 및 호환성 적용 및 향후 확장성 및 통합운영 관리를 위한 환경 제공

○ 데이터 이관 및 구축

- 기존 시스템 내 선별적 마이그레이션 수행 후 데이터 이관 및 신규데이터 구축

○ 관련 SW 구매 · 설치 및 환경구성

- Web Server SW, WAS SW 구매설치

- 시스템 재개발에 따른 HW, SW 환경 구성 및 재구성

○ 의원의 의정활동 지원을 위한 「ONE-STOP 네트워크 시스템」 구축

- 의원의 의정활동 지원, 상호 소통을 위한 신규 기능 개발

 : 재실현황, 연구용역현황, 토론회 · 공청회 현황, 해외교류 현황, 매체별 홍보계획, 의원
  요구자료, 행정사무감사자료 등록, 조회 기능 등

- 내 · 외부 시스템 연계 및 데이터 조회 기능

 : 회의실현황, 의안정보, 검토/심사보고서, 의사일정, 입법예고, 업무보고자료, 정책연
  구보고서, 보도자료, 의원동정, 전자도서관, 회의록, 의회신문고, 비용추계시스템

- 각종 의정활동 자료에 대한 통합정보 검색 서비스 구현

 : 내 · 외부 시스템 내 데이터의 통합 검색 기능 구현

- 모바일 웹 서비스 구현 및 보안사항 준수

- 부서별 각종 수기관리 데이터 DB화 및 기존시스템 내 데이터 이관작업

| 목표시스템 개념도(S/W, H/W)

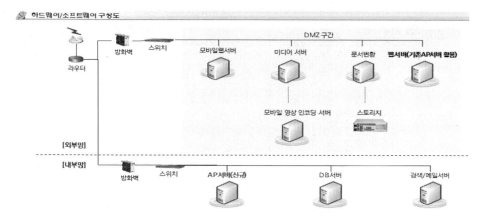

하드웨어/소프트웨어 구성도

2. 요구사항

아래의 표는 사업범위에서 요구한 내용들에 대해 더욱 자세하게 설명한 표이다. 발주기관에서 원하는 목표를 이루기 위해 요구하는 내용들이다. 수주기관들은 이 요구사항의 내용을 전부 숙지하여 발주기관이 원하는 사업안을 내놓아야 한다. 요구사항의 종류는 서울시특별의회에서 원하는 요구사항은 다음과 같다. 우리가 찾은 요구사항은 Function Requirement, System Function Requirement, Performance Requirement, Interface Requirement, System Interface Requirement, Test Requirement, Maintenance Requirement, Operational Requirement System Management Requirement, Maintenance Human Resource Requirement, Security Requirement, Quality Requirement, Constraint Requirement, Project Management Requirement, Project Support Requirement등 많은 사항이 있다. 그러나 이보다 많은 요구사항의 종류가 있고 발주기관은 이 많은 요구사항 중에서 취사선택하여 제시한다. 서울특별시의회의 요구사항은 다음과 같다.

요구사항 분류	요구사항 번호	요구사항 명칭,
시스템 장비구성 요구사항 (ECR)	ECR-001	상용 소프트웨어 도입
	ECR-002	시스템 재구성
기능 요구사항 (SFR)	SFR-001	시스템 공통 요구사항
	SFR-002	사용자 편의를 고려한 UI 및 메뉴 구성
	SFR-003	사용자 및 조직체계 설계 및 인증관리
	SFR-004	메뉴관리
	SFR-005	통합게시판 관리 기능
	SFR-006	일정관리
	SFR-007	의원 재실현황 기능

요구사항 분류	요구사항 번호	요구사항 명칭,
	SFR-008	서울시의회 회의실 대관현황 기능
	SFR-009	연구용역현황 및 정책연구보고서 기능
	SFR-010	토론회, 공청회 현황 기능
	SFR-011	해외교류현황 기능
	SFR-012	의원요구자료, 행정사무감사자료 서비스 제공
	SFR-013	시의회 홈페이지 연계
	SFR-014	의회신문고 시스템 연계
	SFR-015	시의회 내부 시스템 간 사용자 연계
	SFR-016	시의회 내부·외부 시스템 링크
	SFR-017	통합검색 기능 구현
	SFR-018	모바일 서비스 구현
	SFR-019	의원별 맞춤형 정보표출 기능
인터페이스 요구사항 (SIR, UIR)	SIR-001	내부 시스템 연계
	SIR-002	문자전송시스템 연계
데이터 요구사항 (DAR)	DAR-001	DB 설계기준
	DAR-002	기존 수기 데이터 일괄 입력(DB구축)
	DAR-003	기 구축된 시스템(의정포털시스템) 정보 이관
테스트 요구사항 (TER)	TER-001	통합테스트
	TER-002	인수테스트
보안 요구사항 (SER)	SER-001	보안요건 일반사항
	SER-002	물리적 보안요건
품질 요구사항 (QUR)	QUR-001	품질관리 일반사항
	QUR-002	DB 품질관리 계획
제약사항 (COR)	COR-001	사업관련 공통 규정 준수
	COR-002	사업관련 공통 기술표준 준수
	COR-003	용역업체 정보보호 및 보안 준수
	COR-004	웹사이트(홈페이지, 모바일웹) 관련 규정 및 표준 준수
	COR-005	웹사이트(홈페이지, 모바일웹) 웹접근성 준수
	COR-006	웹사이트(홈페이지, 모바일웹) 웹표준 준수
	COR-007	웹사이트(홈페이지, 모바일웹) 웹 취약점 점검 및 조치
	COR-008	서울시 웹사이트(홈페이지, 모바일웹)·앱 서비스 이용현황 분석시스템 활용
	COR-009	데이터표준화 기준 준수
프로젝트관리 요구사항 (PMR)	PMR-001	성과지표 설정 관리
	PMR-002	서울시 정보화사업 추진절차 준수
	PMR-003	프로젝트관리 방법론 준용 등 사업관리 요건 준수
	PMR-004	서울시 EA정보 현행화 의무 이행
	PMR-005	SW사업저장소 사업정보 제출의무 이행

요구사항 분류	요구사항 번호	요구사항 명칭,
	PMR-006	하도급 사전승인 및 하도급 대금지급 절차 준수
	PMR-007	산출물 작성 및 제출
	PMR-008	프로토타입의 개발 및 개발방법론 적용
프로젝트지원 요구사항 (PSR)	PSR-001	교육지원
	PSR-002	기술이전
	PSR-003	하자보수일반

3. 평가방식

아래와 같은 평가 방식(기술능력 평가, 입찰가격 평가)를 통해 가장 높은 점수를 얻은 기업이 낙찰을 받게 된다.

평가방법

○ 제안서 평가는 본 사업의 '협상에 의한 계약 체결기준'에 의거하여 평가하며, 본 제안요청서 정하지 않은 사항은 「지방자치단체 입찰시 낙찰자 결정기준」(행정안전부예규), 「행정기관 및 공공기관 정보시스템 구축 · 운영 지침」(행정안전부고시)을 준용함

3-1) 일반사항

○ 평가항목 및 배점

  - 기술능력 평가 :90점(정량적 평가 20점, 정성적 평가70점)

  - 입찰가격 평가 :10점

○ 종합평가점수 산출

  - 종합 평가점수(100점) = 기술능력 평가점수(90점) + 입찰가격 평가점수(10점)

3-2) 기술능력 평가

○ 정량적 지표의 평가는 담당부서(자)가 '정량적 지표의 평가기준'에 따라 평가함

  ※ 제안사는 '정량적 평가지표 자가진단표'을 작성 제출할 것

○ 정성적 지표의 평가는 "제안설명회"를 개최하고, 발주기관에서 구성한 "제안서 평가위원회"에서 '정성적 지표의 평가기준'에 따라 평가함

3-3) 입찰가격 평가

○ 입찰가격 평가는 "제안서 평가위원회"의 정성적 지표의 평가 후 '입찰가격 평가산식'에 따라 평가함

제안(서) 평가항목 및 배점기준

구 분			평 가 요 소	배점		비고
계				100		
기술 능력 평가	정량적 평가	참여인력 기술상태	• 사업 참여인력의 기술상태를 기술등급으로 평가	6	20	붙임 5
		수행경험 (실적)	• 최근 3년간 유사 사업 실적 금액	3	6	
			• 최근 3년간 유사 사업 실적 건수	3		
		경영상태	• 기업신용등급 평가	6		
		신인도	• 기술(품질)인증 보유	1	2	
			• 혁신형 중소기업	1		
			• 계약이행과정의 성실성 (납품지연, 하도급 대금지급 사후보고 미이행)	(−1.3)		
		가산점 ※정량적 평가 배점 한도 내에 서 가감점 적용	• 약자 및 우수기업	최고 7.6		
			• 일자리창출	최고 2.0		
			• 고용안정	최고 4.0		
			• 근로 및 하도급법 준수 정도(감점)	(최고−7)		
	정성적 평가	사업의 이해	• 서울시의회 정보시스템 운영환경의 이해도 • 현행시스템 개선 방향의 적합성 등	5	70	붙임 6
		사업 추진전략	• 사업 추진전략 및 성과지표의 명확성 • 사업 수행 방법론 및 적용 프레임워크의 적합성 등	10		
		기술 및 기능	• 요구기능 구현(충족) 방안의 창의성· 우수성 • 사용자 편의성 및 운영자 관리의 효율성 • 타 시스템과의 연계방안 적정성 등	15		
			• DB구축 및 검증방안의 적정성 등 • 보안 요구사항 및 제약사항 충족 여부	5		
		성능 및 품질	• 납품 장비(SW)의 적합성(성능, 호환 및 확장 가능성, 유지관리 용이성 등)	5		
			• 성능 확보(보장) 방안의 구체성·타당성 • 품질관리 조직 및 운영 방안의 적합성	10		
		사업관리 방안	• 추진 조직구성 및 세부 일정계획의 적정성 • 보고 및 형상관리 방안의 적정성	10		
		기술이전 및 하자보수	• 교육지원 및 기술이전 방안 적정성	5		
			• 하자보수 및 지원체계 적정성 등	5		
가격 평가	입찰가격		• 가격평가 평점 산식 적용	10		붙임 7

정량적 지표의 평가기준

평가항목		평 가 요 소 (기준)	배점		평점방법
A.참여인력 기술상태		• 사업 참여인력의 기술상태를 기술등급에 따라 점수화	6		기준점수 비례제
B.수행경험 (실적)		• 실적금액 : 최근 3년간의 유사사업 수행실적 금액 (공고일 기준)	3	6	절대평가제
		• 실적건수 : 최근 3년간의 유사사업 수행실적 건수 (공고일 기준)	3		상대평가제
C.경영상태		• 신용평가 등급에 의한 평가	6		절대평가제
D.신인도		• 기술(품질)인증 보유, 혁신형 중소기업, 계약 이행과정의 성 실성(납품지연, 하도급 대금지급내역 사후제출 미이행)	2 (-1.3)		절대평가제
E. 가산점	약자 및 우수 기업	• 중증장애인생산품 생산시설(보건복지부 지정) 등 6개 항목	7.6		절대평가제 (가점)
	일자리 창출	• 당해사업 관련 신규인력 채용	2		절대평가제 (가점)
	고용 안정	• 당해사업 비정규직 정규직화 또는 장애인 신규 채용	4		절대평가제 (가점)
	근로 및 하도급법 준수정도	• 임금체불 및 하도급부조리 신고센터에 신고 되어 사실 확인 된 업체 • 불공정거래행위 시정조치 및 과징금 부과기업(공정거래위 원회) • 하도급 상습위반자로 통보받은 기업(공정거래위원회) • 퇴직공무원 고용업체	(-7)		절대평가제 (감점)
합 계		※ 배점한도(20점)를 넘지 않는 범위 내에서 가산점 부여함	20		

제3절 RFP 사례2 (조달청)

평창 동계올림픽 지원 사업을 위한 IT 인프라 증설

1. 사업개요

○ 사업명: 평창 동계올림픽 지원 사업을 위한 IT 인프라 증설

○ 설치 장소: 연합뉴스 전산센터

○ 사업 예산: 340,000,000원 (VAT포함)

○ 사업 기간: 계약일로부터 40일 이내

○ 계약 방법: 제한경쟁입찰(협상에 의한 계약)

○ 하자담보 책임기간: 최종 검수 완료일로부터 1년

- 위의 사업 계획서는 평창 동계올림픽 지원 사업을 위한 IT 인프라 증설을 위한 제안 요청서 이다. 입찰에 들어오는 업체에서 가장 간단하게 알아야 할 부분들이다.

1-1) 추진 배경 및 목적

○ 연합뉴스는 평창 동계올림픽 지원사업의 일환으로 PNN / 미디어 풀 등 신규 IT서비스를 개발 중임

○ 안정적 서비스 운영을 위해 연합뉴스 IT인프라를 증설하여 가용성 확보

- 이 사업이 왜 진행되어야 하는지, 그리고 이 사업을 진행하면서 원하는 목적이 무엇인지를 알 수 있다. 연합뉴스에서는 현재 지원사업의 일환으로 IT 서비스를 개발 중임을 알 수 있고, 그 것을 위해서 IT 인프라를 증설하여야 하기 때문에 이 사업을 제안한다는 내용이다.

1-2) 사업의 범위

○ 본 사업은 연합뉴스 VM시스템 인프라의 확장과 글로벌 클라우드 서비스 사용권 공급을 범위로 한다.

도입장비	수량
콘텐츠 스토리지	1
미디어풀 운영 스토리지	1
미디어풀 백업 스토리지	1
가상화 호스트	1
가상화 SW	1
가상화 OS	1
VM 백업 소프트웨어	1

○ 연합뉴스 전산센터 레거시 VM 시스템에 신규 스토리지와 신규 서버를 추가 설치하여 가용 용량 확장

※ 각 사항에 대한 상세 설명은 아래 제안요청 내용 참조

2. 요구사항

2-1) 상세 요구사항 총괄 및 목록 표

요구사항 구분	요구사항 고유번호	요구사항 명칭
시스템 장비 구성 요구사항	ECR-001	시스템 구성 일반 사항
	ECR-002	콘텐츠 스토리지 요구사항
	ECR-003	운영 스토리지 요구사항
	ECR-004	백업 스토리지 요구사항
	ECR-005	가상화 호스트 요구 사항
	ECR-006	가상화 SW 요구 사항
	ECR-007	가상화 OS 요구 사항
	ECR-008	VM 백업 SW 요구 사항
기능 요구사항	SFR-001	기존 장비 연동에 관한 사항
성능 요구사항	PER-001	시스템 성능에 관한 사항
인터페이스 요구사항	SIR-001	스토리지 모니터링에 관한 사항
테스트 요구사항	TER-001	시험 운영방안 및 시스템 안정화
보안 요구사항	SER-001	보안정책 및 보안지침 준수
	SER-002	사업 수행 단계별 보안관리
품질 요구사항	QUR-001	시스템 사용성 및 신뢰성
제약 사항	COR-001	기술 표준 준수
	COR-002	지식 재산권
	COR-003	계약 관련 특수조건
프로젝트 관리 요구사항	PMR-001	프로젝트 관리 및 수행사항
	PMR-002	조직 및 참여인력 관리
	PMR-003	보고사항 및 산출물 관리
프로젝트 지원 요구사항	PSR-001	교육 및 메뉴얼 제작 보급
	PSR-002	하자 담보 책임

2-2) 항목별 상세 요구사항

요구사항 고유번호	명칭	정의
ECR-001	시스템 구성 일반사항	시스템 구성 시 적용되는 일반 사항
ECR-002	콘텐츠 스토리지 요구사항	콘텐츠 스토리지에 대한 상세 요구 사항
ECR-003	운영 스토리지 요구사항	미디어풀 운영 스토리지에 대한 상세 요구 사항
ECR-004	백업 스토리지 요구사항	미디어풀 백업 스토리지에 대한 상세 요구 사항
ECR-005	가상화 호스트 요구 사항	가상화 호스트에 대한 상세 요구 사항
ECR-006	가상화 SW 요구 사항	가상화 SW 대한 상세 요구 사항
ECR-007	가상화 OS 요구 사항	가상화 OS 대한 상세 요구 사항
ECR-008	VM 백업 SW 요구 사항	VM 백업 SW 대한 상세 요구 사항
SFR-001	기존 장비 연동에 관한 사항	기존 장비에 대한 활용 및 연계에 관한 상세 내역
PER-001	시스템 성능에 관한 사항	스토리지 성능 데이터의 제출
SIR-001	스토리지 모니터링에 관한 사항	스토리지 모니터링에 관한 상세내역
TER-001	시험 운영방안 및 시스템 안정화	목표시스템 테스트 및 개선 등 시스템 안정화에 관한 사항
SER-001	보안정책 및 보안지침 준수	사업 수행 기간동안 준수해야할 보안정책 및 보안지침
SER-002	사업 수행 단계별 보안관리	인력 및 문서 등에 대한 외부업체 보안관리 방안
QUR-001	시스템 사용성 및 신뢰성	시스템 운영의 사용성 및 신뢰성
COR-001	기술 표준 준수	구축시스템에 대한 기술 표준 준수에 관한 상세내역
COR-002	지식 재산권	사업 수행 결과에 대한 지식재산권 소유 및 사용에 관한 사항
COR-003	계약 관련 특수조건	계약의 일반사항 및 계약 이행 조건
PMR-001	프로젝트 관리 및 수행사항	프로젝트 관리 및 수행사항
PMR-002	조직 및 참여인력 관리	사업수행 조직 및 참여인력에 대한 관리
PMR-003	보고사항 및 산출물 관리	사업 수행 기간 중 보고사항 및 산출물 관리
PSR-001	교육 및 메뉴얼 제작 보급	교육 및 기술지원, 매뉴얼 제작 보급 등
PSR-002	하자 담보 책임	시스템의 원활한 운영을 위한 하자담보책임 지원

3. 평가 방법

3-1) 평가 절차

○ 기술평가와 가격평가를 실시하여 종합평가점수 산출

○ 종합평가 점수 = 기술평가(90%) + 가격평가(10%)

○ 제안서에 대한 기술과 가격에 대한 종합평가 결과 고득점 순으로 우선협상대상자 결정

○ 종합평가점수가 동일한 경우, 우선협상대상자 지정은 기술평가점수의 순서에 따라 정하고, 이 역시 동일한 경우에는 기술평가의 배점이 큰 항목(세부항목 기준이 아님)에서 높은 점수를 얻은 자로 함

○ 기술평가 배점 한도의 85% 미만일 경우 우선 협상대상자에서 제외

3-2) 평가방법

○ 기술평가(90%) : 연합뉴스 기술평가위원회

　- '기술제안서 평가항목 및 배점한도' 따라 평가함

　- 기술평가 점수는 평가위원이 평가한 점수 중 최고점수 1개와 최저점수 1개를 제외하고,
　　나머지 점수를 평균하여 획득점수를 산출

　- 세부적 평가결과는 공개하지 않으며(평가위원 실명은 비공개), 제안사(용역사업자)는
　　일체의 이의를 제기할 수 없음

○ 가격평가(10%) : 기획재정부 계약예규 준용

　- 위의 평가 방법은 기술평가(90%)와 가격평가(10%)로 되어있다. 입찰은 제한 경쟁 입찰
　　방식이고, 낙찰자는 협상에 의한 계약 방식으로 결정된다. 그리고 동일한 점수를 받은
　　업체는 배점이 큰 항목별로 우선 차등을 둔다. 낙찰자가 결정된 후에 협상을 하는데 협
　　상이 결렬되면 재입찰을 한다.

* 기술평가 지표 (90%)

　기술평가 지표는 정성적 평가(80%)와 정량적 평가(10%)로 나뉜다. 정량적 평가는 10%만
차지하지만 발주기관에서는 중요하게 생각하는 부분이다. 회사에 신용이나, 거래내역 등 회
사의 신뢰도를 보는 부분이기 때문에 중요하다.

구 분	평가 항목	제안사 제출 자료	평 가	배 점
정성적 평가	스토리지 규격	1. 스토리지 콘트롤러 사양, 수량 2. 캐시 메모리용량 및 방식 3. 스토리지장비 인터페이스 포트 　수량 및사양	제안된 스토리지 규격이 제안 요청사항에 부합되는지 평가	9.0
	NAS 규격	1. NAS G/W장비사양 및 특장점 2. NAS G/W인터페이스 수량 및 사양 3. NAS 지원 프로토콜 및 특장점	제안된 NAS규격이 제안요청 에 부합되는지 평가	8.0
	서버 규격	1. CPU, 메모리, 디스크, 전원장치 　수와 사양 2. 제안된 인터페이스의 수량 및 종류	제안된 서버규격이 제안요청 에 부합되는지 평가	2.0
	스토리지 저장 용량	1. Raid구성방식 2. Disk의 사양, Type, 개수 3. Raid구성후 가용용량	제안된 Disk Type 및 용량은 제안 요청에 부합되는지 평가	12.0

구 분	평가 항목	제안사 제출 자료	평 가	배 점
정성적 평가	스토리지 처리 성능	1. 4K,Read/Write7:3의 IOPS수치 2. 16KRead/Write7:3의 IOPS수치 ※ 측정 기준 : fc로 연결된 2대의 리눅스 　머신에서 VDBench 측정(동등 이상 　의 시험조건 인정) ※ 제출수치는 계약 후 실제측정하여 보증	스토리지의 제안된 처리성능 은수제안요청에 부합되는지 평가?	7.0
	스토리지 확장성	1. 별도 구성변경, 장치추가 없이 증설-장 　착 가능한 Disk 수와 종류 2. 별도 구성변경, 장치추가 후 최대증설- 　장착할 수 있는 Disk수와종류 3. NAS G/W와 스토리지의 추가할 수 　있는 인터페이스 수와 종류	스토리지 향후 확장성 평가	8.0
	서버 확장성	1. 향후 증설 가능한 CPU, 디스크, 메모 　리, 인터페이스 수량	서버장비의 확장 및 증설 가능성 평가	2.0
	스토리지 운영 연속 성	1. 전원공급 연속성 방안 2. 컨트롤러 동작 연속성 방안 3. NAS서비스 연속성 방안 4. Disk추가, Raid변경, 기타변경에 따른 　이중화방안	스토리지 운용 연속성 평가	7.0
	스토리지 관리 기능	1. 관리 및 모니터링 방안 2. 별도 백업 및 장애 복구 방안 3. 업데이트 및 기술지원 방안	관리 기능 유용성 평가	4.0
	마이그레 이션 능력	1. 기존Data의 마이그레이션 방안 　제출 2. 제조사 또는 제안사의 유사 마이그레이 　션 사례 제출	제출된 Data 마이그레이션 방안의 효율성 평가	12.0
	상호 운용성	1. 제안된 콘텐츠스토리지와 미디어풀 백 　업 스토리지의 계속 Data동기화 방안 　제출 2. 동기화Data의 정합성 보장방안 　제출	스토리지간 계속 동기화 방 안 평가	9.0
점수 계				80.0

○ 정량적 평가 기준

(1) 유사제품 납품 실적기준

공고일 전일까지의 최근 3년간 서버 및 스토리지 납품 실적으로 계약 금액이

500만원 이상인 납품을 의미

정량적 평가 항목	점 수					배 점
유사제품 납품 실적 (3년)	3.5억 이상	3억 이상	2억 이상	1억 이상	1억 미만	5.0
	5 점	4.5점	4점	3.5 점	3점	
제안사 임직원 수	10명 이상	8명 이상	6명 이상	4명 이상	4명 이하	2.0
	2 점	1.6 점	1.2 점	0.8 점	0.4 점	
제안사 기업평가 신용 등급	BBB0 이상	BBB0 미만 BB- 이상	BB- 미만 ~ B- 이상	CCC+ 이하	미제출	3.0
	3 점	2.7 점	2.4점	2.1 점	1.8 점	
점수 계						10.0 점

(2) 제안사 임직원 수

공고일 전일까지의 현재 고용된 임직원 수, 별도 증빙 서류 제출

(3) 기업 평가 신용 등급

기업신용평가등급을 기준으로 『조달청 신용평가등급조회시스템』 등에 등록된 신용평가

등급으로 평가하되 가장 최근의 신용평가등급

(참고: ONE-STOP 네트워크 시스템 구축, URL: http://bit.ly/2CahRvU

평창 동계올림픽 지원 사업을 위한 IT 인프라 증설, URL: http://bit.ly/2lEViJV)

제4절 RFP 사례3 (조달청)

정보화 Mater Plan 수립용 요구사항 전체목록

수행활동	요구사항 고유번호	요구사항	갯수
요구사항 합계			28
컨설팅 요구사항	CSR-001	현황분석 – 대상사업 추진 현황 및 방향 분석	17
	CSR-002	현황분석 – 정보화 요소 식별 및 분석	
	CSR-003	현황분석 – 기존 의료정보 관련 서비스 현황 분석	
	CSR-004	현황분석 – 국내·외 유사(선진)사례 조사 및 분석	
	CSR-005	현황 분석 – 정보기술동향 조사 및 분석	
	CSR-006	현황 분석 – 법·제도 조사 및 분석	
	CSR-007	정보화 마스터플랜 수립 – 정보화 목적·필요성 및 범위 설정	
	CSR-008	정보화 마스터플랜 수립 – SOC 기반의 서비스 모델 발굴	
	CSR-009	정보화 마스터플랜 수립 – 정보화 요소 도출 및 서비스 모델과의 연관 관계 수립	
	CSR-010	정보화 마스터플랜 수립 – 정보화 과제 도출	
	CSR-011	정보화 마스터플랜 수립 – 중복성 검토 및 연계·공동활용 방안 마련	
	CSR-012	정보화 마스터플랜 수립 – 추진일정 수립	
	CSR-013	정보화 마스터플랜 수립 – 과제별 투자비(소요예산) 산정	
	CSR-014	정보화 마스터플랜 수립 – 단계별 추진 전략 수립	
	CSR-015	정보화 마스터플랜 수립 – 정보화사업 추진 체계 마련	
	CSR-016	정보화 마스터플랜 수립 – 기대효과 분석	
	CSR-017	정보화 참조모델 마련 및 매뉴얼 제작	
보안 요구사항	SER-001	보안관리 및 준수	2
	SER-002	개인정보 보호	
품질요구 사항	QUR-001	품질제고 방안 시행	1
제약사항	COR-001	표준화 준수	2
	COR-002	하도급 계약 사전 승인	
프로젝트 관리요구 사항	PMR-001	사업수행 조직 구성 및 일반사항	2
	PMR-002	기타 관리	
프로젝트 지원요구 사항	PSR-001	교육지원	4
	PSR-002	기술지원	
	PSR-003	하자보수	
	PSR-004	기타 지원	

※ 소프트웨어사업 관리감독에 관한 일반기준(과기정통부 고시 제2014-16호, 2014.2.14.) 소프트웨어사업
　상세 요구사항 분석·적용 가이드 참조

〈상세 요구사항 세부내용 사례〉

컨설팅 요구사항 : CSR-001 ~ CSR017 중 일부 예(CSR-008~015)를 보면 다음과 같다.

요구사항 고유번호	CSR-008		
요구사항 명칭	정보화 마스터플랜 수립 – SOC 기반의 서비스 모델 발굴		
요구사항 분류	컨설팅 요구사항	응락수준	필수
요구사항 세부내용	– 현황분석·유사사례 등을 참고하여 SOC 기반의 대상 업무에 대한 서비스 모델 발굴 　① SOC 기반의 서비스 모델 도출 　② 서비스 대상 업무 영역 도출 및 기능분할(서비스 흐름도 등) 도출 – 산출물 : SOC 기반의 서비스 모델 정의서		

요구사항 고유번호	CSR-009		
요구사항 명칭	정보화 마스터플랜 수립 – 정보화 요소 도출 및 서비스 모델과의 연관 관계 수립		
요구사항 분류	컨설팅 요구사항	응락수준	필수
요구사항 세부내용	– 현황분석 내용을 토대로 서비스 모델에 적용하기 위한 분야별 정보화 요소 도출 및 연관 관계 수립 　① 응용, 데이터, 인프라, 보안 등 정보화 요소 도출 　② 정보화 요소와 서비스 모델간 연관 관계 정의 　③ 서비스 모델별 정보화 요소 그룹 식별 및 관계도 도출 – 산출물 : 정보화 요소 및 서비스 모델 연관 관계 정의서		

요구사항 고유번호	CSR-010		
요구사항 명칭	정보화 마스터플랜 수립 – 정보화 과제 도출		
요구사항 분류	컨설팅 요구사항	응락수준	필수
요구사항 세부내용	– 정보화과제를 정의하고, 정보화 과제간의 연관성 분석 수행 　① 전체 개념도 작성(전체 목표시스템 구성도 or 목표 체계 개념도) 　　※ 전체 개념도는 사용자, 관련기관, 응용시스템, 응용서비스 등 포함 　② 향후 추진할 정보화 과제 도출 및 정의 　　※ 과제별 세부과제 기술(개발 내용, 범위, S/W, H/W, DB, N/W 등 제반 내용 포함) 　③ 정보화 과제들 간의 연관성 분석을 통해 선·후행 관계 도출 – 산출물 : 정보화과제 정의서		

요구사항 고유번호	CSR-011		
요구사항 명칭	정보화 마스터플랜 수립 – 중복성 검토 및 연계·공동활용 방안 마련		
요구사항 분류	컨설팅 요구사항	**응락수준**	필수
요구사항 세부내용	– 타 사업 및 정보시스템과의 중복성, 연계성, 공동활용 등 방안 검토 ① 중복성, 연계, 공동활용 방안 검토대상 조사 ② 정보화 과제별 타 대상사업 및 복지부 등 상위기관의 정보시스템과의 중복, 연계, 공동활용 가능성 검토 – 산출물 : 중복성, 연계, 공동활용 방안 검토결과서		

요구사항 고유번호	CSR-012		
요구사항 명칭	정보화 마스터플랜 수립 – 추진일정 수립		
요구사항 분류	컨설팅 요구사항	**응락수준**	필수
요구사항 세부내용	– 정보화과제 정의를 통해 도출된 정보화과제의 추진 일정 수립 ① 정보화과제 우선순위 분석 　※ 전략적 중요도, 기술적 난이도, 수행 용이성 등의 요소 고려 ② 정보화과제별 추진일정 수립 – 산출물 : 정보화 추진일정 계획서		

요구사항 고유번호	CSR-013		
요구사항 명칭	정보화 마스터플랜 수립 – 과제별 투자비(소요예산) 산정		
요구사항 분류	컨설팅 요구사항	**응락수준**	필수
요구사항 세부내용	– 정보화과제 수행에 필요한 소요예산 계획 수립 ① 정보화 소요예산 산정기준에 따라 과제별 소요예산 산출 　※ 도출된 정보화 과제를 토대로 기능점수(Function Point) 기준 산정, 컨설팅 등 인력비용은 '2014년 SW대가산정가이드'를 참조하여 산정 ② 전체 소요예산 총괄표 작성 – 산출물 : 투자비(소요예산) 산정 및 세부 근거서		

요구사항 고유번호	CSR-014		
요구사항 명칭	정보화 마스터플랜 수립 – 단계별 추진 전략 수립		
요구사항 분류	컨설팅 요구사항	**응락수준**	필수
요구사항 세부내용	– 정보화사업의 효과적 추진을 위한 본 사업의 추진 단계별 전략 수립 ① 과제 우선순위를 고려한 단계별 로드맵 수립 ① 단계별 추진 전략 및 상세 이행 계획 수립 　※ 추진로드맵의 단계별 기간은 현대화사업 수행일정을 고려 　※ 건립 사업 추진단계의 변화에 따른 ICT변경 관리방안 등 포함 – 산출물 : 단계별 추진 전략 방안, 단계별 이행계획서		

요구사항 고유번호	CSR-015		
요구사항 명칭	정보화 마스터플랜 수립 - 정보화사업 추진 체계 마련		
요구사항 분류	컨설팅 요구사항	응락수준	필수
요구사항 세부내용	– 정보화사업 추진 및 운영 등을 위한 정보화사업 추진 체계 마련 　① 업무영역별 조직이 수행할 정보화사업 업무 선별 및 정의 　② 정보화사업 추진조직 및 인력 구성(역할과 책임) – 산출물 : 정보화사업 추진 체계 구성 방안		

제5절 RFP 사례4 (조달청)

다음 예는 한국정보화진흥원(NIA) 공개입찰 공고된 (http://bit.ly/2Gqc2xg)

"[조달입찰공고] 정부지식 공유활용기반 고도화-ESB 분리발주"로서 조달청에서 진행하는 RFP 및 제안서평가관련 사례이다. 상세한 RFP내용은 공개된 위 URL에서 RFP(제안요청서)를 참조바라며, RFP내용 중 일부 주요사항만을 (분리발주) 모범사례로서 소개한다.

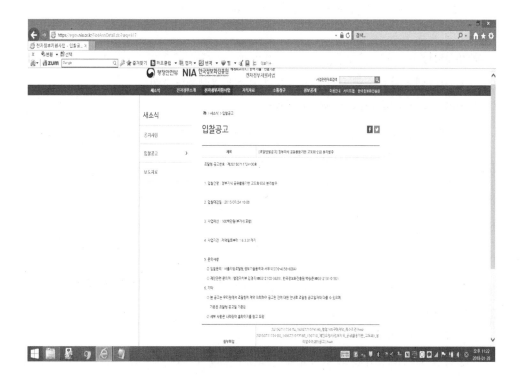

문제점 및 개선방향

□ **문제점**

○ 업무, 정보에 대한 부처 간 칸막이를 해소할 시스템적 기반 체계 부재

  - 범정부적인 공유·협업을 지원하여 업무 환경을 근본적으로 개선할 시스템 부재

  - 부처 간 공동 활용을 고려하지 않은 독립 시스템 및 개인 수준의 자료 관리

○ 부처별로 시스템 구축함에 따라 중복·과잉 투자 발생 가능성이 높아지고,
  시스템 운영·관리를 위한 난이도 및 비용 부담 증가

  - 대민서비스 및 기관자체 업무수행을 위한 정보시스템의 유지관리 예산은
    연간 1조 6천 억 여원에 달함

  - 인프라의 도입·변경 및 패치 등 유지보수에 용이한 구조로 변경하여 탄력적인 운영이
    가능한 체계 요구

    ※ 온-나라시스템의 경우 다수의 기관별 시스템을 통합 유지보수하는 과정에서
      기관별 패치의 기간 등 업무 부담 지속 증가

○ 클라우드 저장소, SaaS 플랫폼 등 다양한 활용을 고려한 정책 필요

  - 정부통합전산센터 HW만을 활용하는 것보다 높은 수준의 통합 인프라 활용 정책 요구

  - 업무환경, 기술적 지원 요소 등을 포괄하는 종합적 계획 요구

□ **개선방향**

○ 부처간 칸막이 해소를 위한 공유·협업 시스템 클라우드 전환

① 클라우드 기반 온-나라시스템 전환 개발

 - 공통업무시스템 중 대표적인 성격을 가진 온-나라시스템을 범정부적으로
   표준화·통합하여 협업 활성화

 - 자원 공동 활용·관리체계 구축으로 효율성 제고

   ※ 메일/게시 등의 기능 공용으로 사용, 조직 신설·개편 시 시스템
     구축 비용·시간 절감 등

② 클라우드 저장소 적용

 - 시스템에서 생산된 문서를 클라우드 저장소에 보관하고 저장된 자료를 원격지에서도 열
   람·활용

③ 공유·협업 기능 강화

 - 통합된 저장소, 통합된 조직/사용자 정보를 이용하여 기관 간 공유·협업 서비스 제공

 - 메일, 게시/공지, 일정관리 등 각 기관별 또는 시스템별로 구축하여 사용하던

기능을 공용화하여 클라우드 내 시스템 간 공유 효과 극대화
  - 다중 기관 사용환경 구성을 통해 기관별로 분산 구축된 환경에서 어려웠던
    관리기능 등의 편의성 향상
  ○ 부처별로 분산된 IT 자원의 공유경제 실현
① G-Cloud Infra 및 오픈 소스 기반 SW 적용
  - HW 통합 → SW 통합 → 서비스 · 데이터 통합으로 중복 · 과다투자 방지
  - 정보자원의 효율성 제고 및 구축 · 운영 비용 절감
② 개방형 기술 활용으로 관련 산업 육성 및 공정경쟁 환경 조성
  - 범용서버 · 공개SW 등 중소기업 진입장벽 없는 개방형 기술 기반 제품 도입
  - 클라우드 관련 기술의 선도적 개발 및 적용
  - 비표준 · 독점형 기술을 대체하여 독과점 해소 및 시장경쟁 촉진

2. 사업 추진계획

가. 추진전략
  ○ 중소 SW업체의 공공 정보화사업 참여 활성화를 위해 분리발주로 추진
  ○ 통합사업자와 긴밀한 협업체계를 통해 일정내 요구품질을 만족하도록 구축

나. 추진체계
〈추진체계도〉

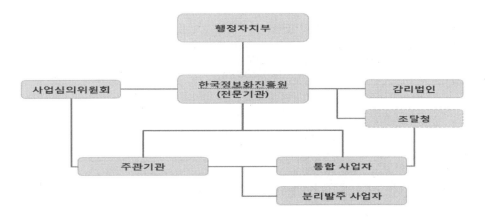

구　분	주　요　업　무
행정자치부	○전자정부지원사업 총괄 ○지원사업 추진계획 수립 및 성과관리 정책 수립 ○전문기관의 지정 및 감독 ○예산의 확보 및 출연
전문기관 (한국정보화진흥원)	○사업계획 및 운영계획의 검토·조정 ○사업자 선정 및 계약체결 지원 ○사업관리, 감리 및 검사 참여 ○지원사업비 집행 및 회계처리 ○사업의 성과분석 및 필요한 행정·기술 지원
주관기관 (행정자치부 전자정부정책과, 협업행정과 한국정보화진흥원)	○사업계획 수립 및 제안요청서 작성 ○사업관리 및 검사, 일정관리 및 보고회 운영 ○법·제도 등 정보화여건 조성 ○행정기관간 협의 및 조정 ○정보화 계획 수립 및 이행계획 도출
조달청	○입찰 공고/사업자선정/계약체결 지원
사업자　통합 사업자	○통합 사업추진에 따른 계약의 이행 ○사업수행 인력관리 및 추진현황 수시보고 등 ○계약내용 준수 및 사업관리부서의 요구사항 수행
사업자　분리발주 사업자	○분리발주 사업추진에 따른 계약의 이행 ○사업수행 일정 및 추진현황 보고 등 ○통합사업자와 긴밀한 협업

상세 요구사항

〈사업 유형별 SW 요구사항 요약표(예시)〉

발주 단계	수행활동 (분류기준)		요구사항 개수
제안요청서 요구사항 정의단계	요구사항 분석 및 도출	기능 요구사항　●	1
		성능 요구사항　−	
		시스템 장비구성 요구사항　●	1
		인터페이스 요구사항　−	
		데이터 요구사항　−	
		테스트 요구사항　−	
		보안 요구사항　−	
		품질 요구사항　−	
		제약사항　−	
		프로젝트 관리 요구사항　●	3
		프로젝트 지원 요구사항　●	5
합 계			10

〈상세 요구사항〉

1) 기능 요구사항(System Function Requirement)

요구 사항명	고유 번호	요구사항 정의 세부내용	산출 정보	관련 요구사항	비고
연중계 기능	SFR- 001	기존 웹서비스 시스템(ESB) 재구축 - 온-나라시스템에서 사용하는 웹서비스 시스템(인증키 발급, 검색, 중계기능, 사용자관리) 서버 및 웹서비스 중계 엔진(ESB) 교체(별도 분리발주) ※ 통합 사업자와 협력하여 기존 ESB(ESR포함) 시스템 윈백 - 기존 온-나라 ESB를 사용하는 모든 시스템들간 원활한 연동 및 기존 연계되던 모든 데이터들이 정상적으로 전송되어야 함			

2) 시스템 장비 구성 요구사항(Equipment Composition Requirement)

요구 사항명	고유 번호	요구사항 정의 세부내용	산출 정보	관련 요구사항	비고
SW 도입	ECR- 001	도입 S/W 내역 및 구성요건 - 도입 S/W의 설치 시기는 통합사업자와 협의 ※ 장비도입내역(SW) 참조 - 제안사가 하드웨어 또는 상용소프트웨어를 직접 제조하는 자가 아닐 경우, 제안사와 제조사 간 기술 또는 판매와 관련된 협조관계를 입증할 수 있는 증명을 제안서에 포함하여야 함 - 입찰등록 마감일 기준 단종된 혹은 단종 예정인 제품을 제안할 수 없음 - (정부통합전산센터 설치 대상 장비인 경우) 정부통합전산센터에서 요구하는 도입 요건과 정책에 위배되지 않아야 함			

○ 도입 S/W 내역 및 구성요건

구분	품명	규격	수량 (식)	비고
클라우드 업무관리	웹서비스 중계 (ESB) 엔진	○ 온-나라시스템에서 사용하는 기존의 웹서비스 중계 엔진 　(ESB 2식+ESR 1식)을 ESB 2식으로 교체(윈백) ○ GS 인증제품 도입 ○ 안전성 　- 이중화 및 소프트웨어 기반의 Clustering 기능 지원 　- 장애 발생 시 요청을 다른 인스턴스로 이관하여 서비스 기 　　능 수행 　- OS에 독립적인 설치, 운영 및 성능 제공 ○ 가용성 및 기능성 　- 서비스 변경 및 버전관리 기능 지원 　- 다양한 프로토콜(HTTP/HTTPS, JMS, etc)에 대한 동적 　　인 Routing 지원 　- 전송메시지 포맷의 동적변환 및 동기/비동기 메시지 전송 　　지원 　- Contents 기반 Routing 및 설정을 통한 Routing Rule관 　　리 지원 　- 외부 서비스의 Import 및 Export 기능 지원 　- 오류 및 장애 발생 시 Alert, 리포팅(다중 포맷), 통지 기능 　　지원 　- UDDI V3.0 표준을 준수하는 서비스 Registry 제공 ○ 확장성 　- 다양한 프로토콜에 대한 중계 지원 　- Composite Service 구현을 위한 메시지 제어언어 지원 　- 비즈니스 서비스의 수행 정보를 서드파티 DBMS로 저장 기 　　능. ○ 사용 및 관리 편리성 　- 개발도구 및 관리정보 공유를 위한 API 제공 　- 서비스의 실행정보 및 상태정보 모니터링 체계 지원 　- 트랜잭션 및 리소스에 대한 시간별/일별/월별 통계 제공 　- 서비스에 대한 보안, 운영, 실행정책 관리기능 지원 　- 서비스의 모든 기능을 통합 관리하기 위한 GUI도구를 제공 ○ 보안성 　- WS-Security1.0 이상을 지원하는 서드파티 보안솔루션 　　지원 　- 정부 PKI 기반의 인증서 활용한 인증기능 지원 　- WS-Security, WS-Policy, SAML, SSL 지원 　- 인증관리, 권한관리, 감사 기능 지원 ○ 기술인력 지원 　- 구축 사업자가 웹서비스 시스템을 구현할 수 있도록 기술인 　　력을 지원해야 함	2	

※ 통합/연계기관간 역할분담(비용 등)

연계 방법	연계기관 및 연계구간(단계)	역할분담
온-나라 ESB 연계	– 각 시스템에서 ESB를 통해 서비스 요청	각 시스템
	– 클라우드 업무관리시스템에서 ESB를 통해 서비스 요청	통합사업자
	– ESB에서 요청받은 서비스 연결 처리	통합사업자
	– 서비스 요청을 받은 각 시스템에서 처리 및 결과를 ESB로 반환	각 시스템
	– 서비스 요청을 받은 클라우드 업무관리시스템에서 처리 및 결과를 ESB로 반환	통합사업자
	– ESB에서 반환받은 결과를 이용하여 다음 프로세스 진행	각 시스템 통합사업자

제4장

제안서 평가

　공공기관의 RFP(제안요청서)는 가이드라인이 설정되어 있기 때문에 서로 다른 공공기관에서 발주를 하더라도 절차와 진행방법은 유사하다. 하지만 공공기관들이 제안요청서를 발주한 목적이 서로 다르므로 그에 따른 요구사항 내용은 상이하다. 많은 요구사항들 중에서 해당된 요구사항들을 필요한 제안목적에 맞게 취사선택한다. 입찰에 참여하고 싶은 기업들은 요구사항에 맞게 제안서를 제출하고, 발주기관들은 RFP(제안요청서)에서 공고한 평가방법에 따라 평가를 한다. 평가 비율은 모든 공공기관들이 기술능력 평가와 입찰가격 평가 두 가지로 나뉘게 되는데 보통 기술능력 평가 부분이 차지하는 비율이 높다. 기술능력 평가는 정량적 평가와 정성적 평가로 나뉘게 된다. 최종 낙찰 기업의 선정은 최고점수와 최저점수를 제외한 나머지 점수를 산술평균한 점수를 90점(80점) 만점으로 환산하며 기술능력평가 분야 배점 한도의 85% 이상인 자를 협상적격자로 선정하며, 이중 최고점수순으로 우선협상자가 된다. 여기까지가 모든 공공기관이 동일하게 적용하는 부분이고 기술능력 평가에서 정량적 평가와 정성적 평가의 세부적인 기준은 발주한 기관이 요청한 내용에 따라 변경될 수 있다. 앞에서의 사례처럼 서울특별시와 조달청이 제시한 기술능력 평가지표 등이 서로 다른 것을 살펴볼 수 있다.

　(참고자료 및 URL: 공공정보화 사업유형별 제안요청서 작성가이드: http://bit.ly/2qb5sX3)

　제안요청서(RFP)를 고려하여 작성한 제안서를 평가하는 방법은 일반적으로 다음과 같으며 평가표 2가지 예를 소개하면 다음과 같다.

정성적 지표의 평가기준

평가항목 및 배점

평가부문	평가항목	평가요소	배점 기준
전략 및 방향	대상사업 이해도	– 대상업무 목표 및 내용의 이해도 – 업무분석 체계의 명확성 – 제안요청서와의 부합성	15
	사업추진 전략	– 추진전략의 창의성 – 추진전략의 타당성	
	적용기술 및 방법론	– 적용기술의 확장성 – 적용기술의 실현가능성 　개발(적용) 방법론의 타당성 및 적용 가능성 등	
기술 및 기능	사업추진 내용	– 사업 추진내용의 적정성 　※ 제안요구 사항에 대한 제안내용 및 방법의 적정성	20
성능 및 품질	성능확보방안	– 성능확보 방안의 적정성 – 요구 성능의 충족성	10
	품질보증 방안	– 품질보증계획의 적정성 　(단계별 품질요구 사항의 점검 및 검토방안의 구체성) – 사업자 품질보증 능력 　(품질보증 관련 공인인증 보유 여부)	
프로젝트 관리	프로젝트 관리방안	– 위험관리, 진도관리, 형상관리 방안 등의 적정성	15
	일정계획	– 세부활동 도출 및 기간의 타당성 – 세부활동 배열의 합리성 – 중간목표 정의의 타당성	
	품질관리	– 품질보증계획의 적정성 　(단계별 품질요구 사항의 점검 및 검토방안의 구체성)	
	수행조직 및 참여인력	– 수행조직 및 업무분장의 적정성 – 참여인력 및 이력사항의 적정성	
프로젝트 지원	교육훈련 및 기술이전	– 교육훈련 방법, 내용, 일정의 적정성 – 인수인계 대상 및 계획의 적정성	10
	하자보수 및 비상대책 방안	– 지원 일정, 지원 체계, 일정의 적정성 　시스템의 안정적 운영을 위해 제시하는 장애대책 방안의 적정성	
	기밀보안	– 기밀보안 체계의 적정성 – 기밀보안 대책의 확신성	

정성적 평가의 평가항목 및 기준은 과학(전)미래창조과학부 장관이 고시한 소프트웨어 기술성 평가기준 중 기술제안서 평가항목별 배점한도를 준용하며, 해당 사업의 내용을 고려하여 정함

안내 사항 (조달청 예)

입찰방식

기본 방침: 객관적이고 공정한 기준과 절차를 적용하여 경쟁에 의한 우수 사업자 선정

입찰 참가자격 : 입찰공고에 따름

- 「국가를 당사자로 하는 계약에 관한 법률 시행령」 제12조(경쟁입찰의 참가자격) 및 동법 시행규칙 제14조(입찰참가자격요건의 증명) 규정에 의한 경쟁입찰 참가자격을 갖추어야 하며, 조달청 입찰참가자격등록증 소지업체이여야 함

- 사업자는 「소프트웨어산업진흥법」에 의한 소프트웨어사업자(컴퓨터관련서비스사업)로 등록되어 있는 업체

※ 제안 업체는 「소프트웨어산업진흥법」 제24조(소프트웨어사업자의 신고)와 동법 시행령 제14조(소프트웨사업자의 활용)에 따라야 하며, 최근년도 결산신고 된 SW사업자신고확인서를 제출서류에 포함하여야 함

- 공동이행방식에 의한 공동수급만 허용

- 기타 공고서에 따름

유의 사항:

- 「소프트웨어산업진흥법」 제24조의2(중소 소프트웨어사업자의 사업참여 지원)에 따른 「대기업인 소프트웨어사업자가 참여할 수 있는 사업금액의 하한」(미래창조과학부 고시 제2015-41, 2015. 6. 17.)을 준수하여야 함

〈대기업인 소프트웨어사업자의 참여가능 사업금액의 하한〉

대상업체	사업금액의 하한
매출액 8천억원 이상인 대기업	80억원 이상
매출액 8천억원 미만인 대기업	40억원 이상
산업발전법 제10조의2(중견기업에 대한 지원) 제1항의 '중견기업'	20억원 이상

※ 중소기업이 대기업이 된지 5년이내의 기업, 상호출자제한기업집단에 속하지 않는 중견기업 (증빙서류 : 한국소프트웨어산업협회 소프트웨어 신고확인서)

※ 상호출자제한기업집단 소속기업은 사업금액에 관계없이 원칙적으로 공공SW사업 참여 제한(「소프트웨어산업진흥법」 제24조의2 제3항)

- 추정가격 20억원 미만의 사업인 경우 중소기업자만이 입찰참가 가능(「국가를당사자로하는계약에관한법률시행령」 제21조(제한경쟁입찰에 의할 계약과 제한사항등) 제1항 제10호 참조)
- 공동수급인 경우 다음 사항 준수
  · 공동수급업체 구성원은 「국가를 당사자로 하는 계약에 관한 법률 시행령」 제12조(경쟁입찰의 참가자격) 및 동법 시행규칙 제14조(입찰참가자격요건의 증명) 규정에 저촉되지 않아야 함
  · 공동수급체는 5개 이하로 구성하여야 하며, 구성원별 계약참여 최소지분율은 10% 이상으로 하여야 햄「공동계약운용요령 (기획재정부, 계약예규)」 제9조 제5항 참조]

사업자 선정 방식:
- 경쟁입찰 후 협상에 의한 계약
  · 「국가를 당사자로 하는 계약에 관한 법률 시행령」 제43조(협상에 의한 계약체결) 및 제43조의2(지식기반사업의 계약방법)
  · 「협상에 의한 계약체결기준(기획재정부 계약예규)」

제안서 평가 방법
제안서 평가 원칙:
- 평가비율은 기술평가 90%와 가격평가 10%로 하며, 기술평가점수와 가격평가점수를 합산하여 종합평가점수를 산출함
- 기술평가항목 및 배점기준은 "기술성평가기준"에 의함
- 기술평가 시 각 평가위원의 평가점수 중 최고점수와 최저점수를 제외한 나머지 점수를 산술평균한 점수를 90점 만점으로 환산하며, 기술능력평가 분야 배점한도의 85% 이상인 자를 협상적격자로 선정
- 평가점수 결과는 소수점 다섯째자리에서 반올림
- 기타 평가의 방법과 결과공개 등 제반 사항은 조달청 규정에 따름

우선협상대상자 선정 및 계약체결:
- 협상대상자 중 기술평가점수와 가격평가점수를 합한 점수가 1위인 우선협상대상자로 선정하여 기타 지원조건 등을 협상
- 협상대상자와 협상이 모두 결렬되면 재공고하여 재입찰 추진

기술성 평가기준:

o 기술성 평가기준은 「소프트웨어 기술성 평가기준(미래창조과학부 고시 제2014-29호 2014. 4. 10.)을 준용함
 - 사업의 유형 및 특성에 따라 평가항목을 추가 · 조정하거나 항목별 배점한도를 가 · 감 조정할 수 있으나, 각 평가부문의 배점한도는 30점을 초과할 수 없음

〈기술제안서 평가항목/평가기준 및 배점한도(예)〉

평가 부문	평가 항목	평가기준	배점 한도
기능성	기능구현 완전성	제안요청서에서 요구하는 기능이 모두 구현되어 있는지 여부를 평가한다.	5
	기능구현 정확성	구현된 모든 기능들이 정상적으로 동작하는지 여부를 평가한다.	5
	상호 운용성	제안요청서에서 요구하는 다른 프로그램 또는 시스템과의 연동(데이터 교환, 인터페이스 요구 충족 등) 가능 여부를 평가한다.	4
	보안성	인가되지 않은 사람이나 시스템의 접근을 방지하여 정보 및 데이터를 보호하는지 여부를 평가한다.	4
	표준 준수성	제안요청서에서 요구하는 규제 또는 표준을 준수하여 개발되었는지 여부를 평가한다.	4
사용성	기능학습 용이성	도움말, 매뉴얼 등을 통해 제품 기능 정보를 제공하여 학습이 용이한지 여부를 평가한다.	4
	입출력 데이터 이해도	데이터 입출력 방법 및 절차가 편리하고 제안요청서의 요구내용에 적합한지 여부를 평가한다.	4
	사용자 인터페이스 조정가능성	사용자의 요구조건에 맞게 화면구조(메뉴, 화면배치 등)를 변경할 수 있는지 여부를 평가한다.	4
	사용자 인터페이스 일관성	동일하거나 유사한 기능 수행을 위해 일관된 또는 통합된 인터페이스를 제공하는지 여부를 평가한다.	4
	진행상태 파악 용이성	사용자가 수행하는 작업의 진행 상태를 쉽게 파악할 수 있는 화면 제공 여부를 평가한다.	4
	운영절차 조정 가능성	사용자 취향이나 습관에 맞게 운영 절차를 최적화 할 수 있는 기능을 제공하는지 여부를 평가한다.	4
이식성	운영환경 적합성	제안요청서에서 요구하는 사용환경에 설치 가능한지 여부를 평가한다.	3
	설치제거 용이성	제품 설치나 제거 시 다운되거나 중지되는 현상이 발생하지 않는지 여부를 평가한다.	3
	하위호환성	이전 버전이 있을 경우 이전 데이터를 사용할 수 있는지 여부를 평가한다.	3
효율성	반응시간	제안요청서에서 요구하는 시스템 반응시간 충족 정도를 평가한다.	4
	자원사용율	제안요청서에서 요구하는 부하요건 하에서 시스템 자원 사용의 적정성을 평가한다.	4
	처리율	제안요청서에서 요구하는 부하요건 하에서 시스템이 처리할 수 있는 데이터 처리량을 평가한다.	4
유지 보수성	문제진단/ 해결 지원	오류가 발생했을 경우 오류를 해결할 수 있는 진단 기능이 제공되는지 여부를 평가한다.	3

평가 부문	평가 항목	평가기준	배점 한도
	환경설정변 경 가능성	시스템 확장 또는 효율적 운영을 위한 환경설정 변경이 가능하고 변경이 용 이한지 여부를 평가한다.	3
	업데이트 용이성	제품의 기능 또는 성능 향상을 위한 업데이트가 용이한지 여부를 평가한 다.	3
	백업/복구 용이성	사용자가 원하는 시점에 시스템을 백업하고 필요 시 복원할 수 있는지 여부 를 평가한다.	3
신뢰성	운용 안정성	시스템을 장시간 운용 시 안정적으로 동작하는지 여부를 평가한다.	3
	장애복구 용이성	시스템 장애 발생 시 복구가 용이하고 정상적으로 기능이 동작하는지 여부 를 평가한다.	3
	서비스 지속성	시스템 장애 발생 시에도 지속적인 서비스가 가능한지 여부를 평가한다.	3
	데이터 회복성	시스템 장애 발생 시에도 데이터 소실 없이 유지 또는 복구 되는지 여부를 평가한다.	3
공급업 체지원	유지보수 지원	제품 사용상 문제가 발생하거나 제품 업데이트 필요 시 이를 지원할 수 있 는 절차, 인력, 유지보수기간 등이 적절하며 라이센스 정책이 제안 요구사 항을 충족시킬 수 있는지 여부를 평가한다.	3
	교육훈련 지원	구매할 제품의 사용방법 및 관리방법과 관련된 사용자와 관리자에 대해 지 원되는 교육훈련 과정 및 교육 전담 인력 지원 여부를 평가한다.	3
	제품 신뢰도	GS인증 등 품질인증을 획득하였으며, 지식재산권과 관련한 법적인 문제 가 없는지, 제품 개발 후 업그레이드가 있었는지 여부를 평가한다.	3
계			100

제5장

제안요청서(RFP) 작성요령

구체적인 제안 요건을 결정하고 프로젝트의 성공여부에 큰 영향력을 미치는 RFP 작성은 발주자의 입장에서는 가장 어렵고 중요한 과정일 수밖에 없다. 이는 수주자에게 프로젝트의 목적과 방향에 대해 명확하게 인지시키고, 그에 맞는 제안을 할 수 있도록 구체적인 요청사항들을 빠짐없이 작성해야 하기 때문이다. 체계적으로 작성된 RFP는 제안 아이디어를 도출하는 데에 큰 도움이 되며, 계약체결 후 이를 직접적으로 운영할 때에도 지속적으로 참고가 될 문서이다. 제안요청서에 맞는 훌륭한 제안서 작성을 요청하기 위해서, 앞에서 소개한 것처럼, 공공기관에서는 해당 공공기관의 공개된 또는 유사사업용 RFP들을 참조하고, 다음은 일반적인 RFP작성시 고려해야 할 포괄적인 내용이다.

1. Background : 간결하고 쉽게

프로젝트의 목적으로 바로 들어가기 보다는 본 프로젝트의 배경에 대해 상세한 설명을 해주는 것이 좋다. 아직 타켓시장에서 잘 알려지지 않은 브랜드라면, 그 기업 및 브랜드의 이력을 쉽게 설명해 주는 것이 좋다. 기업 소개도 중요한 내용만 요약해서 적고, 상세한 내용은 홈페이지를 참조하라고 하는 것이 좋다.

2. Goal : 구체적

프로젝트의 목적은 일반적이며 보편적인 목표보다는 구체적이고, 현실성 있게 설정해 주는 것이 좋다. 예를 들면, 향후 시장 확대를 위해 초기 업계 전문가들에게 인지도를 구축하고 싶다거나, 검색했을 때 자사 콘텐츠가 나오게 하고 싶다거나, 목표 제시는 RFP에서 가장 중요한 부분이다.

3. Competitive Frame : 누구와 경쟁할 지 생각해보기

해당 브랜드에 대한 이해도를 높이는 데에 중요한 부분이다. 어떤 제품과 유사한 제품인가, 또는 어떤 서비스와 어떤 부분이 차별화 된다고 하면 이해가 빠르다. 경쟁자들의 과거 활동을 벤치마킹하면서 마케팅 활동을 시작 할 수도 있다.

4. Target Audience : 여러 그룹 중에서 맨 처음 공략하려는 것을 선택

요청의 핵심 목표에 대해 적어주는 것이 중요하다. 나이나 성별 등의 인구통계 자료뿐 아니라, 소비자의 심리등을 포함하는 자료는 매우 중요하다. 해당 시장의 소비자에 대한 연구가 부족할 경우에는 기존시장의 예로 설명하는 것도 좋은 방법이다.

5. Scope of Work : 꼭 필요한 업무만

본 프로젝트를 통해 진행하고자 하는 업무와 결과물들은 정확하게 기술해야 한다. 당연히 포함되겠지 라고 생각되는 사항들이라도 모두 나열해 봐야한다. 중요한 사항은 문서에 표기하는 것이 중요하다.

6. Budget Guideline : 솔직하고 명확하게

제안 요청 시 예산 범위가 얼마인가는 매우 중요하다. 예산 상황에 따라서 다양한 결과물이 산출될 수도 있고, 아니면 집중된 하나의 결과물이 산출될 수도 있다. 해외 프로젝트의 경우 성격상 제안을 받기 전에 예산을 책정하기가 매우 어렵지만, 타사 또는 타국가의 집행 경험을 참고해서 예산범위를 주는 것은 필수이다.

7. Timeline : 일정은 너무 길지도 너무 짧지도 않게

예산만큼 중요하게 취급되어야 하는 부분이 일정이다. 너무 준비시간이 짧으면 제안 내용이 부실해 지고, 무작정 길게 준다고 좋은 제안이 나오는 것은 아니다. PPT나 Excel 템플릿을 만들어 빈칸 채우기를 요청하는 것도 좋은 대안이 될 수 있다.

8. Others : 기타 고려사항

제안서 작성자의 입장에서 조금이라도 궁금해할만한 점들은 자유롭게 적어주는 것이 좋다. 잘못하면 RFP의 애매한 내용을 해석하느라, 아이디어 개발에 충분한 시간 사용을 못할 수도 있기 때문이다.

(참조 URL: http://globalnewsroom.net/?p=573)

RFP작성 추가 팁 (피해야할 사항)

- 예산 범주를 비공개 하는 것
- 촉박한 일정의 요청
- 과도한 범위와 분량 요청
- 기본 정보의 부재(제안이 필요한 이유, 향후 추진 방향 및 목표 등)
- 제안 범주외 업무를 비공식적으로 요청

효과적인 업무를 위한 RFP 요령

- 사전 미팅을 통한 명확한 가이드라인 설정 : 제안 참여사를 일정 수로 결정한 뒤 1차 RFP를 발행하고, 본 제안에 앞서 충분한 미팅을 통해 세부 가이드라인을 제시해줄 수 있다.
- 제안서 분량과 가용예산, 제안예산 등을 명확하게 설정 : 기업소개 및 목차를 제외한 제안서의 분량을 제시하고, 가용예산과 제안예산을 명확하게 제시해주는 것이 좋다.
- 필수 과제를 분명하게 기재 : 필수적으로 수행되어야 하는 과제를 명확하게 기재하여 수주자가 과제를 수행하는 것이 꼭 가능하도록 한다.
- 사전 제공 자료를 통해 PT시간 단축 : 제안사 소개와 주요 레퍼런스, 팀 차트 등 사전에 취득할 수 있는 정보는 미리 정리한다.
- RFP이후 충분한 배경 자료 제공 : 업계 현황이나 기업의 이력 등 외부인이 접근하기 어려운 자료는 비밀유지 각서 작성 후 충분히 제공한다. 시간 단축은 양질의 제안으로 이어진다. (참조 URL: https://brunch.co.kr/@moonshot/5)

[제안요청서(RFP) 참고자료 및 웹사이트]

[1] 위키피디어: https://ko.wikipedia.org (제안요청서, 요구사항 검색)

[2] 서울시: http://www.seoul.go.kr (제안요청서 또는 입찰공고 검색)

[3] 조달청 나라장터: http://www.g2b.go.kr (제안요청서 또는 입찰공고 검색)

13.1 제안요청서(RFP, request for proposal)의 정의와 포함내용을 간략히 요약하여 설명하라.

13.2 제안요청서(RFP)내의 요구사항(要求事項, Requirement)이란 무엇인지 간략히 요약하여 설명하고, 요구사항 종류를 나열해 보라.

13.3 서울시(http://seoul.go.kr)에서 관심있는 IT분야의 공개된 (최근의) 제안요청서(RFP)를 구해서 내용을 1쪽으로 간략히 요약하여 설명하라.

13.4 조달청의 나라장터 국가종합포털(http://www.g2b.go.kr)에서 관심있는 IT분야의 공개된 (최근의) 제안요청서(RFP)를 구해서 내용을 1쪽으로 간략히 요약하여 설명하라.

13.5 「대기업인 소프트웨어사업자가 참여할 수 있는 사업금액의 하한」이란 어떤 내용인지 간략히 요약하여 설명하라.

13.6 기술제안서 평가항목/평가기준 및 배점한도를 다운로드 받은 (서울시) RFP에서 (한 예로서) 요약하여 설명하라.

13.7 기술제안서 평가항목/평가기준 및 배점한도를 다운로드 받은 (조달청) RFP에서 (한 예로서) 요약하여 설명하라.

13.8 서울시 RFP와 조달청 RFP의 제안서 평가방법의 공통점과 차이점을 비교해서 설명하라.

13.9 제안서의 정량적 평가방법을 서울시 RFP와 조달청 RFP를 참조하여 비교하여 설명하라.

13.10 RFP(서울시, 조달청)에서의 요구사항이 기술제안서 평가항목/평가기준 및 배점에 어떻게 반영되어있는지 비교하여 설명하라.

제4부

표준

제1장

표준과 표준화

생활 속에서 우리가 마주치는 제품 및 부품들은 표준화된 것들이 많다. 세계 어느 곳에 가더라도 호칭, 치수만 맞으면 사용 가능한 나사, 길이의 표준인 미터(M)법, 무게표준인 KG, 정지영상 포맷(format)인 JPEG, 비디오 포맷인 MPEG, 오디오 포맷인 MP3, 안드로이드와 iOS가 경쟁하는 구도이지만 표준으로 사용되고 있는 휴대폰 운영체제 등 주위를 둘러보면 표준은 우리 생활과 매우 밀접하다. 표준화는 인류의 삶에 있어서 효율성, 안전성, 편리성 등을 고려하여 꼭 필요한 규범체계이다. 현대 생활에 꼭 필요한 규범체계인 표준화를 사용한 실례도 과거에 존재하지 않았을까? [1] 나폴레옹이 표준화 기술을 이용했던 예를 살펴보면, 서구를 제패한 비결 중 하나는 바로 과학기술의 표준화에 있었다. 총마다 사용하는 총알이 각각 달라 전쟁 시 총알을 사용함에 있어 효율성이 많이 떨어진다는 문제에 봉착했다. 나폴레옹은 지휘권을 잡은 후 모든 총의 총알을 하나로 표준화시켜서 많은 전쟁을 승리로 이끌었다. 현대처럼 널리 퍼진 표준화의 개념은 아니었지만 효율성을 도모한 표준화의 개념이 과거에도 사용되었다.

현대의 국제 및 국내 표준화 기구의 표준에 관한 정의를 살펴보자. 국제 표준화 기구(ISO: International Organization for Standardization)의 ISO/STACO(1961)에서는 **"표준이란 개개의 표준화 노력의 성과로서 어떤 공인된 단체에 의해 승인된 것"** 으로 정의한다. 또 ISO/IEC (International Electrotechnical Commission) Guide 2(1978) 규정에서는 **"표준이란 일반인이 입수할 수 있는 사양서 (시방서, specifications)나 그 밖의 문서로서, 이것에 의해 영향을 받는 모든 이해관계 당사자들 간 협력과 합의 또는 전체적인 승인을 얻어 시작되는 것으로 최적의 사회 이익을 촉진하며 표준화 단체에 의해 승인 받은 것"** 으로 정의한다. 한국산업규격 KSA 3001에서는 **"표준이란 관계되는 사람들 사이에서 이익이나 편리가 공정하게 얻어지도록 통일, 단순화를 꾀할 목적으로 물체, 성능, 능력, 동작절차 방법, 수속, 책임, 의무, 사고방법 등에 대하여 정한 결정을 의미한다"**고 정의하고 있다. 좀 더 쉽고 간단하게 뜻을 살펴보자면 한국표준과학연구원(KRISS)에서 정의한 바와 같이 **"표준이란 어떤 것을 재는 기준이며, 측정의 기준이다."** 라는 것이다. 이처럼 표준은 생활 속에서 쉽게 접하며 인간의 모든 활동에 가장 기초가 되는 것을 의미한다. 지금까지 몇몇 표준화 기구에서 정의한 표준내용에 관하여 살펴보았다. 생활 속에서 표준이 어떻게 사용되고 있는 가에 관하여 좀 더 자세하게 실제 사례와 함께 알아본다.

일상생활에서 표준은 여러 방면에서 기준점으로 활용된다. 먼저 넓은 범위의 표준의 예로 서울 한복판을 보면 때때로 커다란 전광판에 실시간 대기오염의 농도가 나타나있는 것을 볼 수 있다. 이는 최근 오존주의보 발령이 급증하는 가운데 대기오염이 우리 삶에 미치는 영향이 적지 않으며 여러 가지 문제를 발생시키고 있기 때문에 실시간 대기오염의 측정을 위한 표준이 이에 대한 기준으로 활용되고 있다. 또 국제 표준으로 열역학적 온도의 개념이 정립되어 의학, 인공위성, 일기예보, 첨단기계 산업 등 전반적인 분야에서 경쟁력이 되고 있다. 다음으로 터널이나 다리 등의 교량, 건물 붕괴를 예방하는 시설 안전 계측 표준도 존재한다. 이를 통해 지속적으로 진동을 받는 시설물들과 그와 연관된 도로, 차량들도 정부에서 제정한 표준의 규정들을 지키도록 되어 있다. 문화적인 측면에서의 표준들을 살펴본다면 축구, 야구 등의 운동경기도 정해진 경기 규칙, 표준화된 경기 규칙에 따라 진행되므로 표준에 속한다. (물론 경우에 따라 각 심판의 주관적인 기준의 차이에 의하여 선수들이 심판에게 불미스러운 행동을 하여 테크니컬 파울을 받는 경우도 발생하지만) 또 나라의 전통적인 관습에 따른 의식주도 일반적인 의미에서는 표준이라고 볼 수 있다. 의료적인 측면에서도 악력을 재는 것 또한 표준으로 정의가 되어있어 건강관련 지표와의 상관관계를 보일 수 있으며, 근력저하증 진단 시 핵심평가기준이 되기도 한다. 좀 더 우리의 실생활과 접근을 해보면 우리가 양치질 할 때 사용하는 칫솔, 치약, 출퇴근길에 사용하는 버스카드, A4용지 규격, 220V/110V 전기 플러그, 빛의 밝기를 재는 광도의 표준을 이용한 전구 등 우리 삶과 표준의 개념이 굉장히 밀접한 관련이 있다는 것을 알 수 있다.

그렇다면 좀 더 공식적인 정의로 표준화란 무엇일까? 표준화란 표준을 정하고 이를 다수가 활용하는 조직적인 행위라고 정의한다. ISO/STACO(1961) 규정에는 "표준화란 관계되는 모든 사람들의 편익을 목적으로 하는 특정한 활동을 향해 바르게 접근하기 위한 규칙을 작성하고 이를 적용하는 과정"으로 정의하고 있으며, ISO/IEC Guide 2(1978)에서는 "표준화란 주로 과학, 공업기술 및 경제분야에 있어서 문제를 되풀이해서 적용할 수 있는 해결책을 부여하는 활동으로서 그 목적은 어떤 주어진 상황에서 최선의 질서를 유지하는 일" 로 정의하고 있다.

표준과 표준화의 공식적이고 간결한 정의들로 우리는 사람들이 이용하는 표준화가 어떠한 분야, 즉, 그 안에서 활동함에 있어서 전체의 이익과 편의성, 기능성, 경제성, 안정성 등을 전반적으로 고려하고 유의하며 관계되는 이들의 협력 아래에 이루어지는 조직적인 행위라고 여길 수 있다.

표준이란?

규격 즉 **품질 규격, 작업 표준**의 총칭이다. 재료, 제품, 공구, 설비 등에 대해 요구되는 품질, 모양, 구조, 치수, 성분, 능력, 정밀도, 성능, 제조 방법 및 시험 방법 등에 대해서 규정한 것을 시방이라 하며 시방을 문서화한 것을 시방서라 한다. 널리 사용되며, 또 반복해서 사용하기 위해 채용한 시방을 규격이라 한다. 품질에 대한 규격을 **품질 규격**이라 한다. 품질 표준이라는 말은 품질 규격과 같은 뜻으로 쓰여지는 일도 있으나, 보통은 소비자에 대해 보증하는 품질을 가리키는 것을 품질 규격이라 하며, 이것에 비해 공장에서 제조의 기준으로 하는 품질을 나타내는 것을 품질 표준이라 한다. 즉 일반적으로 품질 표준은 품질 규격보다 엄격한 것이다.

작업 방법, 취급 방법, 관리 방법 등과 같은 행동에 관한 일들을 규정한 규격을 **작업 표준**이라 한다. 재료, 설비, 제품 등의 시방, 작업 방법, 업무 수속 등의 표준을 합리적으로 설정하여 활용하는 조직적 행위를 표준화라 한다. 표준화에 따라 소비자는 품질이 좋은 것을 싼값으로 원하는 때에 손에 넣을 수 있고, 구입품이 고장 났을 때도 보수가 쉬운 점 등의 이익을 얻을 수 있다.

│ 표준의 예

고대문명의 화폐: 화폐는 그 가치를 국민들이 상호 인정하여 유통 가능하므로 고대문명에서 대표적인 표준화의 산물이었다.

진시황의 도량형: 전국적으로 수레가 다니는 길의 폭을 일률적으로 정하는 육상교통에서의 표준설정,

간편한 서체를 선택하여 전국의 문자체를 통일하는 표준 설정,

표준시: 1884년 영국 그리니치 천문대를 통과하는 자오선을 '경도 0도'로 승인,

본초 자오시를 기준으로 표준 경선이 정해졌으며, 세계 여러 국가가 표준시를 사용,

우리나라는 표준시 동경 135도선을 표준 경선으로 하며, 세계 표준시보다 9시간 빠르다.

위의 표준이 쓰이는 사례에서 보는 것처럼 표준은 어느 곳에서나 단순한 물품에서만 쓰이는 것이 아닌 규칙, 시간, 언어등 많은 분야에서 필요하게 쓰일 수 있으며 대표적으로 과거 물물로만 거래가 이루어지던 고대사회에서 화폐의 표준이 정립됨으로써 시장의 활성화의 도움이 되고 육상교통에서의 길의 폭을 지정하여 교통의 활성화의 도움이 되고 전국의 문자체를

서비스표준연구실

미래 서비스 및 소프트웨어 분야 전반에 걸친 기술 표준화 업무를 수행하고 있다. 특히 미래 융복합 기술로서 오픈소스 기반 융합 웹 및 웨어러블과 미래 컴퓨팅 및 데이터 처리 기술로서 클라우드 컴퓨팅 및 빅데이터, 그리고 ICT 기반 창작문화 보급 및 활성화를 ICT DIY 분야에서 국내 표준과 ITU-T, ISO/IEC JTC 1, W3C, OIC 등을 통한 국제 표준을 개발하고 있다.

네트워크표준연구실

네트워크 전반에 걸친 기술에 대한 표준화 업무를 수행하고 있다. 특히 소프트웨어-정의 네트워킹(SDN), 네트워크 기능 가상화(NFV), 사물인터넷(IoT), 5G 네트워크 기술에 대한 시장 중심의 사실 표준 개발에 초점을 두고 있으며, IETF, IEEE, 3GPP, ETSI NFV ISG에서 국내 통신사와 산업체 간의 협력을 통해 네트워크 기술 관련한 다양한 국제 표준을 개발하고 있다.

융합표준실

ICT와 사물인터넷 기술을 산업 응용과 융합하는 기술 분야에 대한 표준화 업무를 수행하고 있다. 차량 ICT 기반 긴급구난 (e-Call), 그린 데이터센터 운영 및 평가, 스마트 그리드 상호운용성과 수요관리, 에너지 안전관리 단말 및 플랫폼, 스마트공장 상호운용성, 스마트 물관리, 스마트시티 등과 같은 분야에서의 국내 표준 개발과 ISO, ISO/IEC JTC 1, ITU-T에서의 국제 표준을 개발하고 있다.

기반표준연구실

스마트 농업, 스마트 미디어에 관한 기술 표준화와 국가기술기준 업무를 수행하고 있으며, ETRI의 표준화 활동 기반 구축 및 총괄 업무를 담당하고 있다. 특히, 사물인터넷 기반의 스마트농업, 디지털 사이니지, 관리형 P2P, 무선전력전송, 미디어 전송, 방송 보안 기술에 대한 국내 표준화와 ITU-T, IEC, ISO/IEC JTC 1, ETSI, W3C 등을 통한 국제 표준을 개발하고 있다.

제**4**장

국내 표준화 기관

제1절 국가기술표준원(KATS)

국가기술표준원(KATS)은 국내외 표준정책 업무 총괄기관이며, 국제표준화기구에서도 정부대표기관으로 활동하고 있다. 2013년 12월 12일 발족하였으며, 대한민국 산업통상자원부의 소속기관이다. 현재 충청북도 음성군 맹동면 이수로 93에 위치한다.

| 역사

국가기술표준원은 1883년(고종 20년)에 화폐주조 및 금속광물의 분석·가공·제련업무를 담당하는 전환국 소속의 '분석시험소'를 설치한 것을 시발로 하여 현재의 '국가기술표준원'으로 변천되었다. 분석시험소에서 국립공업기술원에 이르기까지 공산품의 기술개발 및 시험·분석·감정 업무를 담당하였고, 1996년 중소기업청 소속기관 국립기술품질원으로 변경되면서 공업표준과 품질안전 업무가 추가되었다. 1999년에는 산업자원부 소속기관으로 변경되면서 국가표준, 공산품의 안전관리 및 품질관리, 공산품의 법정계량 및 측정, 신기술·신제품의 기술평가 및 인증 등을 관장하는 명실상부한 국가표준의 대표기관으로서 자리매김하였다. 2008년도 정부조직 개편에 따라 산업통상자원부 소속기관으로 바뀌고, 작고 실용적인 정부조직을 표방하는 책임행정체제를 구현하고자 기존의 팀제를 대국대과체제로 개편하였다. 2013년에는 산업통상자원부 소속기관으로 변경되면서 국내·외 시험인증 규제 대응 업무 총괄을 위해 기술규제대응국을 신설하고 국가 기술표준 총괄기관으로 거듭나기 위해 기관 명칭을 '국가기술표준원'으로 변경하였다.

| 직무

-국가표준 정책 및 산업 표준화 정책의 수립·운영, 국가표준제도 확립의 지원

-제품의 안전관리 및 품질관리(정보통신제품 및 전기통신기기 등의 제품의 경우 전기안전에 한정)

-산업표준·안전기준·적합성·산업기반기술 등에 관한 조사·분석·평가·연구·개발 지원 및 인증

-**국가표준기본법**에 따른 적합성평가, 계량, 측정에 관한 정책수립과 국제상호인정 및 국제협력추진

-표준화 및 제품안전 관련 국가간 또는 국제기구와의 협력 및 교류

-품질경영정책의 수립·추진

-무역에 대한 기술장벽(TBT) 및 소관분야 기술규제 정책·대응 업무의 수립·총괄·조정
(국가기술표준원, 참조 URL: http://bit.ly/2AkRYI4)

제2절 한국표준협회(KSA)

| 설립목적

산업표준화 및 품질경영의 보급 촉진으로 과학기술의 진흥과 생산능률의 향상을 도모하여 국민경제 발전에 기여하기 위해 설립된 단체로 1962년 3월 13일에 산업표준화법에 의거해 설립 됐다.

| 역사

1962년 03월: 사단법인 한국표준규격협회 설립

1975년 02월: 품질관리추진본부사무국 지정(공업진흥청)

1986년 08월: 표준화능력평가기관 지정(공업진흥청)

1992년 07월: 품질경영민간중앙추진본부 지정(공업진흥청)

1993년 06월: 한국표준협회로 명칭 변경

1994년 12월: 품질보증체제 연수기관 국내 1호 지정(공업진흥청)

1998년 07월: KS인증기관 지정(국립기술품질원)

1999년 08월: 산업표준연구원 설치

2000년 03월: 품질보증체제 인증기관 지정(한국인정원)

2000년 09월: 환경경영체제, QS-9000 인증기관 지정(한국인정원)

2001년 02월: JIS인증기관 지정(일본경제산업성)

2004년 03월: (주)한국표준협회미디어 설립

2004년 10월: 단체표준활동지원추진사무국 지정(산업자원부)

2005년 06월: 사회적 책임(SR) 표준화 포럼 구축

2008년 10월: CDM(Clean Development Mechanism) 검인증기관(DOE) 지정(UNFCCC)

2009년 02월: ISO 26000 국내 간사 기관 지정(기술표준원)

2009년 06월: 국내최초 VCS(Voluntary Carbon Standard) 검증기관 지정(VCS협회)

2011년 04월: 온실가스 목표관리제 검증기관 지정

2012년 03월: 창립50주년 기념식 거행 및 50년사 발간

2012년 06월: PASC 총회(태평양지역표준협력총회) 주관(산업통상자원부 기술표준원 주최)

2013년 04월: 멀티미디어 국제표준화 회의 주관(산업통상자원부 기술표준원 주최)

2013년 06월: KS인증지원센터 개소(대전, 수원, 대구)

2013년 08월: 글로벌표준화지원센터 개소

2014년 11월: 제40회 국가품질경영대회 개최(산업통상자원부 국가기술표준원 주최)

2015년 01월: 공공기관 지정 해제(기획재정부), 산업부 산하 공직유관단체 지위로 회귀

2015년 09월: ISO 총회 개최(산업통상자원부 국가기술표준원 주최)

2016년 03월: 표준개발협력기관(COSD) 지정(산업통상자원부 국가기술표준원)

(참고: 위키백과 URL: http://bit.ly/2DOnctA, 네이버지식백과 URL: http://bit.ly/2lAWfTm)

한국표준협회의 인증제도

KS(한국산업표준)제품 인증제도란?

국가가 제정한 KS(한국산업표준)수준 이상의 제품을 지속적, 안정적으로 생산할 수 있는 기업에 대하여 엄격히 심사하여 KS마크를 표시할 수 있도록 하는 국가인증 제도를 말하는데, 이는 표준화 된 제품 및 기수의 보급으로 거래 및 공정의 단순화, 투명화를 촉진하고, 소비자 보호와 공공의 안정성 확보는 물론 국가, 기업 및 공공단체 등이 물품을 구매 시 제품에 대한 품질신뢰를 가질 수 있게 하여 국민 경제 발전에 기여하고 있다.

한국표준협회의 신규인증심사를 받기위한 준비사항

1) KS표준 및 인증대상 지정여부 확인

해당되는 KS표준번호, 표준명, 해당 제품이 적용 범위에 포함되는지 여부를 확인

치수, 재료, 호칭, 구조 등에 적합성 및 특성 및 성능 등이 KS수준 이상인지 확인

인증심사기준 지정 여부 확인

2) 인증심사기준 이해 및 확인

인증심사기준에서 심사사항 별로 요구하고 있는 수준 이상으로 유지될 수 있도록 준비

KS Q 8001의 부속서 B공장심사보고서의 심사사항 및 평가항목 검토

적용하고 있는 표준이 가장 최근에 개정되어 유효한 것인지를 반드시 확인

3) 사내표준화 및 품질경영기법 도입

해당 KS인증심사기준과 공장심사보고서에서 요구하는 사항에 대해서 KS수준 이상으로 사내 표준화 추진, 해당 KS인증심사기준과 공장인증심사보고서에서 요구하는 각종 개선기법 (QC7가지 도구, 신QC7가지 도구, 6시그마 등)관리도, 통계(평균, 표준편차, 불량률 등), 샘플링 검사 기법 등 습득

4) 교육훈련 및 품질관리 담당자 확보

3년마다 품질관리담당자는 정기교육, 경영간부의 30% 이상은 경영간부 교육을 이수,

기업은 3년 주기의 저기교육을 이수한 자를 품질관리담당자로 지정,

품질관리 담당자는 독립적인 품질관리부서(임직원이 20인 이하 기업은 예외)에서 최소 3개월 이상 독립적이고 적절하게 표준화와 품질관련 직무관련 업무를 수행할 수 있는 직무수행 능력 보유필요

5) 제조설비 시험, 검사설비 시료 확보

해당제품을 생산하기에 적합한 제조설비를 사내표준에 규정하여 보유하고 설비의 성능을 유지하기 위한 점검, 보수, 윤활관리 등의 관리규정을 구체적으로 정하여 실시, 해당 제품의 품질특성과 자재 및 제품을 시험·검사하기 위한 설비를 인증업체에서 보유 (단, 제품이 KS수준 이상으로 관리될 수 있도록 일정한 주기로 외부설비 혹은 외부공인시험기관의 시험성적서로 품질관리 가능), 해당 인증심사 기준의 내용을 정확하게 이해하고 시료채취에 충분한 종류별 시료를 확보

6) 3개월 이상의 관리 실적

심사일 기준으로 최소 3개월 이전까지 모든 인력 및 설비를 갖추고 정상적으로 3개월 이상 제품을 생산하여야 하며, 그 관리 실적을 정리하여 심사원에게 제시, 전기용품 안전 관리법에 의한 안전 인증 대상품목인 경우에는 안전인증을 받은 후 3개월 후에 KS신청

7) KS 심사 신청

제품인증신청서를 작성하고 관련 서류를 첨부하여 KS인증지원시스템

(www.ksmark.or.kr)에 신청

| 제품인증제도의 구성

KS제품인증제도 구성

KS 서비스인증

| 한국산업표준(KS)인증의 기대효과

국가표준인증의 효과

효과	내용
인증기업의 경쟁력제고	사내표준화 및 품질경영을 근간으로 품질 고급화, 생산성 향상, 불량률 감소, 원가절감 등을 실현
공공의 안정성 확보 및 소비자 보호	국가표준에 적합한 제품을 생산, 유통시킴으로써 제품 불량으로 인한 사고 등을 사전에 예방
물품 등의 구매 기준으로 활용	국가, 지자체 공공기관, 공공기관 및 대형 건설 공사현장 등에서 물품을 구매 할 때 별도의 품질확인 절차를 생략하고 KS인증제품(서비스)를 구매함으로써, 생산자 및 소비자 모두에게 시간과 비용을 절약하게 함
유통 및 시공 등의 단순화, 표준화	KS에 따라 표준화된 제품(서비스)를 생산, 보급함으로써 표준화된 제품이 유통되어 거래가 명확하고 투명하게 됨.

한국산업표준(KS)인증의 지원

효과	내용
국가, 지방자치단체, 공공기관 및 공공단체의 KS준수	산업표준화법 제24조(한국산업표준의 준수)
인증제품 우선 구매	산업표준화법 제25조(인증제품 등의 우선구매)
입찰 계약의 특례	국가를 당사자로 하는 계약에 관한 법률 제23조(지명경쟁입찰에 의한 계약)
검사 형식 승인 등 면제	국가를 당사자로 하는 계약에 관한 법률 제56조의2(검사를 면제할 수 있는 물품) 건설기술진흥법 제91조(품질시험 및 검사) 산업표준화법 제26조(검사 또는 형식승인 등의 면제)

(참고문헌: 한국표준협회, 참조 URL: https://www.ksa.or.kr/ks.do)

제5장

국제 표준화 기구

국제 표준화 기구는 공식 표준화 기구(de jure standards organizations)와 사실상 표준화 기구(de facto standards organizations)로 크게 둘로 나뉜다. 공식 표준화 기구는 대표적인 예로 아스키코드(ASCII: American Standard Code for Information)와 같이 공식적으로 사용되는 기술들을 제공하는 기구이며, 사실상 표준화 기구는 QWERTY 키보드와 같이 사람들 사이에서 널리 사용된 기술들을 표준화하는 기구이다. 본 절에서는 공식 표준화 기구에 대해서 중점적으로 소개한다.

| 주요 국제 표준화 기구 [1]

관련 기구	URL	명칭	제공기능1)	문서 접근 허용 등급
ISO	www.iso.org	ISO online	I, S, D	Member
IEC	www.iec.ch		I, S, D	Member
ISO/IEC JTC1	www.jtc1.org		I, S, D	Member
ITU	www.itu.ch	ITU-TIES	I, S, p-D, B	Member
	www.wssn.net	WSSN	I	공개
ETSI (유럽)	www.etsi.fr	EOL(ETSI ON-Line)	I, S, D	Member
ANSI (미국)	www.ansi.org www.nssn.org	NSSN	I, S	Member
IETF	www.ietf.org		I, S, D	RFC 공개
ATM Forum	www.atmforum.com		I, p-S, p-D	공개
KATS	www.kats.go.kr		I, S, D, B	공개
KSSN	www.kssn.net		I, S	공개

* I 표준정보 유통기능, S 표준 제공 기능, D 표준개발 지원기능, p-X 기능 중 일부지원, B BBS(Bulletin Board System)

위 표에서는 주요 국제 표준화 기구를 보여준다. 표준화 기구에서는 표준화에 대한 정보 유통, 표준 제공, 표준 개발 지원 등의 기능을 수행하고 있으며, 회원 등급마다 문서 허용 범위를 나눈다. 예를 들어, 다음 절에서 설명할 대표적인 국제 표준화 기구인 ISO는 표준 정보 유통, 표준 제공, 표준 개발 지원 기능을 수행하며, ISO의 회원에게만 문서 접근을 허용한다. 표준화에 관련된 더 상세한 정보는 표에서 제시된 홈페이지를 참고하길 바란다.

제1절 ISO (국제 표준화 기구)

1) ISO의 소개

ISO의 설립 목적은 상품 및 용역의 국제적 교환을 촉진하고, 지적, 학문적, 기술적, 경제적 활동 분야에서의 협력증진을 위하여 국제표준화 및 이와 관련된 활동의 발전을 촉진시키는 데 있다. 이러한 설립 목적을 달성하기 위하여 ISO는[1,2,3,4] 표준 및 관련 활동의 세계적인 조화를 촉진하고, 국제표준의 개발과 발행을 진행하며, 회원기관 및 다른 국제기구와의 협력 관계를 구축한다. ISO는 162개국이 가입하여 활동하고 있으며, 공식 지정된 언어는 영어, 불어 그리고 러시아어이다. ISO의 회원은 다음과 같이 3가지로 나뉜다.[8]

- 정회원(Member Bodies)은 각 국의 오직 하나의 기관만이 회원으로 가입할 수 있다. 또한, 정회원은 ISO에서 투표할 수 있는 권한을 갖는다.
- 통신회원(Correspondent Members)은 ISO 국제표준 상품을 국가별로 판매 또는 채택할 수 있다. 통신회원은 기술 및 정책개발 활동에 참여할 순 없지만 관련된 활동에 관한 정보를 얻을 수 있다.
- 구독회원(Subscriber Members)은 경제력이 약한 국가들을 위해 만들어진 제도이며, 구독회원은 회원 부담금을 적게 내지만 표준화 개발을 이용할 권리를 갖는다.

2) ISO의 조직 구성

ISO의 조직은 총회(General Assembly), 이사회, 중앙사무국, 정책개발위원회, 이사회상임위원회, 특별자문그룹, 기술관리이사회로 구성되며, 기술관리이사회 내에서는 표준물질위원회, 기술자문그룹, 기술위원회로 나뉜다. 총회의 임원으로는 회장, 정책담당 부회장, 기술담당 부회장, 재무관, 그리고 사무총장이 있다. 총회는 연 1회 사무총장에 의해서 개최되며, 각 회원기관은 하나의 투표권을 가진다. 각 회원기관에서는 3명 이내의 공식 대표단을 정할 수 있고, 공식 대표단의 대표는 옵서버(Observer)를 동반하여 참석할 수 있다. 정회원(Member Bodies)은 하나의 투표권을 가지며 통신회원(Correspondent Members)과 구독회원(Subscriber Members)은 옵서버의 자격으로 총회에 참석할 수 있다. 총회에서는 다음과 같은 권한을 갖는다.

ISO 조직도[3]

임원, 정책담당 부회장, 기술담당 부회장 및 13개 이사회 회원기관 선정 ISO의 연간보고서, 재정계획 및 이사회 회원 자격의 순위기준 승인, 정관개정 및 절차규정의 개정 등

총회에서는 산하에 자문위원회로서 정책개발위원회를 설치할 수 있으며, 종류는 다음과 같다.
적합성평가 위원회(CASCO: Committee on Conformity Assessment)
소비자정책 위원회(OPOLCO: Committee on Consumer Policy)
개도국 위원회(DEVCO: Committee on Developing Country Matters)

적합성평가 위원회는 제품, 공정, 서비스 및 경영시스템에 대한 관련규격 및 기술 적합성 평가수단을 연구, 소비자정책 위원회는 국가 및 국제표준화 활동에 소비자의 참여를 증가시키는 방안을 연구, 개도국 위원회는 표준화, 품질관리, 계량 및 인증 등에 대한 개발도상국의 요구와 필요사항을 파악하여 지원한다. 이사회는 연 2회 개최되며, 의장과 18개 이사국으로 구성된다. 이사회에서 결정을 내릴 때, 회원국의 과반수가 참여해야 하고 10개국 이상이 찬성하는 경우 결의된다. 총회가 개최될 때, 이사회의 업무활동을 보고한다. 이사회에서의 주요 활동은 다음과 같다.

- 사무총장, 재무관, 정책개발위원회 의장, 회계감사관의 선출
- ISO 신규 회원가입, 기술관리이사회(TMB)의 보고서 및 건의사항 승인
- 사무총장의 권한, ISO 업무수행, 총회의 승인을 위한 이사국 선출자격이 있는 국가리스트 안의 심의, 차기연도 연간예산 등

기술관리이사회(TMB: Technical Management Board)는 ISO의 기술적인 업무를 맡는다. 기술관리이사회의 의장은 ISO 기술담당 부회장을 맡으며, 기술관리이사회에서 상임 4개국과 일반 8개국으로 구성된다. 기술관리이사회에서는 기술위원회(TC: Technical Committees)의 설립 및 해체, ISO 기술작업 지침서에 관한 개정안 검토, ISO 규격 시행을 위한 등록 및 관리기관 지정에 관한 업무를 담당한다. 기술위원회는 기술관리부에서 허용된 작업범위 안에서 작업 프로그램을 입안하며, 입안된 작업 프로그램을 통해서 국제규격을 작성한다.

중앙사무국(Central Secretariat)은 사무총장과 22개국에서 파견된 157명의 직원들로 구성된다. 사무총장은 중앙사무국의 대표로 이사회에서 임명되며, ISO를 대표하여 서명자로서의 역할을 한다. 또한, 사무총장은 모든 회의에서 자신의 의견을 표명할 수 있으나 투표할 수 있는 권한은 없다. 중앙사무국의 주요 업무는 다음과 같다.

- ISO 내에서의 인사, 행정, 재정 등의 관리 및 집행 실시
- ISO 기술업무에 대관한 이사회 보고 또는 자문 역할
- 총회 및 이사회의 일을 맡는 역할
- 규격 또는 간행물 등의 출간 및 배포

3) ISO의 역사 및 직무 등

국제 표준화 기구(International Organization for Standardization) 또는 ISO는 여러 나라의 표준 제정 단체들의 대표들로 이루어진 국제적인 표준화 기구이다. 1947년에 출범하였으며 나라마다 다른 산업, 통상 표준의 문제점을 해결하고자 국제적으로 통용되는 표준을 개발하고 보급한다. ISO의 회원가입 현황은 2015년 기준으로 총 163개국이 가입, 활동하고 있다. 그 중 한국은 1963년 3월에 정회원국으로 가입하여 1991년에 참관인 자격에서 발언권과 투표권 행사하는 회원국이 되었다. 1987년 최초로 ISO 9000시리즈를 제정하는 등 설립 이래 현재까지 1만 2000건 이상의 광범위한 분야의 국제표준을 제정, 공표하였다. ISO 인증을 받으면 내적으로는 품질안정으로 고객만족이 향상되고 기업이미지가 제고되는 등의 효과가 있고 외적으로는 KS표시 신청 시 공장 심사면제, 법인세 감면 등 정책적인 혜택도 있다.

오늘날 ISO로 알려진 기구는 1926년에 ISA(International Federation of the National Standardizing Associations)라는 이름으로 시작하였다. 제2차 세계 대전 기간 중에 활동은 1942년에 멈추었다가 전쟁 이후에 최근에 형성된 UNSCC(United Nations Standards Coordinating Committee)에 의해 새로운 세계 표준화 기구의 형성이 제안되면서 ISA에 접근하기 시작했다. 1946년 10월, ISA와 UNSCC의 25개국 대표들은 런던에서 모임을 갖고 새로운 표준화 기구를 창설하기 위해 하나가 되기로 동의하였다. 즉, 새로운 기구는 공식적으로 1947년 2월에 운영을 시작하였다.

〈직무〉

-표준 및 관련 활동의 세계적인 조화를 촉진시키기 위한 조치를 취한다.
-국제 표준을 개발, 발간하며, 이 규격들이 세계적으로 사용되도록 조치를 취한다.
-회원기관 및 기술위원회의 작업에 관한 정보의 교환을 주선한다.
-관련 문제에 관심을 갖는 다른 국제기구와 협력하고, 특히 이들이 요청하는 경우
　표준화 사업에 관한 연구를 통하여 타 국제기구와 협력한다.

〈표준 제정절차〉

1단계 • NP (New Proposal) : 신규작업초안

2단계 • WD (Working Draft) : 작업초안

3단계 • CD (Committee Draft) : 위원회안

4단계 • DIS (Draft International Standard) : 국제표준 안

5단계 • FDIS (Final Draft International Standard) : 최종 국제표준 안

6단계 • IS (International Standard) : 국제표준

〈표준 종류〉

　ISO 9001은 ISO에서 제정한 품질경영시스템에 관한 국제표준으로서 전 세계, 전 업종, 전 제품에 적용되고 있다. 이 인증을 받으면 내적으로는 품질안정으로 고객만족이 향상되고 기업이미지가 제고되는 등의 효과가 있고 외적으로는 KS표시 신청 시 공장 심사면제, 법인세 감면 등 정책적인 혜택도 있다. ISO 14001 시리즈는 조직의 모든 활동이나 업무를 체계화 시켜 최대한 효율적인 관리시스템을 구축할 수 있도록 전 세계가 공통의 기준으로 선택한 것으로 기업이 환경경영시스템 (EMS)을 실행, 유지, 개선, 보증함으로써 기업 활동으로 파생될 수 있는 환경 악영향을 최소화하고 에너지와 자원의 소비와 재생이 효율적으로 이루어지고 있음을 객관적으로 증명해 주는 인증이다. ISO 22000은 ISO에서 제정한 식품안전경영 시스템에 관한 국제표준으로서 전 세계, 전 업종, 전 제품에 적용되고 있다. 이 외에 표준을 살펴보면, 국가코드를 지정하는 ISO 3166, 기업은 물론 정부와 NGO에 사회적 책임을 규정하는 ISO 26000, 온실가스, CO2절감 등을 줄이기 위해서 에너지경영시스템인 ISO 50001, 중소, 중견기업의 리스크관리 지원체계인 ISO 30001, 정보보호 관리기준인 ISO 27001, 직업 건강 및 안전에 관한 기준인 ISO45001 등이 있다.

　(ISO 관련 내용, 참조 URL: http://blog.naver.com/hv7582/220527553845, http://bit.ly /2lDTZdV)

제2절 IEC(국제전기기술위원회)

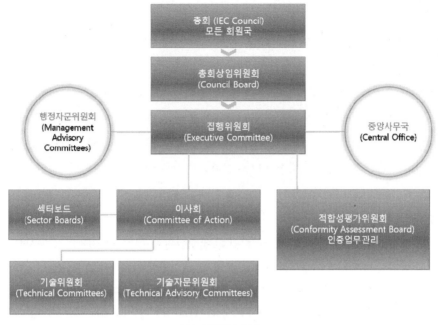

IEC 조직도 [3]

1) IEC 소개

IEC의 설립 목적은 IEC 정관 제2조에서 규정하는 바와 같이, 전기 및 전자분야에서 표준에 대한 준수 확인 등과 같은 표준화에 대한 제반 현안 및 관련 사항에 대한 국제간 협력을 촉진하여 국제간의 이해를 증진시키는 것이다. 이러한 IEC의 목적은 각국의 의사를 종합하여, 이를 바탕으로 한 IEC 표준 규격 간행물을 발행하여 각국의 국가표준에 반영시키는 것으로 달성된다. IEC의 국제법상 법적인 지위는 비정부간 협의기구이며 스위스 민법 제 60조 등에 따른 사단법인으로 간주된다. 자국 내에 전기기술위원회를 구성해야만 IEC의 작업에 참여할 수 있으며, 입회 시 이 위원회는 국가위원회(National Committee)로 일컫는다. IEC에 가입신청을 한 국가는 자국 경제수준에 따라 정회원(Full Members) 또는 준회원(Associate Members)의 지위를 받는다. IEC의 회원가입 현황은 2016년 1월까지 정회원국 60개국, 준회원국 23개국 등 83개국이 가입되어 있다. 회원국들은 다음과 같은 사항을 수행한다.

- IEC의 목적 홍보
- IEC의 작업 지원
- IEC의 국제표준을 자국 및 지역표준에서 최대한 명백하고 확실한 방식 이행

IEC의 재원은 중앙사무국에 다음과 같은 종류로 납부한다.

- 연례 분담금
- 출판물의 판매
- 기타 총회상임위원회에 승인된 재원

IEC에서 사용하는 공용어는 영어, 불어 및 러시아어이다. IEC의 회의에서는 3개 공용어를 사용할 수 있으며, 중앙사무국은 총회에서 공용어 중 어느 하나의 언어를 사용할 때 필요시에 나머지 2개 언어로 변역을 제공해야 한다. 총회상임위원회의 승인이 있을 경우, 중앙사무국은 위원회의 발간물을 공용어 이외의 다른 언어로 번역하여 발간할 수 있다.

2) IEC 조직 구성

그림 3.3과 같이 IEC는 총회, 총회상임위원회, 집행위원회, 행정자문위원회, 중앙사무국, 이사회, 적합성평가위원회, 기술자문위원회, 섹터보드, 그리고 기술위원회 등으로 구성되어 있다. IEC 총회의 임원은 회장, 3명의 부회장, 서기장, 재무관 및 사무총장으로 구성되어 있다. 총회는 IEC에서 최종적으로 의사 결정할 수 있는 기관이다. 총회의 위원들은 다음과 같다.

- IEC 정회원 국가위원회 회장
- IEC 임원 및 과거 IEC 회장
- 이사회 구성원

IEC 투표권은 정회원 국가위원회 회장에게만 주어지며, 국가별로 하나의 투표권을 행사할 수 있다. IEC의 준회원은 옵서버(observers)의 자격으로 회의에 참석할 수 있다. 총회에서 주어진 권한은 다음과 같다.

- IEC 정책, 장기적인 전략, 재정목표 수립
- 임원, 적합성평가위원회의 의장 및 위원 선출
- 신규 회원 승인

총회는 IEC 업무의 관리를 총회상임위원회(CB: Council Board)에 위임하며, 총회상임위원회는 최소 연 2회 회의를 소집한다. 표준화에 관한 분야, 적합성 평가, 그리고 시장 전략을 각각 이사회(CA: Committee of Action), 적합성평가위원회(CAB: Conformity Assessment Board), 그리고 시장전략위원회(MSB: Market Strategy Board)에서 맡는다. 총회상임위원회 위원들은 총회에서 15명이 선출되며, 총회상임위원회의 모든 위원들은 투표와 의견을 제시할 권리를 갖는다. 총회상임위원회에 주어진 권한은 다음과 같다.

- IEC 정책을 총회에 추천, IEC 정책을 수행
- 적합성평가위원회, 이사회, 그리고 시장전략위원회 보고서 검토
- 필요시 자문위원회 설치
- 의장 및 위원 선임

집행위원회(ExCo: Executive Committee)는 IEC 임원으로 구성되어 있으며, 최소 연 4회 회의를 소집한다. 집행위원회는 총회와 총회상임위원회의 결정을 이행하며, 이행한 과정 및 결과에 대해서 총회상임위원회에 보고한다. 이사회는 IEC 부회장을 의장으로 선출하며, 총회에서 선출된 15명의 위원들로 구성된다. 이사회는 주어진 권한은 다음과 같다.

- 기술위원회(TC: Technical Committee)를 설립 및 해체
- 기술위원회의 의장 및 간사국 선임
- 표준화 업무 할당
- 표준화 업무에 대한 지속 및 폐지 여부 결정

총회는 적합성평가위원회(CAB: Conformity Assessment Board)에 적합성 평가에 관한 활동 업무와 IEC 적합성 평가 시스템 감독을 위임한다. 적합성평가위원회는 의장 및 15명의 위원, 대표자, 재무관, 그리고 사무총장으로 구성된다. 의장의 임기는 3년이며, 1회에 한하여 재선이 가능하며, 대표자, 재무관, 그리고 사무총장의 경우 투표권을 가지지 않는다. 적합성평가 위원회에서는 주어진 권한은 다음과 같다.

- IEC 정합성평가 정책 결정
- 정합성평가 시스템 개설, 변경, 해체
- 적합성평가 활동을 관찰

행정자문위원회(MAC: Management Advisory Committees)는 재정위원회(FC: Finance Committee)와 영업자문그룹(SAG: Sales Advisory Group)으로 구성된다. 재정위원회에서는 IEC 재정에 관련된 문제를 다루며, 영업자문그룹은 총회상임위원회에 제품 판매 전략과 영업 정책에 자문을 해주는 역할을 한다.

제3절 ITU(국제전기통신연합)

1) ITU 소개

ITU는 UN 산하 전문기구로서 유무선 통신, 전파, 방송, 위성 주파수 등에 관한 표준 및 규칙을 제공하는 역할을 수행한다. 또한, 국가 간에 생기는 이해관계 조정, 국제협력, 개발도상국 지원 등의 역할도 수행한다. 국제전기통신연합은 전 세계의 주민들이 정보통신(ICT: Information and Communication Technology)의 혜택을 제공하려 노력한다. 국제전기통신연합은 표준화 관련된 업무를 집중적으로 하는 ISO · IEC와 달리 통신의 활용도 향상과 통신에 관련된 질서 유지를 주요 업무로 한다. 국제전기통신연합은 다음과 같은 업무를 수행한다.[1,6,7]

- 국가 간 무선주파수 스펙트럼 대역의 업무분배
- 범세계적인 전기통신 표준화 촉진
- 적절한 전기통신요금을 설정하도록 회원국 간 협력
- 통신망 구축, 개발 및 개선

2) ITU 조직

ITU 조직도[7]

국제전기통신연합은 위 그림과 같이 전권위원회의(PP: Plenipotentiary Conference), 이사회(Council), 그리고 세계전기통신회의(WCIP: World Conference on International Telecommunication)로 구성되며, 이사회는 전파통신(ITU-R: ITU-Radiocommunication), 전기통신표준화(ITU-T: ITU-Telecommunication), 그리고 전기통신개발(ITU-T: ITU-Telecommunication Development) 3개 부문으로 구성되어 있다. 또한 위의 3개의 부문별로 각각 사무국이 구성되어 있다. 최고의결기관인 전권위원회의는 4년마다 약 3주간 걸쳐서 개최된다. 전권위원회의에서는 ITU의 일반절차 및 ITU 협약을 개정, ITU 전략계획 및 재정계획 수립, 이사국 선출, 그리고 사무총장·사무차장·전파규칙위원 각 부분의 국장 선출 등의 역할을 한다.

이사회는 대표적인 ITU의 운영기구로서 ITU본부에서 매년 개최된다. 이사회는 ITU 작업의 조정, 3개 부문과 사무국에 대해서 재정 통제, 전권위원회의에 보고할 재정적 합의를 포함하는 전략계획 보고서 준비, 전권위원회의의 결정사항 이행, 그리고 전기통신 발전을 위한 UN 프로그램 등의 참여하는 임무를 수행한다. 세계전기통신회의는 전권위원회의 결정에 따라 개최되며, 국제 통화요금 정산 등 국제공중전기통신서비스 제공에 필요한 일반원칙을 규정한 ITR 개정 등의 임무를 수행한다.

2016년 1월까지, ITU에 가입한 회원국은 193개국이다. 대한민국은 ITU에 1952년에 가입했으며, ITU에 참여한 국내기관은 다음과 같다.

- ITU-R: ETRI, KT, LG전자, LGT, 삼성전자, SKT
- ITU-T: ETRI, KT, LG전자, 삼성전자
- ITU-D: KADO, KT, NIDA

세계3대 표준화기구:

국제표준화기구(International Organization for Standardization), 국제전기기술위원회(International Electrotechnical Commission) 및 국제전기통신연합(International Telecommunication Union)을 말한다.

이외에 산업계에 영향력이 높은 유럽과 북미 지역의 전기전자·통신 분야 표준을 제정하는 기구로는 유럽전기통신표준기구(European Telecommunications Standards Institute), 국제전기전자기술자협회(Institute of Electrical and Electronics Engineers)를 꼽을 수 있다. [참조: 네이버 지식백과, 세계3대 표준화기구]

제6장

ICT 표준화

ICT(Information & Communication Technology) 분야와 관련된 표준화 활동을 종합하여 살펴본다.

표준화란 어떻게 정의할 수 있을까? 대표적인 ICT 국제표준화 기구인 ISO와 국내 표준화기구인 TTA에서 ICT 표준화(Standardization)를 다음과 같이 정의하고 있다.

"관계되는 모든 사람들의 편익을 목적으로 특정한 활동을 향해 바르게 접근하기 위한 규칙을 작성하고 이를 적용하는 과정" (ISO/STACO-1961)

"유·무선 통신망으로 연결되어 있는 각종 정보시스템이 다양한 형태의 정보통신 서비스를 제공하거나 이용하는 데 있어 필요한 통신주체 간에 합의된 규약 즉, 프로토콜의 집합" (TTA)

ICT 국제표준의 역사

년도	국제표준화 활동	대표적인 표준
1865년	유럽 20개국이 국가 간 상호접속을 위해 체결한 국제전신협약을 바탕으로 ITU(국제전기통신연합) 설립 → 현존하는 국제기구 중 가장 오랜 역사를 가짐	ITU E.161 전화기 영문자판 배열
1875년	28개국 대표의 협의를 바탕으로 국제도량형국(BIPM) 설립. 1969년, 길이, 질량, 시간, 전류 등을 포함하는 국제 단위계(SI)를 국제표준으로 제정/공표	길이(m), 질량(kg), 시간(s), 전류(A), 넓이(m^2), 주파수(Hz) 등
1908년	1906년 런던규약을 바탕으로 IEC(국제전기기술위원회)발족 → 전기전자분야 국제표준화 담당	ISO와 공동 작업
1926년	ISO의 전신인 국가표준협회국제연맹(ISA) 창설	
1947년	제2차 세계대전으로 중단된 ISA를 대신하여 ISO(국제표준화기구) 설립 →제품, 서비스 분야 국제표준화 담당 → 전기/전자 부문에 대해서는 IEC와 공동 작업 (표준번호: IOS/IEC XXXX)	국가별 화폐부호 (USD, KRW등), 나사규격, ISBN, 프로그래밍 언어, SQL, ASN.1, JPEG 등

ICT 표준 구분과 종류

ICT 표준은 제정주체와 적용범위에 따라 아래처럼 구분하며 종류를 나눈다.

구분	표준 종류	개요
제정주체기준	공식 표준 (de jure)	공신력 있는 표준화기구(국제/국가)에서 일정한 절차와 심의를 거쳐 제정하는 표준
	포럼/컨소시엄 표준	특정 기술 분야의 표준화를 위하여 임의로 결성된 조직체 또는 특정 기업연합에서 제정하는 표준
	사실 표준 (de facto)	시장경쟁을 통하여 형성된 표준
적용범위기준	국제 표준	ITU 권고, IETF, ISO/IEC, IEEE, 3GPPs 등
	지역 표준	유럽 ETSI 등
	국가 표준	미국 ANSI, 영국 BS, 한국 KCS 등
	단체 표준	ATIS(미국), TTC(일본), TTA(한국) 표준 등

* IS (International Standard)

* EN (European Standard)

* ANS (American National Standard)

* BS (British Standards)

* KCS (Korean Communication Standard)

* ATIS (Alliance for Telecommunications Industry Solutions)

* TTC (Telecommunication Technology Committee)

* TTA (Telecommunications Technology Association)

ICT 표준화 기구 구분

ICT 표준화를 담당하는 기구는 국가 또는 그 권한을 위임받은 단체가 활용하는 "공식표준화 기구"와 공식표준화 기구와 대비하여 보다 빠르게 ICT 표준화 추진을 위한 "사실 표준화 기구" 로 구분할 수 있다.

구분	개요
공식표준화기구	정보통신분야에서 규격 난립으로 의한 소비자 불이익과 업계의 혼란을 방지하기 위한 표준을 개발하는 국가 또는 그 권한을 위임 받아 활동하는 표준화기구 * 국제 : ITU, ISO, IEC, JTC1 * 지역 : ETSI(유럽), APT(미주) * 국가 : TTA(한국), TTC(일본), ANSI(미국), CCSA(중국) 등
사실표준화기구	급격히 변화하는 정보통신기술의 표준화 추진을 위한 신속한 합의와 개발결과물의 유연성을 보장하는 표준화기구 * 포럼 컨소시엄 : IETF, W3C, OMA, OASIS, IEEE, ZigBee 등

* IETF (Internet Engineering Task Force) : 인터넷 표준화 기구(TCP, IP, RTP, SIP, Diameter 등 표준화)

* W3C (World Wide Web Consortium) : 웹 표준 개발 컨소시엄 (HTML, SOAP, XML, CSS 등 표준화)

* OMA (Open Mobile Alliance) : 모바일 솔루션 및 서비스의 국제민간 표준제정(DRM, IMPS, SIMPLE 등 표준)

* OASIS(Organization for the Advancement of Structured Information Standards) : 개방형 웹서비스 표준 개발 (AMPOP, BCM, DocBook, CAP 등 표준화)

* IEEE(Institute of Electrical and Electronics Engineers) : 전기전자공학에 관한 최대 기술 조직 (IEEE802 series 등 표준화)

* ZigBee Alliance : 868 MHz, 902-928 MHz 및 2.4 GHz 대역의 비허가 근거리무선통신 기술 중 하나인 ZigBee 기술에 대한 표준화 포럼

*공식 표준화 기구

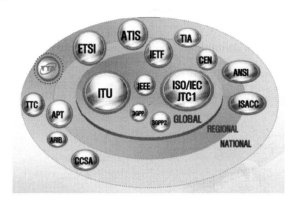

*사실 표준화 기구

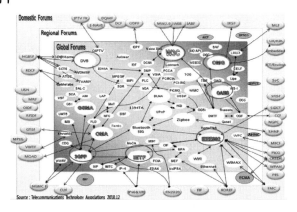

〈주요 표준화 기구별 표준화 대상〉

공식 표준화 기구별 주요한 표준화 대상과 표준을 담당하는 표준화 기구들은 다음과 같다

공식 표준화 기구	주요 표준화 대상	관련 사실 표준화 기구
ITU-T	FN(Smart N/W), M2M/IoT, OTN, Multimedia	Ethernet Alliance, IEEE802, IETF, IPv6 Forum, SIP Forum, FSAN Forum, MEF, Quest Forum, ICANN, TM Forum, OIF, IMTC, ONF, oneM2M
	Security	LAP, MeT Initiative, PKI Forum, DMTF, SCA, VoIPSA, Liberty Alliance
	그린 ICT	ITU-T, ISO/IEC JTC1
ITU-R	3G/4G 이동통신	3GPPs, CDG, GSMA, IEEE802, WiMAX포럼
	무선통신, 전자파 영향	IEEE802, WiFi Alliance, Bluetooth SIG, ZigBee Alliance, NFC Forum, AIM, EPC Global, GS1
	방송, DMB	CableLabs, ATSC, FLO Forum, World DMB Forum, DRM Consortium, ISMA, Open IPTV Forum, SCTE, TV-Anytime Forum
ISO/IEC JTC1	MPEG, 컴퓨터그래픽스	DMP, MPEG Industry Forum, Khronos Group, DVD Forum
	E-Learning/ 메타데이터/ 전자상거래	IMS Global Learning Consortium/DCMI, IDF/ MPF, OAGi Alliance, OASIS, RosettaNet Consortium, WfMC
	Web	W3C, WS-I, Web3D Consortium, Voice XML Forum
	SW컴포넌트, 공개 SW	SA Forum, TOG, Linux Foundation
	바이오인식	Bio API Consortium
	그린 ICT, 스마트그리드, 클라우드 컴퓨팅 등	CSA, OCC, OGF, IEEE
기타	모바일플랫폼	LiMO Foundation, MIPI Alliance, OMTP
	SDR, CR	SDR Forum, IEEE802.22, Ecma Internationa
	지능형 로봇	IEEE RAS, IFR
	차세대PC, 그리드	1394TA, PCI-SIG, PCMCIA, PICMG, ECMA International, OGF
	텔레매틱스	MOST Cooperation, OGC, Auto-SAR
	홈네트워크	PLC forum, UPnP, IrDA, OSGi Alliance, USB Implementers Forum, CELF, DLNA, HAVi, HGI, HomePNA, Broadband Forum, CEA

* FN : Future Network

* M2M/IoT : Machine-to-Machine/Internet of Things

* OTN : Optical Transport Network

* SDR : Software Defined Radio (하나의 단말에서 소프트웨어를 조작하여 다양한 무선전송 방식을 사용하는 기술)

* CR : Cognitive Radio(인지무선 : 사용하지 않는 인접 주파수 대역을 찾아서 데이터를 전송하는 기술로 SDR 기술과 접목)

14.1   ISO/IEC Guide 2에서 정의한 표준화란?

14.2   한국표준협회(KSA: Korea Standards Association)에서 정리한 표준화의 목적 총 5개를 요약하여 적어보라.

14.3   한국정보통신기술협회(TTA) 홈페이지(http://tta.or.kr)를 방문하여, 주요사업을 요약하라.

14.4   ETRI (한국전자통신연구원) 미래전략연구소내의 표준연구센터의 웹페이지(http://bit.ly/2afWa4s)를 방문하여, 실별 연구개발 활동을 요약하라.

14.5   ISO 설립목적을 간단히 요약하여 설명하고, 또한 적합성평가위원회의 활동을 간략히 요약하여 설명하라.

14.6   ITU 역할과 수행 업무를 간략히 요약하여 설명하라.

14.7   IETF(http://ietf.org) 설립목적과 역할을 간략히 요약하여 설명하라.

14.8   세계 3대 표준화 기구는?

14.9   데 팩토 스탠더드(de facto standard)를 간략히 설명하라.

14.10   ICT 표준화를 요약하여 설명하라.

● 교재: 기술창업론 8장~9장 ●

1   사업 아이디어를 가지고, 어느 시장에서, 누구에게, 어떤 가치를 어떤 방법으로 전달하고 어떻게 수익을 창출할 것인지에 대한 전반적인 방향과 방법을 정의한 것을 무엇이라고 하는가? (3점)

2   토요타의 생산시스템을 미국식 환경에 맞춰 재정립한 신경영 기법으로, 제조업체는 자재구매에서 생산, 재고관리, 판매에 이르기까지의 전 프로세스에서 발생하는 낭비를 최소화시킨다는 개념의 경영기법이란? (3점)   (   ) 경영

3   사업의 목표를 세우고, 이를 이루기 위해 구체적이고 체계적인 방법을 정리한 문서를 무엇이라고 하는가? (3점)

4   (   )계획을 세우기 위해 분석하는 도구들로 3C분석, SWOT분석, STP분석을 사용한다. (3점)

5   (   )기업은 기업 자체가 별도의 법인격을 가지고 권리와 의무의 주체가 되며 기업의 소유자로부터 분리되어 운영된다는 것이 가장 큰 특징이다.   (3점)

6   (   ) 중소기업(이노비즈)이란 혁신(innovation)과 기업(business)의 합성어로 기술우위를 바탕으로 경쟁력을 확보한 중소기업을 말한다. (한글로) (3점)

7   창업팀이 발전하는 단계를 형성기, (   ), 규범기, 성취기, 휴지기의 5단계로 설명할 수 있다. (3점)

8   창업팀의 금전적 보상은 가장 기본적이고 직접적인 보상으로, 크게 두가지로 기본급과 (   )으로 나누어 볼 수 있다.   (3점)

9   마케팅전략 수립을 위한 SWOT 분석에서, S, W, O, T 각각을 영어로 길게 풀어서 쓰면? (영어로) (3점) (S   ), (W   ), (O   ), (T   )

10 (영어로 길게 풀어서) 마케팅전략수립에서, STP 전략은 전체 시장을 일정한 기준에 따라 나누고(S   ), 우리 기업과 제품에 적합한 시장을 선정하여(T   ), 소비자의 마음속에 어떠한 위치를 선점하여(P   ) 그들에게 다가가는 과정을 의미한다. (3점)

11 BEP(손익분기점)을 영어로 길게 풀어 쓰면? (3점)

12 '소규모 후원이나 투자 등의 목적으로 웹서비스와 같은 플랫폼을 통해 다수의 개인 후원자로부터 자금을 모으는 행위'를 지칭하는 자금조달 방법을 무엇이라 하는가? (영어로) (3점)

13 창업기업의 출구전략 중 하나인 IPO란? (영어로 길게 풀어서) (3점)

14 창업기업의 출구전략으로 미국에서 제일 많이 활용되는 것은? (영어로 줄여서 또는 한글로)   (3점)

● 교재: 벤처창업, 특허, RFP 및 표준 9주~14주 ●

15 특허권의 보호범위: 특허발명의 보호범위는 (   )에 기재된 사항에 의하여 정하여
진다. (4점)

16 특허 라이센스된 기술에 대한 이용료(로열티)를 지불하는 방식 중의 하나로 일정한 비
율과 산정기준에 의한 금액을 주기적으로 지불하는 방법을 무엇이라고 하는가? (영문
또는 한글) (4점)

17 특허 국제출원 PCT에서 PCT를 영어로 길게 풀어쓰면? (4점)

18 특허의 출원에서부터 등록까지의 5단계 심사절차는 방식심사, 출원공개, (   ),
특허결정, 특허공고의 순서를 따른다. (4점)

19 특허침해여부를 판단할 때, (   )에 기재된 모든 구성요소가 침해 제품에 존재
하는지를 판단하게 되는데, 이를 구성요소일체의 원칙이라고 한다. (4점)

20 특허 (   )신청이란 등록된 특허에 대하여 일반 공중이 등록의 하자 또는 흠결을 지
적하여 특허의 취소를 구하는 의사표시를 말하며, 누구든지 신청을 할 수 있으며, 특
허등록 공고일로부터 3개월 이내에 할 수 있다. (4점)

21 특허명세서에서, (   )들로 작성 및 구성된 특허청구의 범위가 있다. (4점)

22 특허로 (http://www.patent.go.kr) 사이트에서, 특허를 (   )출원하기 위한 절차를 쉽
게 진행할 수 있도록 도움을 주며, 반드시 사용자등록신청(특허고객번호 부여신청)을
하여야 한다. (4점)

23 발주자가 특정 과제의 수행에 필요한 요구사항을 체계적으로 정리하여 제시함으로써 제안자가 제안서를 작성하는데 도움을 주기 위한 문서를 무엇이라고 하는가? (영어로 짧게 또는 한글로) (4점)

24 제안서 평가방법의 일반적인 사례를 보면, 평가비율은 (   )평가 90%와 가격평가 10%로 하며, 위 2점수를 합산하여 종합평가점수를 산출한다.   (4점)

25 세계 3대 표준화 기구로는 (   ), IEC, ITU 가 있다. (영어로 줄여서)   (4점)

26 The mission of the (   ) is to make the Internet work better by producing high quality, relevant technical documents that influence the way people design, use, and manage the Internet. (표준화기구의 이름을 영어로 줄여서)   (4점)

27 이번학기에 직접 참관한 2개 전시회의 명칭, 장소 및 내용을 간략히 각각 1줄씩 쓰라. (5점)

28 이번학기 본인이 참가한 COEX SW창업Conference의 내용을 간략히 요약설명하라. (뒷면 4분의 1쪽내로) 또는 본인이 직접 참관한 벤처창업관련 전시회 참관내용을 간략히 요약하여 설명하라. (뒷면에, 4분의 1쪽내로) (5점)

제7장

MPEG 국제표준화

본 절에서는 동영상 압축표준으로 잘 알려진 MPEG에 관한 국제표준화 절차에 대하여 구체적으로 알아본다.

제1절 ISO/IEC JTC1 소개

ISO/IEC JTC1(Joint Technology Committee 1)[7] 은 ISO, IEC 2개의 표준 기관이 통합하여 1987년에 설립된 공동기술 위원회이며 정보기술 분야의 상호 협력적 국제표준화 추진을 목적으로 설립되었다. ISO/IEC JTC1이 수행하는 업무는 다음과 같다.

- IT시스템과 툴의 설계 및 개발
- IT 제품과 시스템의 품질과 성능
- IT 시스템과 정보의 보안성
- 응용 프로그램들 간의 호환성
- IT 제품과 시스템의 상호운용성 확보
- 단일화된 툴과 시스템 환경 구축
- IT에 관련된 어휘의 조화
- 이용자와 친숙한 사용자 인터페이스

JTC 1의 회원은 각 국가에서 1개의 기관만이 가능하고, 기관의 MPEG 활동의 정도에 따라 다른 멤버 유형을 부과하고 있다. 그 중 하나는 P-membership(정회원)로 이 유형의 멤버는 표준화와 관련 한 여러 권한을 행사할 수 있다. P-membership에 비해 적은 권한을 가지는 유형이 O-membership(준회원)이다. O-membership은 투표권은 없으나 회의 참석과 기고서 작성의 권한을 받는다.

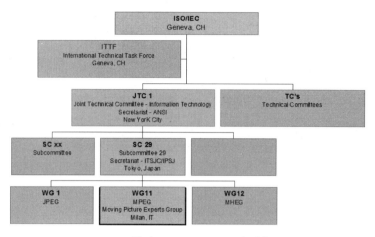

ISO/IEC 산하 WG11/MPEG의 계층도

ISO/IEC JTC1의 조직구조는 계층적 특성을 지닌다. ISO/IEC JTC1은 그 하부조직으로 SC(Sub Committee)를 두고 있으면 SC 또한 그 하부 조직으로 WG(Working Group)을 두고 있다.

SC는 JTC1에서 특정 과제영역과 범위에 따라 설립되는 JTC1의 부(Sub) 조직이다. 집행하는 표준 과제 영역의 범위를 기준으로 총 37개의 SC가 존재하고 각 SC는 최소 5개 국 이상의 P-member로 구성된다. 위 그림은 전체 중 일부 SC에 대한 과제 영역을 설명한다. SC의 하위 기관인 WG(Working Group)은 표준화가 승인 된 과제 항목을 진행하는 기구이다. 신속히 개발을 필요로 하는 하나 또는 그 이상의 승인된 과제 항목들에 관해서 JTC1 또는 하나의 SC에 의해 구성되며 부가적인 프로젝트가 할당된다. WG는 현재 진행되고 있는 과제의 진행 상황, 과제 관련 주요한 사항들에 대한 결정, 상위 기관의 과제에 대한 사항을 보고하는 관리자의 역할을 수행한다.

〈각 SC의 명칭과 다루는 과제 분야〉

SC 25	Interconnection of Information Technology Equipment	일반적으로 상업 및 거주 환경에서의 정보기술 장비를 위한 프로토콜과 관련 상호접속 매체 및 인터페이스 표준화 (전기 통신망과 전기통신망 인터페이스의 표준화를 개발하는 사항은 제외)
SC 27	IT Security Techniques	IT 보안에 관한 일반적인 방법과 기술에 대한 표준화 (애플리케이션에 메커니즘을 삽입하는 것은 제외)
SC 28	Office Equipment	프린터기, 복사기, 디지털 스캐너, 팩시밀리와 오피스 장비 조합을 구성하고 있는 시스템 등의 오피스 장비와 제품의 기본 특징, 성능, 테스트 방법 및 다른 관련 오피스 장비와 제품에 관한 표준화
SC 29	Coding of Audio, Picture, and Multimedia and Hypermedia Information	음성, 그림, 멀티미디어와 하이퍼미디어 정보의 부호화 표현과 다음에 명시된 사항과 같은 정보들의 사용을 위한 압축과 조절 기능의 표준화 (문자 부호화(Character Coding)영역은 제외)

제2절 MPEG 표준

MPEG (Moving Picture Experts Group)은 멀티미디어에 대한 압축, 복원 및 부호화에 대한 국제 표준화 작업을 담당하는 그룹으로 공식적인 명칭은 ISO/IEC JTC1/SC 29/WG11 로 그림과 같이 국제표준화 기구에 계층적인 하위그룹에 소속되어 있다. JTC1은 분야에 따라 37개의 SC (Subcommittee)로 나뉘어져 있으며 그 중 29번째인 SC29는 음성, 화상, 멀티미디어, 하이퍼미디어 정보 부호화 관한 표준화 작업을 담당한다. SC는 또 몇 개의 WG(Working Group)로 나뉘는데 SC29는 현재 WG1 JPEG (Joint Photographic Experts Group)과 WG11 MPEG 으로 구성되어있다.

MPEG은 1988년도 Hiroshi Yasuda(Nippon Telegraph and Telephone)와 Leonardo Chiarglione을 그룹 장으로 하여 최초로 설립되었고 캐나다의 오타와에서 처음으로 미팅을 열었다. 제1회 오타와 MPEG 미팅은 참석한 인원이 15명 남짓밖에 안 되는 조촐한 회의였지만 점점 발전하여 최근 2015년 후반기에는 약 350명이 다양한 회사, 연구소. 대학교에서 참석하는 큰 규모의 미팅이 되었다. MPEG은 일반적으로 년 4회의 표준화 총회를 가지며, 북남미, 유럽, 아시아 중에서 번갈아 개최하고 있다. ITU 산하의 비디오 압축 표준화 단체인 VCEG와 함께 JCT-VC(Joint Collaborative Team on Video Coding)을 구성해 H.264/AVC와 H.265 표준을 공동 제정하였고 UHD해상도를 위한 차세대 비디오 코덱 표준화 작업도 같이 진행하고 있다. MPEG은 다음과 같은 압축 포맷 및 표현방식을 표준화하고 있다.

- MPEG-1 : CD와 같은 저장 매체를 위한 동영상 부호화 표준
- MPEG-2 : 디지털 방송 및 DVD를 응용으로 하는 고화질 동영상 부호화 표준
- MPEG-4 : 모든 Audio, Video를 포함하는 멀티미디어 부호화 표준
- MPEG-7 : 멀티미디어 정보 검색 및 표현 방식에 대한 표준
- MPEG-21 : 멀티미디어 컨텐츠 유통을 위한 인프라 구조 및 프레임워크 표준
- MPEG-4 AVC(H.264/MPEG-4 AVC) : 고화질 동영상 부호화 표준
- HEVC(High Efficiency Video Coding, H.265) : UHDTV 및 모바일 단말 부호화 표준

MPEG-1은 CD와 같은 디지털 저장매체를 위한 동영상과 오디오 부호화 표준으로 최대 1.5Mbit/s의 비트율을 지원하여 압축 부호화된 데이터를 CD-ROM등의 저장매체에 기록, 재생 하는데 사용되었다. MPEG-2는 MPEG-1 표준이 완료된 이후 표준화가 진행되었다. 기본적으로 MPEG-1과 비슷한 동작원리를 갖지만 DVD같은 매체에 고화질영상 저장할 뿐만 아니라

방송 및 통신에 사용할 수 있도록 표준화가 진행되었다. MPEG-2 표준화가 완료된 이후 HDTV급 영상의 압축, 저장, 재생, 전송을 목표로 한 MPEG-3 표준화가 진행되었는데 MPEG-2에서 이를 모두 수용함에 따라 MPEG-2에 통합되었다. 이후 HDTV 방송 품질 향상과 대역폭 확보를 위하여 MPEG-4 표준이 진행되었고 영상/음성 인코딩 규격뿐만 아니라 3차원 컴퓨터 그래픽, 음성 합성 등을 아우르는 거대한 표준화가 진행되었다.

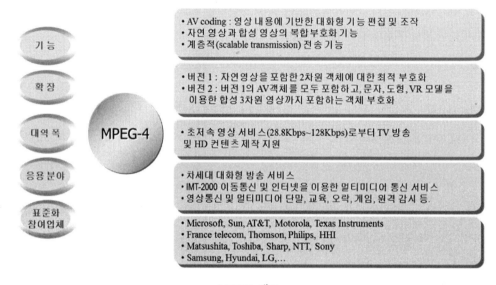

MPEG 개요

MPEG-4는 Object-based AV Coding으로 불려지며, 컴퓨터 대화형 기능(Interactivity)과 통신의 전송 기능을 결합하여 영상, 음성과 같은 다양한 형태의 차세대 멀티미디어 서비스를 지원하기 위해 제안된 표준으로서, 모든 멀티미디어 데이터를 객체별(Object)로 독립적이며 유연성 있게 부호화가 가능한 표준안이다. 아래의 그림에서 보는 것과 같이, AV coding(Advanced Video Coding, 고성능 비디오 코딩)이 사용되며, 네트워크 환경에 따른 계층적인 데이터 전송이 가능하게 제작되었다. 또한, 확장 기능을 추가하여 자연영상뿐 아니라 모든 2차원 객체에 대한 최적의 부호화를 구현하였으며, 문자, 도형, VR모델 (Virtual Reality, 가상현실 모델)등 다양한 기술들도 지원하며, Part1부터 Part30까지 여러 분야들로 MPEG-4 파트들이 구성되어 있다.

MPEG-7은 멀티미디어 데이터를 효율적으로 압축/저장/전송하기 위한 멀티미디어 표현방식에 대한 표준으로 디지털 기술의 급속한 발전으로 엄청난 양의 멀티미디어 정보가 생성되면서 소비자들은 원하는 정보를 원하는 때에 원하는 형태로 받기 원하고 정보의 생산자들은 방대한 양의 멀티미디어를 효율적으로 관리하고 서비스할 필요가 생기게 되었다. 기존의 텍스트 기반의 멀티미디어 색인은 검색을 지원하기가 어려워 멀티미디어 컨텐츠가 포함하는 다양한 정보를 표현하기 위해, 기술자(description), 기술정의 언어(description definition language)에 대한 규격을 정의 하였다. (MPEG-7 표준은 업체에서 아직 미사용중)

MPEG-21은 컨텐츠 제작자, 배급업자, 최종 사용자가 관련된 컨텐츠를 보호하고, 손쉽게 접근할 수 있도록 하는 틀을 제공하는 표준으로 투명하고 통합적으로 멀티미디어 자원의 이용을 가능하게 하는 것으로 멀티미디어 컨텐츠를 이용한 전자상거래에 대표적으로 응용될 수 있다. 기존의 다양한 네트워크, 단말기, 전송규약, 디지털저작권 보호 등의 표준과 기술을 검토하여, 통합하는 표준을 제정하는 것을 목적으로 한다. (MPEG-21 표준은 업체에서 사용하지 않고 있기 때문에 실패한 표준으로 생각됨)

제3절 MPEG 활동분야 및 표준화 절차

MPEG의 활동분야는 아래 그림에 나타난 것처럼 다양하다. 앞에서 설명하였듯이 MPEG을 구성하는 30개의 파트(Part)들이 존재하며, 이들 파트들은 각각 멀티미디어 분야와 지적재산권 분야에 대한 작업을 처리한다. 먼저 저작분야에서는 파트 13 (ISO/IEC 14496-13)에서 표준에 대한 지적 재산권 관리 및 보호를 위한 분야가 존재한다. 압축분야에서는 파트10 (ISO/IEC 14496-10)에서 활동을 하고 있다. 이 분야에서는 MPEG 동영상 압축 표준안에 대한 개발을 진행하고 있으며, 대표적으로 AVC 표준안(2003년 표준)과 HEVC(2013)를 들 수 있다. 그 외 MPEG-Part8은 네트워크 전송에 대한 활동을 하고 있으며, MPEG-Part12, Part14, Part15들은 멀티미디어 지원을 위한 동영상 및 멀티미디어 파일 포맷 개발을 진행하고 있다. 또한, MPEG-Part4와 Part5는 멀티미디어 파일 지원을 위한 참조 소프트웨어 개발을 진행하고 있다. MPEG의 다양성과 전문성을 갖춘 분야별 Part를 통해 체계화되고 정교한 국제 표준화를 진행할 수 있다.

MPEG 활동 분야

JTC1의 국제 표준화 절차는 일반 절차와 신속표준작업절차 두 가지가 있다. 일반절차는 기존 국제 표준화 절차의 전체 5가지 단계의 절차를 모두 순서대로 수행하는 것이고 신속표준작업절차는 외부의 규격 등을 신속하게 IS(International Standard)로 도입하기 위해 앞 단의 3가지 절차를 건너뛰고 승인 단계 절차부터 수행하여 빠르게 IS 자격을 얻는 것을 의도한다.[1] 일반절차에 대하여 먼저 설명하며, 일반절차는 총 5가지 단계로 구성되는데 첫 번째는 제안단계이다. 제안단계에서는 표준화 대상 선정 및 이를 실행하기 위한 계획을 확정하는 단계로 새롭게 시작하게 될 표준안에 대하여 제안 하는 단계이다. 새롭게 제안 된 표준화 과제를 일컬어 NP(New Work Item Proposal)이라 한다. NP에 대한 검토는 NB(National Body)에 의하여 수행되고 SC내 5명 이상의 P-member와 JTC1 P-member의 과반수 이상이 동의하게 되면 NP는 새로운 표준으로써 고려할 가치가 있는 표준안으로 판단되어 작업 프로그램으로 등록된다.

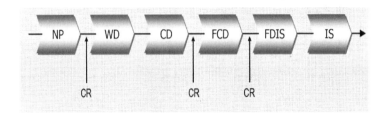

NP	: New work item Proposal
CR	: Committee Resolution
WD	: Working Draft
CD	: Committee Draft
FCD	: Final Committee Draft
FDIS	: Final Draft International Standard
IS	: International Standard

ISO/IEC 국제 표준화 절차

두 번째 단계는 준비단계이다. 이 단계에서는 승인된 NP에 대한 WD(Working Draft)을 작성한다. 이전 단계에서 승인된 NP는 관련 된 SC에게 할당되고 WD의 작성은 SC 자체적으로 수행되거나 WG에 배정하여 추진된다. SC는 프로젝트 에디터를 선정하고 WG을 통해 표준 WD를 개발하고 수정한다. 완성된 표준 WD는 CD(Committee Draft)로 등록된다. WD의 CD 등록까지의 기간을 2년으로 제한하여 만약 2년 기간을 초과하게 된다면 JTC1 사무국은 해당 프로젝트를 취소시킬 권한을 갖게 된다.

세 번째 단계는 위원회단계(CD)이다. 위원회단계는 위원회의 코멘트를 검토함으로써 해당 CD가 실제로 표준으로써의 가치가 있는지를 논의하는 단계이다. 먼저 CD에 대해 제출한 회원기간의 코멘트들을 취합 정리하여 모든 멤버에게 이를 배포한다. 만약 해당 CD에 대한 반대의견이 없을 경우 해당 안은 DIS(Draft International Standard)로 등록되고 만약 둘 이상의 회원기관이 등록을 반대하거나 재검토를 요청할 경우에는 회의를 통해 CD의 DIS 등록 여부를 논의하고 논의를 통한 합의에도 실패할 경우에는 정회원 투표를 거쳐 2/3이상이 찬성한다면 DIS로 등록하게 된다.

네 번째 단계는 질의단계이다. DIS(Draft International Standard)을 대상으로 전체 멤버의 표준으로써 찬반 투표과정을 거쳐 해당 DIS가 표준으로써 효력을 발휘해도 좋은지를 결정한다. 정회원 투표의 2/3이상이 찬성하고 전체 회원의 1/4이하가 반대를 할 경우에는 해당 DIS는 승인되어 표준으로써 FDIS(Final Draft International Standard)에 등록되고 표준으로써 발행 준비를 한다. 마지막 다섯 번째 발행단계는 최종적으로 승인된 표준으로써 국제규격으로 발표되고 인쇄 배포되어 표준의 제정이 이루어진다.

제8장

MPEG-LA (Licensing Administrator) 소개

표준화에 속하는 기술을 소유하고 있는 기관은 해당 기술에 대한 소유권을 인정받기 위해 특허를 출원/등록한다. 등록특허는 발명한 기술에 대하여 발명자(또는 기관)에게 소유권이 있다고 공식적으로 인정하는 보증이다. 특허를 출원/등록 하고 권리를 인정받음으로써 해당 기술을 타인이 무단으로 사용하거나 이용하지 못하도록 법적으로 보호받을 수 있고, 해당 기술을 사용하고자 하는 자는 특허권을 가진 자로부터 동의를 구하고 적절한 특허 사용료를 지불해야 한다. 표준화 된 AVC/H.264나 HEVC와 같은 비디오 코덱 또한 수많은 특허와 관련 된 기술들이 모여 형성된다. 가령 상품을 만들어 팔기 위해 AVC/H.264나 HEVC와 같은 표준기술을 이용하고자 하는 자가 있다고 하자. 그는 관련 된 특허를 소유하고 있는 모든 상대와 접촉하여 기술사용을 위한 계약 협상을 해야 할 것이다. 이는 비디오 코덱 관련 특허 소유자 (AVC/H.264의 경우 2016년 1월 특허 소유기관의 수가 36개 기관, HEVC의 경우 2016년 1월 특허 소유기관의 수가 32개 기관)를 대상으로 특허 사용료 협상을 벌여야 하는 불편함과 시간 낭비를 초래하고 사실상 이는 불가능하다. 또한 이러한 형태의 기술사용 계약은 혁신적 제품의 시장 출시를 제약하여 신규 기술시장 진입의 장애요인으로 작용 할 수 있다. 또 다른 단점으로 특허권을 보호 받지 못한 특허 소유자와 실수 또는 고의로 타인의 특허권을 무단으로 침해한 자와의 특허권 사용 분쟁 및 특허를 둘러 싼 여러 문제들도 발생 할 수 있다. 이와 같은 특허 문제와 시간, 비용 등의 소모를 줄이기 위해 AVC/H.264나 HEVC와 같은 표준화 기술의 특허 관리를 전문적으로 수행할 단일의 기관이 필요하다. 이러한 역할을 수행하는 기관이 MPEG-LA이다.[13]

1990년대 표준화가 수행 된 MPEG-2는 MPEG(Moving Picture Expert Group, 동영상 전문가 그룹)이 정한 오디오·비디오 코딩에 관한 표준을 의미한다. MPEG-2는 일반적으로 디지털 위성/유성 방송 등의 디지털 방송을 위한 오디오와 비디오 정보 전송을 위해 주로 사용 되는 비디오 압축 표준이다. 위에서 언급한 것처럼 MPEG-2 표준 재정 당시 MPEG-2 표준에 속한 많은 기술들의 특허 문제가 MPEG-2의 상용화에 걸림돌이 되었다. MPEG-2를 사용하여 제품을 생산, 판매하기 위해서는 많은 특허 소유자와 협상을 해야 했고 이는 사실상 불가능한 일이었기 때문이다.[14] 이러한 문제점을 파악한 MPEG-LA는 이를 해결하기 위한 방법으로 특허 풀(Patent Pool)을 구축하였다. 특허 풀은 "다수의 특허 소유자들이 자신이 보유하고 있는 특허들을 상호간 또는 제 3자에게 사용 허락하기 위해 한데 모은 특허들의 집합체"로 정의할 수 있다.[15] 특허 풀은 오직 MPEG-LA와 같은 특허 풀 관리 업체와 1:1 협상으로 표준 관련 모든 특허를 이용할 수 있고 독립적으로 표준 기술 관련 특허들과 계약하는 것보다 비용이 적다는 장점이 있지만 단점 또한 적지 않다. 아래에서 특허 풀의 장단점들을 기술 하였다.[16]

〈특허 풀의 장점과 단점〉

장점	단점
• 특허기술의 사용을 원하는 자는 오직 특허 풀의 관리를 대행하고 있는 업체와 계약을 체결하면 되므로 특허 관련 비용 소모 감소 • 법률 분쟁의 가능성이 낮아짐 • 특허 사용자 간의 경쟁 촉진으로 수요자의 경제적 이득 향상 • 상대적으로 저렴한 특허료 • 특허 풀을 통한 기술과 제품의 개발로 후발 주자의 기술 향상을 도모	• 특허 소유자들의 독점적 지위 확보 및 유지에 악용 • 특허 소유자들 간의 공모/담합의 가능성 • 특허 풀에 존재하지 않는 원천특허의 존재 가능성 • 특허 풀 내 경쟁자들 간의 기술 개발에 대한 인센티브가 사라짐 • 특허 풀에 포함되기 적절하지 못한 기술이 포함되더라도 구분이 용이하지 않으며 이를 제외시키는 것이 사실상 불가능

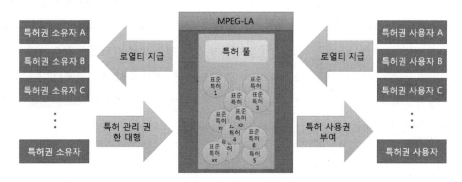

특허권 소유자/이용자, MPEG-LA와의 관계

위 그림은 특허권 소유자, MPEG-LA(Licensing Administrator), 특허 사용자 간의 관계를 나타낸다. MPEG-LA는 표준화 관련 기술 범주에 속하는 특허들을 특허 소유자들에게서 모집하고 이들을 하나의 특허 풀로 형성한다. 그 후 해당 표준 기술의 사용을 원하는 특허 사용자들

(생산기업 등)과 1대1 협상을 통하여 해당 표준과 관련 된 복수 특허들의 사용권을 일괄적으로 부여한다. 다음 표들은 AVC/H.264, HEVC에 관하여 MPEG-LA와 계약한 특허권 소유자와 특허권 사용자의 일부를 나타낸다.[13] 각 AVC/H.264와 HEVC에 대한 표준 기술의 특허권을 소유한 기업의 리스트로써 특허권 소유자에 해당한다. 표는 각 AVC/H.264와 HEVC에 대하여 해당 표준기술 사용을 위해 MPEG-LA와 계약을 체결한 기업의 리스트를 보여주며 특허권 사용자에 해당한다. AVC/H.264 표준기술 사용을 위해 계약한 기업 수에 비해 HEVC 표준기술 사용을 위해 계약한 기업 수가 적은 이유는 HEVC의 표준이 2013년 제정되어 아직까지 대부분의 기업들이 특허권 사용자등록을 진행 중이기 때문이다. 2016년 1월 약 80여개의 기업이 더 고려되고 있다. 이는 실제 비디오 코덱 표준의 상용화 시기와 표준화 된 시기의 시간차로 인한 것으로 표준화 이후 상용화까지 대략 5~7년 정도의 시간이 필요하다. 아직까지 HEVC가 완전히 상용화되기 이전의 단계이므로 앞으로 특허권 사용자 등록을 할 기업은 AVC/H.264 수준으로 증가할 것으로 보인다. 실제 HEVC는 4K, 8K UHD 비디오를 타겟으로 제작되어 유럽, 미국, 일본, 한국 및 아시아 등에서 UHD 방송표준으로 채택되었고, 거의 모든 스마트 폰에서 지원하는 코덱으로서 AVC/H.264 대비 동급의 주관적 화질에서 50% 가량의 더 높은 효율을 보이는 고효율 비디오 코덱이다.

특허 풀의 형성은 표준기술의 사용을 용이하게 하여 표준기술 이용과 신기술 발전을 원활하게 한다는 장점이 있지만 한편으로는 많은 불만을 사고 있는 것 또한 사실이다. 그 증거로써 최근 마이크로소프트, 구글, 넷플릭스, 시스코 등 7개 정보통신 기업이 합심하여 새로운 로열티 프리 비디오 코덱을 구축하여 더 이상 MPEG 로열티를 내지 않겠다는 계획을 발표하였다. 이는 비싼 로열티를 지불해야 하는 MPEG-LA에 대한 반발로 이해할 수 있다.[17] 하지만 로열티 프리 코덱이 MPEG-LA에 등록된 특허 및 앞으로 등록 될 특허를 피해가는 것은 매우 어려우리라 예상된다. 이에 대한 근거로 HEVC의 경우 2016년 1월까지 32개 기관에서 약 1260건의 특허를 등록했으며 새로운 기관에서도 특허를 계속하여 등록할 것으로 예측하므로 그 수는 계속 증가할 것으로 보인다.

〈2016년 1월 MPEG-LA의 AVC/H.264 및 HEVC 관련 특허 소유자 리스트〉

표준 비디오 코덱(특허권 보유자 수)	특허권을 소유한 대표적 기관
AVC/H.264 (36개 기관)	Apple, Cisco, ETRI, Dolby Laboratories, Fraunhofer-Gesellschaft zur Foerderung der angewandten Forschung e.V., Google, LG Electronics, Microsoft, NTT, Samsung Electronics, Fujitsu, GE Video Compression, LLC, GE Video Compression, Hewlett-Packard, NTT, NTT DOCOMO, Phillips, Panasonic, Sony, Sharp, The Trustees of Columbia University in the City of New York, Toshiba, Vidyo, ZTE 등
HEVC (32개 기관)	- Apple, British Broadcasting Corporation (BBC), KT Corp., Samsung Electronics, SK Telecom, Fujitsu Limited, Hitachi Maxell, Ltd., HUMAX Holdings, Intellectual Discovery, JVC KENWOOD, Korean Broadcasting System (KBS), NTT, NTT DOCOMO, Orange SA, Siemens Corp. Industry-Academy Cooperation Foundation of Sejong Univ, ETRI, Industry-Academy Cooperation Foundation of KwangWoon Univ, Korea Advanced Institute of Science and Technology (KAIST), SungKyunKwan University Research & Business Foundation, The Trustees of Columbia University in the City of New York, University - Industry Cooperation Foundation of Korea Aerospace University University - Industry Cooperation Group of Kyung Hee University

〈MPEG-LA의 AVC/H.264, HEVC 표준 특허 사용자 리스트〉

표준 비디오 코덱(특허권 사용자 수)	특허권 사용기관 (Licensees 기관)
AVC/H.264 (1369개 기관)	Amazon Web Services, Inc., Apple Inc., Asahi Broadcasting Corporation, BANDAI NAMCO Entertainment. Inc., BBC Worldwide Limited, Digital Stream Technology, Inc., DivX, LLC, Ericsson Media Solutions Ltd, FUJIFILM Corporation, Google Inc., Hanwha Techwin Co., Ltd., HTC Corporation, JVC KENWOOD Corporation, LG Electronics Inc., Mediaware International Pty Ltd, MLB Advanced Media, LP, Naver Corporation, Nikon Corporation, Samsung Electronics Co., Ltd., SECOM CO., LTD., Skype Technologies SA, Valve Corporation, Zoom Corporation
HEVC (87개 기관)	Abox42 GmbH, Apple Inc., British Broadcasting Corporation, Fujitsu Limited, HUMAX Co., Ltd., IMAX Corporation, Korean Broadcasting System (KBS), KT Corp, Mitsumi Electric Co., Ltd., Nikon Systems Inc., Orange SA, Samsung Electronics Co., Ltd., STRONG International Ltd., Vidyo, Inc., VTech Electronics Ltd, ZheJiang Uniview Technologies Co., Ltd.

MPEG-LA는 MPEG 기술뿐 아니라 DisplayPort, ATSC, 1394등 여러 표준화 기술들에 대하여 특허 풀을 형성하고 해당 프로그램에 가입 한 특허권 소유자들의 특허 관리 또한 대행하고 있다.

제1절 특허 풀 로열티 정책

MPEG-LA는 자체에서 운영하는 특허 풀을 통해 얻는 수익의 약 10%를 수수료 명분의 수입원으로 삼고 나머지 약 90%는 특허 풀을 형성하고 있는 표준 기술 특허의 소유자에게 고르게 분배 한다. MPEG-LA의 특허 사용자들이 지불해야 하는 특허 사용료는 제품 생산국과 제품 판매국을 고려하여 MPEG-LA에 의해 아래와 같이 정해진다.

1) AVC/H.264[18]

a) AVC/H.264 코덱 제품 생산자의 특허 사용료 책정기준

최종 소비자에게 직접 판매 되거나 PC에 운영체제의 일부가 아닌 독립된 제품으로 판매되는 경우(부호기, 복호기, 부호기와 복호기의 결합 중 하나를 unit 이라 칭한다)

- 0-100,000 unit/년 = 특허료 없음
- 첫 100,000 unit /년 = US$0.20/unit
- 500만 unit / 년 이후 = US$0.10/unit
- 기업 당 최대 로열티 = 표 (연도 별 기업 당 최대 로열티 지급액) 참조

〈AVC/H.264 코덱 제품 생산 및 OEM 형태 판매를 위한 연도 별 기업 당 최대 로열티 지급액〉

년도	2005~2006	2007~2008	2009~2010	2011~2015	2016	2017~2020
기업 당 최대 로열티 (US$/연)	350만	425만	500만	650만	812만5천	975만

b) PC의 운영체제에 상표가 부착되는 OEM 형태로 판매하는 기업은 사용자를 대신해서 아래와 같이 지불할 수 있다.

- 0~100,000유닛/년 = 로열티 없음
- 첫 100,000유닛/년 이후 = 유닛당 US$0.20
- 500만 유닛/년 이후 = 유닛당 US$0.10
- 기업당 최대 로열티 = 표 참조

c) 최종 사용자가 AVC/H.264 비디오를 시청하는 경우

- 연 100,000 가입자 이하 = 로열티 없음
- 연 100,000~250,000 가입자 = US $25,000

- 연 250,000~500,000 가입자 = US $50,000

- 연 500,000~1,000,000 가입자 = US $75,000

- 연 1,000,000 가입자 이상 = US $100,000

d) 타이틀 별로 로열티를 지불하는 경우

- 12분 이하 = 로열티 없음

- 12분 이상 = 타이틀 당 저가기준 2% 또는 US $0.02 중 하나

e) 그 외의 경우에서 수익이 발생하는 경우

- 무료 TV = 송신인코더 한 대 당 US$2,500 또는 연간 최소 이용권이 US$2,500(송신인코더의 보급대수가 100,000대 이상이면 이용요금이 증가하고 보급대수가 1,000,000대 이상이면 최대 US$10,000까지 청구)

- AVC/H.264 비디오 인터넷 방송 = 로열티 없음

- 기업당 최대 로열티 = 표 (연도 별 기업 당 최대 로열티 지급액) 참조

〈기타 AVC/H.264 코덱 사용을 위한 연도 별 기업 당 최대 로열티 지급액〉

년도	2006~2007	2008~2009	2010	2011~2015	2016	2017~2020
기업 당 최대 로열티 (US$/연)	350만	425만	500만	650만	812만5천	975만

2) HEVC[19]

- 연 0~100,000유닛 = 로열티 없음

- 연 100,000유닛 이상 = 유닛 당 US$0.20

- 기업당 최대 로열티 = US$25,000,000

제2절 표준기술 확보의 중요성

표준화에 등록 된 표준 기술 특허의 사용을 위해서는 위에서 살펴 본 바와 같이 표준 기술 특허 소유자 또는 MPEG-LA와 같은 특허 풀 관리 업체에 로열티를 지불해야 한다. 표준 기술을 확보한 업체는 표준 기술 사용업체가 지불하는 로열티를 통해 부가적 수익 창출을 이룰 수 있지만, 반대로 표준 기술을 소유하지 못한 업체는 제품 생산을 위한 비용에 더하여 로열티까지

지불해야 하는 부담을 안고 있다. 과거 우리나라의 많은 기업들은 표준화 기술을 확보하지 못하여 표준 기술을 확보한 외국 기업에 로열티를 지불하고 제품을 생산 및 판매해야 했다. 그 정도는 덜 하지만 현재에도 외국의 표준 기술 소유 업체에 적지 않은 로열티를 지불하고 있다. 그 대표적인 예로 CDMA(Code Division Multiple Access, 코드분할다중접속) 기술을 소유한 퀄컴(Qualcomm)사를 들 수 있다. CDMA란 이동통신을 위해 배정 된 제한 된 주파수 대역을 다중 분할하고 각 분할 대역을 사용자에게 배정하여 다수가 통신을 할 수 있도록 해주는 퀄컴사가 개발한 이동 통신 기술 중 하나이다. CDMA는 1993년 IS-95A라는 기술규격으로 표준화 된 이후 핵심 이동통신 기술로써 국내·외 모바일 단말기 제조사들은 CDMA 관련 로열티를 지불해야 한다. 그 액수는 단말기 1대 판매 당 5.25 ~ 5.75% 가량으로 국내 모바일 단말기 제조사가 퀄컴에 지불 한 로열티가 2010년부터 2014년까지 5년 간 1조원을 상회한다. 삼성의 경우 한 해 모바일 단말기 매출액이 100조원이 넘고 단말기 1대 판매 당 2.5% 로열티 지급을 계약하고 있기 때문에 연간 5조원 이상을 로열티 비용으로 지불하게 된다. 표준특허 기술의 보유가 얼마나 중요한지를 실감하게 해주는 대목이다.

PC/SW(software)시장에서 마이크로소프트(Microsoft 이하 MS)사는 이동통신 분야의 퀄컴과 같은 위치에 서 있는 기업이라 할 수 있다. MS는 PC운영체제 시장의 90% 이상을 점유하는 윈도우(Windows)을 개발한 기업으로 윈도우 운영체제를 탑재 한 PC 또는 모바일 기기가 판매 될 때마다 로열티를 지급 받는다. 그 중 삼성은 2011년 9월 상호 특허 사용 협정으로 MS운영체제가 탑재 된 기기 1대 판매 당 약 2.6 달러의 로열티를 지급하고 있다. MS는 뿐만 아니라 안드로이드 모바일 운영체제에서 사용되는 특허기술을 소유하고 있어 해당 운영체제가 탑재 된 기기의 판매에 대한 로열티를 또한 지급받고 있다. 그 규모는 정확히 예측 할 수 없지만 연간 20억 달러 가량의 로열티 수익을 내는 것으로 예측된다.

이러한 로열티 지급문제는 국내기업 수익의 많은 부분이 표준 기술을 보유한 국외기업으로 유출된다는 것뿐만 아니라 표준 기술을 소유한 국외기업이 표준기술 사용이 선택이 아닌 필수라는 사실을 이용하여 과도한 로열티 정책을 펼쳐 횡포를 부릴 수 있다는 것이다. 이는 해당 기술 사용 업체에게 예상치 못한 문제가 될 수 있고 이러한 최악의 상황에 대한 준비를 해야 하기 때문에 불필요한 비용 지불 또한 야기한다. 이러한 로열티로 인한 문제들은 이동 통신, PC 관련 분야와 같이 성숙 한 산업 분야에만 국한 되지 않는다. IMT-2000, 디지털TV, DVD, PDP와 같이 비교적 차세대 주력 산업분야에서도 외국업체의 산업 원천 기술 독식화가 두드러지고 있다. 향후 국내 기업 매출액의 10~15%를 로열티로 지불해야 할 수도 있다는 전망은 이러한 맥락에서 충분히 가능성 있는 이야기로 들린다. 국내 기업들은 위기의식을 갖고 산업 분야에 관한 표준 기술 보유의 중요성을 깨닫고 독자적 기술 개발과 이를 표준화하기 위한 노력을 기울여야 할 것이다.

15.1 ISO/IEC JTC1의 하부조직인 SC(Sub Committee)29의 표준화 작업 분야를 간략히 설명하라.

15.2 ISO/IEC JTC1/SC 29의 WG1과 WG11의 표준화 작업 분야를 간략히 설명하라.

15.3 MPEG-1과 MPEG-2 표준방식을 각각 간략히 요약하여 설명하라.

15.4 MPEG-4 표준방식을 간략히 요약하여 설명하라.

15.5 MPEG-7과 MPEG-21표준방식을 각각 간략히 요약하여 설명하라.

15.6 MPEG-4 AVC(H.264/MPEG-4 AVC)와 HEVC(High Efficiency Video Coding, H.265) 표준방식을 각각 간략히 요약하여 설명하라.

15.7 MPEG 활동분야를 6개로 나누면?

15.8 MPEG-LA를 간략히 요약하여 설명하라.

15.9 특허 풀의 장점과 단점을 각각 3가지씩 요약하여 작성하라.

15.10 표준기술 확보의 중요성을 간략히 요약하여 설명하라.

AVC (Advanced Video Coding)

제1절 AVC 소개

2003년 5월에 발표된 AVC는 ITU-T의 VCEG (Video Coding Expert Group, 비디오 코딩 전문가 그룹)과, ISO/IEC JTC1/SC29의 산하 그룹인 MPEG (Moving Picture Expert Group, 동영상 전문가 그룹)이 공동으로 JVT(Joint Video Team)을 구성하여 제작한 비디오 압축 국제 표준이다. 편의를 위해 기관 명을 ITU-T와 MPEG으로 간단히 서술하겠다. 두 개의 다른 표준단체 전문가 그룹이 공동으로 개발하였기 때문에, H.264란 명칭은 ITU-T에서 권고하는 동영상 압축 부호화 표준 시리즈 중 4번째(H.264의 마지막 숫자 4를 의미)를 말하며, MPEG-4 Part 10 video는 ISO/IEC에서 발표한 동영상 압축 표준 MPEG-4 Part10 Video를 말한다. 요약하자면, ITU-T에서는 H.264로 말하며, MPEG에서는 MPEG-4 Part10으로 불린다. 따라서 정확하게 표현한다면 표준화 개발 시 사용하던 프로젝트 이름인 AVC(Advanced Video Coding :

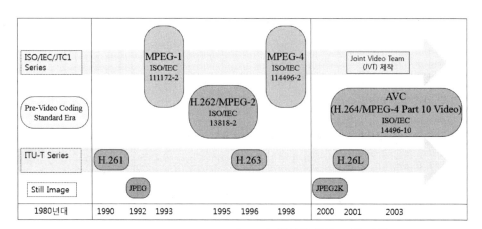

H.264/MPEG-4 part10 (AVC) 동영상 압축 표준 과정

H.264/MPEG-4 Part 10)라 언급해야 하지만, 대부분 H.264란 명칭으로 사용되고 있다. AVC를 포함하여, ITU-T와 MPEG에서 발표한 동영상 압축 표준 시리즈에 대한 흐름은 아래 그림에서 간략하게 볼 수 있다. 지금부터는 편의상 H.264/AVC란 용어를 사용하도록 하겠다.

H.264/AVC는 이전의 표준들(H.263과 MPEG-4 Part 2)과 비교하였을 때, 약 2배 정도의 동영상 압축 효율과(혹은 절반 가량의 비트량으로 이해할 수 있다) 10kbps~240Mbps까지 다양한 비트 전송률(Bit-rate)을 지원한다. 그림에 나타나 있듯이 AVC의 이전 표준인 H.263과 MPEG Part2를 간략히 설명한다. 이 표준은 주로 낮은 네트워크 대역폭에서의 동영상 스트리밍에 초점을 맞추어 1990년대 중반인 95년과 96년에 각각 제작되었으며, 당시 네트워크 사양 및 컴퓨터 사양을 고려하여 제작되었기 때문에 낮은 bit-rate에서는 높은 부호화 성능을 발휘하지만, 90년대 후반부터, 고화질 동영상 상품 수요의 증가와 모바일 디바이스 시장의 확산으로 인해 더 높은 화질, 더 큰 화면을 제공할 수 있는 새로운 동영상 표준이 필요하게 되었다. 따라서 1998년부터 ITU-T는 H.263을, MPEG에서는 MPEG-4 Part2를 대체할 수 있는 새로운 동영상 압축 부호화 표준을 각자 준비하기 시작하였다.

표준화 진행 작업 중이었던 1999년 8월, ITU-T에서는 H.263을 대체할 새로운 표준 모델을 구현하기 위하여 H.26L 프로젝트를 진행한다. H.26L은 H.264/AVC 표준의 초기 단계 개발 모델로서, H.26L 명칭에서 숫자 뒤 L은 Long term의 약자를 의미한다. 이는 표준화 개발 당시 차세대 동영상 압축 표준 연구가 기존의 H.263 표준의 개선에만 머무르는 것이 아니라, 보다 장기적인 프로젝트를 통해, 기존 H.263/MPEG4 part2와 호환성은 떨어지는 것을 감수하더라도 HD 해상도까지 지원할 수 있는 높은 부호화 성능을 구현하기 위한 차세대 비디오 압축 표준을 제시할 목적이었기 때문이었다. H.26L의 test model은 TML(Test Model Long term)이라 불리는 참조 소프트웨어를 이용하였으며 이를 통해 다양한 기술들을 적용시켜 압축 표준의 성능향상을 꾀하였다. 2001년 12월 H.26L은 같은 시기 MPEG에서 진행하던 표준화 프로젝트였던 MPEG-4 video version 3과 4보다 성능면에서 높은 평가를 받았으며, 그 후 H.26L을 기반으로 하여 두 표준화 그룹 (ITU-T와 MPEG)의 전문가들이 연합하여 JVT(Joint Video Team)를 결성하게 되었다. 미국 마이크로소프트의 Gary Sullivan박사와 독일 하인리히 연구소의 Thomas Wiegand박사등 영상 압축 분야의 전문가들이 주축이 되어 연합한 JVT는 같은 시기, H.264/AVC의 참조 소프트웨어인 JM(Joint Model)을 발표하였다. 이들은 2002년 5월 미국 버지니아의 Fairfax 미팅에서 JVT 위원회 초안을 발표하였으며, 같은 해 7월에는 독일 Frankfrut 회의에서 H.264/AVC의 달성 목표인 주요사양을 결정하였다. 다음해인 2003년 3월에는 H.264/AVC 국제표준규격안 초판(DIS)을 발표하였다. 이후 2013년 4월 HEVC (H.265/ MPEG-H part2) 발표 전까지 H.264/AVC 표준안이 업데이트 되며 지속적으로 최신기술의 도입 및 수정 작업을 진행하여 비디오 표준의 성능향상 및 다양한 기술 지원들을 제공하였다. 아래는 JVT 결성 이전부터 H.264/AVC 표준이 채택되기까지 가졌던 회의 날짜와 회의 장소, 발표했던 참조 소프트웨어의 버전들을 기록한 것이다.

No	TML/JM	Date	Location
1	TML-1	Aug. 1999	Berlin, Germany
2	TML-2*	Oct. 1999	Red Bank, NJ, USA
3	TML-3	Feb. 2000	Geneva, Switzerland
4	TML-4	May, 2000	Osaka, Japan
5	TML-5	Aug. 2000	Portland, OR, USA
6	TML-6	Jan. 2001	Eibsee, Germany
7	TML-7*	Apr. 2001	Austin, TX, USA
8	TML-8	May 2001	Porto Seguro, Brazil
9	TML-9	Sep. 2001	Santa Barbara, CA, USA
10	JM-1	Dec. 2001	Pattaya, Thailand
11	JM-2	Feb. 2002	Geneva, Switzerland
12	JM-3	May 2002	Fairfax, VA, USA
13	JM-4	July 2002	Klagenfurt, Austria
14	JM-5	Oct. 2002	Geneva, Switzerland
15	JM-6	Dec. 2002	Awaji, Japan
16	Final	Mar. 2003	Pattaya, Thailand

H.264/AVC 표준화 작업의 역사[9]

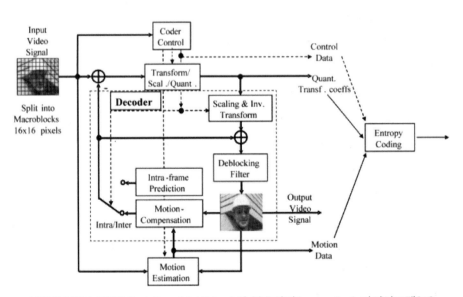

AVC(H.264/MPEG-4 Part10 Video)의 부호화기(encoder) 다이어그램[9]

위의 그림은 H.264/AVC 부호화기(encoder)와 복호화기(decoder) 구조를 간략하게 나타낸 것이다. 동영상 압축 부호화 표준에서 부호화(encoding) 과정은 원본 영상(Original picture)을 블록 단위로 분할하여 각 블록마다 화면내 예측인 인트라 예측(Intra Prediction)이나 화면간 예측인 인터 예측(Inter Prediction)을 수행하여 예측블록을 얻는 과정을 거친다. 원본영상 블록에서 예측블록(Prediction Block)을 뺀 차분블록(Residual Block)은 데이터의 압축을 위해 변환과정(Transform)과 양자화 과정(Quantization)을 거쳐 부호화되며, 앤트로피 코딩(Entropy coding)을 이용하여 부호화기의 결과물인 비트스트림(Bit-stream)으로 만들어지는 과정을 거친다. 블록 단위의 열화현상(artifact)를 제거하기 위해 디블로킹 필터(Deblocking filter)를 적용할 수 있다. 복호화기는 보내져 온 비트스트림을 해석 후, 역양자화 및 역변환 과정을 통하여 복원된 차분 블록과 예측 블록을 합쳐 복원된 영상을 만들어내는 작업을 실시한다. 그림의 블록다이어그램 내부의 모든 기술들은 많은 기업들이 특허 출원하여 표준에 적용된 기술들이며, 이는 MPEG-LA의 특허풀에 가입하여 H.264/AVC 제품들을 생산하는 업체들로부터 특허 권리 및 기술료를 징수하고 있는 특허들이다.

H.264/AVC에서의 인트라 예측과 인터 예측은 영상을 부호화/복호화 할 때 매크로블록(Macroblock)이라는 작은 블록 단위를 사용한다. 먼저 Intra 예측을 간략히 소개하자면 그림의 M Type에서 보듯이 4x4, 8x8, 16x16 사이즈의 블록이 사용되며, 밑의 그림과 같이, DC성분을 포함한 총 9가지 예측 모드 중 가장 적절한 모드를 찾는 작업을 실시한다. 9가지 예측모드 중 가장 에러 값이 작은 모드를 선택한 후 원본 영상과 예측 영상을 뺀 차분 값이 가장 작은 차분 블록(Residual block)을 만들어낸다.

인터 예측에서는 그림에서 보듯이, 가변적인 크기의 매크로블록과(M types), 8x8 블록 단위에서 다시 한 번 사이즈가 쪼개어 지는 4가지 sub블록(8x8 Types)을 사용하여 총 8가지 종류의 매크로블록 크기를 사용할 수 있다. 또한, 현재 부호화 하고 있는 영상이 참조(reference)하고 있는 영상을 통해 단방향 예측(Uni Prediction), 양방향 예측(Bi Prediction), 경우에 따라서는 가중 예측(Weighted Prediction)을 사용한다. 이를 통해 움직임 예측(ME : Motion estimation)과 움직임 보상(MC : Motion compensation)시 블록 단위 예측 기술에서 보다 정밀한 예측을 수행할 수 있게 한다. 인터 예측에서 움직임 예측을 통해 현재 부호화할 블록과, 인접한 주변 블록들의 움직임 벡터들을 알아낸 후, 그들 움직임 벡터들의 중앙값(median value)을 해당블록의 움직임 벡터(motion vector) 기본값으로 사용하며, DCT(Discrete Cosine Transform)를 기반으로 한 보간 필터(Interpolation filter)를 통해 1/4 pixel 단위의 부화소단위 움직임 예측을 수행한 후 움직임 보상을 진행하는 과정을 진행한다.

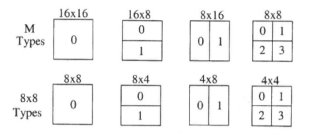

AVC에 사용되는 가변적인 매크로블록 크기들[10]

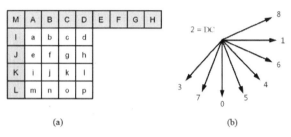

인트라 예측의 9가지 모드(mode)[10]

　　현재 부호화하는 블록이 인트라 예측 혹은 인터 예측으로 결정되어 예측을 수행한 다음, 정수 단위 변환 DCT-II(Discrete Cosine Transform-II)를 이용하여 매크로 블록 단위의 변환(transform)을 수행한다. 그 후 양자화 과정을 통해 인간의 눈이 인지하지 못하는 높은 주파수 대역을 제거하여 데이터를 효율적으로 압축하는 과정을 실시한다. 문맥기반 가변길이 부호화(CAVLC : Context Adaptive Variable Length Coding)와 문맥기반 적응적 이진 산술 부호화(CABAC : Context Adaptive Binary Arithmetic Coding)를 통해 변환 및 양자화 된 데이터를 비트스트림으로 변환하는 과정을 거치며 부호화의 결과물인 비트스트림을 만들어낸다. 복호화(decoding) 과정은 위의 부호화 과정과 반대의 개념으로 이해할 수 있으며, 압축되어 전송되어 온 비트스트림을 역양자화(De-quantization)와 역변환(Inverse transform)을 통해 얻은 차분블록(Residual block)과 예측블록(Prediction block)을 더하여 원본 영상과 최대한 같도록 복원한다.

제2절 H.264/AVC 프로파일과 레벨

H.264/AVC에서 제정한 프로파일은 총 5가지 종류가 있다. 여기서 프로파일이란, 사용할 분야에서 표준을 유용하게 적용할 수 있도록 적합한 기술들만 한 묶음 집합시켜 규격화한 것을 말한다. 먼저 3가지 프로파일(Baseline profile, Main profile, Extended profile)에 대해 간략히 설명한다. Baseline profile은 모바일 장치나 휴대용 동영상 장치 등 전력 소모와 낮은 해상도를 고려하기 위해 양방향 예측 및 CABAC coding이 제외된 최소한의 압축 부호화 기술만이 제정된 프로파일이다. Main profile은 고성능 압축을 위해 구성된 프로파일이다. Extended 프로파일은 스트리밍 환경에 관한 기술들이 추가로 채택되어 있는 추가 확장 프로파일을 말한다. 이 세가지 프로파일들은 H.264/AVC 첫 번째 표준안(2003년 5월)이 발표되었을 때 채택되었으며, 이후 지속적인 표준안 개정에 의해 2005년 5월 10bit 환경과 YCbCr 4:4:4 환경을 고려한 FRExT 프로파일이 적용되었다. 2009년 3월 Baseline과 Main 프로파일의 일부 기술들을 집합한 Constrained Baseline 프로파일이 추가로 채택되었다.

H.264/AVC에서의 레벨이란, 프로파일에 규정된 복호화기(decoder)의 성능 혹은 복잡도를 정의한 11개의 등급(레벨)을 말한다. 레벨의 기준은 영상의 해상도 단위에 따라 구분되는데, 단계별로 설명하자면 레벨1은 QCIF(174x144), 레벨2는 CIF(352x288), 레벨3은 SDTV(640x480), 레벨4는 HDTV(1920x1080), 레벨5는 HDTV 이상의 큰 해상도에 해당되어 매크로블록, 프레임, DPB, 비트율 등 복호화기의 복잡도 또는 복호화기의 복호화 속도에 영향을 미치는 단위들을 생산할 제품의 사양에 맞도록 제작자가 임의로 선택할 수 있게 하였다. 따라서 프로파일과 레벨을 통해 영상 관련 제품의 성능을 최대로 발휘할 수 있도록 복호화기를 조절하여 사용하는 것이 가능하다. 하지만, 모바일 디바이스에서 배터리 기술 발전 및 화면 해상도 증가로 인해 작은 해상도를 위한 레벨1 및 레벨2는 더 이상 사용되지 않고 레벨 3부터 적용 되어있다.

제3절 제품분야

H.264/AVC 표준안은 기존 H.263의 목표였던 영상회의시스템 지원 뿐 아니라 디지털 TV 지원을 위한 TV셋톱박스, 미디어 플레이어를 포함한 동영상 재생용 PC 소프트웨어, 전화와 모바일TV(DMB) 수신자를 위한 모바일 장치에 이용되고 있다. 뿐만 아니라, 고화질 블루레이(Blue-ray)영상을 위한 DVD 디스크와, 이를 사용하기 위한 플레이어와 레코더에도

H.264/AVC가 적용되어 있으며, 플레이스테이션과 X-Box등의 게임기에도 동영상 재생을 위해 비디오 표준이 적용되어 있다. 사진을 촬영하는 일반 디지털 카메라, 캠코더나 방송 촬영용 카메라에도 표준이 채택되어 적용되어 있다. 이 외 무료 TV 방송 서비스나 다양한 분야의 광범위한 동영상 기반 산업을 기반으로 한 멀티미디어 분야에서 널리 사용되고 있다. 더 구체적인 표준 적용 예를 들면, 먼저 지상파 디지털 TV 방송과 IPTV분야에서는 유럽과 호주, 뉴질랜드등 여러 국가들이 H.264/AVC를 채택하여 상용화 하였다. 한국과 홍콩은 지상파 DMB방송 및 IPTV에 H.264/AVC 표준을 사용하고 있다. 또한, 모바일 단말 시장에서는 구글 Android와 애플 IOS 운영체제에 H.264/AVC가 내장되어 있으며, 마이크로소프트에서도 Windows 7, Internet Explorer, Silverlight에 H.264/AVC코덱을 내장하였다. 아래의 표는 H.264/AVC 특허 관리를 수행하는 기관인 MPEG-LA의 홈페이지에서 참조한 H.264/AVC 라이선스를 가지고 있는 대표적인 기업들을 나열한 것이다. 표를 참조하면 AVC의 특허소유업체는(Licensors) 대부분 기업체 및 연구소이지만, 미국 뉴욕의 콜롬비아대학이 눈에 띄는 것을 볼 수 있다. 이는 교육기관인 대학에서도 국제 표준화에 참여하여 기업체, 연구소와의 경쟁 및 합동 연구등을 통해 특허 및 기술료를 충분히 획득할 수 있음을 의미한다.

특허소유업체(Licensors): H.264/AVC 라이선스(License)를 보유한 기업[11]

AVC 표준화 관련 특허권 소유 기업 및 연구소, 대학 리스트	
Apple Inc.	NEWRACOM, Inc
Cable Television Laboratories Inc.	NTT DOCOMO, INC
Cisco System Canada Co.	Nippon Telegraph and Telephone Corporation
Dolby International AB	Orange SA
Dolby Laboratories Licensing Corporation	Panasonic Corporation
Electronics and Telecommunications Research Institute	Polycom, Inc
Fraunhofer-Gesellschaft zur Foerderung der angewandten Forschung e.V	Robert Bosch GmbH
Fujitsu Limited	Samsung Electronics Co, Ltd.
GE Video Compression, LLC	Sharp Corporation
Godo Kaisha IP Bridge1	Siemens AG
Google Inc.	Sony Corporation
Hewlett-Packard Company	Tagivan Il, LLC
Hitachi Maxell, Ltd	Telefonaktiebolaget LM Ericsson
JVC KENWOOD Corporation	The Trustees of Columbia University in the City of New York
Koninklijke Philips N.V.	Toshiba Corporation
LG Electronics Inc.	Vidyo, Inc
Microsoft Corporation	ZTE Corporation
Mitsubishi Electronic Corporation	

부록 2

HEVC (High-Efficiency Video Coding)

제1절 HEVC 소개

HEVC(High-Efficiency Video Coding)는 ITU-T의 VCEG (Video Coding Expert Group)과, ISO/IEC JTC1/SC29의 산하 그룹인 WG11/MPEG(Moving Picture Expert Group)이 H.264/AVC 표준을 완성한 이후 고효율 비디오 압축기술 개발을 위하여 다시 한번 공동으로 JCT-VC (Joint Collaborative Team on Video Coding)를 구성하여 표준화를 진행하였고 2013년 1월에 스위스 제네바 회의에서 국제 표준으로 제정(FDIS)이 완료되었다. H.265는 ITU-T 에서 권고하는 동영상 압축 부호화 표준 시리즈 중 5번째를 말하며(H.265의 마지막 숫자 5를 의미), MPEG-H part2 고효율 영상 부호화(HEVC: High Efficiency Video Coding)는 국제 표준화 기구인 ISO/IEC에서 발표한 동영상 압축 표준을 말한다.

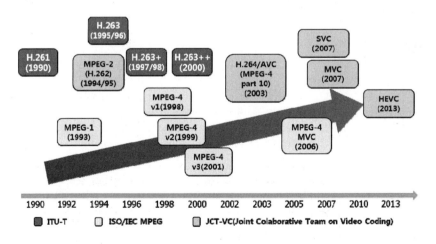

ITU-T, ISO/IEC의 동영상 압축 표준 흐름

소비자들이 사용하고 있는 HDTV, IPTV, 스마트 TV, 스마트폰, 캠코더, 블랙박스, DMB 등과 같은 제품에서 제공하는 영상 서비스가 향상 됨에 따라 UHDTV를 목표로 고해상도 및 고화질 영상 서비스를 지원하기 위해 기존의 H.264/AVC 표준보다 더 좋은 압축률과 낮은 복잡도를 갖는 차세대 동영상 압축 표준인 HEVC라는 새로운 표준화를 진행하였다.

HEVC는 H.264/AVC보다 약 40~50%의 비트레이트 감소를 보이고 있으며, HEVC의 전체적인 인코딩 과정은 H.264/AVC와 비슷하지만 주요 차이점으로는 블록기반 기본 처리 단위인 CTU(Coding Tree Unit)크기의 증가 및 쿼드트리(Quadtree) 기반 블록단위 처리, 화면 내 예측에서의 모드 수 증가, 움직임 벡터 병합(Motion Vector Merge)을 통한 움직임 벡터 예측 기술의 향상, H.264/AVC이 비하여 단순화된 CABAC(Context Adaptive Binary Arithmetic Coding)의 기술을 예로 들 수 있다. 다음에 소개되는 표는 H.264/AVC와 HEVC의 비교사항을 보여주고 있다.

AVC와 HEVC의 비교

	AVC	HEVC
명칭	MPEG 4 Part 10 AVC, H.264	MPEG-H Part 2, H.265
주요 향상 부분	MPEG-2(H.262)에 비해 약 40~50% 비트레이트 감소 HD 콘텐츠 전달을 위한 주요 압축기법	H.264에 비해 약 40~50% 비트레이트 감소, 주관적 화질은 2배증가 UHD, 2K, 4K를 위한 주요 압축기법, 대부분의 스마트폰에 사용
진화	MPEG-4 후속	H.264/AVC의 진화
압축의 기본 단위	16x16 Macro Block	CTU기반 다양한 분할구조 지원
화면 내(Intra) 예측	9개 예측모드	35개 예측 모드
움직임 예측 기술	중간 값 기반 Motion vector Prediction	향상된 MVP(Advanced Motion Vector Prediction) 및 MV Merge
Entropy Coding	CABAC or CAVLC	CABAC
루프 필터	디블록킹 필터	디블록킹 필터 +디링잉 필터 (SAO, Sample Adaptive Offset)
해상도	4K까지 지원	8K까지 지원
응용분야	케이블 TV, DBS, DSL, DTTB(Digital terrestrial television broadcasting), RVS(Remote video surveillance), ISM(Interactive storage media), MMM(Multimedia mailing), MSPN(Multimedia services over packet networks), RTC(Real-time conversational services), RVS(Remote video surveillance), SSM(Serial storage media)[6]	방송, 캠코더, 영화, 스트리밍, 의학화상, RVS(이동 비디오 감지시스템), media 저장, 무선 디스플레이 등[6]

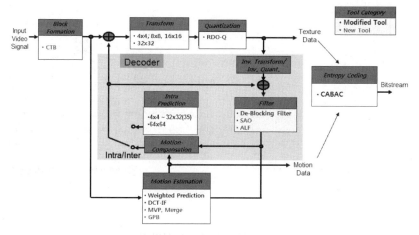

HEVC 부호화기 구조

위의 그림은 HEVC 부호화기(encoder) 블록도 이다. 부호화기의 입력 영상은 여러 개의 픽처로 구성되어있다. 픽처는 한 개 이상의 슬라이스(Slice)로 구성되며, 하나의 슬라이스는 하나의 독립 슬라이스 세그먼트로 구성되거나 하나의 독립 슬라이스 세그먼트와 다수의 종속 슬라이스 세그먼트로 구성될 수 있다. 슬라이스 세그먼트는 한 개 이상의 CTU로 분할된다. CTU란 픽처를 분할하는 기본 단위로서 HEVC에서는 64x64, 32x32, 16x16 중 하나의 크기로 CTU를 구성할 수 있다. 일반적으로 입력 동영상의 해상도가 클수록 큰 CTU를 사용해야 성능 향상이 나온다. CTU는 쿼드 트리 구조로 인트라 예측 또는 인터 예측의 기본단위인 정사각형 CU(Coding Unit)로 분할된다. HEVC 인코더에서는 RDO-Q(Rate-Distortion Optimization -Quantization)이라는 과정을 통해 모든 가능한 경우의 CU의 크기 단위로 실질적은 압축을 인코더에서 수행한 후, 그림2와 같이 한 개의 CTU에 대한 최적의 CU들의 분할 정보를 얻는다. CTU내의 각 CU는 인트라 예측이나 또는 인터 예측으로 독립적으로 부호화된다.

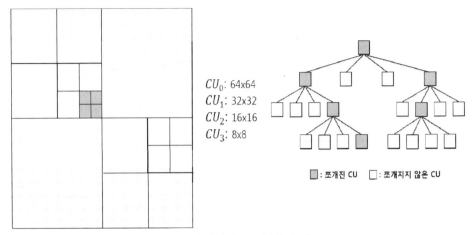

CU_0: 64x64
CU_1: 32x32
CU_2: 16x16
CU_3: 8x8

■: 쪼개진 CU   □: 쪼개지지 않은 CU

CTU내에서의 CU 분할의 예

HEVC의 Intra 예측은 주변블록의 경계픽셀 값들을 이용하여 35개의 예측모드 중 최적의 모드를 결정하여 PU를 부호화한다. Intra 예측만을 사용하는 픽처를 I-픽처(I-picture: Intra picture)이라고 한다. I-픽처는 이전 픽처를 참조하지 않으므로 시간과 관계없이 독립적으로 부호화 및 복호화가 가능하다. 그러므로 비디오의 첫 번째 장면과 같이 이전에 압축된 영상이 존재하지 않은 경우와 비디오 중간에 임의로 접근할 수 있게 하기 위해 사용된다. I-픽처는 JPEG처럼 정지영상 압축으로도 사용 가능하다.

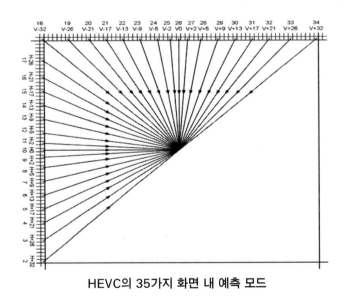

HEVC의 35가지 화면 내 예측 모드

다음으로 인터 예측은 픽처들 간의 예측 방법으로, 앞서 부호화된 픽처(참조픽처)를 참조하여 현재 픽처를 부호화한다. 현재 픽처를 부호화할 때, 한 장의 픽처만 참조할 수도 있고 여러 장의 픽처를 참조할 수 있다. 이미 압축/복원된 과거의 영상이나 미래의 영상 중 하나만을 참조하여 단 방향 예측을 하는 픽처를 P-픽처(P-picture)라 하고, 과거의 영상과 미래의 영상을 모두 참조하여 양방향 예측을 하는 픽처를 B-픽처(B-picture)라 한다. 일반적으로 B-픽처는 P-픽처 보다 더 정밀한 예측 블록을 생성할 수 있다.

HEVC에서는 CU 단위로 인트라 예측이나 인터 예측으로 부호화한다. 이 때, 더 효과적으로 압축하기 위해 CU에서 단일 구조로 분할된 PU(Prediction Unit)를 예측의 기본 단위로 사용한다. 즉, CU에서 인트라 예측을 할 것인지, 인터 예측을 할 것인지 결정되면 CU를 이루고 있는 모든 PU들은 CU에서 결정된 예측 방법으로 부호화된다. CU로부터 분할된 PU인 경우에는 PU 단위로 움직임 추정과 움직임 보상 과정을 수행하여 참조 픽처의 서로 다른 위치로부터 서로 다른 예측 블록을 생성할 수 있다. HEVC에서 CU가 인트라 예측으로 코딩된 경우와 인터 예측으로 코딩된 경우에 따라서 PU가 분할하는 방법이 다르다. CU가 인트라 예측으로 코딩된 경우에 PU는 2Nx2N, NxN의 두 가지 방법으로만 분할된다. CU가 인터 예측으로 코딩된 경우에는 2Nx2N, 2NXN, Nx2N, NxN, 2NxnU, 2NxnD, nLx2N, nRx2n의 8가지 방법으로 분할된다.

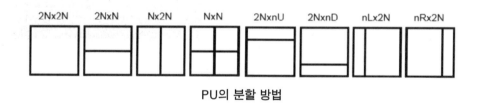

PU의 분할 방법

또한, HEVC의 인터 예측기술 에서는 AMVP나 Merge와 같은 새로운 기술이 도입으로 원본 블록과 더욱 비슷한 예측 블록을 생산해 낼 수 있다.

PU 단위로 예측 블록이 생성되면 원본 블록과 예측 블록의 차인 차분 블록은 차례대로 변환, 양자화, 엔트로피 코딩 과정을 거친다. 예측 블록이 원본과 가깝게 생성될수록 차분 블록의 값은 0 주변에 분포하게 된다. 마지막 단계인 엔트로피 코딩 과정은 0과 가까운 블록에는 짧은 비트를 할당하고, 0과 멀어질수록 긴 비트를 할당하여 평균 비트량을 줄인다.

HEVC는 주파수 영역 변환과정(Transform process)을 수행하기 위해 입력 영상의 특성과 해상도에 따라 4x4, 8x8, 16x16, 32x32 크기의 TU(Transform Unit)를 지원한다. TU는 PU(Prediction Unit)와 달리 자신이 속해있는 CU로부터 쿼드트리 구조로 분할이 가능하다.

CU가 인트라 예측 모드로 코딩 된 경우에는 주변의 복원된 픽셀 값을 통해 예측을 수행해야 하므로 해당 CU 내에서의 TU가 PU보다 클 수 없다. 그러나 CU가 인터 예측 모드로 코딩 된 경우에는 CU 내의 TU와 PU는 서로 관계없이 쿼드 트리 구조로 분할된다. HEVC의 TU의 최소 크기는 4x4 이므로 최대로 분할될 수 있는 깊이에 대한 제한이 필요하다. 그러므로 TU가 쪼개질 수 있는 최대 깊이는 SPS(Sequence Parameter Set)을 통해 명시해준다. 이렇게 CU에서 TU의 분할이 결정된 후에는 TU의 크기 별로 4x4, 8x8, 16x16, 32x32 크기의DCT(Discrete Cosine Transform) 변환 커널이나 4x4 크기의 DST(Discrete Sine Trasform) 변환 커널을 사용하여 차분 블록을 변환한다. TU가 인트라 예측 모드로 코딩 되고 4x4 크기인 경우에 Luma TU 블록에서만 DST 커널이 사용되고 그 이외에는 모두 DCT 커널이 사용된다. 아래의 그림은 하나의 픽쳐를 DCT변환 한 것을 보여주고 있다.

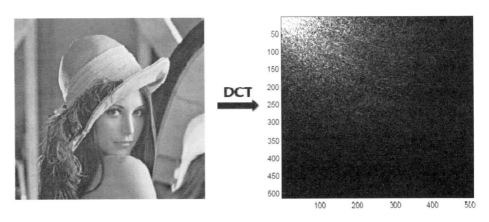

한 개의 픽쳐를 DCT변환 한 예

다음으로 양자화 과정에서는 이미지를 인식하는데 저주파 항이 고주파 항보다 더 중요하기 때문에 변환된 블록들을 양자화를 통해 대부분의 고주파 항을 0으로 만들어 데이터 양을 줄인다. HEVC에서는 0~51까지 존재하는 QP(Quantization Parameter)값을 통해서 양자화 에러를 결정한다. 낮은 QP 값을 사용하여 인코딩 할수록 고화질로 압축할 수 있지만 비트량이 늘어나게 된다. 그러므로 영상의 특성과 목적에 맞게 인코더에서 적당한 QP을 이용하여 양자화를 하게 된다.

이렇게 DCT 변환과 양자화 과정을 거치면 변환 양자화 계수에는 눈에 띄는 편중이 발생한다. HEVC에서는 신텍스의 통계를 이용하여 두 개의 심볼의 발생 확률에 따라 확률이 높은 값에는 길이가 짧은 부호를 할당하고, 발생 확률이 낮은 값에는 길이가 긴 부호를 할당하게 된

제4부 표준

다. 이 과정을 엔트로피 코딩이라고 하며, HEVC에서는 CABAC(Context Adaptive Binary Arithmetic Coding) 기술을 이용하여 엔트로피 코딩을 한다.

제2절 HEVC 프로파일과 레벨

HEVC Profile (프로파일)은 버전1에서는 Main, Main 10, Main Still Picture 3개의 프로파일이 있고, 버전2에서는 21개의 range extensions profiles, 2개의 scalable extensions profiles, 1개의 multi-view profile을 추가하였다. Extensions는 HEVC에 bit depth의 증가, 4:2:2/4:4:4 chroma 샘플링, Multiview Video Coding(MVC), Scalable Video Coding(SVC) 추가 시켰다.

1) 버전 1 profiles

버전 1 profiles는 Main, Main 10, Main Still Picture 이렇게 세가지가 있다. Main profile은 각 샘플당 8-bits의 bit depth를 가지는 4:2:0 chroma 샘플링을 허용한다. Main 10 profile은 각 샘플당 8-bits에서 10-bits의 bit depth를 가지는 4:2:0 chroma 샘플링을 허용한다. 각 샘플당 더 높은 bit depth를 가질수록 color의 수도 더 많이 허용된다. 예를 들면, bit depth가 8-bits인 경우에는 primary color당 256개의 shades를 사용할 수 있고 10-bits의 경우에는 primary color당 1024개의 shades를 사용할 수 있다. Main profile에 비해 Main 10 profile은 각 샘플당 더 높은 bit depth를 허용하므로 비디오의 quality가 더 높다. Main Still Picture profile은 Main profile의 부분집합으로써 Main profile과 같은 조건으로 인코딩 된 single still picture를 사용하고, 각 샘플당 8-bits의 bit depth를 가지는 4:2:0 chroma 샘플링을 허용한다.

2) 버전 2 profiles

HEVC의 버전 2 profile들은 21 range extensions profiles, two scalable extensions profiles, one multi-view profile를 추가 하였다. 그리고 HEVC range extensions, HEVC scalable extensions, HEVC multi-view extensions은 2014년 7월에 완성되었고, 이때 HEVC의 두 번째 draft 버전이 발표되었다.

-**range extensions profiles(21개)**: Monochrome, Monochrome 12, Monochrome 16, Main 12, Main 4:2:2 10, Main 4:2:2 12, Main 4:4:4, Main 4:4:4 10, Main 4:4:4 12, Monochrome 12 Intra, Monochrome 16 Intra, Main 12 Intra, Main 4:2:2 10 Intra, Main 4:2:2 12 Intra, Main 4:4:4 Intra, Main 4:4:4 10 Intra, Main 4:4:4 12 Intra, Main 4:4:4 16 Intra, Main 4:4:4 Still Picture, Main 4:4:4 16 Still Picture, High Throughput 4:4:4 16 Intra.

-**scalable extensions profiles(2개)**: Scalable Main, Scalable Main 10

-multi-view profile(1개): Multiview Main

HEVC에서의 레벨이란, 프로파일에 규정된 복호화기(decoder)의 성능 혹은 복잡도를 정의한 13개의 등급(레벨)을 말한다. 레벨의 기준은 영상의 해상도 단위에 따라 구분되는데, 단계별로 설명하자면 레벨1은 174x144, 레벨2는 352x288, 레벨3은 960x540, 레벨4는 2048x1080, 레벨5는 4096x2160, 레벨6은 8192x4320 이상의 큰 해상도에 해당되어 복호화기의 복잡도 또는 복호화기의 복호화 속도에 영향을 미치는 단위들을 생산할 제품의 사양에 맞도록 제작자가 임의로 선택할 수 있게 하였다. 따라서 프로파일과 레벨을 통해 영상 관련 제품의 성능을 최대로 발휘할 수 있도록 복호화기를 조절하여 사용하는 것이 가능하다.

제3절 제품분야

H.265/HEVC표준안은 UHDTV, HDTV, IPTV, 스마트 TV, 스마트폰, 캠코더, 블랙박스, DMB 등의 다양한 고해상도 및 고화질 영상 서비스를 제공하는 멀티미디어 분야에서 사용되고 있다. 해상도가 커지고, 색공간 및 색깊이 프레임 율이 증가할수록 데이터 양이 기하급수적으로 증가하게 되는데, H.265/HEVC는 고화질 영상을 효과적으로 압축할 수 있도록 표준화되었다.

HEVC의 응용분야

표준화 참고자료 및 웹사이트

[1] 미래사회와 표준 (KSA한국기술협회, 2004.08.25)

[2] 한국인정지원센터 홈페이지 (https://www.kab.or.kr/coop_act/?CodeFlag=0001)

[3] 국가기술표준원 홈페이지 (http://www.kats.go.kr)

[4] ISO 홈페이지 http://www.iso.org

[5] IEC 홈페이지 http://www.iec.ch

[6] ITU 홈페이지 http://www.itu.int

[7] 정보통신표준화추진체계 분석서(한국정보통신기술협회, 2005)

[8] 위키피디아 https://en.wikipedia.org/wiki/International_Organization_for_Standardization

[9] T.Wiegand, G.J.Sullivan, G.Bjøntegaard, and A.Luthra, "Overview of the H.264/AVC video coding standard", IEEE Trans. Circuits Syst.Video Technol., pp. 560-576, July 2003.

[10] Dae-Yeon Kim, Ki-Hun Han and Yung-Lyul Lee, "Adaptive Intra Mode Bit Skip in Intra Coding"

[11] MPEG LA - AVC/H.264 Patent Portfolio License Briefing V 01/04/16 (http:/www.mpegla.com)

[12] Ga-Ram Kim, Nam-Uk Kim, and Yung-Lyul Lee, "Fast Intra coding using DCT Coefficients", (JBE Vol. 20, No. 6, November 2015)

[13] MPEG-LA 홈페이지 (www.mpegla.com)

[14] History of MPEG-LA (http://www.mpegla.com/main/Pages/AboutHistory.aspx)

[15] ETRI 표준 특허 비즈니스 사례 및 전략(ETRI 최장식 변리사, 2015.05.26)

[16] 알기 쉬운 표준특허 핸드북(특허청, 한국특허정보원표준특허센터, 2011)

[17] "MPEG에 로열티 내기 싫어"…7개 IT공룡들 뭉쳤다(아시아경제 뉴스기사, 2015.09.02)

[18] AVC Patent Portfolio License Briefing*(MPEG-LA)

[19] HEVC Patent Portfolio License Briefing*(MPEG-LA)

김영복
- 서울대학교 전기공학과 학사
- KAIST 전기 및 전자과 석사
- IIT (Illinois Inst. of Tech.) Electrical & Computer Eng. Ph.D.
- (전) 현대전자(현 SK하이닉스) 설립기획, 대리
- (전) 현대전자 미디어 연구소장, 이사
- (전) 세종대학교 벤처창업센터 센터장
- (전) 한국창업보육협회 이사
- (현) 세종대학교 컴퓨터공학과 교수
- http://한국.net http://ㄱ.com http://ㅏ.com http://김.net http://이.net등 이름포털 운영
- e-mail: yungbkim@sejong.ac.kr, yungbkim@nate.com

벤처창업 특허 RFP 표준

1판 1쇄 인쇄   2018년 08월 10일
1판 1쇄 발행   2018년 08월 25일
저   자 김영복
발 행 인 이범만
발 행 처 **21세기사** (제406-00015호)
경기도 파주시 산남로 72-16 (10882)
Tel. 031-942-7861   Fax. 031-942-7864
E-mail : 21cbook@naver.com
Home-page : www.21cbook.co.kr
ISBN 978-89-8468-644-1

정가 29,000원